新法科·法律实务和案例教学系列教材

华东政法大学
教材建设和管理委员会

主　　任	郭为禄　肖　凯
副 主 任	罗培新　洪冬英
部门委员	虞潇浩　杨忠孝　陆宇峰
专家委员	王　迁　孙万怀　钱玉林
	任　勇　余素青　杜素娟

本书受上海市高水平地方高校（学科）建设项目资助

Introduction to Criminal Justice

刑事司法学

夏　菲　王瑞山　主编

北京

图书在版编目（CIP）数据

刑事司法学 / 夏菲，王瑞山主编. -- 北京：法律出版社，2025. -- ISBN 978-7-5244-0410-1

Ⅰ. D925.210.4

中国国家版本馆 CIP 数据核字第 20258NB980 号

刑事司法学 XINGSHI SIFAXUE	夏 菲 王瑞山 主编	责任编辑 陆帅文 装帧设计 臧晓飞

出版发行 法律出版社　　　　　　　　开本 710 毫米×1000 毫米　1/16
编辑统筹 教育出版分社　　　　　　　印张 16　　字数 300 千
责任校对 王晓萍　　　　　　　　　　版本 2025 年 7 月第 1 版
责任印制 刘晓伟　　　　　　　　　　印次 2025 年 7 月第 1 次印刷
经　　销 新华书店　　　　　　　　　印刷 北京科信印刷有限公司

地址:北京市丰台区莲花池西里 7 号(100073)

网址:www.lawpress.com.cn　　　　　销售电话:010-83938349

投稿邮箱:info@lawpress.com.cn　　　客服电话:010-83938350

举报盗版邮箱:jbwq@lawpress.com.cn　咨询电话:010-63939796

版权所有·侵权必究

书号:ISBN 978-7-5244-0410-1　　　　定价:49.00 元

凡购买本社图书，如有印装错误，我社负责退换。电话:010-83938349

序

"刑事司法"一词,在刑事法学研究以及刑事案件办理的司法实践中是一个常见词,当学者和法律执业者觉得其所说的不止是罪与非罪及量刑问题,不止是诉讼程序问题,或者是两者兼而有之时,用"刑事司法"似乎更妥当一些。长期以来,有关刑事问题的研究与探讨,刑法学、刑事诉讼法学是显学。尤其是进入21世纪后,积极刑法观流行,刑法修正案频出,将更多行为罪化成为刑事法学的热点、重点、核心问题,刑事诉讼法则亦步亦趋,通过简化程序、提升效率解决大量轻罪、微罪入刑导致的刑事司法资源缺口问题。刑法学与刑事诉讼法学再一次进入繁盛发展时期。与之形成鲜明对比的是刑事司法学的无人问津,虽然"刑事司法"是热门词,但刑事司法学的研究者却寥寥无几。

何谓"刑事司法学",其与刑法学、刑事诉讼法学在研究视角和方法上有何不同?这是本书要解答的一个重要问题。刑事司法学的确是一门新兴的交叉学科,是科学实证研究方法进入传统刑事法学领域的产物。法学研究侧重逻辑思辨,其在历史上及发展过程中与神学和哲学联系密切,也因此具有些许形而上的高深气质,传统刑事法学亦如此。然而,庞大、威严的刑事司法机构是由一个个有自己思想的个体组成,处理的虽是作奸犯科者,却也是具有宪法权利和诉讼法权利的公民。刑事司法的实际运行在多大程度上体现了高高在上的抽象规范所确定的理性与正义,是需要评估的,而这就是刑事司法学关注的焦点。刑事司法学研究的重要内容之一是刑事司法人员作出决策的过程以及影响其决策的因素。无论立法如何细密,刑事司法人员都有相当的自由裁量空间,有些普遍存在的影响刑事司法人员决策的因素会导致司法实践与立法目的的背离,有些刑事司法习惯阻碍正义价值的实现,需要改变。

本书旨在就刑事司法学的一些基础理论问题进行探讨,囿于实证研究和数据缺乏,有些章节的内容又落入规范法学之窠臼,此种不足期待今后与同仁共同修正。本书写作分工如下：

第一章至第三章　王瑞山
第四章　　　　　王凯妮
第五章、第六章　夏　菲
第七章　　　　　李淑一
第八章　　　　　秦鑫鑫
第九章　　　　　南　楠
第十章　　　　　吴杨晦思

夏　菲
2024年4月7日于上海佘山脚下

目　　录

第一章　绪　　论 …………………………………………………（ 1 ）
　　第一节　刑事司法的含义与功能 ………………………………（ 1 ）
　　第二节　刑事司法学的研究对象 ………………………………（ 9 ）
　　第三节　刑事司法教育和学科发展 ……………………………（ 15 ）

第二章　刑事司法过程与模式 ……………………………………（ 19 ）
　　第一节　刑事司法系统的构成 …………………………………（ 19 ）
　　第二节　刑事司法过程中的决策点 ……………………………（ 24 ）
　　第三节　刑事司法的基本模式 …………………………………（ 31 ）

第三章　犯罪与犯罪控制 …………………………………………（ 41 ）
　　第一节　犯罪与犯罪人 …………………………………………（ 42 ）
　　第二节　刑事司法的犯罪统计 …………………………………（ 50 ）
　　第三节　犯罪和犯罪人的刑事司法控制 ………………………（ 60 ）

第四章　刑事司法伦理 ……………………………………………（ 68 ）
　　第一节　刑事司法伦理的基本内涵 ……………………………（ 69 ）
　　第二节　警察伦理 ………………………………………………（ 76 ）
　　第三节　检察官伦理 ……………………………………………（ 81 ）
　　第四节　法官伦理 ………………………………………………（ 88 ）
　　第五节　刑罚执行人员伦理 ……………………………………（ 93 ）

第五章　警察制度的发展 …………………………………………（ 97 ）
　　第一节　警察与警察自由裁量权 ………………………………（ 97 ）
　　第二节　英国现代职业警察的诞生 ……………………………（ 102 ）
　　第三节　我国现代警察制度的诞生与发展 ……………………（ 107 ）
　　第四节　警务模式变革 …………………………………………（ 111 ）

第六章　警察刑事司法职能 （118）
　　第一节　刑事立案 （118）
　　第二节　刑事侦查 （122）

第七章　检察机关及其刑事司法职能 （130）
　　第一节　检察机关历史沿革 （130）
　　第二节　检察机关刑事司法职能 （136）
　　第三节　检察官及其刑事自由裁量权 （144）
　　第四节　特色检察制度 （154）

第八章　审判机关及其刑事司法职能 （164）
　　第一节　法院的组织机构沿革及刑事司法职能 （164）
　　第二节　法官及其刑事自由裁量权 （172）
　　第三节　刑事审判模式 （178）
　　第四节　我国的刑事审判程序 （181）

第九章　刑罚执行 （190）
　　第一节　监狱监禁刑执行 （190）
　　第二节　社区矫正 （202）

第十章　未成年人刑事司法 （214）
　　第一节　未成年人刑事司法的界定 （214）
　　第二节　未成年人刑事司法的历史发展 （219）
　　第三节　未成年人警务 （227）
　　第四节　未成年人检察 （233）
　　第五节　未成年人刑事审判 （239）
　　第六节　未成年罪犯矫正 （246）

第一章 绪 论

犯罪现象威胁着日常生活安全,犯罪控制是社会管理的重要目标和内容,刑事司法系统是应对犯罪的专门系统。从犯罪预防、案件调查、定罪量刑到惩罚矫正,刑事司法活动随处可见:民警在街头巡逻以预防犯罪发生,呼啸而过的警车对"110"报警作出反应,法庭审理罪犯并作出裁决,社区矫正对象在进行社区服务等。人们在生活中或多或少会受到犯罪的影响,自然也会受到刑事司法活动的影响,例如,电信诈骗犯罪令民众频繁收到诈骗信息,治安部门利用多种渠道告知民众识骗、防骗策略,刑事司法系统也对诈骗案件进行处理,打造对诈骗案件的刑罚威慑系统,以增加民众安全感。那么,该如何理解刑事司法?刑事司法系统是如何组织的?刑事司法活动应追求的目标和应坚持的原则是什么?刑事司法决策受到哪些因素的制约?刑事司法活动投入和产出如何评估?犯罪人和被害人的合法权利如何在刑事司法活动中得到保障?刑事司法系统单独能否解决犯罪问题?等等。对上述诸多问题的回答应该成为刑事司法学的研究内容。本章拟在理解刑事司法概念的基础上考察刑事司法研究学的研究对象。

第一节 刑事司法的含义与功能

一、对刑事司法的理解

厘清刑事司法的内涵和外延,是刑事司法研究的首要步骤。这里拟在梳理当前我国学术界有关刑事司法概念不同观点的基础上,讨论刑事司法的内涵。

(一)不同学科视野中的刑事司法

考察我国学术文献中"刑事司法"概念的用法,通常有三种意义:

一是刑法学视野中的刑事司法,是指刑事审判阶段对刑法的适用。它是以法律关系的性质对司法活动进行的分类,即根据社会纠纷或冲突所反映出的法律关系不同适用不同性质的法律,由此形成民事司法、刑事司法、行政司法等不同司法活动。在刑法学者眼中,刑事司法是刑法的适用,专指审判阶段法官对刑事案件的裁判。例如,陈兴良教授认为,刑事司法"要解决刑罚规范如何适用的问题",是"刑法学的实践部分",其内容包括定罪量刑情节、刑事判例、刑法解释、刑事裁量等。[1]

二是刑事诉讼法学中的刑事司法,是指从立案、侦查、起诉、裁判到刑罚执行的刑事诉讼过程。这个意义上的刑事司法通常为致力于刑事诉讼规则涉及的刑事诉讼法学者所使用,而且他们的论述多集中在刑罚执行前的刑事诉讼活动。[2] 在这里,刑事司法只不过是刑事诉讼的另一种说法,强调了其活动的司法属性。有学者将英美国家的刑事司法对应理解为我国的刑事诉讼,即刑事司法在中文中狭指刑事诉讼活动。[3]

三是刑事司法学中的刑事司法,是指刑事司法机构及其人员为预防和控制犯罪进行的执法和司法活动。这种理解来自英美刑事司法,即 criminal justice。[4] 刑事司法是对犯罪的正式应对,是通过法律、警察、法庭和矫正来规制犯罪的努力,一般包括案件的发现、侦查、起诉、审判到执行结束的全过程。尽管这种理解的过程形式上与"刑事诉讼论"比较一致,刑事司法系统也都是在"法律被打破的时候才发挥作用"[5],但两者有着明显的区别。刑事诉讼法学强调对刑事诉讼(刑事司法过程)规则的设计,是属于法学范畴;刑事司法学强调对刑事司法机构管理和刑事司法过程中决策的考察,是行为学科,属于社会学科。"刑事司法学是沟通犯罪学与刑法学的桥梁,犯罪学是她的理论基石,刑事法律的实现过程是她的研究对象"[6]。正因如此,美国的刑事司法学院、系大

---

[1] 参见陈兴良主编:《刑事司法研究》(第3版),中国人民大学出版社2008年版,第3页。
[2] 参见陈瑞华:《中国刑事司法的三个传统——以死刑复核制度改革问题为切入点的分析》,载《社会科学战线》2007年第4期;陈瑞华:《近年来刑事司法改革的回顾与反思》,载《国家检察官学院学报》2008年第1期;陈卫东:《以审判为中心:当代中国刑事司法改革的基点》,载《法学家》2016年第4期。
[3] 参见周伟:《保障人权——我国刑事司法改革的基本价值》,载《上海交通大学学报(哲学社会科学版)》2004年第2期。
[4] 关于 criminal justice 的中文译审,有"刑事司法""法务""刑事执法"三种观点。参见吴宗宪:《论 Criminal Justice 的汉语翻译问题——兼与曹立群教授商榷》,载《青少年犯罪问题》2012年第3期;曹立群:《答吴宗宪教授"论 criminal justice 的汉语翻译问题"》,载《青少年犯罪问题》2012年第5期;刘强:《"Criminal justice"一词的中译之我见——兼与吴宗宪、曹立群教授商榷》,载《青少年犯罪问题》2013年第4期。
[5] Philip Smith & Kristin Natalier, *Understanding Criminal Justice: Sociological Perspectives*, SAGE Publications Ltd., 2005, p. 5.
[6] 皮艺军:《刑事司法学的学科意义——实现犯罪学与刑法学理论张力的一条新途径》,载《福建公安高等专科学校学报——社会公共安全研究》1999年第6期。

多设在教育学院、文理学院或社会学科院而不隶属于法学院。[1]

上述可见,刑法学中的刑事司法与后两种差异比较明显;后两种观点在形式上接近,但研究目的和方法不一样。刑事诉讼法学与刑事司法学虽然都以刑事司法系统应对犯罪的过程为对象,但前者以规则设定为目的,后者以揭示其运行规律为目的。除非特别说明,本书以下所论及的刑事司法皆采用第三种观点,即刑事司法学的刑事司法。

(二)刑事司法是刑事司法系统应对犯罪的全过程

刑事司法系统是对犯罪行为官方反应的机构和组织,是刑事司法职责的执行者。[2] 从英美高校的一些刑事司法教科书来看,学者们对刑事司法系统的构成有不同的看法。多数学者认为,现代刑事司法系统可以分为三个主要组成部分:[3](1)法律执行机构,负责调查犯罪、逮捕嫌疑人;(2)法院系统,负责指控、审理犯罪人和量刑;(3)矫正系统,负责监禁罪犯,并帮助他们治疗和复归。持类似的观点还有特拉维斯三世(Lawrence F. Travis Ⅲ)等人,他们均认为刑事司法系统由法律执行、法院、矫正系统三个子系统组成。[4] 也有学者认为刑事司法系统有四个子系统:[5]法律执行系统(包括警察和检察机构);法院系统;刑罚系统(惩罚、监禁或旨在监视、控制和减少犯罪行为的缓刑、监狱及其他机构);犯罪预防系统(除了上述处理个体犯罪人的机构,还有一群更广泛的机构,或私人的,或政府的,这些机构计划无犯罪的环境或寻求改变导致犯罪行为的条件)。尽管英美学者对刑事司法系统构成的观点略有不同,但都是围绕刑事司法机构及其运行展开,涵盖从预防、侦诉、审判、执行等官方应对犯罪的全过程。

我国的刑事司法系统主要构成应包括公安(警察)系统(预防、发现和调查犯罪)、检察系统(审查逮捕、审查起诉、抗诉、刑罚执行监督等法律监督和公诉职能)、法院系统(定罪量刑)和矫正系统(监禁、矫治罪犯)。因法律制度的不同,我国的刑事司法机构设置与职能与欧美国家有明显的不同。首先,中国刑事

---

[1] 参见曹立群:《答吴宗宪教授"论 criminal justice 的汉语翻译问题"》,载《青少年犯罪问题》2012 年第 5 期。

[2] See Anthea Huchlesby & Azrini Wahidin, *Criminal Justice*, 2nd edition, Oxford University Press, 2013, p. 5.

[3] See Larry J. Siegel, *Introduction to Criminal Justice*, 12th edition, Cengage Learning, 2010, p. 7-8.

[4] See Lawrence F. Travis Ⅲ, *Introduction to Criminal Justice*, 6th edition, Matthew Bender & Company, Inc., 2008, p. 19; Brain k. Payne, Willard M. Oliver & Nancy E. Marion, *Introduction to Criminal Justice: A Balanced Approach*, 2ed edition, 2019, p. 52.

[5] See Malcolm Davies, Hazel Croall & Jane Tyrer, *Criminal Justice: An Introduction to the Criminal Justice System in England and Wales*, 3rd edition, Pearson Education Limited, 2005, p. 8.

司法机关和刑事司法活动坚持中国共产党的领导地位,这与国外有所不同,是中国特色的刑事司法制度。其次,我国检察机关拥有一定的侦查权,对公安机关的侦查活动具有法律监督职权。美国联邦或地方检察机关则领导、指挥警察进行犯罪侦查。同时,因为中外法律设定的犯罪圈不同,我国公安机关的治安管理职能中有查处违反治安管理行为的重要职能,这些违反治安管理行为基本对应国外的轻罪范畴。最后,通常认为,国外的刑法是定性的,我国的刑法是定性兼定量的。以故意伤害为例,依据我国刑法,被害人的伤情通常要达到轻伤及以上的严重程度,犯罪人的故意伤害行为才构成刑法上的犯罪;一般的盗窃、诈骗、贪污、受贿以及一些经济犯罪危害后果通常要达到一定的金额才能涉罪。而国外不是,无论是英美法系国家,还是大陆法系一些国家,通常是根据行为的性质入罪,危害后果较轻的刑罚较轻的为轻罪(轻罪的标准并非一致,通常为1年监禁以下的刑罚)。在我国,不构成犯罪的行为往往纳入治安处罚范围,但治安处罚是行政处罚,并没有司法程序中的中立第三方法官,不属于刑事司法的范畴。只有强调刑事司法的中外差异,要求在比较研究中注意这些差异,才能正确地理解刑事司法现象。

(三)刑事司法与犯罪预防

刑事司法目的是抑制犯罪,包含预防犯罪的内容,但又不同于犯罪预防,这里略作区分。

犯罪预防可以分为广义和狭义的两种:[1]广义的犯罪预防是指与犯罪作斗争的一切方法和手段,狭义的犯罪预防是指对犯罪的事先防范活动和措施。唐瑞(Micheal Tonry)和法林顿(David Farrington)将犯罪预防策略分为法律制裁(刑罚惩罚)、发展式预防、社会预防和情境预防四种类型,进而将后三类列为犯罪预防研究领域,而将刑罚惩罚留待"更为专业化的刑事司法学"。[2] 可见,刑事司法活动本身具有犯罪预防的功能,也是传统的犯罪预防策略,但随着犯罪行为理论的发展和刑事政策的调整,政府专门机构独占犯罪控制的长期趋势剧烈地"翻转"。[3] 随着犯罪预防成为一个专门的研究领域,其与刑事司法之间虽有诸多共通之处,但研究上逐渐分开。

显然,刑事司法活动属于广义的犯罪预防范畴,这里只能将它与狭义的犯罪预防略加区分。无论是广义的犯罪预防,还是狭义的犯罪预防,主体都是多元

---

[1] 参见王瑞山:《犯罪预防原理》,法律出版社2019年版,第7-9页。
[2] 参见[英]戈登·休斯:《解读犯罪预防——社会控制、风险与后现代》,刘晓梅、刘志松译,中国人民公安大学出版社2009年版,第12-13页。
[3] 参见[美]David Garland:《控制的文化——当代社会的犯罪与社会秩序》,周盈成译,台北,巨流图书有限公司2006年版,第22-23页。

的,其中,国家机关发挥着主导功能,并有相应的责任机制保障其犯罪预防职能的实现。"警察的主要角色是犯罪的预防和侦查。"[1] 我国公安机关是犯罪预防的责任部门,该部分职能主要体现在治安管理中,如日常的社区巡逻、街头盘查、指导单位或社区的安全防范等,这与国外的警务内容相似。而检法机构的犯罪预防功能是我国刑事司法系统的特色。检察机关在实施法律监督(审查起诉及其他监督活动)、代表国家公诉之外,还通过检察建议提出犯罪预防建议,并通过转处机制(我国的未成年人附条件不起诉制度)在社工组织的协助下直接实施犯罪预防活动;法院根据对刑事案件的审判,发现犯罪发生的关键环节,通过司法建议提示相关单位或部门防范相应的犯罪风险,例如,山东省泰安市中级人民法院向东平县教育局发出《关于加强中小学教育管理、预防未成年人犯罪的司法建议》。[2]

二、刑事司法的功能

克里斯(James J. Chriss)认为,非正式控制、医学控制和法律控制是社会控制的三种主要类型,"法律控制的另一种说法是刑事司法系统"[3]。可见,刑事司法的重要功能是社会控制,但它只是实现社会控制的重要途径之一。

(一)社会控制是刑事司法的首要功能

制定和执行规则是有序社会生活的必要条件。"违反某个群体或社会的重要规范的行为,就是社会越轨",而"旨在防止越轨并鼓励遵从的努力就是社会控制"。[4] 社会控制包括内在控制和外在控制,而外在控制又包括正式控制和非正式控制。内在控制是指那些引导人们自我激励并按遵从的方式行动的过程,外在控制是指通过各种正式和非正式的社会制裁促使人们遵从的压力。[5] 其中,法律的控制就是最常见的正式控制形式,针对犯罪的控制是刑事法的目的。

犯罪学古典学派代表人物贝卡里亚也强调"预防犯罪比惩罚犯罪更高明,

---

[1] [英]马丁·因尼斯:《解读社会控制——越轨行为、犯罪与社会秩序》,陈天本译,中国人民公安大学出版社 2009 年版,第 81 页。

[2] 参见泰安市中级人民法院:《关于加强中小学教育管理、预防未成年人犯罪的司法建议》,载《山东审判》2014 年第 4 期。

[3] [美]詹姆斯·克里斯:《社会控制》,纳雪沙译,电子工业出版社 2012 年版,第 18-19、76 页。

[4] [美]戴维·波普诺:《社会学》(第 11 版),李强等译,中国人民大学出版社 2007 年版,第 228、231 页。

[5] 参见[美]戴维·波普诺:《社会学》(第 11 版),李强等译,中国人民大学出版社 2007 年版,第 231 页。

这乃是一切优秀立法的主要目的"[1]。庞德认为,"法律承担着社会控制的部分任务,而刑法承担着属于法律所承担的那部分社会控制任务的一部分"[2]。刑法设定刑罚以威慑潜在犯罪人、惩罚犯罪人,以预防犯罪或重新犯罪。刑法和刑事司法制度的目标就是创造一种"威胁体系"(threat system)。也就是说,法律规定的惩罚措施使人们对其产生恐惧,如果进行犯罪行为就会受到法律惩罚的这种恐惧心理,可以威慑、阻止人们进行犯罪行为。[3] 这些论断主要强调了刑法和刑事司法的一般预防功能,刑罚的实现才是刑事司法活动的使命,其目标具有"杀鸡骇猴"的警示作用,更主要是惩罚和矫正犯罪人,以预防其再犯。

当然,犯罪控制是刑事司法系统的首要功能,而不是全部功能,它还承担着服务、管理等其他功能。无论刑事司法系统采用什么方式实现其他什么功能,它都能作为一个正式的社会控制组织被衡量,而且,它只是诸多社会控制手段中的一种。

(二)刑事司法是社会控制的最后手段

刑事司法并不是唯一的社会控制手段,但它是社会控制的最后手段。精神健康系统处理了一些不适合刑事司法系统处理的违规者。家庭、学校、社会组织和媒体都服务于社会控制目的,它们告诉我们什么是、什么不是可接受的行为。刑事司法的价值必须在社会控制整体范围内去理解。非刑法的社会控制也许比刑法更有效。有研究认为,当我们降低精神病医院的能力时,刑事司法系统的工作量上升,即"总体上而言,对那些行为和公共表现可能威胁社会秩序的人来说,公立精神医院是一个重要的控制资源"[4]。当然,有时候刑事司法控制与其他控制手段的作用难以区分。例如,人们遵守交通信号灯的指示,才使得街头交通秩序井然。有些人是害怕警察的惩罚而遵守信号灯的指示,有些人可能是在家里或学校里或媒体中学习了交通安全知识而遵守交通法规,这些控制资源聚合一起,才使得交通有序。那么,多大程度上归功于刑事司法系统呢?这很难分得清。

通常认为,刑事司法程序是一个正式的社会控制机制,可以为刑事司法机构利用的基本社会控制工具是群体立法授权的惩罚。司法强制力的威胁是社会控

---

[1] [意]贝卡里亚:《论犯罪与刑罚》,黄风译,中国大百科全书出版社1993年版,第104页。
[2] Roscoe Pound, *Criminal Justice in America*, Henry Holt, 1929, p. 4.
[3] See Ernest Van Den Haag, *The Criminal Law as A Threat System*, Journal of Criminal Law and Criminology, Vol. 73:2 (1982).
[4] Fred Markowitz, *Psychiatric Hospital Capacity: Homelessness, and Crime and Arrest Rates*, Criminology, Vol. 44:1 (2006).

制可利用的终极制裁,刑事司法程序可被看作社会控制组织的最后手段。理想状态中,个体自己知道某些行为是错误的而不去做,这是积极的自我概念起到了遏制作用。例如,个体从小被告知并认同"打人是不对的",因此不去殴打别人。同样,诸如精神卫生咨询之类也可以引导个体形成积极的自我概念,进而防止打人行为,因为医学控制的途径就是"找回健康的个人心智或身体"[1]。除此之外,家人、朋友甚至陌生人对打人行为的否定也可能阻止一个人的打人行为,这是非正式控制的实现。当这些情况都失败时,我们只有寻求刑事司法这种外在的正式控制试图制止个人打人行为。

聚焦刑事司法的社会控制(特别是犯罪控制)使研究和理解刑事司法实践和政策更为容易。[2] 我们评价一个政策和程序的价值或提出改变它们的建议,要依据它们与犯罪控制目标的契合度。知难行易,保持一个"目标"的视角在理论上很容易,但实践中非常困难。刑事司法实践中存在各种各样的冲突。刑事司法的努力仅仅控制犯罪是不够的,还要保护个人的权利,否则它不能为社会所接受。刑事司法实践经常因围绕其目的进行的争议而成为焦点。"任何刑事司法系统都是社会用来执行保护个人和社区的必要行为标准的组织,它对违反群体基本规则的社区成员进行逮捕、起诉、定罪、量刑。除了即时的惩罚,这些针对违法者的行动有三种目的:一是将危险的人从社区中移走;二是吓阻潜在违法者;三是给社会一个把违法者改变为守法公民的机会。"[3] 后两种目的本身没有问题,但可能引起一种争论,即吓阻潜在违法者和将违法者改造为守法者是不是实现社会控制目标的最好方式。这种手段和目的之间的争议不只关于具体的实践,还包括意识形态。例如,关于死刑的争议,人们不仅对死刑的方式(如斩首、烧死、电死、毒气、注射等方式)存在争议,还对死刑是否适当存在争议。

综上可见,刑事司法是针对犯罪的正式社会控制,是整个社会控制系统的终极手段。犯罪控制是刑事司法的首要而非唯一目标,各种目标的实现是复杂而且充满争议的。

三、刑事司法系统运行的影响因素

刑事司法功能的实现并非仅仅取决于刑事司法系统,它受到多种因素的影

---

[1] [美]詹姆斯·克里斯:《社会控制》,纳雪沙译,电子工业出版社2012年版,第57页。
[2] See Lawrence F. Travis Ⅲ, *Introduction to Criminal Justice*, 6th edition, Matthew Bender & Company, Inc., 2008, p. 4.
[3] President's Commission on Law Enforcement and Administration of Justice, *The Challenge of Crime in A Free Society*, Avon, 1967, p. 70.

响。刑事司法系统就是法律系统下司法系统的一个亚系统或子系统,而法律系统与政治系统、经济系统、科技系统、教育系统等其他系统一起构成整个社会系统。同时,刑事司法系统还有公安系统、检察系统、法院系统、矫正系统等子系统。刑事司法系统与其他系统之间的相互关联和影响,包括它与所属的社会系统以及自己的亚系统,共同影响着整个社会。同时,刑事司法系统又是一个开放的系统,它必须对所在社会环境中经济、人口、政治、社会价值观等方面的变化做出反应。刑事司法运行的影响因素,是理解刑事司法过程和结果的重要着眼点,受到国内外学者的重视,但内容和分类方式略有不同,具有代表性的有以下两种观点:

一是内外环境说。这种观点将刑事司法运行的影响因素分为内部环境和外部环境。[1] 内部环境包括刑事司法主体(刑事司法机关、刑事司法人员、刑事司法观念)、刑事诉讼理念与制度、司法经费、刑事司法体制;外部环境包括民意、媒体、公民法律意识等。

二是主客观说或物质意识说。有学者将影响刑事司法运行的环境因素分为物质的因素和意识形态的因素。首先,物质方面的因素包括具体的资源,如资金、人员、装备等。刑事司法系统的人员、设备、装备影响着刑事案件处理能力,并对整个司法系统产生影响。有研究认为,美国增加警察的数量、提升警察科技水平,结果增加了逮捕数。[2] 还应注意到不同刑事司法阶段的互相影响,在警察数量大幅增加或警察工作效率大幅提升的同时,也需要提升法院和矫正机构的处理能力。增加逮捕数就意味着法庭案件量的增加。其次,意识形态环境主要由关于刑事司法过程应如何运作的价值和信仰组成。刑事司法系统充斥着价值冲突和社会争议,反映了关于社会控制的深层矛盾。个人自由与社会规制的冲突也许是刑事司法最根本的价值冲突。我们需要秩序,要求警察逮捕嫌疑人,法庭将被告定罪,矫正系统以某种方式惩罚罪犯;同时,我们还需要注意警察、法庭和矫正系统要在法律的规范内来实现这一任务,一般不允许任意的窃听、无令状搜查、邮件检查、刑讯逼供等侦查措施,并对办案机构的快捷和简化操作设置障碍。另外,刑事司法人员和犯罪人的态度、观念和偏好是理解刑事司法系统运作的重要因素。能够影响刑事司法决定和过程的个体因素就是"自由裁量"。

通过考察刑事司法系统的影响因素,可见刑事司法运行的复杂性。刑事司

---

[1] 参见李杰:《论刑事司法环境的改变》,载《人民论坛》2012年第26期;刘广三等:《刑事司法环境研究》,北京师范大学出版社2010年版。

[2] See Zhao J., M. Scheider & Q. Thurman., *A National Evaluation of the Effect of COPS Grants on Police Productivity (Arrests) 1995-1999*, Police Quarterly, Vol. 6:4, p. 387-409 (2003).

法学的研究目标就是要通过这种复杂性来理解刑事司法的运行。

第二节 刑事司法学的研究对象

简言之,刑事司法学是研究刑事司法系统运行规律的科学,其研究对象就是刑事司法活动。刑事司法活动是执行刑事法律的过程,同时受到犯罪规律的内在制约,因为只有正确地认识犯罪规律,才能有的放矢,实现控制犯罪的目的。结合上述对刑事司法概念和刑事司法结构的认识,刑事司法学的研究对象可从以下几个方面来理解。

一、刑事司法学是对刑事司法系统及其活动全方位、全过程的考察

从研究面向上来看,刑事司法学是对刑事司法活动全方位、全过程的研究。皮艺军对刑事司法全过程的考察是系统论观点在刑事司法学研究中的体现。刑事司法系统主要包括公安系统、检察系统、法院系统、监狱系统、社区矫正系统等,相应的刑事司法活动包括发现犯罪、调查犯罪、提起公诉、审判裁决、刑罚执行等内容,刑事司法研究不仅覆盖这些阶段,还要考察其相互关系,甚至将整个刑事司法过程作为一个单位进行考察。对刑事司法活动的全方位、全过程考察有以下两种常见形式。

(一)对刑事司法活动进行系统性分析

塞缪尔·沃克尔(Samuel Walker)认为,系统视角是刑事司法的主导性科学范式,也就是说,大部分人研究刑事司法用一个系统的模式来理解其过程。该模式基于五个一般观察:(1)刑事司法是复杂的,其内容不仅仅是执行法律。(2)警察的职能也是非常复杂的,不仅仅是犯罪控制。(3)司法管理在很大程度上是自由裁量的。(4)自由裁量的决定并没有受到法律和正式规则的很好控制。(5)刑事司法机构是相互关联的并组成一个系统。[1] 系统分析方式将刑事司法过程视为一个由执法、法庭、矫正等分散但又相关的部分组成的整体,这些部分共同努力来实现我们社会中的犯罪控制。系统论的核心是对事物发展情境的强调,系统分析者致力于看到"大画面",他们关心研究对象如何与更大的环境相契合。一个系统是互相合作实现一个共同目标的相互关联部分的有机结合。系统寻求平衡和运行均衡,因此,一个系统遇到压力会做出反应或适应以保

---

[1] See S. Walker, *Origins of the Contemporary Criminal Justice Paradigm: The American Bar Foundation Survey*, 1953-1969, Justice Quarterly, Vol. 9:1, p. 47-76(1992).

持或恢复均衡。扰乱一个系统的平衡会影响它的每一个组成部分并改变整体的运行。因此,系统通常抗拒改变。系统分析试图理解如何作出决定以及为什么这么决定,并探寻影响刑事司法过程的内外因素。系统分析迫使分析者对整个图景作出评价,明确各个部分是互相衔接的。系统分析视角也使分析者意识到刑事司法系统的复杂性。例如,分析者不仅试图理解警察是如何决定逮捕违法者的,而且还应争取知道这个逮捕决定是如何影响检察官、法官和矫正机构的。

(二)对照理想模式进行的比较分析

刑事司法研究的比较分析策略是建立标准来对照刑事司法机构或整个刑事司法系统的实践。这种研究方式最知名的例子也许是帕克尔(Herbert L. Packer)提出的正当程序和犯罪控制两种刑事司法"理想类型"的应用。[1] 在这种方法中,分析者先建构一个模型或理想的刑事司法系统,以供实际的刑事司法系统进行对照。帕克尔认为,美国刑事司法过程呈现出两种互相冲突的目标。一方面,人们寻求控制犯罪,期望司法系统对犯罪行为快速作出反应。这个目标下,整个刑事司法过程就像是生产车间的"装配线",从一个环节到下一个环节。另一方面,人们珍爱自由,希望司法系统高度限制对个人权利的干预。在这个目标下,刑事司法过程就像一个"障碍跑",要越过一个一个障碍才能完成。比较分析方式的第一步是设想一个仅仅由一个目标来主导的"完美"司法系统。例如,犯罪控制模式会注重效率,强调快速地处理案件,因而会寻求增强警察的搜查和逮捕的权力,放松证据规则,允许相关信息呈现在法庭上。对速度的强调会支持用辩诉交易、检察官自由裁量权、强制量刑等方法以促进案件的处理。在与民主社会的信条相一致(如不得强迫供述)的同时,犯罪控制模式执行的是有罪推定原则。相反,正当程序模式积极保护个人权利,严格限制无令状的搜查与逮捕,要求在严格证据规则下的完整审判,支持独立的量刑听证以保护个体犯罪人的利益。创设了这些模式后,分析者接下来观察一个司法体系的运作,仔细审查案件处理过程,将这些现实与理想目标进行比较。然后,分析者能将该司法过程划分为倾向于"正当程序"还是"犯罪控制"。其他观察者也用相似的方法来分类和比较执法机构、警察、量刑法官和矫正机构。另外,有策略将媒体塑造的刑事司法形象与实际情况进行比较。所有这些方式都是将刑事司法实践与某种设定的标准相比较,这些标准也许是一种假的设想或是其他司法机构运行体现的标准,接下来的任务就是对比较出来的相似与区别进行解释或理解。

---

[1] See Herbert L. Packer, *The Limits of the Criminal Sanction*, Stanford University Press, 1969.

二、刑事司法学研究的重点是刑事司法过程的决策点

从研究重点上来看,刑事司法学强调对刑事司法过程中决策点的研究。刑事司法学的研究主要关心的是刑事司法的决策过程,其中包括警察、检察、法院、矫正机构等控制犯罪的机关的决策过程。[1] 刑事司法学通过从广泛和平衡的角度探讨刑事司法,了解决策对刑事司法过程的重要性。[2] 通过考察刑事司法机构(含执法或司法官员)做决策的内外的影响因素,认识刑事司法活动的真实样态。刑事司法研究要聚焦司法过程中人员和机构的决策过程。不同于执法或规则适用的简单,每个决定受到或可能受到许多力量的影响。而且,在司法过程中的某个点(如逮捕)上做决定被认为对后续的决定具有影响。这也对应了学术研究中法教义学和社科法学的不同范式。从系统的视角来看,作为一个复杂的社会控制过程,刑事司法决定反映着冲突的目标和期望。[3] 决定本身是可变的,与期望相反,一个逮捕不单是或不主要是依靠充分的犯罪证据存在。另外,刑事司法人员和机构的分散决定,以一个顺序的方式连接,以至于警察的选择限制了检察官,检察官的选择限制了法官,等等。影响这些决策的因素中,刑事司法系统因素尤为重要,也是考察的焦点。其中,既有对刑事司法系统分析的宏观层面,也有对刑事司法机构分析的中观层面,还有对刑事司法代理人个体行为的微观层面。博纳多(Thomas J. Bernard)和英戈尔(Robin Shepard Engel)把这三个层面的研究单位作为美国刑事司法研究三种基本分析单元。[4] 当然,我们也不能忽视政治、经济、文化等多方面的影响。对刑事司法决策过程的常见分析形式有以下两种。

(一)聚焦案件处理过程的分析

刑事司法研究的过程分析是聚焦案件处理过程,更多聚焦系统如何运行,而很少关注系统的结果。不同于将正当程序或犯罪控制作为整个系统的指导,过程分析追踪案件从发现犯罪开始的整个处理过程,它聚焦刑事司法过程中每个

---

[1] 参见[日]藤本哲也:《美国刑事司法学与犯罪学研究现状》,高作宾译,载《国外社会科学》1985年第7期。

[2] See Brain k. Payne, Willard M. Oliver & Nancy E. Marion, *Introduction to Criminal Justice: A Balanced Approach*, 2ed edition, SAGE Publications, 2019, p. 24.

[3] See Lawrence F. Travis Ⅲ, *Introduction to Criminal Justice*, 6th edition, Matthew Bender & Company, Inc., 2008, p. 18, 23-24.

[4] See Thomas J. Bernard & Robin Shepard Engel, *Conceptualizing Criminal Justice Theory*, Justice Quarterly, Vol. 18:1, p. 1-30(2001). 国内有学者译介了该文,参见黄永锋:《刑事司法研究的社会科学化——美国的进路与启示》,载徐昕主编:《司法的知识社会学》(第3辑),厦门大学出版社2008年版。

参与者的决策过程。在这个视角下,辩诉交易并不代表着认同犯罪控制模式,也可能是对案件过多的一种让步。研究者试图揭示刑事司法参与者如何就从逮捕、量刑到矫正这一整个刑事司法过程中的人和事作出决定。美国律师基金会也许为这种方式提供最好的诠释。从20世纪50年代开始,该基金会在三个州进行了大规模的司法过程的案例研究,研究成果分五期发表,描述了调查、逮捕、起诉、定罪和量刑。这种分析方式的焦点是刑事司法过程中主要阶段参与者的决策。这些案例研究通过调查刑事司法系统如何处理案件,来确定是什么因素影响了这些决定,例如,将案件移交下一个阶段进一步处理,或作出转处决定。这一研究视角描述了警察、法庭和矫正机构处理不同案件的方式,其研究任务是解释或理解那些偏离日常刑事司法处理方式的决定。刑事司法学对刑事司法过程进行全过程的研究就是采用了系统分析的方式,因为它具有包容性,允许分析者同时采用其他任何视角;同时具有灵活性,可以采用许多不同学科知识和方法进行司法过程研究。一个分析者可能集中研究辩诉交易中检察官的心理动机,同时考虑法庭、警察和检察官的组织需求,以及该检察官对逮捕、指控、定罪的证据标准敏感性。系统分析方式促使分析者记住司法过程中影响每个决策和决策者的一些因素。分析者不仅考虑一个刑法的改变将如何影响警察执法,而且考虑检察官、法官、矫正官可能对这些改变做出的反应。与其他分析方式提供的"舷窗"相比,系统分析方式提供了一个观察刑事司法的"落地窗"。当然,分析者采用其他分析方式通常也将刑事司法过程视为一个"系统"。过程分析方式通过生动细致的描述来说明案件如何沿着司法系统移动,但通常不能为偏离正常运行的现象作出充分的解释。分析者要解释为什么一个具体的案件或一类案件得到特殊的对待,通常需要借助外在的(环境)因素。系统分析方式是多学科方式,且植根于刑事司法系统的大环境,它注重通过外在原因解释刑事司法实践。

(二)聚焦特定主题的分析

刑事司法研究中的主题分析是检验公平公正、证据充分、效率、自由裁量等一个或多个主题在整个司法系统中的应用。这种主题分析方式参照某个主题比较刑事司法过程中不同的点或面。例如,根据每种公正的决定所需要多少证据来考察逮捕和量刑的证据充分性。与此相似,取保、假释、缓刑的决定可以参照或对比每种服务的矫正功能、威慑功能如何。这种主题分析的方式立足于刑事司法的不同决策,也是对过程的考察,它聚焦决定的特征(如证据需求程度、同意的程度),或决定的效果(如威慑效果、惩罚效果等)。这种方式侧重描述刑事司法决定的共同主题或目的,而非决定自身的本质。可用买新车过程中的决定为例来说明过程分析和专题分析的区别。过程分析聚焦买或不买的决定,而专题分析是着眼于人们为什么作出这个决定。这样,过程分析者可能测算出50%的顾客购买了新车。主题分析者通过观察新车购买情况可能测算出一个折扣计划,从而增加了10%的汽车销售量。过程分析者接下来考察购买新冰箱的决定,而主题分析者将研究折扣计划对冰箱销售的影响。

三、刑事司法学的研究采用社科法学的多学科进路

社科法学与法教义学,是苏力教授对我国法学知识演进过程中两种不同法学知识形态的概括。就知识体系而言,法教义学相对于社科法学,是个体性与整体性、内部性与外部性、规范性与价值性的关系。[1] 法教义学强调规范至上,探究立法的原意以作出正确解释和正确适用,"实践中的法"应符合"书本上的法"。刑事司法的法教义学范式体现在刑事法学(包括刑法学和刑事诉讼法学)对刑事司法的研究中,如何对刑事实体法和程序法正确理解、解读和适用。刑事司法的社科法学范式,是指在刑事司法研究中综合运用社会学、经济学、人类学、心理学,以及社会生物学、认知科学等在内的多学科方法。相较于注重逻辑、体系构建的法教义学,社科法学多集中于个案或具体问题的研究,似乎并不存在统一的研究进路。[2] 其中,最常见的是社会学的经验研究方法在刑事司法研究中的应用。为增强研究成果的解释力,明确分析单元非常重要,而且还要保证在整个分析过程和结论中分析单元的一致性。其中,以因变量为导向来确定研究主题,通过寻找相应的自变量来阐释其间的因果关系,则是一种较为常见和成熟的研究套路。[3] 这是一种"向下"探究的研究模式,其主要目的"不是用理论联系实际,而是要从实际中产生力量,产生出具有普遍意义的有解释、预测和控制人的社会活动的理论"。它"追求从实践中发现真实的有意义的问题,发现影响人的行为和制度运作的重要且相对稳定的变量,发现这些主要变量之间恒定因而有普遍意义的因果关系,研究在特定环境下人的行为方式以及在不同条件下的变异,借此丰富简单因果关系构建的模型"[4]。当然,不同的研究范式对刑事司法的考察视角不同,但两者是互补的,而不是互相排斥的,都共同地为理解刑事司法做出各自的贡献。

---

〔1〕 参见陈兴良:《法学知识的演进与分化——以社科法学与法教义学为视角》,载《中国法律评论》2021年第4期。

〔2〕 参见侯猛:《社科法学的传统与挑战》,载《法商研究》2014年第5期。

〔3〕 参见黄永锋:《刑事司法研究的社会科学化——美国的进路与启示》,载徐昕主编:《司法的知识社会学》(第3辑),厦门大学出版社2008年版。

〔4〕 [美]罗伯特·C. 埃里克森:《无需法律的秩序:相邻者如何解决纠纷》,苏力译,中国政法大学出版社2016年版,第4—21页。

从刑事司法学的学科传统来看,刑事司法学学科脱胎于犯罪学学科。[1] 皮艺军强调刑事司法学应以"犯罪学或法社会学"为指导,是"一门用犯罪学理论指导下研究刑事司法活动及其规律的学科",并断言"没有犯罪学的介入,刑事司法研究不可能上升为一门独立学科"[2]。而犯罪学正是一门多学科研究的结晶,其核心内容是犯罪原因理论,来自心理学、生理学、社会学等多个学科。刑事司法研究的法社会学范式也并非一成不变,而是逐渐多元的。例如,20世纪90年代以后,法社会学研究开始引入宏大理论范式,如国家与社会理论、功能主义理论、程序正义理论、权力技术和现代治理术等,并且引入了法律经济学、法律人类学和后现代主义等各种分析工具。[3] 进入21世纪以后更为重视对具体问题进行跨学科的经验研究,刑事司法研究更注重运用不同研究进路来分析问题。

多学科分析是指从不同的学科视角对刑事司法过程进行研究。刑事司法过程的不同方面已经成为许多社会科学学科的研究主题,每个学科至少有一个清晰的理论解释刑事司法。一个人如何看待刑事司法过程中的具体决定部分取决于他被训练为一个社会学家、心理学家、律师、政治科学家、经济学家或其他。一个逮捕行动可以被视为人际互动、警察洞察力的结果、法律权威的一次实践、一个权力关系、一个理性决定或其他。实际上,大部分逮捕可能是这些因素综合的结果。刑事司法运作的研究被描述为多学科或跨学科的研究也许是最恰当的。[4] 来自不同学科背景的刑事司法教授或研究者,从不同的视角来研究刑事司法问题:社会学家着眼于群体的社会组织和人际互动来解释事情如何发生;历史学家着眼于历时性的、更宏大的社会的和知识的运动来解释事情的发生;心理学家从个体的动机和观念来解释事情的发生;政治学家着眼于权力的影响和分配过程来解释事情的发生;律师寻求现有的法律原则、成文法和规则来解释事情的发生;经济学家着眼于成本和收益来解释事情的发生。对于逮捕、刑罚以及

---

[1] 在1968年LEEP的联邦拨款之前,美国大学里除了授予警察学等学位的项目,几乎不存在刑事司法学的教学科目和课程。法学院虽然培养检察官、法官和立法人员,但也没有确立把刑事司法过程作为整体来看的观点,审判以外的程序几乎不被注意。在1968年之后的8年里,美国政府投入了2亿美元用于刑事司法教学研究和培养警务专业大学生,大学里刑事司法项目如雨后春笋,特别是当时在犯罪学领域里,大学院系和研究生院通常都设置与刑事司法有关的课程。参见[日]藤本哲也:《美国刑事司法学与犯罪学研究现状》,高作宾译,载《国外社会科学》1985年第7期。

[2] 皮艺军:《刑事司法学的学科意义——实现犯罪学与刑法学理论张力的一条新途径》,载《福建公安高等专科学校学报——社会公共安全研究》1999年第6期。

[3] 参见强世功:《中国法律社会学的困境与出路》,载《文化纵横》2013年第5期。

[4] See Lawrence F. Travis Ⅲ, *Introduction to Criminal Justice*, 6th edition, Matthew Bender & Company, Inc., 2008, p.11.

刑事司法的其他部分的充分理解需要多学科的应用。研究逮捕决定时,分析者应知道操作中法律的、政治的、理性的、观念的、组织的以及个人的因素。

国外学者们也讨论了刑事司法的多学科和跨学科本质。托马斯·奥萨赫(Thomas Orsagh)建议,经济学对犯罪和犯罪控制的研究帮助颇大。在讨论经济学和他所称的"传统犯罪学"的结合时,他说:"两者结合,显著地拓宽和丰富了犯罪和刑事司法研究。"[1]行为的经济选择理论和传统犯罪学近来已经为解释犯罪学的理论方式所清晰承认,如科恩和费尔森的日常活动理论、克拉克的情境预防理论等。当然,也有学者指出,跨学科方式的效果会呈现出理论缺乏。这些学者认为,使用多学科的描述性资料缺乏一个清晰的、理论的、解释性的体系,这让人想到盲人摸象的故事。每个盲人感受到大象的不同部位,因此总结出不同的认知。多学科视角看刑事司法也是如此,学者们受到自身学科视角的限制。这也许是社科法学研究固有的特征或缺陷,"实际上社科法学并不追求概念化和体系化,而是注重法律外部的研究视角,强调围绕具体的法律问题展开研究,是问题导向而不是法条导向的"[2]。

综上,我们可以从三个层面来理解刑事司法学的研究对象:(1)刑事司法学是对刑事司法系统实现社会控制(犯罪控制)全过程的研究,包括犯罪的预防、发现、调查、起诉、定罪量刑以及刑罚执行。(2)刑事司法学聚焦刑事司法过程中的决策,分析决策过程及其影响因素。(3)刑事司法学研究侧重社科法学的多学科研究进路,而非法教义学的进路。显然,刑事司法学的社科法学研究范式是其与刑法学、刑事诉讼法学等纯粹法学对刑事司法活动进行法教义学研究的最明显区别。值得注意的是,在我国的刑事司法活动中,刑事司法机构被赋予了中国特色的犯罪预防功能。

第三节 刑事司法教育和学科发展

从既有的刑事司法学科的发展可见,[3]刑事司法学科建设与刑事司法教育的发展密切相关。

---

[1] Thomas Orsagh, *Is There a Place for Economics in Criminology and Criminal Justice?*, Journal of Criminal Justice, Vol. 11:5, p. 391-402(1983).
[2] 侯猛:《社科法学的传统与挑战》,载《法商研究》2014年第5期。
[3] 参见王彦吉:《北美刑事司法教育的发展及其启示》,载《中国人民公安大学学报(社会科学版)》2005年第6期;Walker S., *Origins of the Contemporary Criminal Justice Paradigm: The American Bar Foundation Survey*, 1953-1969, Justice Quarterly, Vol. 9:1, p. 47-76(1992).

一、美国的刑事司法教育与学科发展

美国的刑事司法学科始于1916年奥古斯特·沃尔默（August Vollmer）在加利福尼亚大学创立的以警察教育为内容的学历教育（当时授予的学位是犯罪学），后来发展为刑事司法学科。[1] 一些学者认为，刑事司法学是在外在压力下从犯罪学中分离出去的。这个外在的压力是刑事司法领域的就业新需求，而这个新需求是1968年成立的美国联邦机构执法援助管理局（The Law Enforcement Assistance Administration, LEAA）对"执法教育项目"（The Law Enforcement Education Program, LEEP）提供的资金支持带来的，它直接导致全美高校中刑事司法课程巨大增长。[2] 该联邦项目目的是对刑事司法专业人员进行教育，促进执法专业，并改进刑事司法研究工作，将其作为解决犯罪问题的战略。该项目使10万名学生进入1000多所高校学习，目前美国绝大多数刑事司法领导人都是LEEP校友。[3] 当然，这个项目的背后动因来自20世纪五六十年代美国律师协会（The American Bar Association）对刑事司法系统的调查，纽曼认为这在很大程度上创造了一种刑事司法范式，它塑造了刑事司法概念的发展和刑事司法文本的发展。[4] 尽管关于刑事司法是否成为一个学科还存在争议，但并不否认它已成为一个专门的研究领域。[5]

美国的刑事司法领域已经形成专门的研究队伍和研究网络[如美国的刑事司法学会（the Academy of Criminal Justice Sciences, ACJS）]，有专门的期刊如《刑事司法期刊》（*Journal of Criminal Justice*）、《司法季刊》（*Justice Quarterly*）等，甚至有与庞大的刑事司法教育规模相对应的理论期刊《刑事司法教育期刊》

---

[1] See Brain k. Payne, Willard M. Oliver & Nancy E. Marion, *Introduction to Criminal Justice: A Balanced Approach*, 2ed edition, SAGE Publications, 2019, p. 72-73.

[2] See R. Triplett, Monk-Turner E. & G. Kim, *Criminology/Criminal Justice Representation in the Discipline of Sociology: Changes between 1992 and 2002*, Journal of Criminal Justice Education, Vol. 17:2, p. 323-335(2006).

[3] See Brain k. Payne, Willard M. Oliver & Nancy E. Marion, *Introduction to Criminal Justice: A Balanced Approach*, 2ed edition, SAGE Publications, 2019, p. 73.

[4] See D. J. Newman, *The American Bar Foundation Survey and the Development of Criminal Justice Higher Education*, in L. OhLin & F. Remington eds., Discretion in Criminal Justice: The Tension between Individualization and Uniformity, State University of New York Press, 1993, p. 279-349.

[5] 克利尔（Todd R. Clear）认为，在美国，尽管刑事司法教育取得很大发展，但它还不具备一个学科所具备的三个要素：一门成熟的语言、一种成熟的方法和一个公认的理论基础。因此，刑事司法是一个研究领域（area of study），而非学科（discipline）。See Todd R. Clear, *Has Academic Criminal Justice Come of Age*, ACJS Presidential Address Washington, DC, April 2001, 18 Just. Q. 709(2001).

(*Journal of Criminal Justice Education*)。正是因为这些基础,才有学者认为刑事司法已经立足于自己的学科。[1]

二、我国高校中的刑事司法专业和学科

考察我国刑事司法教育的现状有利于明确刑事司法学的必要性及对其研究对象的理解。有学者基于我国的刑事司法教育状况,认为"'刑事司法'成为独立学科的条件日趋成熟",呼吁"设立专门的刑事司法学科",以"促进刑事司法教育走向成熟"。[2] 从近20年的情况来看,我国刑事司法教育整体上有较大的发展,但刑事司法系统部门办学的整体格局没有发生较大变革,政法院校内公安类本科专业有萎缩趋势。

部门办学的整体格局是指按照刑事司法职业部门将办学分散于政法院校、公安警察院校、司法警察院校等多个领域。刑事司法职业的"分段"专职型教育包括警察、检察官、法官、刑罚执行等学历教育和职业教育。警察教育主要有中国人民公安大学、中国刑事警察学院及各地警官(警察)学院等公安院校的警察教育。公安政法院校的法学专业除完成学历教育外,国家检察官学院、国家法官学院还分别对检察官、法官进行职业教育。同时,我国还有类似警察教育的刑罚执行教育,由中央司法警官学院、部分政法院校(如上海政法学院)以及地方司法警官职业学院承担,除了开设监狱学、矫正教育学、社区矫正学等特色专业,还开设一些侦查学(狱内侦查方向)、法学(矫正教育方向)等与法学、公安学交叉的专业及专业方向。

随着2011年教育部增设公安学一级学科,公安警察院校的公安学、公安技术学得到较好的发展机遇。相对应的是政法院校中公安学专业的萎缩,例如,华东政法大学2018年在刑事一体化的理念下撤销了刑事司法学院,建立了刑事法学院,停招了治安学、边防管理专业;还包括一些专业的微调,例如,中国政法大学侦查学专业招生时调整为侦查学(网络侦查方向),华东政法大学侦查学原有刑事侦查方向和经济犯罪侦查方向分别改为刑事调查方向和经济犯罪治理方向。变化背后最主要的原因可能是这些专业不再被视为"小法学"专业,2011年

---

[1] See Willard M. Oliver, *Celebrating 100 Years of Criminal Justice Education*, 1916-2016, Journal of Criminal Justice Education, Vol. 27:4, p. 455-472 (2016); E. Monk-Turner, R. Triplett & G. Kim, *Criminology/Criminal Justice Representation in the Discipline of Sociology: Changes between 1992 and 2002*, Journal of Criminal Justice Education, Vol. 17:2, p. 323-335 (2006); Brain k. Payne, Willard M. Oliver & Nancy E. Marion, *Introduction to Criminal Justice: A Balanced Approach*, 2ed edition, SAGE Publications, 2019, p. 74.

[2] 参见熊秋红:《刑事司法教育的现状与未来发展》,载《人民检察》2009年第21期。

教育部设立公安学一级学科后,侦查学、治安学、边防管理等专业被拥有公安学一级学科的中国人民大学自设为公安学二级学科。同时,公安警察院校与政法院校的公安学相关专业毕业生报考警察时的考试方式也存在不同。这些因素可能使得政法院校公安学专业办学之路越来越窄。但萎缩的背后也有一抹亮色,就是华东政法大学刑事司法学科的发展:2020年,华东政法大学在研究生教育法学一级学科下自设二级学科"公安法学"的基础上设立"刑事司法学"二级学科,进行硕博士研究生的培养;本科方面撤销治安学、边防管理专业,保留侦查学专业的同时设立法学专业(刑事司法方向);某种程度上建成了本、硕、博完整的刑事司法学培养体系。

学术网络和科研平台的发展也是依托于这些高校。刑事司法学术网络是指一些进行刑事司法研究的学术性团体,例如,犯罪学有全国性的和地方性的犯罪学学会和青少年犯罪研究会,公安学领域有全国性的警察法学会、侦查学研究会、治安学年会和治安系主任论坛等,法学领域有全国性的诉讼法学研究会(包括刑事诉讼法学研究会),矫正领域有监狱学研究会以及新兴的社区矫正学术网络等,但没有全国性的刑事司法学术组织。至于刑事司法学术期刊,数量并不算少,有《中国刑事法杂志》《中国人民公安大学学报(社会科学版)》《中国刑警学院学报》《中国监狱学刊》等诸多公安类院校学报,还有《犯罪研究》《青少年犯罪问题》《预防青少年犯罪研究》《犯罪与改造研究》等研究犯罪的专门期刊。但这些期刊中只有《中国刑事法杂志》《中国人民公安大学学报(社会科学版)》是核心期刊。[1] 刑事司法科研平台较低,成为制约刑事司法研究和学科发展的重要因素。

从研究内容来看,国内刑事司法研究中,有从刑事诉讼法角度对刑事司法全过程的考察,但基本立足于法律目标和制度的应然来批判和纠正现实的偏离,基本是对策法学或诠释法学的研究,缺乏社会科学式的经验研究;犯罪学、公安学、矫正学等领域的实证研究也较为缺乏,特别是公安警察院校的特殊性和就业优势,使得其学科带有一定的封闭性,这显然是不利于刑事司法学术发展。事物的发展是非线性的,这些问题也许是暂时的,我们应该看到刑事司法学科发展的基础,加强刑事司法学的学术研究,以促进学科发展。

---

[1] 这里的核心期刊标准包括北京大学《中文核心期刊要目总览》来源期刊(2017年版)和南京大学"中文社会科学引文索引(CSSCI)来源期刊(2019—2020)"。

第二章　刑事司法过程与模式

通常来说,一个涉罪事件从知情人报案或刑事司法机关主动发现开始,便进入了刑事司法过程,经过初步调查了解,刑事司法机关判断是否有犯罪发生并决定是否立案、侦查,然后根据证据情况决定是否提起公诉并提请检察机关审查,检察机关在审查过程中要提审犯罪嫌疑人、核对证据并最后决定是否提起公诉,法院审理案件,检察机关代表国家出庭公诉,最后是刑罚的执行(由公安机关、法院、监狱和社区矫正机构来执行)。这是我国刑事司法的普通过程。从整体上来讲,案件是沿着一个方向通过刑事司法系统;同时,也会借助一些反馈机制来决定案件是向后进入下一个阶段还是返回到更早的决策点,因此并非所有案件都能走完全程。此外,还有部分自诉刑事案件由法院直接受理。[1] 本章先对刑事司法系统主要构成部分及其功能加以梳理,然后在聚焦刑事司法活动主要决策环节的基础上认识刑事司法过程,进而强调刑事司法活动除了遵循法律法规及司法解释所设定的正式规则,还受到惯例、内部程序等非正式规则的影响,且在不同理念指导下形成不同的刑事司法实践模式。

第一节　刑事司法系统的构成

刑事司法系统包括四个部分:公安系统、检察系统、法院系统和刑罚执行系统。虽然法律要求刑事司法机关既要查明犯罪嫌疑人有罪的证据,也要查明犯罪嫌疑人无罪的证据,但是,很难靠追诉机关来为犯罪嫌疑人的权利辩护。因此,我们考察刑事司法活动,还需考虑辩护系统。

---

[1] 自诉案件是指被害人或其法定代理人、近亲属为追究被告人的刑事责任,直接向司法机关提起诉讼,并由司法机关直接受理的刑事案件。根据《刑事诉讼法》(2018年修正版)第210条规定,自诉案件包括下列案件:(1)告诉才处理的案件;(2)被害人有证据证明的轻微刑事案件;(3)被害人有证据证明对被告人侵犯自己人身、财产权利的行为应当依法追究刑事责任,而公安机关或者人民检察院不予追究被告人刑事责任的案件。

一、公安系统

公安机关是人民民主专政的重要工具,人民警察是武装性质的国家治安行政力量和刑事司法力量,依法承担预防、制止和惩治违法犯罪活动,保护人民,服务经济社会发展,维护国家安全,维护社会治安秩序的职责。从中央到地方,县级以上各级政府中均设立公安机关,街道、乡镇层面均设有公安机关的派出机构——公安派出所——承担基层警务活动。公安部在国务院领导下,主管全国的公安工作,是全国公安工作的领导、指挥机关。县级以上地方人民政府的公安机关在本级人民政府领导下,负责本行政区域的公安工作,是本行政区域公安工作的领导、指挥机关。公安机关实行行政首长负责制。县级以上地方人民政府的公安机关和公安分局内设机构分为综合管理机构和执法勤务机构。执法勤务机构实行队建制,称为总队、支队、大队、中队。市、县、自治县公安局根据工作需要设置公安派出所。公安派出所是具有多功能综合性的公安机关基层组织。公安派出所的任务是:依照国家治安管理法律法规和上级公安机关规定的权限,管理辖区社会治安,维护公共秩序,预防、制止违法犯罪和治安灾害事故,保卫公共财产,保护公民的合法权益。

这里仅介绍公安机关的刑事司法职能,最主要的是其侦查职能,但我国承担刑事案件侦查职能的并不限于公安机关。国家安全机关对涉及国家安全的犯罪案件行使侦查权,检察机关在法律监督中对司法工作人员利用职权实施侵权犯罪和公安机关管辖的国家机关工作人员利用职权实施的重大犯罪案件行使侦查权,军队保卫部门对军队内部发生的刑事案件行使侦查权,监狱对罪犯在监狱内犯罪的案件行使侦查权。根据《人民警察法》第6条的规定,公安机关的人民警察承担着诸多职能:(1)预防犯罪。公安机关负责日常的治安行政管理,包括人口管理、危险物品管理、公共场所治安管理、特种行业管理、集会游行示威管理等,预防违法犯罪行为,查处违反治安管理行为。(2)发现犯罪。警察在日常的治安管理勤务(如街头治安巡逻、盘查)中,发现犯罪或犯罪线索。民众发现犯罪或犯罪线索,直接到公安机关报警或拨打"110"报警,警察根据"110"指挥中心指派对报警做出反应,以确定是否有犯罪发生。(3)刑事立案。公安机关对受理案件进行初步调查、核实,认为有犯罪事实并需要追究刑事责任的,决定立案以进入调查取证环节。(4)调查取证。公安机关立案后便进行调查取证,可以通过现场勘查、讯问犯罪嫌疑人、询问证人、询问被害人、鉴定、搜查等多种方式调查取证,以获得充足证据证明犯罪事实和犯罪嫌疑人。(5)执行拘留和逮捕。公安机关、检察机关、法院决定的刑事拘留,均由公安机关执行。公安机关提请检察机关批准的逮捕和人民法院决定的逮捕均由公安机关执行。(6)侦查终结。根据侦查结果,公安机关决定是否向检察机关提出起诉意见。如果发现不应对犯罪嫌疑人追究刑事责任的,应当撤销案件;如果犯罪事实清楚、证据确凿充分,提请检察机关审查起诉。(7)刑罚的执行。如果犯罪人被剥夺政治权利的,由公安机关执行;对被判处有期徒刑的罪犯,在被交付执行刑罚前,剩余刑期在3个月以下的,由公安机关的看守所代为执行;对被判处拘役的罪犯,由公安机关执行。鉴于我国的治安管理立法和刑事立法的二元制度,公安机关的治安管理活动通常被列在刑事司法活动之外;而治安管理行为对应的国外的轻罪司法活动仍属于刑事司法活动。但从案件发现机制来看,警务活动与后续案件调查活动很难分得开,因为巡逻中或接到"110"报警时,有时警察还无法判断警情中有没有违法行为,是违反了治安管理处罚法还是违反了刑法。当然,我国《刑事诉讼法》对刑事司法活动的规定则是从案件发现开始,公安机关的主要功能是通过审前的案件调查以发现案件事实和证据。

公安机关还聘有大量的辅警人员,从事非警务工作。公安机关的警察主要来自招警考试,公安部及其实行公务员制度的直属机构的人民警察录用考试,由中央公务员主管部门负责组织。县级以上地方人民政府公安机关的人民警察录用考试,由省、自治区、直辖市公务员主管部门负责组织。县级以上地方人民政府公安机关按照国家规定,承担相应的录用工作。还有一种途径就是调任、转任到公安机关担任人民警察职务。公安机关应当对调任、转任人选进行严格考察,并按照管理权限审批。必要时,可以对调任人选进行考试。县级以上人民政府按照国家规定的经费项目和标准,将公安机关经费列入财政预算,实行全额保障,并对经济困难地区的公安工作给予必要的经费支持。

二、检察系统

检察机关是代表国家依法行使检察权的国家机关,其主要职责是追究犯罪人的刑事责任,提起公诉和实施法律监督。我国检察机关是国家法律监督机关,由同级人民代表大会产生,向人民代表大会负责并报告工作。检察院与法院、政府、监察委员会并列,称为"一府两院一委"。近年来我国进行了员额制改革,入额的检察官承担办案任务。

我国检察机关包括最高人民检察院、地方各级人民检察院和军事检察院等专门人民检察院。地方各级人民检察院包括省、自治区、直辖市人民检察院;省、自治区、直辖市人民检察院分院,自治州和省辖市人民检察院;县、县级市、自治县和市辖区人民检察院。专门人民检察院主要包括军事检察院、铁路运输检察院等。各级人民检察院都是与各级人民法院相对应而设置的,以便依照刑事诉讼法规定的程序办案。检察机关上下级是领导和被领导的关系,体现集中统一的特点,这与人民法院上下级之间监督与被监督的关系有显著不同。最高人民检察院是中国检察机关的中央部门,领导地方各级人民检察院和专门人民检察院的工作,上级人民检察院领导下级人民检察院的工作。

检察机关的刑事司法职权主要有:(1)受理案件。接受民众报案、举报、控告和犯罪人的自首。(2)立案。对属于检察机关管辖的司法机关工作人员侵犯公民权利的案件和公安机关受理的国家工作人员的严重刑事案件,检察机关可以立案。同时,还对立案进行法律监督。(3)决定拘传、取保候审、监视居住、拘留等强制措施,审查批准逮捕。人民检察院根据案件情况,可以对犯罪嫌疑人、被告人拘传、取保候审或者监视居住,取保候审和监视居住由公安机关执行;对公安机关提请的批准逮捕进行审查并作出决定。(4)审查公安机关、监察机关及其他侦查机关提出的起诉建议书,并决定是否起诉。(5)出庭支持公诉。检察机关代表国家提起公诉后,在开庭时派员出席法庭支持公诉。(6)对刑事司法活动进行法律监督。除了立案监督、审查逮捕、审查起诉,检察机关对刑事司法活动进行全面监督,如对侦查活动的监督、庭审活动的监督、刑罚执行的监督等。(7)发出检察建议、预防犯罪。检察机关根据办案过程中发现的犯罪风险,对政府机构、企事业单位和行业提出检察建议,预防犯罪的发生。

三、法院系统

根据我国《宪法》的规定,法院是国家的审判机关。我国设立最高人民法院、地方各级人民法院和军事法院等专门人民法院。省、市、县分别设立高级人民法院、中级人民法院和基层人民法院。基层人民法院根据地区、人口和案件情况,可以设立若干人民法庭。人民法庭是基层人民法院的组成部分。人民法庭的判决和裁定即基层人民法院的判决和裁定。专门人民法院包括军事法院、海事法院、知识产权法院、金融法院等。最高人民法院是最高审判机关。最高人民法院监督地方各级人民法院和专门人民法院的审判工作,上级人民法院监督下级人民法院的审判工作。各级法院的设置与检察机关相同。人民法院的法官、审判辅助人员和司法行政人员实行分类管理。

法院在我国刑事司法活动中承担的主要职能有:(1)审判职责。对犯罪嫌疑人、被告人进行定罪量刑,包括一审、二审、再审,并对一些程序性问题进行裁定。(2)对刑罚执行变更事项作出裁定,主要是对执行机构提出的罪犯减刑、假释、暂予监外执行等事项进行裁定。(3)受理申诉。法院还承担当事人对已经生效判决的申诉。

四、刑罚执行系统

刑罚包括管制、拘役、有期徒刑、无期徒刑、死刑等五种主刑和剥夺政治权利、罚金、没收财产、驱逐出境等附加刑,附加刑可以单独适用。死刑立即执行的判决经最高人民法院核准后,由原判人民法院采用枪决或注射等方式执行,同级人民检察院到场监督。罚金、没收财产由人民法院执行。拘役、剥夺政治权利和驱逐出境由公安机关执行。罪犯在被交付执行刑罚前,剩余刑期在3个月以下的,公安机关所属的看守所代为执行。

在刑事司法活动中,监狱承担着监禁刑的执行。依照《刑法》和《刑事诉讼法》的规定,被判处死刑缓期2年执行、无期徒刑、有期徒刑的罪犯,在监狱内执行刑罚。监狱之间并无隶属关系,但监管对象有的会有区别:从性别来分,有男子监狱和女子监狱;从年龄来分,有成年人监狱和未成年管教所;从罪犯刑期来分,有主要监管短期刑犯的监狱,有主要羁押重刑犯的监狱;从监狱生活的阶段来分,有专门管理新收犯的监狱,有经过新收犯阶段的普通监狱。监狱对罪犯实行惩罚和改造相结合、教育和劳动相结合的原则,将罪犯改造成为守法公民。监狱对罪犯应当依法监管,根据改造罪犯的需要,组织罪犯从事生产劳动,对罪犯进行思想教育、文化教育、技术教育。对于符合减刑、假释、暂予监外执行条件的,监狱机关向所在地的中级人民法院提出意见。

社区矫正机关是非监禁刑的执行机关,执行对象包括被判处管制、宣告缓刑、假释和暂予监外执行的罪犯。截至2022年年底,全国已累计接收社区矫正对象649.9万人,累计解除586.9万人;截至2023年,全国全年新接收社区矫正对象62万余人,办理解除矫正54万余人,有社区矫正对象71万余人。[1] 社区矫正机构组织力量对服刑人员进行监督管理和教育帮扶。社区矫正机构根据社区矫正对象的表现,依照有关规定对其实施考核奖惩。社区矫正对象认罪悔罪、遵守法律法规、服从监督管理、接受教育表现突出的,应当给予表扬。社区矫正对象违反法律法规或者监督管理规定的,应当视情节依法给予训诫、警告、提请公安机关予以治安管理处罚,或者依法提请撤销缓刑、撤销假释、对暂予监外执行的收监执行。社区矫正对象符合刑法规定的减刑条件的,社区矫正机构应当向社区矫正执行地的中级以上人民法院提出减刑建议,并将减刑建议书抄送同级人民检察院。

此外,刑事司法中还有一个不容忽视的辩护系统。犯罪嫌疑人或被告人为了维护自己的合法权益,在被刑事追诉过程中要进行抗辩,其途径包括:(1)自行辩护;(2)人民团体或者犯罪嫌疑人、被告人所在单位推荐的人;(3)犯罪嫌疑

---

[1] 中国法学会:《〈中国法治建设年度报告(中英文)〉(2022)要点》,https://www.chinalaw.org.cn/portal/article/index/id/32779.html,上传时间:2023年8月24日;中国法学会:《〈中国法治建设年度报告(中英文)〉(2023)要点》,https://www.chinalaw.org.cn/portal/article/index/id/33952.html,上传时间:2024年10月14日。

人、被告人的监护人、亲友;(4)律师。犯罪嫌疑人自被侦查机关第一次讯问或者采取强制措施之日起,有权委托辩护人;在侦查期间,只能委托律师作为辩护人。可见,律师辩护在刑事辩护中的特殊性。在我国,从事律师职业需要通过全国法律职业资格考试并获得合格证书,该资格也是法官、检察官必备的条件,可见,社会对律师、检察官、法官的法律水准提出了同一的要求。犯罪嫌疑人、被告人的律师辩护有两种渠道:一是自己聘请或近亲属代为聘请;二是由法律援助机构提供。法律援助的对象主要有:(1)犯罪嫌疑人、被告人因经济困难或者其他原因没有委托辩护人的,本人及其近亲属可以向法律援助机构提出申请。(2)犯罪嫌疑人、被告人是盲、聋、哑人,或者是尚未完全丧失辨认或者控制自己行为能力的精神病人,没有委托辩护人的,人民法院、人民检察院和公安机关应当通知法律援助机构指派律师为其提供辩护。(3)犯罪嫌疑人、被告人可能被判处无期徒刑、死刑,没有委托辩护人的,人民法院、人民检察院和公安机关应当通知法律援助机构指派律师为其提供辩护。辩护人的责任是根据事实和法律,提出犯罪嫌疑人、被告人无罪、罪轻或者减轻、免除其刑事责任的材料和意见,维护犯罪嫌疑人、被告人的诉讼权利和其他合法权益。辩护律师在侦查期间可以为犯罪嫌疑人提供法律帮助,代理申诉、控告,申请变更强制措施,向侦查机关了解犯罪嫌疑人涉嫌的罪名和案件有关情况,提出意见。因此,辩护活动是刑事司法决策的重要影响因素。

第二节 刑事司法过程中的决策点

从案件发现、侦查、拘留、逮捕、起诉、定罪量刑、执行,直到犯罪人被释放,每个阶段都涉及一些决策点。

一、案件发现阶段的决策点

作为一个控制犯罪的正式社会机构,刑事司法系统具有被动性,它只有在发现犯罪行为后才能启动。未被发现的犯罪不会直接影响司法程序。只有当司法系统(通常是通过警察)发现或被告知可能的犯罪行为时,这个过程才开始。

我国刑事诉讼法专门在立案一节中规定了案件的发现途径,主要有以下几种:(1)发现。公安机关或检察机关自行发现犯罪案件。(2)报案。报案是指向刑事司法机关报告犯罪事实。可根据报案人与犯罪事实之间的关联不同将报案分三种:一是非犯罪受害人的报案;二是受害人对案件事实的报案;三是犯罪人非自首的报案,误导侦查。(3)举报和控告。举报是向刑事司法机关报告犯罪嫌疑人,其中,被害人对侵犯其人身、财产权利的犯罪嫌疑人向刑事司法机关的报告叫控告。(4)扭送。《刑事诉讼法》第 84 条规定,对于正在实行犯罪或者在犯罪后即时被发觉的、通缉在案的、越狱逃跑的、正在被追捕的犯罪嫌疑人,任何公民都可以立即扭送公安机关、人民检察院或者人民法院处理。(5)自诉。对于自诉案件,被害人有权向人民法院直接起诉。被害人死亡或者丧失行为能力的,被害人的法定代理人、近亲属有权向人民法院起诉。人民法院应当依法受理。(6)自首。犯罪嫌疑人向公安机关、人民检察院或者人民法院报告尚未被发现的自己所犯的罪行。这里需要说明的是刑事案件的发现是刑事司法系统的发现,并不一定是有管辖权的机关发现,如果特定刑事司法机关接到的报案不属于自己管辖范围,也应该接受,然后移送到主管机关并通知报案人、控告人、举报人,对于不属于自己管辖而又必须采取紧急措施的,应当先采取紧急措施,然后移送主管机关。

当有关人员向警方报告犯罪或涉嫌犯罪时,司法系统就会启动。如果司法系统的工作人员认定发生了犯罪,他们就作出了案件发现的决定。警察对犯罪的报告作出反应。于此,在本书看来,某种意义上可以理解为案件决定权在于司法程序的"官方代理人",刑事司法系统始于司法系统人员(通常是警察)认为犯罪已经发生。在这一点上,具体司法人员体现了甚至"控制"了官方对犯罪的社会反应。如果接到报案的警察认为没有犯罪事实发生,或虽有犯罪发生,但情节轻微不需要追究刑事责任,便不予立案。还有的时候,警察面对邻里或家庭冲突,出于社会和谐或家庭和睦的立场,会促进涉罪纠纷的解决,而不是一定要通过立案来解决。[1]

低立案率是犯罪黑数产生的一个主要原因。犯罪黑数是包括犯罪人原因、被害人原因、统计者原因、科学技术原因、法律修改等各种因素综合作用的结果。[2]除了低立案率,犯罪黑数的另一个常见原因是低报案率,即犯罪被害人及其他知情人向有权机关的报案数量少。当然,不去报案犯罪的原因有很多,例如,性侵受害人认为犯罪涉及自己的隐私,如果报案可能会给自己的名声带来不利的影响;失窃者损失金额不大;等等。

二、立案阶段的决策点

在我国,刑事司法机关接到报案以后有一个决定是否立案的程序,这是一个

---

[1] 参见刘蕾:《人情法理揉合作用下的警察角色——对一起偷盗事件中的法社会学分析》,载《通化师范学院学报》2017 年第 9 期。

[2] 参见卢建平:《犯罪统计与犯罪治理的优化》,载《中国社会科学》2021 年第 10 期。

刑事司法机关审查并判断的过程。这是刑事司法程序大门是否真正开启的决定性环节。根据《刑事诉讼法》的规定,立案有两种模式:一是受案单位主动审查立案。人民法院、人民检察院或者公安机关对于报案、控告、举报和自首的材料,应当按照管辖范围,迅速进行审查,认为有犯罪事实需要追究刑事责任的时候,应当立案;认为没有犯罪事实,或者犯罪事实显著轻微,不需要追究刑事责任的时候,不予立案,并且将不立案的原因通知控告人,控告人如果不服,可以申请复议,复议机关仍是作出不予立案的机关,因此,是否决定立案,仍属于此类。二是检察机关监督立案。人民检察院认为公安机关对应当立案侦查的案件而不立案侦查的,或者被害人认为公安机关对应当立案侦查的案件而不立案侦查,向人民检察院提出的,人民检察院应当要求公安机关说明不立案的理由。人民检察院认为公安机关不立案理由不能成立的,应当通知公安机关立案,公安机关接到通知后应当立案。

三、侦查取证阶段的决策点

侦查阶段寻找将特定人与特定罪行联系起来的证据。在这个过程中,最初的调查结果往往决定了调查的方向。例如,如果有人报告了一个入室盗窃,响应的警官可能会对门窗进行目视检查,没有发现任何可疑的东西,然后离开。或者他们可能会注意到窗户附近的脚印,或者在门或窗框上发现划痕,然后做进一步的调查。常见的调查取证手段有搜查(场所、人身)、鉴定、辨认、技术侦查、侦查实验、讯问犯罪嫌疑人、询问证人(包括被害人)等。每一项侦查措施都有相应的启动条件和审批环节,成为各项侦查措施的决策点。

侦查过程中会涉及拘传、取保候审、监视居住、拘留、逮捕等多项涉及犯罪嫌疑人的措施,以保障调查取证的顺利进行。这些强制措施根据犯罪嫌疑人涉嫌罪行轻重和社会危险性由刑事司法机关来确定。其中,拘留犯罪嫌疑人一般由公安机关、人民检察院决定。逮捕犯罪嫌疑人、被告人,必须经过人民检察院批准或者人民法院决定,由公安机关执行。人民检察院审查批准逮捕,可以讯问犯罪嫌疑人(对是否符合逮捕条件有疑问的、犯罪嫌疑人要求向检察人员当面陈述的、侦查活动可能有重大违法行为的等三种情况,人民检察院应当讯问犯罪嫌疑人),可以询问证人等诉讼参与人,听取辩护律师的意见,辩护律师提出要求的,应当听取辩护律师的意见。人民检察院审查批准逮捕犯罪嫌疑人由检察长决定。重大案件应当提交检察委员会讨论决定。

在我国,在案件调查结束时,有四种结果是可能的。第一,警方可能没有发现犯罪活动的证据,认定所报告的可能犯罪行为没有根据的,或不是真实的,或者发现不应对犯罪嫌疑人追究刑事责任的,警方应当撤销案件。第二,可能的犯罪活动的证据可以支持犯罪行为或犯罪未遂的认定,但没有足够的逮捕证据,或者犯罪嫌疑人没有抓获或到案。通常将这种情况下的案件称为挂案或悬案,或等待取证的突破,或等待抓获犯罪嫌疑人。理论上,侦查并没有停止,仍在侦查环节。第三,调查发现有违法事实发生,但构不成犯罪的法定条件,转为治安行政处罚案件。这样的案件很少,因为警官将涉嫌犯罪的案件转为性质较轻的治安案件会招致枉法的怀疑,所以,警官通常将一些轻微案件定性为治安案件,如果查明后属于刑事案件的再从治安案件转为刑事案件,这样从轻到重的压力较小。第四,调查查明(犯罪事实清楚,证据确实、充分)案件事实、查获犯罪嫌疑人,即侦查终结,亦称破案。侦查机关破案后,写出起诉意见书,连同案卷材料、证据一并移送同级人民检察院审查决定;同时将案件移送情况告知犯罪嫌疑人及其辩护律师。

四、审查起诉阶段的决策点

侦查终结后提出起诉意见的,一律由检察机关审查决定。检察官审查案件,应当全面审阅案卷材料,必要时制作阅卷笔录,可以要求公安机关提供法庭审判所必需的证据材料;认为可能存在以非法方法收集证据情形的,[1]可以要求其对证据收集的合法性作出说明。检察机关审查案件,应当讯问犯罪嫌疑人,听取辩护人或者值班律师、被害人及其诉讼代理人的意见,并记录在案。辩护人或者值班律师、被害人及其诉讼代理人提出书面意见的,应当附卷。对于需要补充侦查的,检察机关可以退回公安机关补充侦查,也可以自行侦查。对于补充侦查的案件,应当在1个月以内补充侦查完毕。补充侦查以二次为限。补充侦查完毕移送人民检察院后,人民检察院重新计算审查起诉期限。对于二次补充侦查的案件,人民检察院仍然认为证据不足,不符合起诉条件的,应当作出不起诉的决定。

审查起诉的结果有起诉和不起诉两类,检察机关认为犯罪嫌疑人的犯罪事实已经查清,证据确实、充分,依法应当追究刑事责任的,应当作出起诉决定,按照审判管辖的规定,向人民法院提起公诉,并将案卷材料、证据移送人民法院。犯罪嫌疑人认罪认罚的,人民检察院应当就主刑、附加刑、是否适用缓刑等提出量刑建议,并随案移送认罪认罚具结书等材料。不起诉的决定又分以下几种:

1. 绝对不起诉。犯罪嫌疑人没有犯罪事实,或者有《刑事诉讼法》第16条

---

[1] 即《刑事诉讼法》第56条第1款规定:"采用刑讯逼供等非法方法收集的犯罪嫌疑人、被告人供述和采用暴力、威胁等非法方法收集的证人证言、被害人陈述,应当予以排除。收集物证、书证不符合法定程序,可能严重影响司法公正的,应当予以补正或者作出合理解释;不能补正或者作出合理解释的,对该证据应当予以排除。"

规定的情形之一的,[1]人民检察院应当作出不起诉决定。

2. 存疑不起诉,又称证据不足的不起诉。存疑不起诉是检察机关对于经过补充侦查的案件,仍然认为证据不足,不符合起诉条件的,作出的不起诉决定。

3. 酌定不起诉,也称相对不起诉。即"微罪不起诉",其适用应具备三个条件:第一,人民检察院认为犯罪嫌疑人的行为已经构成犯罪,应当负刑事责任;第二,犯罪情节轻微;第三,依照刑法规定不需要判处刑罚或者免除刑罚。

4. 附条件不起诉。附条件不起诉,又称为暂缓起诉、缓予起诉、暂缓不起诉等,是指检察机关在审查起诉时,根据犯罪嫌疑人的年龄、性格、犯罪性质和情节、犯罪原因以及犯罪后的悔过表现等,对较轻罪行的犯罪嫌疑人设定一定的条件,如果在法定的期限内,犯罪嫌疑人履行了相关的义务,检察机关就应作出不起诉的决定。附条件不起诉是以起诉便宜主义为基础的,体现了检察机关的自由裁量权,属于不起诉的一种形式。在我国,附条件不起诉制度的适用应符合以下条件:(1)主体条件,适用未成年人犯罪案件。(2)罪名条件,必须是涉嫌《刑法》分则第四章、第五章、第六章规定侵犯公民人身权利和民主权利、财产权利或者妨害社会管理秩序的轻微犯罪,并且是依法可能被判处一年以下有期徒刑、管制、拘役或单处罚金的犯罪。(3)主观条件,是行为人有悔罪表现。(4)程序条件,是人民检察院作出附条件不起诉的决定以前,应当听取公安机关、被害人的意见。在附条件不起诉的考验期(6个月以上1年以下)内,由人民检察院对被附条件不起诉的未成年犯罪嫌疑人进行监督考察。未成年犯罪嫌疑人的监护人,应当对未成年犯罪嫌疑人加强管教,配合人民检察院做好监督考察工作。被附条件不起诉的未成年犯罪嫌疑人,应当遵守下列规定:(1)遵守法律法规,服从监督;(2)按照考察机关的规定报告自己的活动情况;(3)离开所居住的市、县或者迁居,应当报经考察机关批准;(4)按照考察机关的要求接受矫治和教育。被附条件不起诉的未成年犯罪嫌疑人,在考验期内发现有下列情形之一的,人民检察院应当撤销附条件不起诉的决定,提起公诉:(1)实施新的犯罪或者发现决定附条件不起诉以前还有其他罪需要追诉的;(2)违反治安管理规定或者考察机关有关附条件不起诉的监督管理规定,情节严重的。被附条件不起诉的未成年犯罪嫌疑人,在考验期内没有上述情形,考验期满的,人民检察院应当作出不起诉的决定。

不起诉并非终局决定,如果检察机关决定不起诉公安机关移送起诉的案件,

---

[1] 参见《刑事诉讼法》第16条规定:"……(一)情节显著轻微、危害不大,不认为是犯罪的;(二)犯罪已过追诉时效期限的;(三)经特赦令免除刑罚的;(四)依照刑法告诉才处理的犯罪,没有告诉或者撤回告诉的;(五)犯罪嫌疑人、被告人死亡的;(六)其他法律规定免予追究刑事责任的。"

公安机关认为不起诉的决定有错误的时候,可以要求复议,如果意见不被接受,可以向上一级人民检察院提请复核。对于有被害人的案件,被害人如果不服不起诉决定的,可以自收到决定书后7日以内向上一级人民检察院申诉,请求提起公诉。对人民检察院维持不起诉决定的,被害人可以向人民法院起诉。被害人也可以不经申诉,直接向人民法院起诉。人民法院受理案件后,人民检察院应当将有关案件材料移送人民法院。对于酌定不起诉,被不起诉人可能会不认为自己有罪,不服不起诉的决定,可以自收到决定书后7日以内向人民检察院申诉,人民检察院应当作出复查决定,通知被不起诉的人,同时抄送公安机关。

五、审判阶段的决策点

我国刑事案件的审判采用二审终审制原则,即由一审法院审理后,如果当事人不服一审判决结果,在上诉期内可提出上诉,上诉法院二审结果即为终审结果,不得上诉,但可以申诉。在审判阶段,无论是在一审,还是在二审、再审、死刑复核等程序中,均有诸多决策点。

一审法院对提起公诉的案件进行审查后,对于起诉书中有明确的指控犯罪事实的,应当决定开庭审理。法院决定开庭审理后,应当确定合议庭的组成人员,将检察机关的起诉书副本至迟在开庭10日以前送达被告人及其辩护人。在开庭以前,审判人员可以召集公诉人、当事人和辩护人、诉讼代理人,对回避、出庭证人名单、非法证据排除等与审判相关的问题,了解情况,听取意见。法院审判第一审案件应当公开进行,检察机关派员出庭支持公诉,但有两种情况不公开审理:(1)案件有关国家秘密、个人隐私,当事人为未成年人的案件,不公开审理;(2)涉及商业秘密的案件,当事人申请不公开审理的,可以不公开审理。

一审组织形式包括普通程序和简易程序两种,但从审理期限上又可以分为普通程序(一般为2个月,最长不超过3个月)、简易程序(一般为20日,最长不超过1个半月)和速裁程序(一般为10日,最长不超过15日)。一审结束后判决有三种情形:(1)案件事实清楚,证据确实、充分,依据法律认定被告人有罪的,应当作出有罪判决;(2)依据法律认定被告人无罪的,应当作出无罪判决;(3)证据不足,不能认定被告人有罪的,应当作出证据不足、指控的犯罪不能成立的无罪判决。

刑事案件二审阶段的启动有两种情况:一是当事人的上诉。被告人(经被告同意的被告人辩护人和近亲属)、自诉人其法定代理人,不服地方各级法院一审判决、裁定,有权向上一级法院上诉。二是检察机关的抗诉。地方各级人民检察院认为本级人民法院第一审的判决、裁定确有错误的时候,应当向上一级人民法院提出抗诉。被害人及其法定代理人不服地方各级人民法院第一审判决的,有权请求人民检察院提出抗诉,人民检察院来决定是否抗诉。二审法院应当就第一审判决认定的事实和适用法律进行全面审查,不受上诉或者抗诉范围的限制。共同犯罪的案件只有部分被告人上诉的,应当对全案进行审查,一并处理。第二审人民法院对不服第一审判决的上诉、抗诉案件,经过审理后,应当按照下列情形分别处理:(1)原判决认定事实和适用法律正确、量刑适当的,应当裁定驳回上诉或者抗诉,维持原判。(2)原判决认定事实没有错误,但适用法律有错误,或者量刑不当的,应当改判。(3)原判决事实不清楚或者证据不足的,可以在查清事实后改判;也可以裁定撤销原判,发回原审人民法院重新审判。(4)一审法院的审理有违反法律规定诉讼程序的,[1]撤销原判,发回重审。原审法院对于发回重新审判的案件,应当另行组成合议庭,依照第一审程序进行审判。对于重新审判后的判决,可以上诉、抗诉。第二审的判决、裁定和最高人民法院的判决、裁定,都是终审的判决、裁定。

如果被告人被判处死刑(包括死刑立即执行和死刑缓期二年执行),还需要进入死刑复核程序。死刑案件一般由中级人民法院一审,判决后被告人不上诉的,应当由高级人民法院复核后,报请最高人民法院核准。高级人民法院不同意判处死刑的,可以提审或者发回重新审判。高级人民法院判处死刑的第一审案件被告人不上诉的和判处死刑的第二审案件,都应当报请最高人民法院核准。中级人民法院判处死刑缓期二年执行的案件,由高级人民法院核准。最高人民法院复核死刑案件,高级人民法院复核死刑缓期执行的案件,应当由3人审判员组成合议庭进行。最高人民法院复核死刑案件,应当讯问被告人,辩护律师提出要求的,应当听取辩护律师的意见。在复核死刑案件过程中,最高人民检察院可以向最高人民法院提出意见。最高人民法院应当将死刑复核结果通报最高人民检察院。最高人民法院复核死刑案件,应当作出核准或者不核准死刑的裁定。对于不核准死刑的,最高人民法院可以发回重新审判或者予以改判。

六、刑罚执行阶段的决策点

判决后,除死刑立即执行的外,罪犯或在监狱服刑,或在社区服刑。对被判处死刑缓期2年执行、无期徒刑、有期徒刑的罪犯,由公安机关依法将该罪犯送交监狱执行刑罚。对被判处有期徒刑的罪犯,在被交付执行刑罚前,剩余刑期在3个月以下的,由看守所代为执行。对被判处拘役的罪犯,由公安机关执行。对

---

[1] 参见《刑事诉讼法》第238条规定:"……(一)违反本法有关公开审判的规定的;(二)违反回避制度的;(三)剥夺或者限制了当事人的法定诉讼权利,可能影响公正审判的;(四)审判组织的组成不合法的;(五)其他违反法律规定的诉讼程序,可能影响公正审判的。"

未成年犯应当在未成年犯管教所执行刑罚。判处有期徒刑、拘役的罪犯,执行期满,应当由执行机关发给释放证明书。

对被判处剥夺政治权利的罪犯,由公安机关执行。执行期满,应当由执行机关书面通知本人及其所在单位、居住地基层组织。对被判处管制,宣告缓刑、假释或者暂予监外执行的罪犯,依法实行社区矫正,由社区矫正机构负责执行。社区矫正对象矫正期满或者被赦免的,社区矫正机构应当向社区矫正对象发放解除社区矫正证明书,并通知社区矫正决定机关、所在地的人民检察院、公安机关。社区矫正对象违反法律法规或者监督管理规定的,应当视情节依法给予训诫、警告,提请公安机关予以治安管理处罚,或者依法提请人民法院撤销缓刑、撤销假释,对暂予监外执行的收监执行。

被判处管制、拘役、有期徒刑或者无期徒刑的罪犯,在执行期间确有悔改或者立功表现,应当依法予以减刑、假释的时候,由执行机关提出建议书,报请人民法院审核裁定,并将建议书副本抄送人民检察院。人民检察院可以向人民法院提出书面意见。如果人民检察院认为人民法院减刑、假释的裁定不当,向人民法院提出书面纠正意见。人民法院应当在收到纠正意见后1个月以内重新组成合议庭进行审理,作出最终裁定。

如上所述,一个刑事案件发生后,经过一个个办案环节,由刑事司法人员的决策推动向前,这就是刑事司法过程。如果警察发现了犯罪,就可以开始调查;如果调查得出足够的证据,警察可以破案并提出起诉意见;如果检察机关同意起诉,可能会向法院提出公诉;如果检察机关提出公诉,法院可能会定罪量刑。如果从另一个方向来看这个问题,定罪判刑取决于公诉,公诉取决于对起诉意见的审查,起诉意见取决于侦查破案,侦查破案取决于发现犯罪,这构成了整个刑事司法系统。

第三节 刑事司法的基本模式

针对刑事司法的目标和方向,无论是理论研究,还是实践操作,远没有形成统一的观念。随着我国刑法、刑事诉讼法相继大幅修改完善,以罪刑法定、无罪推定、程序公正为代表的现代刑事司法理念和原则逐步确立。[1] 但是,现代刑事司法文明的实现并非一蹴而就,如何深入推进司法制度改革,充分发挥制度效

---

[1] 参见刘静坤:《如何让现代刑事司法理念深入人心》,载《人民法院报》2015年2月26日,第2版。

能,在很大程度上与改革者、司法者以及社会公众是否已经树立现代的司法理念和原则有重要关联。我国刑事司法理念呈现出一种复杂的多元图景。学术界持续探索政策和实践的正确结合,以期在大幅减少犯罪、增进公共安全的同时维护个人自由和社会正义。考虑到刑事司法的复杂性,没有单一的价值、理念或观点来主导这个领域并不奇怪。那么,刑事司法系统有哪些主导性的观念?在这些观念中刑事司法系统发挥什么样的功能以及如何实现?西格尔总结了犯罪控制(crime control)、康复(rehabilitation)、正当程序(due process)、非干预(nonintervention)、正义(justice)、恢复性司法(restorative justice)等不同理念所主导的刑事司法模式。[1] 这里将引介这些模式,并结合我国的刑事司法实践加以讨论。

一、犯罪控制模式

犯罪控制模式是指强调危险犯罪人的控制,并通过严厉惩罚以威慑犯罪、保护社会。这种观点可以说在古今中外刑事司法的历史长河中,都是极具代表性的主流观点,如古代中国的重刑主义、中世纪欧洲的残酷刑罚。20世纪六七十年代,随着英美社会经济的发展而犯罪率攀升,社会矫治模式的犯罪对策受到质疑,犯罪计量经济学、当代威慑主义的兴起代表着古典主义的当代复兴,这些"主义"主张恢复死刑,主张大规模的监禁,否定矫正效果,对刑事司法产生了重要影响。犯罪控制模式体现了这种思潮,美国警务学者詹姆斯·威尔逊(James Q. Wilson)就是典型代表之一,他认为,大多数犯罪人并非贫穷的不幸者为谋生存而不得已犯罪,而是贪婪的人,他们想通过盗窃或贩毒来快速、容易地获利。犯罪人放任自己的错误行为,追求违法所带来的刺激,缺乏守法意识,想获取超过普通人的机会。如果他们意识到他们的行为将带来严厉的惩罚,只有不理智的人才会犯罪。他认为,限制犯罪人并预防他们将来的恶行是刑事司法系统的实践目标,而不是消除贫困、不良的学校、种族主义、离婚家庭等犯罪根本原因。他对犯罪人有一个精彩的论断,"恶人是存在的,没有什么办法将他们与无辜者分开。还有一些既非恶人,也非无辜者,他们警惕、掩饰并计算他们的机会,结合我们对恶行的反应来琢磨:他们做什么才可能是有利可图的"[2]。威尔逊的观点有助于界定刑事司法的犯罪控制模式。根据这一观点,刑事司法的正当功能是通过审慎而明智地适用刑事制裁来预防犯罪。人们希望免受犯罪的侵害,期

---

[1] See Larry J. Siegel, *Introduction to Criminal Justice*, 12th edition, Cengage Learning, 2010, p. 23-29.

[2] James Q. Wilson, *Thinking about Crimes*, Revised edition, Basic Books, 2013, p. 248.

望政府去惩罚犯罪使他们感到安全,犯罪控制是民主过程的一部分。[1]

根据犯罪控制哲学,如果司法系统以一种有效的方式运行,大部分潜在犯罪人将因恐惧犯罪而被预防,少数以身试法者将被逮捕、审判和惩罚,以至于他们再也不敢犯罪。当犯罪人不是那么害怕逮捕和惩罚,犯罪率将上升。争论也由此开始。一方面,如果要提升司法系统的效率,刑法将变得更严厉,犯罪率将下降。有效的法律执行、严格的强制惩罚、扩大的监狱使用是减少犯罪率的关键。尽管犯罪控制也许是代价高昂的,但减少犯罪收益是非常值得的。犯罪控制模式的提倡者认为,司法活动应聚焦犯罪被害人,而非犯罪人,这样才能使无辜的民众免于犯罪伤害。这个目标可以通过更加有效的警察保护、严厉的量刑(包括死刑的自由使用)以及建设一些能安全地监禁顽固罪犯的监狱来实现。如果司法系统更有效率,违法者将减少,它的有效性将提升。另一方面,有效犯罪控制的一个阻碍是保护犯罪被告人正当程序权利的法律障碍。在美国,每年有成千上万的犯罪嫌疑人被无罪释放,因为法庭认为警察违反了米兰达规则,侵犯了犯罪嫌疑人的沉默权。犯罪控制提倡者不希望法律的诉讼程序细节帮助犯罪逃避惩罚,他们呼吁要打破对警察搜查取证和讯问犯罪嫌疑人能力的法律限制。此外,犯罪控制模式的支持者还质疑刑事司法系统矫正罪犯的能力。他们认为大部分矫治项目是无效的,因为司法系统没有能力治疗一个具有长期反社会行为历史的人。从道德和实践的双重立场,刑事司法的角色应该是控制反社会人群。如果不是刑事司法系统,那么普通民众向谁寻求保护以避免犯罪的伤害?

目前,打击犯罪仍是我国刑事司法立法和实践的主导理念之一。我国《宪法》第28条规定:"国家维护社会秩序,镇压叛国和其他危害国家安全的犯罪活动,制裁危害社会治安、破坏社会主义经济和其他犯罪的活动,惩办和改造犯罪分子。"宪法是其他法律的立法依据。我国现行《刑事诉讼法》第1条规定了立法目的,即为了保证《刑法》的正确实施,惩罚犯罪,保护人民,保障国家安全和社会公共安全,维护社会主义社会秩序。可见,惩罚犯罪仍然是我国刑事司法的目的之一。在关于《刑事诉讼法》任务的立法表述中,明确规定保证准确、及时地查明犯罪事实,正确应用法律,惩罚犯罪分子,保障无罪的人不受刑事追究,教育公民自觉遵守法律,积极同犯罪行为作斗争,维护社会主义法制,尊重和保障人权,保护公民的人身权利、财产权利、民主权利和其他权利,保障社会主义建设事业的顺利进行。在此过程中,我国刑事司法体系中的侦查、起诉、审判三机关分工负责、互相配合、互相制约,以实现宪法和法律的目的和任务。三机关分工负责、互相配合、互相制约原则基本规定了我国刑事司法的构造形态,其理论基

---

[1] See Vanessa Barker, *The Politics of Punishing*, Punishment and Society, Vol. 8, p. 5-32(2006).

础有二:[1]第一,将刑事司法活动作为一个认识活动,遵循辩证唯物主义认识论原理,三机关分工负责,各担责任,集思广益,防止片面,层层把关,反复审查,相互监督,力求做到认定事实真实,适用法律正确,做到主客观相符合。第二,将三机关视为无产阶级专政的工具,性质、任务相同,惩罚犯罪的目的完全一致,只有分工负责、互相配合、互相制约,才能顺利、准确地完成使命。

多年来,犯罪嫌疑人和被告人权利保障方面得到了制度支持,但在落实无罪推定、程序公正等原则的配套法律制度上仍需进一步完善,保障这些重要原则在规范层面具有可执行性。例如,严格执行非法证据排除规则,完善证人、鉴定人出庭制度,完善证据收集、审查、运用制度等。近几年来纠正的冤假错案也集中反映了这方面的努力,如佘祥林案、聂树斌案、呼格吉勒图案、赵作海案、张振风案、李久明案、杜培武案等。有学者通过对某高级人民法院改判或发回重审的175起案件为样本,审视冤假错案的刑事司法理念原因,主要包括违反罪刑法定原则,违背无罪推定原则,诉讼监督形式化,过分重视实质正义,忽视程序正义。[2] 但是,从刑事冤假错案的发现和纠正说明,我国刑事司法理念正在发生变化,特别是随着近几年来的以审判为中心的司法改革,旨在使侦查、起诉、辩护、审判等整个刑事司法过程和决策环节都围绕"以庭审为中心"展开,让"庭审功能"和"证据裁判"所折射出的司法规律和证据规则主导刑事司法实践。值得注意的是,我国 2018 年《刑事诉讼法》修改中,确立的一些内容反映了犯罪控制理念,如缺席审判制度、认罪认罚从宽制度和速裁制度,这些制度一定程度上限制了当事人的辩护权,虽提升了诉讼效率,但不利于当事人的权益保障。

二、康复模式

如果犯罪控制模式认为刑事司法的目的是保护公众并控制犯罪,那么康复模式可以说是将刑事司法系统视为照顾和治疗不能管理好自己的"人"。这种模式的提倡者把犯罪看成社会不平等所产生的沮丧和愤怒,给人们更多机会,使他们通过普通的努力就可以改善生活方式,犯罪可以被控制。康复概念假定人们任由社会的、经济的以及人际的条件和互动所支配。犯罪人是贫穷、压力、机会阻塞、家庭破裂以及其他社会问题的受害者。他们居住在社会解组的社区,这些社区没有能力提供良好教育、医疗保障或公民服务。社会必须帮助他们,为这

---

[1] 参见徐益初:《论我国刑事诉讼中的几个辩证关系——兼论完善我国刑事诉讼原则的问题》,载《中国法学》1990 年第 1 期;曾龙跃:《坚持"公检法"的互相配合和互相制约》,载《法学研究》1979 年第 1 期;卢剑青:《对公检法三机关相互关系的再认识》,载《法学》1984 年第 3 期。

[2] 参见杨凯、黄怡:《论刑事司法理念的发展与刑事冤错案防范机制建构——以 175 件再审改判发回案件法律文书的实证分析为视角》,载《法律适用》2016 年第 1 期。

些社会问题而做出补偿。康复模式提倡者认为,政府项目能在社会的(宏观的)和个人的(微观的)两个层面减少犯罪。在宏观层面,研究显示,当取得成功的合法机会下降,人们更可能犯罪如贩毒来维持生活。通过职业培训、家庭咨询、教育服务、危机干预等方式来增加经济机会是一个比监狱更有效的减少犯罪的方式。当合法机会增多,暴力犯罪率就会下降。[1] 在微观层面,康复项目能帮助高风险青少年减少进入犯罪生涯,为他们提供合法的犯罪替代路径,并建议他们抓住机会。如果有适当的治疗,被监禁的犯罪人能显著地降低重新犯罪率。[2] 在矫正环境中,有些发展人际交往技巧的项目,包括态度上的亲社会改变,提高认知思考形态已经显示能减少重新犯罪率。[3] 社会有一个选择:现在付出,资助治疗和教育项目;以后付出,不良青少年就会一次又一次地进入高成本的矫正机构。矫治犯罪人以寻求复归社会的观念并没有失去公众,尽管公众也许想严惩犯罪,但对有些人留出例外,如提倡怜悯青少年犯罪人。

在我国,康复理念主要体现在犯罪预防和矫正领域。犯罪预防方面,比较集中的就是未成年人犯罪预防和特殊人群管理与服务。我国《预防未成年人犯罪法》将未成年人的越轨行为分为不良行为、严重不良行为和犯罪行为,分别采取相应的矫治和干预策略,正是康复模式的体现。特殊人群这个概念自2011年提出以来,主要是指社会管理中的一些弱势群体,各地对其外延的界定不一,以上海为例,特殊人群包括刑满释放人员、社区矫正对象、吸毒人员、社区青少年(包括失学、失业、失管的"三失"青少年,还包括自己或父母双方或一方有前科的青少年)、易肇事肇祸的精神病人共五类。其中大部分人员属于长期以来公安机关列管的重点人口。这些人具有较高的违法犯罪风险,需要特殊对待,因此,政府对他们采取专门的工作措施,包括有针对性的一些帮扶措施,如职业培训、社会救助、心理辅导等措施。上海自2003年成立了阳光青少年服务中心、新航社工总站、自强服务总社等社会组织,负责特殊人群管理与服务的政府机构向其购买专门的社工服务,从而进行特殊人群的管理与服务,预防犯罪。在刑事司法过程中的教育帮扶活动已经有所发展,尤为突出的是检察机关审查起诉阶段对罪行较轻的未成年犯罪嫌疑人可以作出附条件不起诉决定,这个附条件就是完成一定时期的考察期,在考察期中由检察官监督、社工组织实施教育帮扶,最后根

---

[1] See Karen F. Parker & Patricia L. McCall, *Structural Conditions and Racial Homicide Patterns: A Look at the Multiple Disadvantages in Urban Areas*, Criminology, Vol. 37, p. 447−478(1999).

[2] See John Hepburn, *Recidivism Among Drug Offenders Following Exposure to Treatment*, Criminal Justice Policy Review, Vol. 16, p. 237−259(2005).

[3] See Francis Cullen, John Paul Wright & Mitchell Chamlin, *Social Support and Social Reform: A Progressive Crime Control Agenda*, Crime and Delinquency, Vol. 45, p. 188−207(1999).

据其表现决定是否起诉。

三、正当程序模式

正当程序模式强调个人权利和宪法保障,反对武断的或不公正的司法或行政程序。正当程序模式主张,司法系统最大的关注是为被告人提供公正和平等的对待。这意味着提供公正的听证、称职的法律帮助、平等的对待以及合理的制裁。司法系统的自由裁量应受到严格监督,使公民宪法权利得到保障。因此,当法律扩大侦查机关的权力使其能监视和控制公民而不惜牺牲他们的隐私权时,正当程序的提倡者深感忧虑。尽管有些观点认为,刑事司法的真正目标毫无疑问是以一个公平、无偏见的方式运行。正当程序的提倡者指出,司法系统仍是一个全能国家力量和孤立个人之间的对抗过程,如果对正义和公平的关注不存在,缺乏资源的被告人很容易被打败。刑事司法领域的冤案提醒世人,充满疑点的证据若被司法机关认定为证明被告人犯罪的依据,对当事人来说是非常不公平的。因此,应加强对侦查机关的权力监督,包括检察机关的法律监督,还要完善法院运用非法证据排除规则的体制机制,将律师在侦查阶段提供必要的法律帮助这一政策落实到位,健全民众对非法取证行为的申诉、控告和举报的途径。[1]

我国《刑事诉讼法》自1979年通过以来,经历了三次修正,其中的许多内容体现了正当程序理念。例如,1996年该法修改时,确立了未经人民法院审判不得定罪原则,区分了被告人和犯罪嫌疑人的称谓;明确了检察机关对立案侦查、逮捕、审判、刑罚执行等刑事司法全过程的法律监督;完善了律师辩护制度和死刑复核程序;等等。2012年该法修改时,添加了"尊重和保障人权"的宪法原则,显著提高了刑事诉讼的人权保障水平;重点完善了辩护人在刑事诉讼中法律地位和作用的规定,修改完善了律师会见阅卷程序;强化了对侦查措施的法律监督,补充完善了非法证据排除制度,同时规定,不得强迫任何人证实自己有罪;规范了证人出庭作证制度;扩大了法律援助适用范围;适当限制了简易程序适用范围;完善了刑罚执行程序,强化了人民检察院对减刑、假释、暂予监外执行的监督。2018年《刑事诉讼法》修订则尽力在在正当程序与诉讼效率之间保持平衡。认罪认罚从宽制度、速裁程序的确立更多体现的是对诉讼效率的追求,相应地,值班律师制度的建立则为上述制度在正当程序方面提供基本保障。

---

[1] 参见胡德葳、董邦俊:《论我国刑事司法职权配置下侦查权的定位——以"刑事错案"问题为出发点》,载《法律科学(西北政法大学学报)》2016年第6期。

四、非干预模式

刑事司法的非干预模式倾向于最低程度地侵扰性对待犯罪人的可能：非监禁、转处、非犯罪化。非干预模式的支持者认为，司法机构应该限制自己与刑事被告人的接触。不管这个干预是否惩罚或治疗当事人，任何接触的最终目的都是有害的。无论制度的目标或设计如何，人们与警察、精神卫生部门、矫正机构、刑事法庭等社会控制机构接触将产生长期的消极影响。一旦与这样的机构接触，刑事被告人也许被留意，人们可能会认为他们是危险的且不值得相信的，他们可能会形成一个持久的、具有消极含义的记录。贴上一个官方的标签干扰他们个人和家庭的生活，可能会伤害他们的社会关系。最后他们可能甚至相信官方记录的，他们可能将自己视为一个坏人、被排斥者、麻烦制造者等。这样，官方标签促进了而非减少他们卷入反社会的行列中。[1]

非干预模式关注当犯罪嫌疑人被贴上强奸犯、儿童性侵者等消极标签的污名化效应，这些标签将永远伴随他们。一旦被标签，犯罪人可能很难重新为社区所接纳，即使在他们服刑结束后。当犯罪人被处于标签效应较轻的惩罚时，如缓刑，他们重复犯罪的可能性较小。[2] 担心污名和标签的有害影响，非干预主义者已经尝试限制政府控制人们生活的能力。他们呼吁非犯罪化（减少刑罚），以及不严重的无被害人犯罪合法化，如公共场所醉酒以及流浪。非干预主义者要求，移除国家矫正系统中的非暴力犯罪人。实施了轻罪的初犯应被放到一个非正式的、以社区为基础的矫治项目中，这是一个被称为审前分流的流程。有时候，一个新刑事立法会将犯罪人污名化范围超过所犯之罪，被称为"扩大的司法之网"。例如，一个人从网上购买了色情书刊，被贴上一个"危险的性犯罪者"的标签。非干预主义者反对实施那种允许将性犯罪者在社区公开的法律，即要求性犯罪者到执法官员那里登记并允许官员公开该登记者何时入住社区。非干预主义者认为这些法律可能破坏了犯罪人的名声和未来，他们没有机会为自己被指控为慢性性犯罪人辩护。非干预主义者的初衷是帮助人们避免受刑事司法系统查处所带来的污名。

我国的刑事诉讼法设计中，非干预理念的制度集中体现在涉罪未成年人的刑事司法过程中，主要有两个方面：一是对涉嫌特定犯罪的未成年人的附条件不

---

[1] Eric Stewart, Ronald Simons, Rand Conger & Laura Scaramella, *Beyond the Interactional Relationship Between Delinquency and Parenting Practices: The Contribution of Legal Sanctions*, Journal of Research in Crime and Delinquency, Vol.1, p.36-59(2002).

[2] See Cassia Spohn & David Holleran, *The Effect of Imprisonment on Recidivism Rates of Felony Offenders: A Focus on Drug Offenders*, Criminology, Vol.2, p.329-358(2002).

起诉。根据现行《刑法》的规定,对于未成年人涉嫌侵犯公民人身权利民主权利罪、侵犯财产权利罪、妨害社会管理秩序罪,可能判处1年有期徒刑以下刑罚,符合起诉条件,但有悔罪表现的,人民检察院可以作出附条件不起诉的决定。但在附条件不起诉的考验期内,由人民检察院对被附条件不起诉的未成年犯罪嫌疑人进行监督考察。[1] 未成年犯罪嫌疑人的监护人,应当对未成年犯罪嫌疑人加强管教,配合人民检察院做好监督考察工作。二是未成年犯罪人前科封存制度。2011年5月1日实施的《刑法修正案(八)》正式废除了未成年人累犯制度,增设了未成年人免除前科报告义务的规定。2012年修订后的《刑事诉讼法》确立了未成年人犯罪记录封存制度,犯罪的时候不满18周岁,被判处5年有期徒刑以下刑罚的,应当对相关犯罪记录予以封存。犯罪记录被封存的,不得向任何单位和个人提供,但司法机关为办案需要或者有关单位根据国家规定进行查询的除外。依法进行查询的单位,应当对被封存的犯罪记录的情况予以保密。未成年人犯罪记录封存制度是近些年来《刑事诉讼法》修改的一大亮点,它可以有效地遏制未成年人犯罪记录的负面"标签效应",有利于未成年犯罪人重新回归社会及再社会化。

五、正义模式

正义模式的核心是法律面前人人平等。任何区别对待犯罪人的做法将制造一种不公正。当两个人犯了同样罪行却受到不同的惩罚,重到惩罚较重的人会沮丧。这种沮丧和一种不公正感将增加重新犯罪的可能。为了应对这种情形,刑事司法系统必须减少自由裁量和不平等的处理。违法者将依据现在的行为来评价,而非他们在过去做了什么(他们已经为他们过去的行为付出代价),或者他们将来可能做什么(因为未来的行为不能被精确地预测)。对犯罪人的惩罚必须仅基于现在的行为;惩罚必须被平等地执行并基于公正评判功过。正义模式在修正国家的量刑政策中已经产生相当大的影响。比如,通过制定详细的量刑规则来规范法官的自由裁量权,使得客观的犯罪行为和危害后果相似的罪犯得到基本相同的惩罚。

我国《刑法》第4、5条规定,对任何人犯罪,在适用法律上一律平等,不允许

---

[1] 根据《刑事诉讼法》第283条第2、3款规定,附条件不起诉的考验期为6个月以上1年以下,从人民检察院作出附条件不起诉的决定之日起计算。被附条件不起诉的未成年犯罪嫌疑人,应当遵守下列规定:(1)遵守法律法规,服从监督;(2)按照考察机关的规定报告自己的活动情况;(3)离开所居住的市、县或者迁居,应当报经考察机关批准;(4)按照考察机关的要求接受矫治和教育。被附条件不起诉的未成年犯罪嫌疑人,考验期满且没有违反相关规定的,人民检察院应当作出不起诉的决定。

任何人有超越法律的特权;刑罚的轻重,应当与犯罪分子所犯罪行和承担的刑事责任相适应。可见,我国刑法确立了平等适用刑法原则和罪刑相适应原则。可以从以下几个方面来理解平等适用刑法原则。其一,法益平等,即对刑法保护的合法权益予以平等的保护;其二,定罪平等,即任何人犯罪都应受到刑事追究,相同的犯罪适用相同的定罪标准;其三,量刑平等,即对违法性与有责性程度相同以及预防必要性相同的犯罪,应当判处相同的刑罚;其四,行刑平等,即对于服刑的罪犯,应当严格按照刑法规定平等地执行。当然,众所周知,量刑依据完全相同的案件几乎没有。在法定量刑幅度内,法官选择适用怎样的具体刑罚,应是其自由裁量的结果。第一,法益平等并不意味着刑法不能根据性别、年龄、身体完整性等具体情况作出差别规定。例如《刑法》规定,对于未成年人应当从轻、减轻处罚,对于怀孕的妇女、未满18周岁的人不适用死刑,对年满75周岁的人一般不适用死刑。第二,定罪平等并不意味着司法不能根据不同地区经济发展水平和社会治安状况的差异作出差别量刑。例如盗窃罪,在最高人民法院确定的数额幅度内,各地适用的具体定罪量刑标准有所不同。第三,量刑平等并不意味着法院对相同案件不能根据酌定量刑情节作出差别处罚。例如,同样是入室盗窃3000元,甲之前表现良好,盗窃是为筹集学费,乙之前劣迹斑斑,盗窃是为获取赌资。从酌定量刑情节上考虑,对乙的处罚可能重于对甲的处罚。第四,行刑平等并不意味着监狱不能根据罪犯的犯罪类型、刑罚种类、刑期、改造表现等情况采取分别关押、不同管理方式等予以区别对待。例如,将未成年人与成年人予以分别关押,根据老幼病残的不同情况采取不同管理方式,都未违反平等适用刑法原则。可见,刑事司法的正义理念要通过相对的平等来实现,当然,这不排除法院系统为"同案同判"做出的努力,如最高人民法院经常发布量刑指导意见和指导案例,在一定程度上促进了全国范围内量刑的统一。同时,立法中对减刑的最低实际服刑期有明确要求,也减少了减刑带来的实际执行差异。

六、恢复性司法模式

恢复性司法模式将刑事司法系统的主要目标看作对错误行为的系统反应,这种反应强调治愈被犯罪所伤害的被害人、犯罪人和社区,它强调制造和平,而非惩罚。根据恢复性司法理念,刑事司法系统的真正目的是促进一个和平和正义的社会。恢复性司法的提倡者将国家惩罚和控制视为"犯罪鼓励"(crime encouraging)而非"犯罪阻止"(crime discouraging)。[1] 国家暴力的惩罚行为与个人的暴力行为并非不同。因此,互相帮助,而非惩罚,才是和谐社会的关键。

---

[1] See Larry J. Siegel, *Introduction to Criminal Justice*, 12th edition, Cengage Learning, 2010, p. 29.

没有恢复被犯罪破坏的社会关系的能力，社会对犯罪的反应几乎只有惩罚。根据恢复性司法，犯罪人与被害人之间的冲突的解决应在冲突起源的社区，并不是某个遥远的监狱。被害人应该有一个机会来表达自己的意见，犯罪人也能直接表达回归社会和矫治的需求，目的是促使犯罪人认识到他所造成的伤害，并重新回归社会。恢复性司法项目现在已经适应了这些原则：调解和冲突在解决从家庭暴力到仇恨犯罪等伤害型的人际互动中成为一种普遍的做法。[1]

在我国，最具恢复性的刑事司法制度是刑事和解。刑事和解，是刑事诉讼中的加害人以认罪、赔偿、道歉等形式与被害人达成和解后，国家专门机关对加害人不追究刑事责任、免除处罚或者从轻处罚的制度。侦查机关应对和解的自愿性、合法性进行审查，并主持制作和解协议书。对于达成和解协议的案件，公安机关可以向人民检察院提出从宽处理的建议。我国的刑事和解程序并不影响定罪，但是，对于量刑的影响较大。公安机关在主持制作和解协议书以及提出从宽处理建议的过程中，刑事和解条件的确定、量刑情节的认定、协调加害方与被害方的关系，都是侦查裁量权的内容。我国《刑事诉讼法》规定，公诉案件，犯罪嫌疑人、被告人真诚悔罪，通过向被害人赔偿损失、赔礼道歉等方式获得被害人谅解，被害人自愿和解的，双方当事人可以和解。和解的案件范围包括：(1)因民间纠纷引起，涉嫌《刑法》分则第四章、第五章规定的犯罪案件，可能判处3年有期徒刑以下刑罚的；(2)除渎职犯罪以外的可能判处7年有期徒刑以下刑罚的过失犯罪案件。犯罪嫌疑人、被告人在5年以内曾经故意犯罪的，不适用和解程序。双方当事人和解的，公安机关、人民检察院、人民法院应当听取当事人和其他有关人员的意见，对和解的自愿性、合法性进行审查，并主持制作和解协议书。对于达成和解协议的案件，公安机关可以向人民检察院提出从宽处理的建议；人民检察院可以向人民法院提出从宽处罚的建议，对于犯罪情节轻微，不需要判处刑罚的，可以作出不起诉的决定；人民法院可以依法对被告人从宽处罚。

---

[1] See Robert Coates, Mark Umbreit & Betty Vos, *Responding to Hate Crimes Through Restorative Justice Dialogue*, Contemporary Justice Review, Vol. 9, p. 7-21 (2006).

第三章　犯罪与犯罪控制

　　刑事司法过程的处理对象是"犯罪"。那么,何谓犯罪?虽然我们可以列举谋杀、抢劫、强奸、盗窃等案例来说明什么是犯罪,但对其进行抽象的界定却不那么容易。对于犯罪的理解,有道德、宗教、法律等诸多领域和视角[1],它们分别体现了各自的功能和特点。人们对犯罪的认识是一个渐进的过程,是随着社会生产力的发展和文明的进步而逐步从神学走向科学。自现代犯罪学产生以来,对犯罪概念的使用并没有统一,以致有人认为,"对我们来说,拥有一个固定的犯罪定义,或者对其基本模式有全面的认识,也许根本就不可能实现"[2]。甚至认为,"想要提出一个一般的和普遍的关于犯罪的定义将是徒劳的和危险的"[3]。与刑事司法关系最密切的犯罪概念包括从规范和事实两个层面的理解。前者为刑事司法、执法提供了标准,适用于刑事法学研究;后者为研究犯罪规律提供参照,常见于犯罪学研究。刑事司法以犯罪规律为指导,但进入司法流程的对象首先要由司法人员确认是否符合规范上的犯罪概念。可见,"刑事司法学是沟通犯罪学与刑法学的桥梁,犯罪学是她的理论基石,刑事法律的实现过程是她的研究对象"[4]。因此,我们要综合犯罪学与刑法学对犯罪概念的界定来对刑事司法学中犯罪概念进行理解。同时,要全面了解犯罪控制的内涵与外延,进而更好地理解刑事司法在犯罪控制中的位置。

---

[1]　参见李永升:《关于犯罪概念的多向性思考》,载王牧主编:《犯罪学论丛》(第1卷),中国检察出版社2003年版,第186-201页。
[2]　[英]詹姆斯·马吉尔:《解读心理学与犯罪——透视理论与实践》,张广宇等译,中国人民公安大学出版社2009年版,第7页。
[3]　[法]乔治·比卡:《犯罪学的思考与展望》,王立宪、徐德瑛译,中国人民公安大学出版社1992年版,第3页。
[4]　皮艺军:《刑事司法学的学科意义——实现犯罪学与刑法学理论张力的一条新途径》,载《福建公安高等专科学校学报——社会公共安全研究》1999年第6期。

第一节　犯罪与犯罪人

一、刑事司法中的犯罪概念

在刑事司法中,犯罪是违反了刑法的行为。"犯罪"在一定程度上是指社会认为是错误的、需要控制的一系列行为。刑事司法要严格执行罪刑法定原则,以免出入罪滥用司法权力。

我国传统犯罪构成理论将犯罪构成分为主体、主观、客体、客观四个要件。犯罪定义最核心内容包括两个部分,一是客观要件,即当事人的行为,二是主观要件,即当事人的意图或精神状态。除一些法定的过失犯罪外,被认为是一个犯罪人,单是做出犯罪行为是不够的,他还必须是故意为之。例如,大多数法域将入室盗窃罪定义为非法进入一个地方以在其中犯罪。要被判入室盗窃罪,必须非法进入一个地方(住宅、企业、仓库等)。然而,仅仅进入并不能使人成为窃贼。进入是行为,要定性为一名窃贼,入室时还必须有犯罪意图。这种犯罪意图是犯罪者的心理状态。下面两个假设的人都不是入室盗窃:例一,李某被邀请去邻居家参加聚会。他不太关心这些邻居,但非常关心他们的一些财产。李某接受邀请,参加聚会,目的是获得邻居的财产。李某不是入室盗窃,因为进入是合法的。例二,张某从一个宴会上走回家,路过一个皮草店。张某因为喝得太多,醉倒了,撞碎了皮草店的橱窗,躺在一堆毛皮大衣里睡着了。警察在几分钟内赶到,发现安静休息的张某。张某不是窃贼,因为他闯入皮草店没有犯罪的意图。

为了定罪,国家必须证明一项罪行的所有要素(包括犯罪行为和犯罪意图)且没有合理的怀疑。对于某些罪行,国家证明嫌犯有罪的工作要容易一些,如严格责任型犯罪。在这些案件中,如果能够证明被告人的行为在被禁止的行为中,将被假定有犯罪意图而定罪,不管其真实意图如何,她或他都要对行为的后果承担严格的责任。在我国,关于严格责任型犯罪最典型的是持有型犯罪,如非法持有毒品、枪支等犯罪。还有一些事故型的犯罪,如交通肇事逃逸致人死亡罪、消防责任事故罪、重大环境污染事故罪等,交通肇事逃逸、违反消防责任、违反环境保护法,但对严重的后果是过失或放任,而非故意。法律对此不加区分而规定相同的法定刑,因此应属严格责任之列。

为了理解犯罪的性质,需要对犯罪的定义和犯罪的构成要件作简要的解释。然而,单凭这一解释并不能帮助我们获得对审查刑事司法程序有益的犯罪视角。立法机构已经成功地将大量迥然不同的行为定义为犯罪。司法系统必须以有限的资源和能力应对所有这些问题。为了更好地组织和部署有限的犯罪控制资源,必须对这一过多的犯罪行为进行分类和排序。值得我们注意的是国内外犯罪立法的区别。国外犯罪立法采取定性做法,如盗窃、伤害、诈骗等行为在大多数国家被称为犯罪;我国采取定性与定量相结合的做法,此类行为要达到一定的危害后果才被列入法律上的犯罪。

二、犯罪的分类

对犯罪与犯罪人进一步分类有利于我们理解犯罪的本质,也有助于我们对刑事司法过程的理解。例如,不同级别的刑事司法机关限于自身资源和坚持有利于案件事实查明的原则,对所处理的案件类型做出限制,对不同类型的犯罪人采取不同的刑事司法措施,以实现犯罪控制。

(一) 自然犯罪和法定犯罪

加罗法洛提出了自然犯罪的概念,将犯罪分为自然犯罪和法定犯罪两种类型。自然犯罪是指违反人类怜悯情操和正直情操的任何犯罪行为,如杀人、故意伤害、抢劫、盗窃、强奸、放火等,这些行为本身是错误的;法定犯罪是因为法律禁止而被认为是错误的,如走私、偷税漏税等。杀人、抢劫、盗窃、强奸等自然犯罪或街头犯罪,大多发生在人们身边或者日常生活中,人们对它的感知具体而直观,公众的犯罪恐惧感主要源于自然犯罪。因此,一提到犯罪行为,人们通常首先联想到的是杀人、抢劫、盗窃、强奸等犯罪行为;一提到犯罪问题,往往把它等同于自然犯罪及其威胁问题。对犯罪现象的这种认识,是一种传统的自然犯罪观,它产生于自然犯时代,但至今仍然为许多人所固守。

自然犯罪包括传统或街头犯罪,不管法律方面的规定如何,这些行为本身被认为是错误的。故意或不小心对某人造成身体伤害或痛苦,或夺走他人财产,是大多数人认为完全错误的行为。人们不需要刑法就认识到无故杀人(通常是有原因杀人)是"错误的"。这些正是我们最认同的犯罪行为,也是我们大多数人关于犯罪的心理形象关注的焦点。各国刑法都设置明确的罪行标准和惩罚机制,涉及必须禁止的行为和伴随的精神状态,以便公正司法。

法定犯罪中的错误行为,是因为它们被法律禁止从而被定义为错误。成年人在自己家里使用麻醉品和拒绝缴纳所得税(特别是如果这些钱可以更好地花在其他事情上)并不是必然错误的行为(至少从世俗的角度来看)。法律禁止了它们,并将它们定义为犯罪,使这些行为成为犯罪,因而它们是错误的。

自然犯罪与法定犯罪的区分未必完全合理,法定犯也未必不具有本质上的邪恶性,例如直接威胁人类生存安全的生态环境犯罪。不过,自然犯罪与法定犯罪的区分仍有其价值,前者可以作为传统暴力犯罪和财产犯罪的代称。后者可以作为在工业化和城市化背景下大量发生的新型犯罪的代称,这些新型犯罪包括由自然人或者法人实施的贪贿渎职犯罪、破坏生态环境和自然资源犯罪、食品药品安全犯罪、生产销售伪劣商品犯罪、金融犯罪、税收犯罪、走私犯罪、侵犯知识产权犯罪、毒品犯罪、危害公共安全犯罪、网络犯罪以及滥用生物技术转基因技术犯罪,等等。

纵观人类犯罪史,随着社会的变迁,犯罪现象的结构发生了巨大变化。在传统农业社会,犯罪现象以传统暴力犯罪和财产犯罪即传统自然犯罪或街头犯罪为主要形态;在工业化和城市化社会,各种各样的法定犯罪成为犯罪现象的主要形态,并在犯罪现象总量中占据绝大多数。由此,人类犯罪史可以大致分为自然犯时代和法定犯时代两大阶段。我国现行《刑法》是我国法定犯时代的一个映射。具体而言,《刑法》分则第二章规定的危害公共安全罪、第三章规定的破坏社会主义市场经济秩序罪、第六章规定的妨害社会管理秩序罪、第七章规定的危害国防利益罪、第八章规定的贪污贿赂罪、第九章规定的渎职罪,均属于法定犯罪;《刑法》分则第四章规定的侵犯公民人身权利、民主权利罪和第五章规定的侵犯财产罪中的部分罪名,如强迫劳动罪、恶意欠薪罪等,也属于法定犯罪。

有学者认为,法定犯罪的恶害,远大于所有自然犯罪的恶害。[1] 如果说传统自然犯罪会引起强烈的社会公愤并起到反向强化社会道德情感的作用,那么,法定犯罪的快速增长更会彻底败坏社会道德情感甚至影响国家政治稳定基础;如果说自然犯罪是人们犯罪恐惧感的主要来源,那么贪贿犯罪以及其他经济犯罪、科技犯罪则可能给国家政治秩序和社会稳定造成颠覆性的破坏。法定犯罪不仅会像自然犯罪那样造成巨大的物质损害,而且会在更大程度上伤害人类的正义之感和怜悯情操,败坏社会诚信和道德情感;不仅会像自然犯罪那样危害个人、单位或者国家的物质或非物质利益,而且会破坏自然生态环境,威胁全人类的生存与安全。

(二)重罪与轻罪

依据犯罪的社会危害程度可以将犯罪分为轻罪与重罪。社会危害性一般是由四个犯罪要素构成,即犯罪所侵害的客体、犯罪的后果、犯罪的主观罪过(故意或过失)、犯罪手段等。上述因素(侵害的程度或罪过、手段等的卑劣程度)决定着社会危害性的程度或大小。[2] 各国对于重罪、轻罪的规定又有所不同。

法国刑法将犯罪分为重罪、轻罪、违警罪。《法国新刑法典》第111-1条规

---

[1] 参见赵宝成:《法定犯时代犯罪的"真问题"是什么》,载《检察日报》2016年7月19日。
[2] 参见[俄]H. Ф. 库兹涅佐娃、И. M. 佳日科娃主编:《俄罗斯刑法教程(总论)》(上卷·犯罪论),黄道秀译,中国法制出版社2002年版,第159-160页。

定:"刑事犯罪,依其严重程度,分为重罪、轻罪和违警罪。"所谓"依其严重程度",是指"依据犯罪给社会造成的危害的大小"。[1]《法国新刑法典》在作出原则规定时,又具体规定:(1)如果犯罪当处无期徒刑或者终身拘押,或者当处30年、20年或15年有期徒刑或有期拘押刑,为重罪;(2)在犯罪当处矫正刑刑罚时,也就是科处最高刑为10年监禁,罚金至少为25000法郎刑罚时,为轻罪;(3)如果特别法条规定,除累犯之情形外,对某一犯罪仅可处不超过10000法郎的罚金,则是违警罪。[2]

受1810年《法国刑法典》的影响,《德国刑法典》在犯罪分类上也一直采取罪分三类的做法。但1975年《德国刑法典》取消了违警罪,将违警行为以及其他违反秩序行为统一规定于《违反秩序法》中,自此《德国刑法典》开始采用罪分两类的做法。2002年修订的《德国刑法典》将犯罪分为重罪和轻罪。依据现行《德国刑法典》第12条规定:(1)重罪是指最低以1年或者1年以上的自由刑相威吓的违法行为;(2)轻罪是指最低以更轻微的自由刑或者以罚金刑相威吓的违法行为。

《意大利刑法》将犯罪分为重罪和违警罪。根据《意大利刑法》第39条规定,法定刑为无期徒刑、有期徒刑或罚金的犯罪是重罪,法定刑为拘役或罚款的犯罪则为违警罪。《意大利刑法》规定重罪只能由故意构成;而违警罪则无论故意、过失均能构成。

《俄罗斯刑法》规定,依照行为性质和社会危害性的程度,犯罪分为轻罪、中等严重的犯罪、严重犯罪和特别严重的犯罪。轻罪是指刑法规定的最高刑罚不超过2年剥夺自由的行为。中等严重的犯罪是指刑法规定的最高刑罚不超过5年剥夺自由的行为。严重犯罪是指刑法规定的最高刑罚不超过10年剥夺自由的行为。轻罪、中等严重的犯罪和严重犯罪,故意和过失均可构成。特别严重的犯罪是指刑法规定的最高刑罚超过10年剥夺自由或更严重的行为。特别严重的犯罪,只有故意才能构成。

美国是联邦制国家,各州立法不尽相同。但是,美国2/3州的刑法典都是以《模范刑法典》为蓝本制定的。根据《模范刑法典》的规定,犯罪分为重罪、轻罪、微罪和违警罪。而重罪又分为一级重罪、二级重罪和三级重罪。轻罪的刑罚不超过1年监禁。微罪的最高刑期为30天。而违警罪只能处予罚金、没收等制裁,不能处以监禁。

---

[1]《法国新刑法典》,罗结珍译,中国法制出版社2003年版,第261页。
[2] 参见何雨亭:《世界主要国家对轻罪重罪的划分》,载北京法院网2013年9月10日,http://bjgy.chinacourt.gov.cn/article/detail/2013/09/id/1081794.shtml。

从这些分类可见,这种犯罪分类的根据是社会危害性,但这种社会危害性体现在立法者衡量后的刑罚。与上述各国的标准有所不同,我国的刑法并未对轻罪、重罪的标准作出划分,学界的观点主要有3年(有期徒刑)说[1]和5年(有期徒刑)说[2]。这里认为以3年有期徒刑比较合适,最为明显的依据就是缓刑的适用条件,即应判刑罚为3年以下有期徒刑(实际量刑),可见,我国立法机关将3年及以下有期徒刑的罪行视为社会危害性较小的罪行。重罪则是应处3年以上有期徒刑刑罚的罪行。因此,可以将我国刑法中犯罪分为轻罪和重罪。不过,结合我国刑法的量刑幅度,有期徒刑有3年、5年、7年、10年、无期徒刑等节点,所以,我国刑法的重罪类似俄罗斯的做法,将重罪划分为不同程度的类型。在刑法规定的犯罪体系外,我国还有一个类似境外违警罪的法律设置,即违反治安管理行为,其被列入治安行政处罚的范畴。

(三)普通犯罪和危险犯罪

唐纳德·纽曼(Donald Newman)将犯罪分为普通犯罪和危险犯罪。[3] 他认为,在同一犯罪类型中,可以将犯罪划分为"更好"或"更差"。一起入室盗窃如果仅仅进入室内并窃取财物,而没有对房屋做出更多的损害,这是一种普通的入室盗窃行为。然而,窃贼除闯入和偷窃外,还可能破坏房屋,这可能是一种严重的盗窃行为。普通与严重的区分通常用于一些不太精确的分类(如抢劫)中,以便区分相同行为的几个不同情况的严重性。与其他犯罪分类一样,这种区分的目的是弄清司法系统应采取的对策。通常情况下,刑事司法机构和人员更愿意花费资源来应对加重的重罪,而不是普通的违法行为。很多人在因交通违章被拦下时可能都会想,为什么警察不"打击犯罪",而是把注意力放在琐碎的事情上。

经验证据表明,犯罪类型是刑事司法决策中考虑的重要因素之一。严重的罪行受害人和证人更愿意报告,犯罪行为人更可能被调查和起诉。刑事司法的各机关也倾向于关注严重的犯罪并投入更多的警力和资源,因此,理解刑事司法运行,犯罪的严重程度是一个重要的考量因素。例如,我国公安机关通常将"八大重罪"的发生情况作为衡量治安情况的指标之一。"八大重罪"是八种犯罪行为,而非犯罪类型,具体包括故意杀人、故意伤害(必须达到重伤或者死亡)、强奸、抢劫、放火、贩卖毒品、投放危险物质和爆炸。这些行为的暴力程度比较高,

---

[1] 参见黄开诚:《我国刑法中轻罪与重罪若干问题研究》,载《现代法学》2006年第2期。
[2] 参见田兴洪:《轻重犯罪划分新论》,载《法学杂志》2011年第6期;卢建平、叶良芳:《重罪轻罪的划分及其意义》,载《法学杂志》2005年第5期。
[3] See Donald J. Newman, *Introduction to Criminal Justice*, 3rd edition, Random House, 1987, p. 28-30.

严重危害并威胁着社会大众的安全感,即使是 14—16 周岁的未成年人实施了这些犯罪,也要受到刑罚的制裁。

一个犯罪行为是重罪还是轻罪,将影响刑事司法系统的启动和运行。迈克尔·戈特弗雷德森(Michael R. Gottfredson)和唐纳德·戈特弗雷德森(Don M. Gottfredson)回顾了刑事司法过程的研究。从侦查到刑满释放的各种刑事司法决策环节中,包括犯罪被害人是否向警方报案的决定中,三个因素是最重要的决策预测因素。他们认为,"从犯罪者、罪行、被害人、决策者以及可能影响个人决策的情境因素来看,有三个因素似乎在整个系统中扮演着持久而重要的角色:犯罪的严重性、犯罪者的刑事前科以及受害人与犯罪人之间的人际关系。"[1] 可见,犯罪的严重性或犯罪类型是影响刑事司法处理的重要因素。当犯罪被定义为重罪时,它们比轻罪更容易受到调查。犯重罪的人比犯轻罪的人更经常地被判处监禁,且被判处的监禁时间更长。

三、犯罪人的分类

与犯罪本身一样,犯罪人也是五花八门。假如,刑事司法系统控制犯罪的总体任务中包括一个预防性的组成部分,对犯罪人类型的了解和对犯罪类型的了解一样重要。犯罪学也通常从犯罪人(青少年犯罪、老年人犯罪、女性犯罪等)、被害人(无被害人犯罪、针对儿童的犯罪、针对女性的犯罪等)、犯罪手段(杀人犯罪、抢劫犯罪、盗窃犯罪等)等角度对犯罪现象进行分类,为探寻犯罪规律提供依据。刑法学中更加注重从犯罪手段和严重程度对犯罪行为进行分类,为定罪量刑提供基础。刑事司法学兼具了二者的特征,为刑事司法资源的分配提供依据,例如,确定某些类型的犯罪人需要刑事司法系统做出特别应对;在刑事司法系统的关键决策点,如审前释放、量刑、假释等环节识别危险犯并作出决定。这些做法的主要目的是提升刑事司法的效果,将资源用于被认为最有可能重新犯罪的罪犯,或通过羁押最有可能剥夺犯罪能力或产生威慑作用的罪犯。

(一)不同罪行的犯罪人

一种常见的罪犯分类方法是根据他们犯下的罪行——谋杀罪的人是杀人犯,抢劫罪的人是抢劫犯,入室盗窃罪的人是窃贼,等等。这通常是媒体和惩教机构如何识别罪犯的。警方经常对这个简单的方案进行改进,增加犯罪细节,如犯罪时间、使用的武器类型和受害者的特征。这些新增的细节包括作案手法。犯罪者经常从事各种犯罪行为,今天的强盗可能是昨天的小偷,也可能是明天的

---

[1] Michael R. Gottfredson & Don M. Gottfredson, *Decision Making in Criminal Justice: Toward the Rational Exercise of Discretion*, 2nd edition, Plenum, 1988, p. 257-258.

小偷。但并非都如此,罪犯可能至少在犯罪类型上有专长。有研究报告指出,一些犯罪人可能犯下暴力罪行,而其他人则不太可能犯下暴力罪行。有些犯罪类型似乎"走在一起",可能代表某种犯罪生活方式。武装抢劫、其他武装暴力、贩卖毒品和严重的财产犯罪之间存在联系,从事其中一种犯罪的罪犯更有可能参与其他犯罪。[1] 还有研究认为,[2]在一个少年犯样本中发现了暴力行为专门化的证据。本书通过对上海某区未成年人犯罪研究表明,有些犯罪人随着年龄的增长,逐渐从暴力型犯罪(抢劫、抢夺)转向非暴力型(诈骗)犯罪,也有的犯罪人持续进行盗窃行为。这些研究表明,虽然说"窃贼"或"强盗"可能不准确,但罪犯确实可以按犯罪类型分为财产犯、暴力犯或其他类型的犯罪,如毒品犯。

(二) 不同危险性的犯罪人

一个典型的罪犯分类类似于犯罪的普通和加重的区分。在这里,罪犯被认为是"初犯"(普通)或"累犯"(更危险)的罪犯。许多司法管辖区都有处理累犯(职业罪犯)的特别程序,区别在于定期或偶尔犯罪。那些过着犯罪生活的人,也就是说,那些经常从事犯罪行为的人,要为过多的犯罪承担责任。职业犯罪人的最显著特征就是重复犯罪。职业犯罪人是从犯罪生涯视角研究的结果,犯罪学家通过对犯罪人的"犯罪生涯"来研究犯罪行为,研究者旨在确定犯罪者一生所遵循的、导致他犯罪或不犯罪的路径。这种理论认为,犯罪性并不是一直是一个犯罪人的个性中心。每个人都有可能犯罪,然而只有少数人会成为犯罪人。用现在的说法,这种研究罪犯的方法被称为生命历程犯罪研究,即人们如何在一生中从事或避免犯罪。[3] 职业犯罪人是以犯罪为业的人,通常被称为"顽固的犯罪人"或持续犯罪人。对于职业犯罪人来说,犯罪是一个正常活动,成为犯罪人是自我认同的一部分。职业犯罪人犯下了大多数罪行,刑事司法机构试图将注意力集中在这些人身上,希望能对犯罪率的研究产生影响。

四、犯罪和犯罪人分类的刑事司法意义

首先,犯罪和犯罪人的分类用于计划和评估刑事司法资源的使用,尽管这些分类并不完美,但它使司法系统以一种方式组织起来,使其运行更加有效。例如,美国警察可以将入室盗窃分为少年入室盗窃者、普通入室盗窃者和"猫贼"

---

[1] See Glenn Deane, David P. Armstrond & Richard B. Felson, *An Examination of Offense Specialization Using Marginal Logit Models*, Criminology, Vol. 4, p. 955-988(2005).

[2] See D. Wayne Osgood & Christopher J. Schreck, *A New Method For Studying the Extent, Stability, and Predictors of Individual Specialization in Violence*, Criminology, Vol. 2, p. 273-312(2007).

[3] See David Farrington, *Developmental and Life-Course Criminology: Key Theoretical and Empirical Issues—the 2002 Sutherland Award Address*, Criminology, Vol. 2, p. 221-256(2003).

(cat burglars)。正如其名字所暗示的,少年入室盗窃者是一个年轻人,在犯罪过程中很少经过深思熟虑,也很少小心。一般的窃贼都会计划自己的罪行,并小心避免被发现。"猫贼"是指当住户在房屋内时盗取房屋的人。[1] 尽管这些都被称为入室盗窃犯,但他们对公众的危险是不同的,因此刑事司法反应不同。少年入室盗窃者很可能会抢走任何能迅速获得和携带的贵重物品。一般的窃贼在作案期间不太可能被发现,而且通常会拿走更多的财产。"猫贼"虽然也不太可能被发现,但通常只限于现金、珠宝或特定的高价值物品。

其次,刑事司法机构和人员被组织起来,更好地打击严重的犯罪和犯罪人。职业犯罪人的概念导致警察或起诉项目,集中那些最具有持续或经常实施严重犯罪的人身上。我国公安部门设立大案要案审查机构,并在刑法中对累犯作出了从重处罚的专门规定。美国许多警察部门和检察院都有专门的累犯或职业犯罪局。一些州采取主动行动,支持(或要求)地方司法机构将注意力集中在职业罪犯身上。加利福尼亚州支持一项职业犯罪检控项目,并由州政府提供专项资金。在弗吉尼亚州,实施了严重或惯犯综合行动计划(Serious Habitual Offender Comprehensive Action Program,SHOCAP)。

值得注意的是,犯罪学家已经开始关注犯罪的不同维度。"理性选择"理论重新兴起,该理论将罪犯视为经济决策者,在决定犯罪之前计算犯罪的成本和收益。丹尼尔·纳金(Daniel Nagin)认为,关注犯罪者如何对是否实施犯罪以及实施哪些犯罪作出选择,将扩大我们对犯罪的理解以及我们控制和预防犯罪的能力。[2] 他提醒到,理性选择的方法必须意识到这样一个事实:决定不仅涉及理性,而且涉及情感。很可能在某些情绪环境下,比如在我们生气、害怕或兴奋的时候,某些决定对我们来说是合理的。

我们今天听到的关于"职业罪犯"的报道较少,更多的是关于"生命历程"的犯罪。莫菲特(Terrie E. Moffitt)提出了一个最著名的生命历程犯罪学理论,即"生命历程持续/仅在青春期出现"(life-course-persistent/adolescence-limited theory)。[3] 她认为有些人一生都在犯罪,而另一些人则经历了犯罪风险较大的特定时期(通常是青春期)。生命历程犯罪学是犯罪学理论的一个子集,旨在

---

[1] See Don C. Gibbons, *Society, Crime, and Criminal Careers*, 2nd edition, Prentice Hall, 1973, p. 14.
[2] See Daniel Nagin, *Moving Choice to Center State in Criminological Research and Theory*, Criminology, Vol. 2, p. 259-272(2007).
[3] Terrie E. Moffitt, *Adolescence-Limited and Life-Course-Persistent Antisocial Behavior: A Developmental Taxonomy*, Psychological Review, Vol. 100:4, p. 674-701 (1993); Terrie E. Moffitt, *A Review of Research on the Taxonomy of Life-Course-Persistent/Adolescence-Limited Theory*, in Francis T. Cullen, John Paul Wright and Kristie R. Blevins eds, In Taking Stock: The Status of Criminological Theory, Transaction Publishers, 2006, p. 277-311.

了解人们一生中如何开始、继续和停止犯罪活动。[1] 另一个主题与场所或环境犯罪学有关。科恩和费尔森描述了一种"日常活动"的犯罪理论。[2] 他们认为,犯罪发生时,一个有动机的犯罪人和一个合适的目标(受害者或财产)在没有有效监管的时空上聚集在一起。也就是说,社会上有犯罪人和受害者,有时他们会在特定的地方接触。除非有人(监护人)在场阻止,否则就会发生犯罪。因此,犯罪取决于犯罪者、目标和监护人之间的相互作用。这一理论提出了一种分析犯罪行为的结构性方法。例如,通过增加监管可以减少犯罪。还有更新的研究角度,犯罪学专家把注意力集中在重复受害者身上——那些经常成为犯罪受害者的人。

第二节 刑事司法的犯罪统计

数十年来,批评者们围绕"犯罪黑数"写了不少论文。犯罪黑数代表着我们所不知道的已发生犯罪数量。如我们看到的一半月亮,另外一半是阴影,我们看不到。现在的官方犯罪统计也只能揭示实际发生犯罪或多或少的一部分,剩下的隐藏在"阴影"里,它们就是"黑数"。

一、犯罪数字的刑事司法意义

一开始我们可能会问,那又怎样?我们不知道到底有多少犯罪,这有多重要?即使我们看不到满月,我们也知道它就在那里。悖论的是,如果我们不知道犯罪黑数是什么,我们就无法知道我们所不知的犯罪的重要性。当我们研究犯罪统计数据的用途时,这个问题就变得更加清楚了。张远煌教授将犯罪测量的目的和作用归纳为三个方面:一是提出和评价犯罪原因方面理论的重要基础;二是评价犯罪预防和刑事执法实际功效的重要手段;三是有助于犯罪控制资源的合理化安排。[3] 这里认为,在刑事司法中,犯罪测量的功能可以概括为几个方面:

一是解释犯罪现象。为什么有些人违法犯罪?这是犯罪学家们的核心课题。现有的犯罪原因理论就是这种思考的结果。犯罪原因理论的提出,是对犯

---

[1] 参见[美]斯蒂芬·E.巴坎:《犯罪学:社会学的理解》,秦晨等译,上海人民出版社2011年版,第253-254页。

[2] See Lawrence E. Cohen & Marcus Felson, *Social Change and Crime Rate Trends: A Routine Activities Approach.*, American Sociological Review, Vol. 44:4, p. 588-608(1979).

[3] 参见张远煌:《犯罪学原理》(第2版),法律出版社2008年版,第219-220页。

罪现象的深刻理解,而对犯罪现象的认识来自各种犯罪测量资料。但是,我们实际上对许多犯罪都不了解,只能作部分解释。许多人认为贫穷会导致犯罪,我们所知道的大多数犯罪的人都可以被归类为"穷人"。然而,一个问题出现了,我们不知道那些处于黑数中的犯罪行为人是穷人还是富人。如果这些不为人知的犯罪人并不贫穷,那么贫穷只能解释我们所能确定的人的犯罪行为。

二是描述犯罪形态,进行犯罪风险评估,合理安排刑事司法资源。描述犯罪是准确描绘犯罪的数量和分布。它对于分配刑事司法资源很重要,决定在哪里集中警察巡逻,估计检察官和法官需求数量。同时,通过犯罪的描述可以发现犯罪形态的历时性变化,相应调整刑事司法运作。准确的犯罪数据使我们能够估计人们成为犯罪者或犯罪受害者的风险。不知道实际发生了多少犯罪,就无法预测未来可能发生多少犯罪。在某种程度上,刑事司法过程试图减少犯罪,缺乏对犯罪实际水平的了解阻碍了我们影响未来的能力。了解什么样的犯罪发生,以及犯罪发生的地点和时间,使刑事司法机构能够更有效地分配资源。1989年,谢尔曼等人创造了"犯罪热点"(hot spots)一词,指的是比其他地方更容易发现犯罪的地方。[1] 犯罪热点概念有助于决定在何处部署巡逻警力。一些研究人员报告说,在犯罪多的地方集中警力是预防和控制犯罪最有效的巡逻手段。[2] 同样,如果我们知道某个地方的犯罪率比其他地方高,我们可以尽量避开那个地方,减少成为犯罪受害者的机会。当然,这些"策略"的有效性取决于我们识别"热点"的准确性。

三是刑事司法项目评估(program evaluation)。利用犯罪统计可以分析刑事司法在控制犯罪方面的效果。例如,增加巡逻警力或推行社区预防计划是否减少了犯罪,矫正措施是否减少了再犯,增设的新罪名是否遏制了相关犯罪,控制职业罪犯的刑事司法项目是否产生了比"正常"刑事司法处理更好的犯罪控制效果,是否应该继续还是扩大这些项目,等等。项目评估当然需要真实的犯罪数据来进行比较,犯罪黑数的存在使我们无法全面、准确地评价这些项目对犯罪发生率的真实影响。

二、官方的犯罪统计

在犯罪测量中,包括官方的犯罪统计和非官方的犯罪统计。官方的犯罪统计结果是犯罪学及刑事司法研究中最常用的资料。

---

[1] See L. Sherman, P. Gartin & M. Buerger, *Hot Spots of Predatory Crime: Routine Activities and the Criminology of Place*, Criminology, Vol. 1, p. 27-55(1989).
[2] See D. Weisburd & J. Eck, *What Can Police Do to Reduce Crime and Fear?*, Annals of the American Academy of Political and Social Science, Vol. 593:1, p. 42-65(2004).

(一) 官方犯罪统计的定义及特点

官方犯罪统计是测量犯罪现象的传统依据,它是各级各类司法机关(警察机关、检察机关、法院、劳教机关、监狱等)在刑事执法过程各阶段依据档案材料编制的犯罪统计资料。[1] 官方的犯罪统计是在各司法机关执法、司法过程中收集的,反映了刑事司法活动和结果。而且,刑事司法机关的犯罪统计是覆盖面最广且最具有持续性的一种犯罪测量方法,它是了解一国犯罪基本状态及其变化的重要依据,是国家拟定刑事政策、制定刑事法律和犯罪预防策略的主要依据,能够反映出刑事司法机关的资源配置效果,通常是犯罪学研究的主要素材。就考察犯罪的实际状况而言,官方的犯罪统计有自身的局限,需要我们在采用其结果时加以注意。

首先,官方的犯罪统计受居民告发意识强弱和警察决定的影响。一方面,从刑事司法过程可知,如果没有报案,许多案件就无从发现,会出现大量的犯罪黑数。例如,如果有人偷了钱包,没有人向警方报案,警方不知道这个罪行,它也就不可能出现在犯罪记录里。如果有人报案,或者警察目击了犯罪,那么犯罪行为就会"为警察所知"。另一方面,即使有人向警方报案,也是由警察来决定是否发生了犯罪、发生了什么犯罪。假设有人向一名警官报告了盗窃案,但警察认为所言并非实话,或者警察认为报案是"没有根据"的,也就是说,警察认为所报告的犯罪没有证据支持,因此有理由相信没有犯罪发生。在这种情况下,盗窃案对警方来说仍然是"未知"的,因为警方认为报告是不可信的。一个类似的决定是警察认为发生的犯罪类型比报告的犯罪类型要轻。例如,如果罪犯用刀子威胁要伤害"你",偷走了"你"的钱包,这是一起持械抢劫。当"你"向警察报告后,如果警察不相信"你"真的受到了威胁,可能只是记录了"你"钱包被盗。在这种情况下,警方知道犯罪,但犯罪的严重程度低于实际发生的犯罪。

其次,官方的犯罪统计受到法律制度的影响。刑事司法机关是以刑法的规定为标准来认定和查处犯罪,法律制度的变化会导致犯罪的名称、类型或结构的变化。立案标准的变动会造成发案率的统计的变化,在一定程度上掩盖了发案率波动的真相,从而有碍于对社会犯罪状况的正确评估。官方统计注重以法律制度为依据,往往掩盖了犯罪学经验研究的观点。例如,法律上的盗窃罪,包括扒窃、入室盗窃、拎包等多种形式,而犯罪学研究要关注的正是各种具体的盗窃犯罪。

最后,官方的犯罪统计往往以案件事实或一个犯罪人为一个案件,通常会导致一个案件包括多名犯罪人、多起不同或相同犯罪行为、多个犯罪被害人,或者

---

[1] 参见张远煌:《犯罪学原理》(第2版),法律出版社2008年版,第221页。

一名犯罪人多起不同或相同的犯罪事实、多个犯罪受害人的情况。这种统计方法掩盖了数起不同或相同的犯罪行为和多个犯罪被害人的现象，也会导致一个犯罪人的先后多种罪行被重复统计，而对犯罪学而言，这仅仅是一个人的犯罪经历问题。同时，我们还应注意不同国家间法律制度不同，犯罪的法定标准不同，官方统计的口径也因此不同，以此统计数据为依据进行各国犯罪率的横向比较可能是不客观的。

(二)我国官方的犯罪统计

我国全国的和地方的统计年鉴中每年披露一些官方的刑事司法数据，其中常用作犯罪和犯罪人数据的有：

1. 公安机关的刑事立案数。公安机关的刑事立案数是犯罪学研究最常用的数据。中国统计年鉴中披露的有全国公安机关立案总数及构成情况，它是公安系统内部从基层派出所到公安部逐级上报生成，以年为统计周期。省级统计局网站披露的地方年鉴中的相关情况是该省公安机关立案总数及构成情况。刑事立案数字中包括刑事立案总数和一些具体犯罪类型(包括杀人、伤害、抢劫、强奸、拐卖妇女儿童、诈骗、盗窃、走私、假币相关犯罪及其他)的案件数及所占总数的百分比。值得注意的是，公安机关立案的犯罪案件不包括以下几类案件：一是贪污受贿、渎职侵权等监察委员会管辖并调查的职务犯罪；二是国家安全机关管辖的危害国家安全的犯罪案件；三是军队保卫部门管辖的军人违反职责罪；四是监狱管辖的狱内犯罪案件；五是检察机关管辖的自侦案件；六是人民法院立案的自诉案件。

2. 检察机关的犯罪统计。统计年鉴中披露的检察机关的犯罪统计是检察机关批捕、决定逮捕、审查起诉的案件数和人数，以年为统计周期。披露形式也是分别由国家统计局和地方统计局以年鉴形式进行。检察机关决定逮捕和决定起诉的案件数和人数，包括总数和一些案件类型的总数，具体案件类型包括危害公共安全犯罪、破坏社会主义市场经济秩序罪、侵犯公民人身民主权利犯罪、侵犯财产犯罪、妨害社会管理秩序犯罪、危害国防利益犯罪、军人违反职责罪、贪污贿赂罪、渎职罪等。

3. 法院的犯罪统计。统计年鉴中披露的法院的犯罪统计包括法院审理刑事一审案件数量、审理刑事案件的罪犯情况。披露形式也是分别由国家统计局和地方统计局以年鉴形式进行。法院审理一审案件收案和结案情况包括总数和一些具体案件类型的数据，具体案件类型包括危害公共安全犯罪、破坏社会主义市场经济秩序罪、侵犯公民人身民主权利犯罪、侵犯财产犯罪、妨害社会管理秩序犯罪、危害国防利益犯罪、贪污贿赂罪、渎职罪等。相比检察机关公布的数据少了一类军人违反职责罪。同时，还从年龄构成对刑事罪犯进行统计，包括刑事罪犯总数、青少年罪犯(包括不满18岁的罪犯、18—25岁的罪犯)及其占刑事罪犯的比重。

(三)外国的官方犯罪统计

外国对犯罪进行统计的官方机构主要是警察机构,如英美国家定期发布犯罪统计数据,甚至居民随时可以在警察局官方网站上查询自己居住社区及周边犯罪发生情况。例如,美国联邦调查局(Federal Bureau of Investigation,FBI)发布的统一犯罪报告(Uniform Crime Reports,UCR)。

美国联邦调查局负责的统一犯罪报告自1929年开始出版,发布犯罪率和犯罪水平的信息。统一犯罪报告涵盖29种不同的犯罪,通常被分为两部分:第一部分含有8种犯罪:杀人(包括谋杀和误杀)、强奸、抢劫、严重伤害、入室犯罪、一般盗窃、机动车盗窃、纵火。美国联邦调查局以这8类犯罪的总数为"犯罪指数(index of crime)",用来表示一段时间内的犯罪水平。统一犯罪报告对这8类犯罪规定了全国统一的定义、分类汇总方式,并且利用多种报表方式收集详细的犯罪相关信息,而无论这些犯罪是否已被破获,犯罪人是否已经被捕。第二部分含有21种犯罪,其中最后的两种(违反宵禁与游荡法、离家出走)罪名仅针对18周岁以下的未成年人。统一犯罪报告对这21种犯罪只收集相应的逮捕数据,即由于犯有这21种罪行而被执法机构逮捕的人员信息。

统一犯罪报告综合了执法部门的月统计和个人直接向美国联邦调查局报案或者向其他中央执法机构报案而由后者转交给联邦调查局的案件数。统一犯罪报告既可将美国全国犯罪作为一个整体来考虑,也可将各地区、州、县、城、镇和部落的犯罪作为一个整体来考虑。这使得其可以在有着相同人口和其他共同特征的邻近司法辖区进行比较研究。统一犯罪报告数据必须谨慎使用,因为这些数据是自愿报告的,可能反映了参与的众多警察部门对犯罪行为的不同定义。更重要的是,统一犯罪报告排除了许多类型的犯罪(如白领犯罪),并对警察的操纵持开放态度。这些数据还存在各国官方统计类似的情况,即掩盖了犯罪和罪犯的实际人数。例如,如果在一个犯罪事件中犯下了许多罪行(如银行劫匪杀死了一名出纳员,绑架了一名人质,偷了一辆汽车逃跑),那么只有最严重的罪行才算在内(在本案中,是杀人)。

1982年年底,由美国司法统计局和联邦调查局代表组成的工作队开始研究改进统一犯罪报告的方法。新的报告系统称为国家事故报告系统(the National Incident Based Reporting System,NIBRS)。与传统的统一犯罪报告相比,NIBRS将收集更多关于警方已知犯罪的详细信息。首先,NIBRS没有8个指数犯罪,而是有22个A组犯罪和11个B组犯罪。一些犯罪定义也有所改变。例如,统一犯罪报告将强奸定义为男性对女性的犯罪,而国家事故报告系统则使用中性的定义。其次,国家事故报告系统要求警察记录每一次犯罪事件的信息,而不是只记录最严重犯罪的信息。它还提供轻微人身伤害的信息,而统一犯罪报告通常不提供轻微人身伤害的信息,最常见的是家庭暴力犯罪。最后,对于国家事故报告系统中包含的每个事件,信息比统一犯罪报告更为详细,包括被害人和犯罪人的特征、犯罪人与被害人的关系、犯罪类型、事发现场受伤情况、使用的武器、逮捕情况等,其结果是一套更丰富、更详细的警方已知犯罪信息。这些信息使分析人员能够研究罪犯和受害者之间的关系、犯罪发生的地点和时间的特征以及其他主题。然而,新的报告系统导致向警方报告的犯罪数量增加。并非所有使用统一犯罪报告的执法机构都在使用国家事故报告系统。新的报告系统可能需要一段时间才能得到广泛使用,从长远来看,国家事故报告系统带来的变化将在很大程度上解决统一犯罪报告中发现的大多数问题。

美国联邦调查局最初在设计统一犯罪报告时,对于侵害人身的犯罪数,包括杀人、严重伤害和强奸三种行为,均将被害人数作为犯罪数。譬如嫌疑人杀害3个人,在美国就会被登记为3起杀人罪。[1] 这样一种统计方法必然包含被害人信息。英国同样采取以被害人为中心的统计规则,不仅仅就侵害人身的犯罪将被害人数为犯罪数,而且对侵犯财产的犯罪,也以统计被害人数为主要原则,譬如一个人实施信用卡诈骗行为,在5个不同的商店刷卡消费,因为有5个店主,在英国就会被登记为5起犯罪。[2]

三、犯罪黑数

所谓犯罪黑数,又称犯罪暗数、刑事隐案,是指一些隐案或潜伏犯罪虽然已经发生,却因各种原因没有被计算在官方正式的犯罪统计之中,对这部分的犯罪估计值。犯罪黑数的存在,是世界各国的普遍现象。犯罪黑数部分是犯罪现象总体的一部分,它的存在使犯罪预防部门和犯罪学学者不能正确地认识犯罪现象,直接影响犯罪决策。

我国的刑事司法制度中有专门的立案环节,我国公安机关统计的是刑事立案数,因此,黑数是指那些已发生但没有被刑事司法机关立案,并进入余下司法过程的案件。针对没有进入立案的情况,可以分为几种:一是只有犯罪人知道的犯罪,如被害人死亡的杀人案件。这里还包括一种特殊的情况,即一个犯罪人被发现犯了罪,其实,他还有很多犯罪没有被发现,这些没有被发现的犯罪也是黑

---

[1] See U. S. Department of Justice, Federal Bureau of Investigation, Uniform Crime Reporting Handbook, Revised 2.
[2] See Home Office Counting Rules For Recorded Crime, National Crime Recording Standard, With effect from April 2016.

数。二是有犯罪人以外的人知道,但是不愿报告给刑事司法机关的案件,如一些失窃案件、性侵犯案件的当事人,或者其他人知道,但不知道其所遭受的是犯罪行为或不愿(或不愿犯罪人受到法律追究,或不信任刑事司法系统有效,或害怕犯罪人的威胁、报复,或嫌报告成本太高,或打算自行报复等)报警,即通常意义上的犯罪黑数。三是报告给刑事司法机关,但被错误地认为没有犯罪发生的犯罪。四是那些没有被犯罪人或被害人以外的人觉察和识别,或者谁也回忆不起来的犯罪。

犯罪黑数以犯罪的规范概念为统计依据。德国学者曾于1975年、1976年、1987年做过三次抽样调查,结果表明犯罪黑数在一般盗窃案中的比例分别为1:15、1:6、1:8。[1] 在美国,全国犯罪调查组织(National Crime Survey)对被害人调查的结果显示,被害人向执法机关报告暴力犯罪的比率占调查发现犯罪的50%—55%,普通犯罪占40%,针对公民个人的盗窃案件占20%—30%。从总体上看,被害人向执法机关报告的犯罪数仅为他们调查发现的犯罪的30%—40%。[2]

犯罪黑数一直是犯罪统计的一大难题,因此,研究犯罪问题的一个难点就在于各国警方公布的发案数据与实际情况存在不同程度的差异。其中的原因不但在于许多案件发生后当事人并没有选择报案,也在于警方立案统计的真实度问题。在很多国家,犯罪状况恶化的责任被不恰当地简单推卸到警察身上,而警方又握有统计犯罪数据的大权,因此就造成了犯罪统计中的弄虚作假、有案不立的现象。国际犯罪学界将其称为"犯罪的统计保护机制"。[3] 在我国,犯罪黑数现象也同样不可避免:由于缺乏规范的犯罪统计机制,犯罪统计中的主观随意性较大;漏报瞒报迟报现象存在;早些年由于办案资源的不足,公安机关一般只能集中力量处理大案要案。[4]

四、非官方的犯罪统计

非官方统计数字是指不依赖官方机构和刑事司法人员报告的犯罪率和犯罪性质的指标。非官方统计的犯罪数据的两个基本来源(收集时不依赖司法机构的官方报告)是犯罪受害者调查(crime victimization survey)和自我报告。这些数据显示,官方统计数据只涵盖了所有犯罪的一半左右。它们还表明,因犯罪而

---

[1] 参见徐久生:《德语国家的犯罪学研究》,中国法制出版社1999年版,第135页。
[2] 参见宋英辉、吴宏耀:《刑事审判前程序研究》,中国政法大学出版社2002年版,第114页。
[3] 胡联合、胡鞍钢:《对转型期中国犯罪实际发案情况的估测》,载《社会科学》2006年第1期。
[4] 参见王秋杰:《国内外犯罪黑数研究综述》,载《公安学刊(浙江警察学院学报)》2010年第2期。

被捕的人并不代表所有犯罪者。

(一)犯罪受害者调查

犯罪受害者调查是一个全球通用的犯罪调查方法,许多国家都有这种调查,国际上也成立了犯罪受害者调查组织。这里主要以美国的犯罪受害者调查为例加以介绍。

1965年,美国芝加哥大学国家意见研究中心(The National Opinion Research Center,NORC)对犯罪受害者进行了第一次调查。研究人员利用这些结果来估计犯罪的性质和程度。[1] 美国总统执法和司法委员会指导该中心对10000个家庭进行调查。调查结果显示,警方所知的罪行只是所有罪行的一小部分。[2] 该调查联系了每个被调查家庭,询问该家庭的任何成员在过去1年中是否为某些罪行的受害者;如果受害,是否向警方报案?如果没有,为什么没有报案?自1965年最初的调查以来,美国人口普查局(the U. S. Bureau of the Census)每年都通过全国犯罪受害调查收集类似的数据。

1973年,美国司法统计局(Bureau of Justice Statistics,BJS)开始负责全国犯罪受害者调查,并于1993年对其问卷内容、调查程序和方法进行重新设计。调查内容包括强奸、性侵害、人身抢劫、严重人身伤害和简单人身伤害、入室盗窃、偷盗、机动车辆盗窃等犯罪的频率和性质,但不统计杀人、纵火和商业犯罪(如进入商店偷窃)。全国犯罪受害者调查3年为一个周期,每隔6个月,美国人口普查局会在全国范围内抽取43000住户(约76000人)进行访谈,调查对象是家庭中12周岁以上的成员(约135000人),86%为符合条件的居民。被抽中的住户在连续3年中都会作为样本,同时还会增加新的样本。

多年来的调查结果继续表明统一犯罪报告数据不完整,许多犯罪,特别是较轻的财产犯罪和朋友、熟人之间的暴力犯罪,仍然没有向警方报告。全国犯罪受害者调查询问被调查家庭成员遭受攻击、盗窃、抢劫和强暴的次数,还将汽车盗窃、入室盗窃和家庭盗窃作为危害家庭罪,这些数据不能直接与统一犯罪报告进行比较。尽管如此,调查中报告的受害者数量与统一犯罪报告的犯罪数量之间的巨大差距表明,发生的犯罪比进入刑事司法系统视野的要多得多。虽然全国犯罪受害者调查和统一犯罪报告在所犯罪行的绝对数量上有所不同,但他们各自的调查结果在其他方面是相似的。例如,两者都显示出盗窃或抢劫在犯罪整体构成中的比例相似,并且在犯罪分布(城市地区、下层阶级等)方面都有相似

---

[1] See Lawrence F. Travis Ⅲ, *Introduction to Criminal Justice*, 6th edition, Matthew Bender & Company, 2008, p. 113.

[2] See President's Commission on Law Enforcement and Administration of Justice, *The Challenge of Crime in a Free Society*, U. S. Government Printing Office, 1967, p. 96.

的发现。因此,统一犯罪报告数据虽然可能低估了犯罪数量,但可能准确地反映了犯罪类型,以及犯罪发生的时间和地点。

全国犯罪受害者调查也有其局限性。首先,有人认为,全国犯罪受害者调查的主要问题可能围绕着被称为"放大"和"遗忘"的现象。采访者询问被调查者,在过去6个月里,家里是否有人是某一特定犯罪的受害者。有的被访者错把7个月前发生的违法行为考虑在内,从而将其报告在内。还有被调查者忘记曾经遭受过的罪行。而且,还有可能遇到一个撒谎的被访者。其次,全国犯罪受害者调查的另一个限制是,许多罪行可能未经被告人注意或报告。最后,全国犯罪受害者调查有时候不能涵盖一些犯罪,如杀人犯罪,因为受害人已经死亡。1992年,针对全国犯罪受害者情况调查发现的许多问题,美国司法统计局改变了收集受害情况的采访方式。这项调查采访了所有12岁或12岁以上居住在抽样调查家庭中的人。其中,一些犯罪分类已经改变,例如,盗窃都被列为家庭受害。采访者专门询问被采访者作为强奸或性侵犯受害者的经历,采访收集了更多关于受害者和一些罪行(如攻击)的详细信息。访谈格式和内容上的变化产生的结果包括发现更高的受害率,对强奸和袭击的估计发生了最大的变化。

我国目前并没有全国性的、常规的犯罪受害者调查。曾有学者于2004年对来自天津超过18个市约2500个家庭入室盗窃受害情况进行了调查,以日常活动理论、生活方式理论和社会解组理论为依据,通过家庭情况、邻里社区结构、社区犯罪控制过程三个维度来考察中国城市犯罪特征。[1]

(二) 自我报告

美国统一犯罪报告和全国犯罪受害者调查都试图描述犯罪者。美国联邦调查局报告了因犯罪而被捕的人的特征,从而提供了那些被官方认定可能犯下罪行的人的描述。在可能的条件下,全国犯罪受害者调查的受访者也被要求描述所涉及的罪犯。这些数据提供了犯罪受害者所看到的犯罪人的描述。当然,这两种描述犯罪者的努力都受到严重限制。此外,全国犯罪受害者调查和统一犯罪报告数据之间有一定程度的一致性,这两种方法都不可能准确地反映所有犯罪。因此,采用了第三种计算犯罪的方法,即自我报告研究(self-report studies)。自我报告研究试图通过询问人们是否有犯罪行为来衡量犯罪的数量和描述犯罪者的特征。这项犯罪测量产生了可能犯罪的人的类型信息,以及每年犯罪数量的其他估计。传统上,自我报告研究是针对青少年的,因此犯罪类型中包括身份犯罪。身份犯罪(status offense)是指只有特定身份的人才能成为犯罪的适格主

---

[1] See Lening Zhang, *A Multilevel Analysis of the Risk of Household Burglary in the City of Tianjin*, British Journal of Criminology, Vol. 47, p. 918-937(2007).

体，这里是指未成年人的特定类型犯罪，如不服从老师或家长、逃课等行为，对于未成年人来说是"违法"行为，但对于成年人来说，这类行为不是犯罪。

自我报告研究也有一定的局限性。例如，类似全国犯罪受害者调查所具有的夸大和忘记的问题，很难确定受访者是否说的是真话。有理由相信，有些人可能会夸大，使自己看起来声名狼藉；有些人会保持沉默，担心披露自己的犯罪行为会导致惩罚；对不同类型的犯罪和不同类型的受访者的真实回答率不同。自我报告研究最重要的发现不是谁违法或不违法，而是犯罪的发生频率和违法行为的严重程度。

我国没有系统的自我报告调查，但有一些本土化的探索。1984年在日本、美国和中国上海进行过一次大规模的自我报告犯罪调查，调查对象为：日本的2299名初中生和他们的母亲，美国的1458名初中生和他们的母亲，中国上海的1798名中学生和他们的母亲及来自这些学校的327名教师。调查结果显示，中国青少年不良行为率很低，例如，青少年曾有"偷东西""欺侮朋友"经历的，美国分别占20.7%、52.3%，日本6.6%、48.7%，中国上海0.9%、11.1%。[1] 20世纪90年代末上海的同类研究则显示，青少年自我报告在过去一年中有过不良行为的比例达29%，这个数字比十几年前的上海相比要高，但与当时澳大利亚布里斯班的65%相比依然很低。[2] 中国青少年罪错率低的调查结果验证了"犯罪是少数人所为"的传统观念，虽然这并不影响部分西方学者根据西方国家青少年罪错率高情况形成对犯罪本质的新认识，但可能会让部分中国学者很难接受这一新认识。鉴于中外法律体系和价值观的差异，对于中国青少年罪错率低的调查结果其实也很值得研究。

(三)其他的犯罪和刑事司法测量方式

关于犯罪调查，还有群体研究(cohort studies)、观察(observations)等方式。从群体研究和观察中收集的信息有助于更好地描述和解释刑事司法程序的运作以及犯罪的性质和程度。

群体研究从一个可识别的群体开始，追踪该群体在一段时间内与司法系统的互动。在这类研究中所研究的个体是一个群体的成员。该群体是所有具有共同选择特征的人的集合。因此，一个群体可能包括所有进入大学的新生或所有

---

[1] 参见邬庆祥：《日本、美国和我国上海地区初中生不良行为现状和青少年犯罪原因的调查比较》，载《青少年犯罪问题》1986年第4期；邬庆祥：《日本、美国和我国上海地区青少年罪错原因的比较分析》，载中国青少年犯罪研究学会编：《中国青少年犯罪研究年鉴(1987·首卷)》，春秋出版社1988年版，第540—544页。

[2] See Wei Zhigang, *A Comparative Study of Juvenile Delinquency and Juvenile Justice in Shanghai, China and Brisbane, Australia* (Ph. D. diss., Griffith University, 2002), p. 117.

在某一年结婚的人。对于刑事司法研究,选择标准通常与司法系统的决定(例如在给定时间段内逮捕的所有人)或年龄限制(例如在特定年份出生的所有人)有关。最著名的群体研究是沃尔夫冈(Marvin E. Wolfgang)和塞林(Thorsten Sellin)等进行的青少年犯罪同生群体研究,他们将1948年在费城出生的所有男性作为研究对象,对他们进行了20年的跟踪调查,以确定哪些男性因犯罪行为被逮捕、审判和判刑。[1] 此外,还研究了犯罪行为在人群中的分布,以及最常涉及犯罪行为的个体的特征。这项研究让研究人员能够估计卷入青少年司法程序的青少年比例、青少年的不当行为有多严重,以及其中谁最有可能是罪犯。对因犯罪而被捕的人进行类似的群体分析,可以用来估计司法系统如何处理从逮捕到最终处置的案件。这些数据对于理解司法程序是非常宝贵的。同生群体研究使我们能够在比通常可能更广泛的背景下审查刑事司法机构的运作,提供了整个人口犯罪随时间分布的估计。

观察,顾名思义,包括研究人员观察罪犯、刑事司法人员或其他人的行为。第一章中提到的美国律师协会系列报告了警察、检察官、法官和惩教人员在调查、逮捕、定罪和判刑决定中的意见,是观察研究的一个例子。还有其他观察研究,试图确定人们何时违法,何时举报违法,司法系统人员在决策时考虑哪些因素,以及案件如何从司法程序的一个阶段转移到下一个阶段。观察方法的使用成本相当高,往往导致有限的数据局限于一个地点,或在一些决定中,而不是全国性的、全系统的描述。人们对地理数据在犯罪分析中的应用越来越感兴趣,这些数据提供了一个不同的视角来看待犯罪和刑事司法,让我们更好地了解决策和行为背后的原因。

第三节　犯罪和犯罪人的刑事司法控制

众所周知,犯罪和犯罪人的控制并不局限于刑事司法活动。然而,刑事司法控制也面临着资源限制,特别是在从福利主义到管理主义转变的欧美发达国家,使得刑事司法与犯罪行为之间"战线"不断收缩。警察、检察官、法官、惩教人员和假释委员会都采取了特别的策略,以最大限度提高刑事司法程序在控制犯罪方面的有效性。通常认为,累犯和职业犯的重新犯罪风险要大于一般罪犯,他们自然成为刑事立法和司法活动重点关注的对象。即使是轻微的违法行为,危险

---

[1]　See Marvin E. Wolfgang, Robert M. Figlio & Thorsten Sellin, *Delinquency in A Birth Cohort*, University of Chicago Press, 1978.

的惯犯也是不可能被忽视的。从某种意义上说,这种司法资源"配给"的做法是为了最大限度地提高效率。以下以美国与我国为例作具体阐述。

一、警察对严重犯罪和犯罪人的控制策略

在美国刑事司法历史上,有几种类型的警察活动旨在控制严重犯罪和罪犯。其中一项措施是,一方面,警方将注意力集中在发现严重的犯罪人上,并仔细观察他们是否有犯罪行为的证据。另一方面,警方查明可能发生严重犯罪的高危地区,并加大对这些地区的巡逻力度。还有一方面,警察识别可能的受害者并通过改变潜在受害者的行为或特征以减少犯罪机会。在每一种情况下,警察资源的最佳投资涉及针对特定个人或地点,通过在特定地区增加警力来应对"犯罪浪潮"。在美国一些州的警察部门开展了一些针对"累犯"的警务项目。在加利福尼亚,许多警察机构开发了"累犯项目"。密苏里州堪萨斯城进行了所谓的"以攻击者为导向的巡逻"(perpetrator-oriented patrol)试验。明尼苏达州明尼阿波利斯市制定了"八个目标"的项目,其中 8 类嫌疑人被确定为职业罪犯,所有警员都应警惕这些嫌疑人。华盛顿特区的警察也许最吸引人的是一个名为"累犯计划"(repeat offenders project)的项目。这项计划指定了一个由 60 多名警官组成的特别小组,将注意力集中在每个被认为每周至少犯五次重罪的人身上。[1] 如果一个小组不能在 48 小时内将一个累犯抓获,这个小组就被重新指派去拘捕另一个涉罪重犯。波士顿的"停火行动"(operation cease fire)试图通过针对帮派头目的特别执法来减少青年暴力。[2] 在每一个项目中,警察管理人员都决定将资源用于控制特定的犯罪和罪犯,或用于控制有理由相信严重犯罪最有可能发生的地区。与此同时,警方继续定期巡逻,并回应辖区内的服务要求。可见,在上述部门和其他有类似项目的部门中,警察管理人员至少已经默认,某些犯罪或罪犯比其他人更值得警察关注。

长期以来,我国将杀人、抢劫等严重暴力犯罪作为刑事打击的重点对象,将作为严重危害群众安全感的犯罪,提出"命案必破""严打两抢一盗"等诸多政策。通过社会治安综合治理工作责任制传导到治理实践中,增加严重暴力犯罪的治理资源,主要表现为警力和安全设备的大量投入、逮捕数量的增加等。在人防加技防做实治安防范的基础上,对严重暴力犯罪采取严厉打击的策略是严重暴力犯罪下降的重要影响因素之一。同时,我国公安机关对罪犯和犯罪的控制

---

[1] See Samuel Walker, *Sense and Nonsense About Crime: A Policy Guide*, Brooks/Cole, 1985.
[2] See David M. Kennedy, *Pulling Levers: Getting Deterrence Right*, National Institute of Justice Journal, Vol. 236, p. 2-8 (1998).

通常被纳入社会治安综合治理的框架之内。对其中的突出问题和地区往往采取多部门综合治理的方式,而非单独由公安机关来应对。此外,我国公安机关已经将犯罪地理信息统计运用于犯罪控制中,用于排查犯罪热点地区,并进行有针对性的预防性巡逻,针对特定类型的犯罪开展专项斗争,例如,从 2018 年开始的"扫黑除恶"专项行动。中共中央、国务院于 2018 年 1 月发出《关于开展扫黑除恶专项斗争的通知》。该通知强调,要聚焦涉黑涉恶问题突出的重点地区、重点行业、重点领域,把打击锋芒始终对准群众反映最强烈、最深恶痛绝的各类黑恶势力违法犯罪。要坚持依法严惩、"打早打小"、除恶务尽,始终保持对各类黑恶势力违法犯罪的严打高压态势。政法各机关要进一步明确政策法律界限,统一执法思想,加强协调配合,既坚持严厉打击各类黑恶势力违法犯罪,又坚持严格依法办案,确保办案质量和办案效率的统一,确保政治效果、法律效果和社会效果的统一。要严格贯彻宽严相济的刑事政策,对黑社会性质组织犯罪组织者、领导者、骨干成员及其"保护伞"要依法从严惩处,对犯罪情节较轻的其他参加人员要依法从轻、减轻处罚。要依法及时采取查封、扣押、冻结等措施,综合运用追缴、没收、判处财产刑以及行政罚款等多种手段,铲除黑恶势力经济基础。要主动适应以审判为中心的刑事诉讼制度改革,切实把好案件事实关、证据关、程序关和法律适用关,严禁刑讯逼供,防止冤假错案,确保把每一起案件都办成铁案。

二、起诉和量刑环节对累犯和职业犯的控制

在起诉和量刑阶段,刑事立法和司法中针累犯和职业犯给予更加严厉的处罚和更加严格的限制。根据我国现有立法,累犯的法律后果包括:(1)应当从重处罚;(2)不能适用缓刑;(3)不能适用假释;(4)如果是死缓犯,可以限制减刑。我国法律中确立了累犯的标准,而职业犯的概念仍在学术领域探讨,在法律中没有明确的界定。根据我国《刑法》第 65 条的规定,被判处有期徒刑以上刑罚的犯罪分子,在刑罚执行完毕或者赦免以后的 5 年以内再犯应当判处有期徒刑以上刑罚之罪的是累犯,而职业犯往往是以犯罪为生活常态。有学者认为,职业犯罪人(生涯犯罪人)的特征是"作案起数多、形成犯罪习惯、犯罪成为主要生活来源、犯罪持续时间跨度大、前科次数多",而在研究中以 7 次以上被国家严厉制裁(包括监狱服刑、社区矫正、劳动教养)的监狱在押犯为样本。[1] 可见,职业犯的犯罪频率通常超过累犯,在我国司法实践中纳入累犯范畴来应对,并没有将其另作规定。此外,我国检察机关自 2018 年以来全面实行"捕诉一体"办案机制,

---

[1] 参见孔一:《生涯犯罪人的法律规制》,载《北京联合大学学报(人文社会科学版)》2019 年第 3 期。

要求同一案件由同一办案组或检察官负责到底,即"谁批捕、谁起诉"。"该办案机制在节约司法资源、防止捕诉脱节、及时引导侦查取证、落实司法责任制等方面发挥了重要作用。"[1]

在美国,设有"职业罪犯检控项目"(career criminal prosecution programs),确保定罪和惩处对未来犯罪构成最大威胁的罪犯。在这些计划中,检察官办公室制定了选择累犯或职业罪犯案件的标准。这些案件成为系统的优先事项。官员们试图在这些案件中确保定罪,甚至在正常情况下案件可能已经撤销。波罗斯(Kathleen B. Brosi)解释了这些程序的理由:"鉴于累犯犯下的罪行所占比例太大,检察官似乎有理由对其自由裁量权进行调整,以便将适当比例的时间和工作人员集中在累犯身上,即使这可能意味着,其他证据同样多或证据更多而犯罪人犯罪次数较少的案件将不得不驳回或以低于正常的力度予以追查。"[2]从职业犯罪人起诉项目来看,除了哥伦比亚特区,都使用一种被称为垂直起诉(vertical prosecution)的程序,在这个程序中,单一检察官被分配到每个职业犯罪人案件,这个检察官跟进从逮捕到案件最终处理的全过程。"哥伦比亚特区项目"在逮捕到控告阶段是一个检察官,之后审判阶段是另一个检察官。这个理念是因为检察官可能更加熟悉案件和犯罪人,因此接受有罪申请以获取更轻指控或宽容地对待犯罪人的可能性更低。

因为职业犯概念的模糊性,美国的每个"职业罪犯检控项目"都制定了选择处理案例的标准。在哥伦比亚特区,这个被称为"操作门槛"operation doorstop的项目受理了那些在缓刑或假释期间因暴力或重罪被捕的人的案件。那些因暴力犯罪被捕的人可能受到审前拘留,也受到特别关注。美国底特律的检察官重犯局选择案件的标准是因入室行窃或暴力重罪被捕的有3次重罪前科的人,以及有3次前科或未决指控的人。其他司法管辖区的职业罪犯检控项目采用"分"制来选择案件,制定一个评分系统。印第安纳波利斯项目为以前的暴力和暴力定罪、任何重罪定罪或逮捕以及未决案件分配分数。密尔沃基县也采用了类似的计分制度,对前科、保释、缓刑或假释的现状以及目前涉及伤害或武器的指控进行计分。其他司法管辖区针对特定犯罪,如入室盗窃或抢劫。一般来说,这些职业犯罪人起诉计划具有将特定案件标记为特殊待遇的效果。这导致定罪率略高,并大大提高了那些被认定为职业罪犯的人的监禁率。在大多数项目中,职业犯罪案件的处理速度也比普通案件更快。而且,检察官决定哪些案件值得

---

[1] 于潇、郭璐璐:《最高检:"捕诉一体"优势尚未充分发挥》,载正义网,http://news.sina.com.cn/sf/news/fzrd/2020-01-22/doc-iihnzahk5713978.shtml。

[2] Kathleen B. Brosi, *A Cross-City Comparison of Felony Case Processing*, Institute for Law and Social Research, 1979.

更多的关注和有限检察资源的投资。

美国的大多数州也制定了针对惯犯或累犯的量刑法律,设置专门的法庭。在美国的许多州,一旦第三次重罪成立,一个人就可以作为"惯犯"受审,并可被延长刑期,甚至终身监禁。佛罗里达州的几个司法管辖区已经建立了"累犯法庭"(repeat offenders courts),其中对累犯的关注意味着法庭的案件量较小,能够更好地确保严惩。其他的量刑措施也越来越受到关注和支持,如选择性剥夺行为能力、强制量刑和"三振出局"(three strikes)法则。在每一种情况下,目标都是控制特定犯罪的发生率,或减少(通过监禁罪犯)特定罪犯在未来犯罪的机会。其一,选择性剥夺行为能力旨在确定那些最有可能在未来犯罪的罪犯,该计划保留对这些惯犯的监禁。研究表明,大多数犯罪是由少数罪犯犯下的,这支持了监禁少数罪犯会减少犯罪的观点。之所以有选择性剥夺行为能力这一项目,是因为监狱空间是一种稀缺资源,为最多产的罪犯预留空间是一项明智的投资。其二,强制量刑是控制犯罪的另一种策略。在实践中,强制量刑确实意味着强制监禁。这种方法依靠威慑,不针对特定的犯罪分子,而是针对特定的犯罪。通过"确保"那些犯有我们认为危险的特定罪行的人被监禁,以期该计划将阻止那些可能考虑犯下罪行的人。其三,随着1994年美国《暴力犯罪控制和执法法》的通过,第三次被判犯有特定重罪的罪犯将被终身监禁,这项重犯量刑规定被称为"三振出局"。

三、矫正中针对累犯和职业犯的控制项目

识别累犯并为其提供特别的服务和控制是矫正领域的传统做法。为了预防再犯,刑罚执行机构越来越重视罪犯分类。我国的监狱工作和社区矫正工作中明确提出对罪犯的分级分类矫正。通常根据罪犯的再犯风险,分为严管、普管和宽管对象,采取不同的管理和矫正策略,实现管控和矫正资源的分配。例如,在社区矫正中,需要严格管控的对象每个月与矫正工作人员接触被要求增多,而且可能要强制佩戴不可拆卸的电子定位装置,而一般对象则只是使用手机App定位系统来追踪(矫正对象通过该系统完成一天中的点名,在点名之外,可以通过不携带手机的方式规避监管)。当然,这种分类需要以科学的评估为依据,在众多的评估指标中,前科记录是一个很重要的指标。犯人分类对于组织和提供惩教服务很重要,将现有的服务和方案与罪犯个人的需要相匹配,可以获得最大的惩教投资回报。分类决策对矫正治疗有效性的影响是对这一过程日益重视的一个激励因素。

在美国,作为对管教资源有效利用的一种检查,分类很重要,他们发展出针

对一些罪犯的特别的"强化监督"项目,把矫正资源用于最严重、最危险或最具威胁性的犯罪和罪犯。然而,美国曾在一段时间,释放的囚犯中重新犯罪的比例保持相对不变。[1] 1994年,15个州的监狱释放的人中,约有一半在3年内返回,改变的是被判处监禁的人数和比率。另外,由于将犯罪人送进监狱的人数在增多,某些观察者提出所谓的"大规模监禁"政策。[2] 这说明传统的刑事司法系统控制和预防犯罪的能力有限。

四、犯罪控制的新发展

20世纪80年代以来,对犯罪原因和预防犯罪做法有效性的研究,使美国刑事司法系统官员寻求控制犯罪的方式发生了一些变化。维斯博德(David Weisburd)建议,犯罪控制政策应该从关注犯罪原因转向考虑犯罪发生的情境,"通过关注使犯罪成为可能的物理的、组织的和社会的环境,旨在加深对犯罪和更有效的犯罪预防战略的理解"[3]。也就是说,在某些情境下犯罪的可能性比其他情境下更大。与其将犯罪视为犯罪个体的产物,通过对犯罪者的控制来寻求犯罪预防,不如将犯罪视为社会环境的产物,通过改变这些环境来寻求对犯罪的控制。

环境犯罪学研究成果认为,在某些地方犯罪的可能性比其他地方更容易发生某些特定的犯罪。我们寻求理解犯罪可能发生的一系列情境因素或背景,并采取行动改变情境,以减少犯罪发生,这就是情境预防理论。情境预防理论提出了增加犯罪困难、减少犯罪收益、增加犯罪被发现风险、抑制犯罪诱发因素、移除犯罪借口等五大类策略,每一大类下又提出五小类策略。例如,通过改善照明、改变交通模式、安装锁和栏杆、移除灌木等方式改变物理环境,可能会减少犯罪的机会。再如,增加警察巡逻或组织邻里观察小组可以减少犯罪的机会。又如,我们可能需要识别和控制特定的高犯罪率罪犯,以减少犯罪。对犯罪环境的新关注并没有忽视犯罪人,而是将犯罪人仅仅视为构成犯罪的几个因素之一。这一论点的核心逻辑是,罪犯只是犯罪问题的一部分,而将犯罪控制的重点放在罪犯身上,则只能控制部分犯罪。导致犯罪的因素不同,我们的犯罪控制工作也应

---

[1] See P. Langan & D. Levin, *Recidivism of Prisoners Released in* 1994, Bureau of Justice Statistics, 2002.

[2] See R. Crutchfield, *Commentary:Mass Incarceration*, *Editorial Introduction*, Criminology and Public Policy, Vol.4:2, p.265-266(2004).

[3] D. Weisburd, *Reorienting Crime Prevention Research and Policy:From the Causes of Criminality to the Context of Crime*, U.S. Department of Justice, 1997, p.1.

针对各种因素。

当前的犯罪控制策略寻求通过消除对非正式控制的障碍和加强刑事司法程序以外的控制机制来加强非正式社会控制。在美国，梅热罗尔（Lorraine Mazerolle）等人提出了第三方警务（third party policing）的概念，即警务部门通过说服或强制各种社会组织或非犯罪人（没有违法行为的人）进行监督。他们描述了他们所说的"监管节点"或司法系统之外的犯罪预防和控制来源，如房东、企业主、其他政府机构、邻居和其他人。在第三方警务中，公共警察与这些外部各方合作，对罪犯或犯罪环境实施控制。例如，警察可能会向房东施压，迫使他把一个正在公寓里卖毒品的房客赶出去。或者，警察可以与当地商人合作，改善停车场的照明和安全。警察没有直接干预，而是动员第三方施加犯罪控制的影响。如廉租房管理机构、业主（财产所有者）、家长、卫生与建筑监督员以及企业主们共同担负起预防犯罪和减少犯罪的职责。它是在问题导向警务（problem-oriented policing）的基础上发展而来，是一种整合各方面资源（包括自愿的和非自愿的合作伙伴）共同治理犯罪问题的警务策略。[1] 这些策略不是等到打斗或抢劫发生后再报警，而是首先起到预防打斗或抢劫的作用。为了支持这种处理犯罪问题的更具预防性的方法，警察和其他刑事司法机构已开始使用复杂的地理分析来确定和应对特定类型的犯罪。警察机关已开始在地图上标出所报告的犯罪地点和要求提供警察服务的地点，并将这些地点与目标、罪犯和监护措施结合起来，分析犯罪模式，确定预防未来犯罪问题的战略。

第三方警务在我国并不鲜见，治安管理立法中就有诸多这种规定，例如，《治安管理处罚法》第56、57条分别对旅馆业工作人员、出租房屋的业主作出了一些禁止性规定，旅馆业的工作人员对住宿的旅客不按规定登记姓名、身份证件种类和号码的，明知住宿的旅客将危险物质带入旅馆仍让入住的，出租房屋的业主将房屋出租给无身份证件的人居住的，或者不按规定登记承租人姓名、身份证件种类和号码的，都将受到治安处罚。这些规定有利于防止潜在犯罪人藏身或利用旅馆、出租屋实施违法犯罪行为。

情境预防方法对减少犯罪率有很大的希望，但也并非没有局限性。少年宵禁可以预防许多犯罪，但受宵禁影响的少年不太可能意识到对他们自由的限制。封锁街道以减少通车可能会阻止一些罪犯进入邻居家，但也会给居住在该地区的居民带来不便。目前正在努力超越传统刑事司法的做法，恐带来以牺牲个人

---

[1] 参见[澳]洛林·梅热罗尔、珍妮特·兰斯莉：《第三方警务》，但彦铮等译，中国人民公安大学出版社2012年版，第2-3页。

自由或正当程序为代价扩大犯罪控制的威胁。其最终产物是刑事司法与社区服务的结合。现在,机构间协同为解决犯罪问题而努力是很常见的。在我国,全国各地的公安机关、法院和矫正机构正在共同努力解决犯罪和刑事司法问题。类似的努力包括刑事司法机构与其他非刑事司法机构直接组成政府和社区办事处及团体之间的伙伴关系。例如,上海闵行区推广的旨在预防入室盗窃的社区协同治理模式。

第四章　刑事司法伦理

刑事司法系统运行中,刑事司法人员是关键因素,而刑事司法人员的行为除遵守相应的法律规范和技术规则以外,还要遵守一般社会规范和职业道德规范。刑事司法伦理是刑事司法人员在刑事司法活动中遵守的基本操守,它是一种刑事司法人员职业行为的非正式约束。如果刑事司法伦理得不到遵守,往往会导致刑事司法人员的行为失去正确的方向,刑事司法的公平正义目标得不到实现,甚至随着冤假错案的发生。在全面依法治国的背景之下,我国司法领域纠正了一批刑事冤错案件。这些案件引发了社会公众对于司法公正性的大讨论,也推动了法学理论界和司法实务界对于冤错案件形成原因和防范对策的深入研究[1]。例如,何家弘教授认为这是刑事司法制度的问题,制度不健全导致侦查环节的错误在庭审虚化的审判模式下得到了"延续",才使得错案被不断复制;[2]陈永生教授认为,警察违法取证、片面追求破案率、法官轻视被告人辩护、无视法定证明标准等问题是刑事错案的重要成因。[3] 前者是从制度设计这一宏观层面加以剖析,后者则是从刑事司法人员的伦理自觉这一微观层面作出探讨,可以说防止错案不仅是一个能力问题、管理问题,也是司法伦理问题。[4] 因此,在我国不断推动司法体制改革,完善适用非法证据排除规则和证据审查标准,健全刑事司法系统防错机制的同时,也应重视加强刑事司法伦理建设,通过理论研究和人员教育培训,提升法治队伍的职业伦理精神,防止冤假错案及其他刑事司法问题的发生,建立起一个值得人民信赖的司法体系。本章拟在厘清刑事司法伦理内涵的基础上,结合现有研究和实践案例,进一步讨论各类刑事司法人员职业伦理的核心内容、存在的问题和完善之策。

---

[1] 截至2023年4月1日,在中国知网上以"冤错"为篇名关键词进行检索,仅核心期刊论文就有276篇。
[2] 参见何家弘:《错案为何能复制》,载《人民法院报》2013年4月26日,第2版。
[3] 参见陈永生:《论刑事错案的成因》,载《中外法学》2015年第3期。
[4] 参见丁国强:《防止错案应成为司法自觉》,载《人民法院报》2013年10月9日,第2版。

第一节 刑事司法伦理的基本内涵

刑事司法伦理是一个复合概念,涉及司法和伦理这两个极为宏大且又天然地具有相互关系的概念,探讨的是刑事司法领域中的道德哲学问题及法哲学的基本问题。因而,我们谈刑事司法伦理,不能只是简单地罗列它的具体内容,在此之前还应掌握它的基础概念、本质属性和主要特征等基本内涵,以此从本源上深入理解刑事司法伦理及其存在的价值。

一、伦理的基本内涵

刑事司法伦理作为应用伦理的一个分支,是一般伦理内涵在司法职业活动中的具体化表现,换言之,刑事司法伦理所体现的逻辑和精神,首先必须服从伦理本身的框架。因而,要理解刑事司法伦理的内涵,就离不开对"伦理"这个一级概念及其本质属性的基本了解,也正是基于这一层相互关系,在掌握一级概念的过程中我们也可以衍生出对刑事司法伦理的初步思考。

(一)伦理的含义

从西方词源学角度来看,"伦理"一词来源于希腊语 ethos,有"风俗、习惯"之义,相当于拉丁语中的 mores,用来指代在希腊城邦社会中因长期共同生活而形成的风俗、惯例、礼仪和规范。[1] 在我国汉语语义中,《说文解字》将"伦"释为"辈",主要指人与人之间的辈分次第关系,我国古代的五伦之说就是指五种人际关系,后黄建中先生将其引申为"人群相待相倚之生活关系"[2]。而"理"则为事物存在的内在条理、道理,"理"并非一成不变,相反,它会随着人类社会文明的发展而不断变迁更迭,以寻求一种更为合理和公正的"至善"法则。[3] 故"伦理"一词从字面意思上理解就是遵循人"伦"之"理",其最早见于《礼记·乐记》:"凡音者,生于人心者也;乐者,通伦理者也",后被用来指代人际关系及处理这些关系的规范。[4] 综上,可以简单地理解为伦理就是在长期共同生活和实践中形成的,处理人们相互关系时所应遵循的原则和准则,是用以判断对错、指导行为的社会意识和道德信念。

---

[1] 参见田海平:《何谓道德——从"异乡人"的视角看》,载《道德与文明》2013 年第 5 期。
[2] 黄建中:《比较伦理学》,人民出版社 2011 年版,第 22—24 页。
[3] 参见邹渝:《厘清伦理与道德的关系》,载《道德与文明》2004 年第 5 期。
[4] 参见焦国成:《论伦理——伦理概念与伦理学》,载《江西师范大学学报(哲学社会科学版)》2011 年第 1 期。

伦理与道德的概念十分相近。无论是日常用语,还是学术研究,这两个概念在长久的中西方语境中一般均不做严格区分,往往是相互通用、互为解释或者直接被统称为伦理道德。但是,有学者主张这两个概念之间存在本质区别,不能简单地混同使用。例如,黑格尔就认为,"moral(道德)是个体品性,是个人的主观修养与操守,是主观法;ethics(伦理)是指客观的伦理关系,是客观法。"〔1〕换言之,伦理对人的行为所提出的要求与这个人的客观社会角色和社会身份具有直接联系,伦理的要求在一定意义上所体现的是社会的要求,而道德则是内化于心的"个体性意识自觉"〔2〕。

将伦理与道德的界分标准延伸到刑事司法领域,就能发现刑事司法人员的职业道德和职业伦理也并非完全属于同一概念。具体来说,职业道德是从一般社会道德和个人认知修养的角度来调整个体行为规范,而职业伦理则是出于职业本身性质的要求,为刑事司法人员提供明确具体的行为指导,划定行为标准,侧重的是群体行为规范。〔3〕当然,职业伦理行为最终往往会转化为从业人员的个人道德品质,遵循职业伦理的从业人员通常会被认为具有较高的职业道德水准,这也是为什么目前很多教材甚至是官方的文件都直接以"法律职业道德"来统称这些行为规范。因为长久地存在着这些用语习惯,本章在讨论刑事司法伦理时不可避免地也会使用"道德"一词来指代伦理所要表达的含义。但是,在此处我们还是必须强调这两者的区分,并明确刑事司法领域职业伦理建设的重要性和必要性,即司法人员个体职业道德的提升必须以群体的职业化为前提。〔4〕

(二)伦理的本质

伦理的本质是善,亚里士多德在其《尼各马可伦理学》一书中指出"每种技艺与研究,同样地,人的每种实践与选择,都以某种善为目的"〔5〕,此处的"善"指向的是事物的完满状态。摩尔认为"善"是一个单纯概念,它不像复合概念那样由多个细化概念所组成,因而它不能被定义,但我们却可以对"善的事物"下定义,当我们说某个事物是善的,也就意味着承认它具有善的属性。〔6〕同亚里

---

〔1〕 [德]黑格尔:《法哲学原理》,范扬、张企泰译,商务印书版2011年版,第42页。
〔2〕 邹渝:《厘清伦理与道德的关系》,载《道德与文明》2004年第5期。
〔3〕 参见卢军:《人民警察职业伦理研究》,光明日报出版社2019年版,第56-57页。
〔4〕 参见夏正林、冯健鹏:《从职业道德到职业伦理——对我国法官职业伦理的重述》,载《华南理工大学学报(社会科学版)》2012年第6期。
〔5〕 [古希腊]亚里士多德:《尼各马可伦理学》,廖申白译注,商务印书馆2003年版,第1-35页。
〔6〕 参见[英]乔治·摩尔:《伦理学原理》,长河译,上海人民出版社2005年版,第11-14页。

士多德一样,[1]摩尔认为"善的事物"可以分为两类,即目的善和手段善,目的善是事物本身具有善的属性,一旦被认定为善,在任意情况下都是善的;而手段善则是事物作为手段在因果关系下能够产生最大善的效果,其本身并不具有内在价值,因而手段善具有相对性和条件性。[2] 在长久的伦理学讨论中,围绕什么样的行为是"善"的行为这一问题,也形成了目的善和手段善两种立场,这两种立场也是我们评价刑事司法行为是否合乎伦理的两个角度。

1."目的善"。以义务论为代表的"目的善"关注应然的至高原则,认为只有行为本身是善的才是合乎伦理的。康德、罗斯等义务论者主张,判断行为正确与否,应通过考察行为本身是否符合相关道德义务,[3]与行为可能产生的后果无关,只要行为本身具有内在价值,即使产生了不好的结果,该行为也是道德的;反之,若行为人履行义务时存有"自利"的意图,就不符合"善"的标准。

具体来说,康德认为绝对命令(categorical imperatives)是道德的至高原则,只有绝对命令才能为行动提供理性的指导。[4] 绝对命令是任何个人、群体、社会机构在任何情况下都必须遵守的准则,例如,康德认为不撒谎就是一条绝对命令,因此即使是杀人犯在追杀受害者的过程中向我们问路,也应该做到对其如实相告。确定一项绝对命令,首先要在行动时认清行为背后所隐含的准则,在此基础上考虑是否愿意使其成为一条普遍法则(universal law),也即每个人都会一直遵循的准则,如果行为人不愿意让所有人在任何情况下都遵守这一准则,那么它就不是普遍法则,也就不是一项绝对命令。[5] 陈真教授将其表述为"一个行为是道德的,当且仅当,行动者能够始终一致地要求他行动的准则成为一个普遍法则"[6]。绝对命令是伦理的理想形式,但绝对命令不允许有例外存在,这导致当两个绝对命令之间出现矛盾和冲突时,无论作出何种抉择,行为都因违反了其中一个绝对命令而不符合伦理。

罗斯意识到了这个问题,并提出了初始义务(prima facie duties)的道德规

---

[1] 参见[古希腊]亚里士多德:《尼各马可伦理学》,廖申白译注,商务印书馆2003年版,第15页。亚里士多德认为善事物可以有两种:一些是自身即善的事物,另一些是作为它们的手段而是善的事物,自身即是善的事物是那些无须其他事物之故自身就被追求的事物。
[2] 参见[英]乔治·摩尔:《伦理学原理》,长河译,上海人民出版社2005年版,第25-27页。
[3] 在康德这里,伦理(ethic)和道德(moral)是混用的。
[4] See Stephen Darwall, *Philosophical Ethics*, Westview Press, 1998, p.157.
[5] See Christopher R. Williams & Bruce A. Arrigo, *Ethics, Crime, and Criminal Justice*, 2nd edition, Pearson Education, 2011, p.165.
[6] 陈真:《当代西方规范伦理学》,南京师范大学出版社2006年版,第116页。

范。[1] 初始义务不同于康德伦理学中的绝对命令,在没有发现冲突之前,初始义务是所有人都必须遵守的义务,但在涉及多项冲突的初始义务的情况下,没有一项义务是应该无条件或绝对遵守的,可以遵循其中更为重要或必要的一项,这项义务就成为实际义务。当不撒谎和保护他人生命的道德义务产生冲突时,哪项义务被视为更加必要,另一项义务就会被推翻。至于如何确定哪项义务更为重要,罗斯认为这里没有一份义务排序表,也没有办法制定出一般的规则,一切都应该放在具体的、实际的情境中加以考量。[2]

2. "手段善"。以功利主义为代表的"手段善"认为,行为作为手段能够产生好的结果就是善的,就是合乎伦理的。边沁(Jeremy Bentham)、密尔(John Stuart Mill)等功利主义者主张,行为本身不存在道德价值,一个行为的道德性由该行为的后果决定,也即无论行为者的动机如何,只要一个行为能最大限度地增加好的后果或减少坏的后果,该行为就是正确的(也被称为效用原则或最大幸福原则)[3],即"一个行动(或规则)是道德的,当且仅当,采取这个行动的效果或者后果是最好的"[4]。边沁和密尔认为幸福和快乐就是"善",道德上正确的行为是为最多的人带去最大幸福或消除最大痛苦的行为。[5]

功利主义者将复杂的道德问题简化,使其变得可被测量和比较,但也有为人所诟病之处。首先,功利主义将行为结果作为唯一的衡量标准,忽略了其他诸如正义、公平、诚实等品质;其次,在追求大众幸福(社会效益)的同时,可能会忽略行为给个人带去的影响,因而否定和牺牲个人的正当权益;最后,功利主义以结果为衡量标准来判断行为的正确性,行为在前,结果在后,这就要求在作出行为时需要对结果具有预见性,然而没有人能够准确预见结果的发生,一旦结果是"坏"的,已经作出的行为就失去了正当性依据。

3. "目的善"和"手段善"在刑事司法领域中的体现。"手段—目的"的紧张

---

[1] See Christopher R. Williams & Bruce A. Arrigo, *Ethics, Crime, and Criminal Justice*, 2nd edition, Pearson Education, 2011, p. 173.
[2] 参见陈真:《当代西方规范伦理学》,南京师范大学出版社 2006 年版,第 147 页。
[3] See Christopher R. Williams & Bruce A. Arrigo, *Ethics, Crime, and Criminal Justice*, 2nd edition, Pearson Education, 2011, p. 146. 边沁是功利主义之父,是第一个系统地为功利主义原则辩护的哲学家,他认为快乐是唯一的、固有的价值或善,道德行为原则应该根据其产生快乐和减少痛苦的能力或效果推导出来,而密尔继承和发展了边沁的思想,认为大众幸福(general happiness)是唯一有价值和值得追求的东西,道德的最终原则是"最大幸福原则"。See Jeremy Bentham, *An Introduction to the Principle of Morals and Legislation*, The Utilitarians, 1961, p. 18. 转引自陈真:《当代西方规范伦理学》,南京师范大学出版社 2006 年版,第 59 页。
[4] 陈真:《当代西方规范伦理学》,南京师范大学出版社 2006 年版,第 22 页。
[5] See Christopher R. Williams & Bruce A. Arrigo, *Ethics, Crime, and Criminal Justice*, 2nd edition, Pearson Education, 2011, p. 147-149.

关系也长久地存在于刑事司法领域,并引发诸多价值选择困境。因为刑法最核心的两大功能——惩罚犯罪和保障人权,本身就内隐着价值冲突的可能。这两项功能其实都是康德所谓的绝对命令,因为我们都普遍地希望罪犯能够得到应有的惩罚,同时都普遍地希望每个人的人权能够得到保障,但这两项绝对命令之间有时也会产生冲突。对于康德而言,但凡违背其中一项绝对命令,都不构成"善"的行为,而按照罗斯的观点来看,在惩罚犯罪和保障人权之间可以作出价值排序,当发生价值冲突时应该优先选择更为重要的那一项义务。目前,我国对于这两项,刑法功能主张并重原则,但同时强调若二者产生冲突则优先保障人权,可以发现这与罗斯的初始义务论较为贴合。当然,一旦允许作出价值排序,就有可能出现不同的价值选择,对于能否通过侵犯人权来实现打击罪犯或维护社会公正这一问题,功利主义者可能又会给出另一种答案。例如,经典的"紧急炸弹"假设[1]就是对于在极端情况下实施刑讯逼供行为的正当性作出的讨论。功利主义者认为刑讯作为信息获取的手段,可以防止更大的恶产生,拯救他人的生命,而相应的代价"只是"已经犯下严重罪行的犯罪嫌疑人身体上的痛苦,既然如此,那么刑讯就是可以被接受的手段。综上,对于同一个问题,秉持着不同的立场和信仰就会作出不同的价值选择,这也是我们强调刑事司法伦理建设的原因之所在,即希望通过为法律职业共同体设定特定的、统一的行为准则,形成一种伦理共识,以此来避免刑事司法人员个体多元伦理观对公权力行使造成的影响。

二、刑事司法伦理的基本内涵

(一)刑事司法伦理的含义

刑事司法伦理,是一种法律职业伦理和责任伦理,是履行刑事侦查、起诉、审判、执行职能的司法人员在行使司法职权过程中所应当遵守的道德原则和行为规范,这一行为规范不以个人道德修养为起点,而以法律职业共同体的社会角色为核心而展开。刑事司法伦理通常由伦理理念和伦理规范构成,伦理理念是原则、精神层面的内容,是伦理的核心内涵,但较为抽象和概念化,而伦理规范则围绕着伦理理念展开,通过国家法律、行政法规规章以及刑事司法内部系统文件或其他规范性文件等形式固定下来,如各类职业道德准则等,作为具体指导和约束

---

[1] 该假设为:某恐怖组织声称其在载有数百人的飞机上安装了定时为半小时的炸弹,现恐怖分子头目虽被警方逮捕但其拒不交代炸弹安放的位置,此时,警方是否能够通过对犯罪嫌疑人采用酷刑等方式来获取炸弹信息以拯救数百人的生命? See M. Bagaric & J. Clarke, *Not Enough Official Torture in the World? The Circumstances in Which Torture is Morally Justifiable*, University of San Francisco Law Review, Vol. 39, p. 581-616(2004).

司法人员正确履行司法职能的行为指南。司法伦理与伦理司法虽然在字面上较为接近,但两者的具体内涵却大不相同,前者意指以伦理视角审视司法职业活动中的行为(是否合乎伦理道德),侧重司法人员在行使职权时的道德行为规范,而后者则意指司法裁判活动受伦理的影响,侧重判决所带有的明显的伦理色彩[1]。

(二)刑事司法伦理的本质

刑事司法人员的伦理规范与刑事司法活动本身的功能密切相关。按照亚里士多德的观点,人可以追寻和实现的"善"在每种活动和技艺中都不同,"对任何一个有某种活动或实践的人来说,他们的善或出色就在于那种活动的完善"[2]。而活动的完善立足于功能的实现,恰如亚里士多德所举的例子——一个竖琴手的功能是操琴,因而一个好的竖琴手就是能出色地完成演奏,刑事司法人员的伦理规范最终指向的也是更好地完成刑事司法活动,实现刑事司法的功能。

而刑事司法的功能取决于司法权被赋予的目的,司法权是刑事司法伦理的起点。按照社会契约论的观点,包括司法权在内的国家权力来源于被统治者的权力让渡。具体而言,在自然状态下,每个人都平等地享有对所有事物的自然权利,因此,一个人对某种事物享有的权利可能是以妨害他人权利的方式获得的,在权利冲突下,人们相互疑惧,为保全自己而时时刻刻防卫,保持战斗准备,每个人都处于不利状态。为了追求和平和幸福生活,人们相互订立信约,让出自己的部分权利,让出的权利转化为不妨害他人行使这部分权利的义务。当然,人是理性而自利的,转让权利的目的在于获得权利,但是如何确保自己在转让权利后也能够获得权利,也即让每个人都遵守信约(自然法),或者在他人不遵守信约时可以通过不诉诸武力和战争的方式寻求救济,这就需要一个在个人之上的"共同的、具有强制履行契约的充分权利和力量"[3],使得个人产生对毁约后果的恐惧。这种强制权力的行使主体就是国家和政府,个人为国家授权,以便它按照有利于和平与共同防卫的方式运用全体的力量和手段。[4] 国家实施共同防卫的方式分为三部分:首先,确定在全社会范围内有效的共同行为规范标准(道德规范),这种行为(道德)规范是理性人以合作互利为出发点达成的协议和共识;其次,指定能够按照共同行为规范标准公正裁判(不偏私不为己)争议双方控告

---

[1] 参见崔永东、宋宝永:《伦理道德观念影响司法裁判的理论探究与实证分析——以刑事司法为侧重》,载《法学杂志》2021年第3期。

[2] [古希腊]亚里士多德:《尼各马可伦理学》,廖申白译注,商务印书馆2003年版,第19页。

[3] [英]霍布斯:《利维坦》,黎思复、黎廷弼译,商务印书馆2015年版,第104页。

[4] 参见[英]霍布斯:《利维坦》,黎思复、黎廷弼译,商务印书馆2015年版,第131-132页。

和诉求的集体,结束自然状态下人人都是自己案件的法官的状态;最后,还需要一个能够确保执行上述裁判结果的集体,对违背社会义务和道德的人实施惩罚。这三个要素实则分别指向了立法机构、司法机构和刑罚执行机构,而这些机构派出的具体的"代理人"则是警察、检察官、法官和刑罚执行人员,社会契约同时赋予他们权力以更好地执行强制力量。

由此可见,刑事司法活动及刑事司法人员存在的目的和功能是确保由全体社会成员共同制定的法律(信约)得到有效执行,进而使社会个体的基本权利得到保障。从功能角度出发,就意味着刑事司法伦理毋庸置疑地应包含公平正义、客观公正、保障人权、廉洁自律等基本原则。当然,在不同的刑事司法环节,针对不同职能属性的刑事司法人员,这些伦理规范又有不同的侧重点以及具体的表现形式,以此指导刑事司法工作人员更好地开展司法活动,实现司法功能。

(三)刑事司法伦理的主要特征

相较一般社会伦理和其他职业伦理,刑事司法伦理表现出以下几点特征:

1. 刑事司法伦理反映的是法律职业活动的内在规律和要求。涂尔干认为"有多少种不同的职业,就有多少种道德形式……这些道德形式完全适合个人所组成的不同群体"[1]。刑事司法伦理是法律职业从事者所必须遵守的行为规范,因而受到法律职业角色的限制,反映的是法律职业活动的内在要求。正如上文所述,社会公众对于法律职业的角色期望围绕着公平、正义的核心展开,而这也理应成为刑事司法伦理的核心价值追求。同时,基于在刑事司法活动中承担的具体角色和职能分工的不同,警察、检察官、法官、刑罚执行人员等群体的职业伦理规范在核心伦理共识的指引下也会出现一定的差异,这些差异反映的也正是不同刑事司法人员职能分工的内在规律和要求。

2. 刑事司法伦理具有更高的伦理水准要求。正如谢尔曼(Sherman L. W.)所说,"刑事司法判决是由个人在信任基础上代表整个社会作出的集体道德判断,这导致其承担的道德责任也远比其他职业更大"[2]。司法是维护社会正义的最后一道防线,司法人员对于维护整个社会的秩序、公平、正义等至高的人类文明价值负有重责,尤其是刑事司法活动,因其最终的裁判结果涉及强制性的刑罚制裁,而刑罚以剥夺或限制被告人的权利和利益为特定内容,可能剥夺被告人的财产权、自由权甚至是生命权,故刑事司法人员更需要具备超越一般社会道德规范和价值信念的更高的理性意识和责任意识。

---

[1] [法]涂尔干:《职业伦理与公民道德》,渠敬东译,商务印书馆2015年版,第5页。
[2] Sherman L. W., *The Study of Ethics in Criminology and Criminal Justice Curricula*, Joint Commission on Criminology and Criminal Justice Education and Standards, 1981, p. 30.

3.刑事司法伦理具有更强的外在约束力。刑事司法活动所具有的公权力属性,使其对社会公众的权利更易产生广泛影响力,因而,为确保国家司法权的公信力,对于刑事司法人员而言,这一群体的职业伦理受到更为硬性的约束。除各项职业道德准则以外,我国刑法还专门为司法工作人员另设了14项职务犯罪罪名,入罪行为包括非法拘禁、非法搜查、刑讯逼供、暴力取证、虐待被监管人、滥用职权、玩忽职守、徇私枉法等。可见,刑事司法伦理相较一般社会伦理和其他职业伦理更具强制性,通过入罪的方式,为刑事司法伦理的遵守设置一定的"防护罩"。

(四)刑事司法伦理的类型

根据不同的维度可以对刑事司法伦理进行分类,以加深对刑事司法伦理的理解。例如,根据刑事司法活动参与者的角色不同可以将刑事司法伦理分为警察伦理、检察官伦理、法官伦理、律师伦理、证人伦理、鉴定人伦理、矫正官伦理等;根据刑事司法活动的功能不同可以将刑事司法伦理分为侦查伦理、鉴定伦理、作证伦理、起诉伦理、辩护伦理、审判伦理、执行伦理;根据刑事司法活动参与人身份不同可以将刑事司法伦理分为国家司法工作人员伦理和其他诉讼参与人伦理;等等。

在刑事司法中,警察、检察官、法官、监狱和社区矫正机构的刑事执行人员都是国家司法工作人员,行使着国家司法职权,在刑事司法活动中处于优势地位,更应该严格遵守刑事司法伦理规范。公平正义、勤勉敬业、忠实法律、程序正当、清正廉洁是刑事司法伦理的核心价值取向。同时,因角色定位和职能分工的不同,不同的刑事司法职业群体也具有不同侧重的职业伦理规范。辩护律师、证人、鉴定人等非国家司法工作人员,在刑事司法中起着至关重要的作用,因而在谈刑事司法伦理时,也应将其纳入讨论范围。限于篇幅,本章仅对国家司法工作人员伦理展开论述。接下来,各节主要依据职能分工和角色定位差异,就不同司法职业群体的核心伦理规范做重点的论述。

第二节 警察伦理

一、警察伦理的基本内涵

警察伦理是警察在执法过程中应当遵循的道德原则和行为规范。警察伦理的核心内涵在数百年间随着对警察功能定位的转变而不断更新、完善,无论是西方还是我国,警察角色都从最初单一的"执法者"——打击罪犯以确保那些侵犯他人权利的人为自己的错误行为负责,逐渐演化出另一种"社会服务提供者"的角色——维持社会秩序、履行各项社会服务职能等,其中包括与其他社会组织合作提供服务(如社区警务),这背后既是对公民福祉关注的不断加深,也是政府职能转变的一种体现。我们对警察的期待除惩恶以外,更多地转向警察在面对重大事件时能够作出针对性的反应以应对危机、恢复社会秩序,以对个人自由的最小化侵犯保障公共安全,以温和且有效的警察服务确保社会安定。[1]

警察职能转变的过程使得警察形象既保留了传统的执法色彩,又具有与人民群众最密切相关的服务色彩,而这也意味着警察伦理的核心内涵必须体现如何正确处理警察与罪犯、警察与公民这两对关系。当前,我国警察伦理学界对于警察职业道德的基本原则虽尚未达成一致认识,但也无不涉及上述两对关系,如常欧宁等人认为人民警察道德的基本原则是"除害安良,人民至上"[2],黄生鹏认为将"除害安良,执法为民"确定为警察职业道德基本原则最为合适[3],王宏宇认为把"公正执法、优质服务"作为警察道德基本原则更具理论性和现实适应性[4],卢军认为忠诚警魂是警察职业伦理精神的内核组成部分,"为民"和"公正、廉洁"则分别是警察职业伦理的次内核部分和外核部分[5]。

警察与罪犯(犯罪嫌疑人)之间的关系,体现在对待罪犯(犯罪嫌疑人)应公正客观,不能带入警察个人情绪和偏见,更不能徇私枉法、滥用职权,打击罪犯应以事实为依据,以法律为准绳,保障犯罪嫌疑人的人格尊严和基本权利。例如,在侦查工作中,既要收集证明犯罪嫌疑人有罪的证据,也要收集证明其无罪的证据;采取技术侦查手段时,要严格根据法律要求,尽量减少对犯罪嫌疑人权利的妨碍,保护其合法权利;在讯问时,要全程录音录像,杜绝刑讯逼供;等等。

警察与公民之间的关系通常是服务者与被服务者的关系。所有的警务工作都应以人为本,执法的最终目的也是保障公民的基本权利。我国将"警察"加上"人民"这一修饰词,不仅强调了警察为人民服务的立意,更是一种政治要求。相对于公民概念来说,人民是个相对于敌人的政治概念,人民警察是打击敌人保护人民的。警察是人民的警察,警察权力由人民赋予,应为人民所用,尊重和保障人权是警察伦理的核心内容。在推进全面依法治国的今天,我国要注意警察

---

[1] See John Kleinig, *Ethics and Criminal Justice An Introduction*, Cambridge University Press, 2008, p. 51-59.
[2] 常欧宁等编著:《人民警察道德》,辽宁教育出版社 1988 年版,第 105 页。
[3] 参见黄生鹏:《论人民警察职业道德的基本原则》,载《江苏公安专科学校学报》2000 年第 3 期。
[4] 参见王宏宇:《论当代人民警察道德规范体系的完善》,载《政法学刊》2004 年第 6 期。
[5] 参见卢军:《警察职业伦理精神的多维度探析》,载《四川警察学院学报》2015 年第 6 期。

的政治属性,也要发挥警察的公共服务功能。

二、避免过度使用武力

警察机构在刑事司法系统中往往被赋予"打击犯罪"的重要职能,以及为实现该项职能而合法使用武力的权力。警察在何时执法、如何执法以及何时使用武力、如何使用武力等方面拥有广泛的自由裁量权,这些权力如果被合法且道德地使用,就会成为保护公民权利的利器;反之,如果被滥用就会成为侵害权利的不定时炸弹。埃贡·比特纳(Egon Bittner)认为"警察的作用是解决各种人类问题,只要问题的解决方案可能需要动用武力"[1],但是,同样作为社会服务提供者,警察解决问题的手段不只有武力,且武力应被作为最后手段使用。然而,当警察个人或警察部门对警察职能的复杂性把握不当,使警察职能的定位严重偏向"打击犯罪""执行法律"时,他们更有可能将(潜在的)违法犯罪分子置于完全敌对的位置,理所当然地对其使用暴力甚至是过度暴力,也更有可能以暴力性方式处理日常纠纷,进而导致警民矛盾升级。警察作为执法人员对于暴力抗拒或阻碍警察依法履职的行为可以采取一定措施,但部分警察却以此为由随意采取远超控制目的的暴力手段,明明口头警告即可制止的,却采取暴力制服手段,造成公民伤亡,这种过度使用武力的现象与警察"为民服务"的职业伦理规范严重地背道而驰,应予避免。

在美国,警察过度使用武力一直以来都是一个重大问题,为此还曾引发过多次大型抗议活动。罗伯特·莱纳(Robert Reiner)认为最有效的警务手段是保有强制力的可能性而从不真正使用,通过这种方法控制公众的警务才是成功的。[2] 有学者提出警察对民众使用武力必须符合以下五个要素:(1)必须是出于某种目的,如保护人权;(2)使用的武力程度必须与寻求的目的相称;(3)使用武力必须有达到所寻求目的的合理可能性;(4)使用的武力手段本身不应是不可接受的;(5)所使用的武力不应该有明显不必要的副作用,也即只有在保证目的足够重要、使用武力足够正当且没有限制性更小的控制手段时才可使用相应的武力。[3] 也有警察部门提出一种渐进式使用武力的策略,即先使用警察权威口头警告,警告无效时使用最小的身体接触进行控制,仍然无效时再使用更具

---

[1] Egon Bittner, *The Capacity to Use Force as the Core of the Police Role*, in Frederick A. Elliston & Michael Feldberg eds. , Moral Issues in Police Work, 1985, p. 21.

[2] See John Kleinig, *Ethics and Criminal Justice An Introduction*, Cambridge University Press, 2008, p. 53.

[3] See John Kleinig, *Ethics and Criminal Justice An Introduction*, Cambridge University Press, 2008, p. 91-94.

攻击性的身体接触施加痛苦,而致命性武力只能在保护警察自身安全以及使他人免受伤害或生命威胁且没有其他控制手段时使用。[1]

三、规制欺骗性讯问

欺骗性讯问是侦查讯问人员在审讯过程中,通过故意隐瞒或虚构事实来使被讯问人员在不甚了解的情况下作出供述的讯问手段。自17、18世纪资产阶级革命爆发,启蒙运动引发人权、人道主义思考以来,刑讯逼供因是以违背被讯问人自由意志的方式获取口供,造成大量冤案而受到广泛且强烈的抨击,多数国家也逐渐在法律制度上禁止了这一做法。例如,讯问时录音录像的制度设置和证据规则的完善,使刑讯逼供受到很大程度的抑制。然而,剥去武力外衣,同样可能导致被讯问人员在违背自由意志的情况下作出对己不利的口供的欺骗性讯问手段却没有受到与刑讯逼供同等程度的抵制,甚至在某种程度上被视为替代刑讯逼供、更温和却能有效地获得自愿供述的"必要策略"。

欺骗性讯问手段通常包括但不限于以下几种形式:(1)使用虚假证据,包括谎称同伙已经承认了犯罪事实或已掌握了关键的犯罪证据;(2)故意隐瞒或夸大犯罪的性质或严重性,如告知犯罪嫌疑人即使认罪也不会得到严重的刑罚处罚或者如果不认罪将会得到更严重的刑罚处罚;(3)使用虚假承诺,如告知犯罪嫌疑人供述后就可以回家等。[2] 这些欺骗性讯问手段十分普遍,在警察讯问中或多或少地都能看到它的踪迹,甚至某些影视剧中对刑讯的刻画也大量运用了"警匪"在欺骗性讯问过程中的心理博弈画面,"警匪"的对立关系以及警察的正面形象,导致大众对警察使用的欺骗性讯问手段天然地产生一种正当性印象,甚至将其作为判断警察是否睿智及是否有充足办案经验的标准。

不可否认,在讯问中使用模糊语言对于制裁那些狡诈的罪犯而言确实是必要的策略。但同样不可忽视的是,不当地使用模糊语言来威胁、引诱、欺骗被讯问人也可能会给犯罪嫌疑人甚至是整个社会公正带来负面影响。在警察隐瞒和虚构的事实面前,在"可能面临更严重的处罚"和"接受现有更轻的指控"之间,部分犯罪嫌疑人可能会选择提供虚假供词以便低风险地接受较轻指控。不要忽视心理压迫给无辜者带去的影响,进而简单地认为如果犯罪嫌疑人没有实施犯罪行为就一定会坚持无罪供述;相反地,有不少冤假错案的当事人都在欺骗性讯问手段面前屈服了自己坚持无罪的意志或者在强大的心理压迫下内化了警察提

---

[1] See John Kleinig, *Ethics and Criminal Justice An Introduction*, Cambridge University Press, 2008, p. 94, 97-98.

[2] See Jerome H. Skolnick & Richard A. Leo, *The Ethics of Deceptive Interrogation*, Criminal Justice Ethics, Vol. 11:1, p. 3-12(1992).

供的信息(coerced-internalized)进而认为自己真的有罪[1],如美国的马蒂(Marty Tankleff)案[2]。同样地,在我国因欺骗性讯问手段造成的冤错案件也并非个案。例如,刘某河故意杀人案中,讯问人员表示"如果承认是自己杀的,还可以定个过失杀人或者得到从宽处理,即罪不至死。但如果不承认,仅仅根据测谎结论照样可以定罪,而且肯定是死路一条",在此种情况下,刘某河因确信"违心认罪能够活命,拒不承认必死无疑"而承认犯罪,后经历5年6次审判才得以被宣告无罪。[3] 此外,欺骗性讯问手段诱发的冤假错案还往往与刑讯逼供、疲劳审讯等非法讯问手段一同出现,如呼格吉勒图一案。[4]

为平衡欺骗性讯问在司法实践中的必要性与其可能带来的有损司法诚信和社会公正的风险性之间的矛盾,当前大部分国家对欺骗性讯问采取了设置一定的限制但又未完全限制的做法,也即划定了允许警察撒谎的界限。如德国以犯罪嫌疑人在讯问过程中是否具备进行自由陈述的意志为欺骗性讯问是否合法的界限;美国对欺骗性讯问的容忍程度更高,以取得的口供是否违反自愿原则为界限,对于法定告知义务中的事项不得进行欺骗,禁止隐瞒犯罪嫌疑人应享有的权利;英国主要以取得的口供是否真实可靠以及是否会产生诉讼程序不公正等严重后果为界限;日本对欺骗性讯问的限制同样是以是否剥夺了犯罪嫌疑人进行自白的自由意志为标准。[5] 我国《刑事诉讼法》第52条规定"严禁刑讯逼供和以威胁、引诱、欺骗以及其他非法方法收集证据",但是在司法实践中,对于通过欺骗性讯问手段获得的证据却并未完全排除。由此有学者提出,我国对欺骗性讯问手段的态度可以参考国外模式,酌情采用符合自由意志的欺骗性讯问,并以

---

[1] See Jerome H. Skolnick & Richard A. Leo, *The Ethics of Deceptive Interrogation*, Criminal Justice Ethics, Vol. 11:1, p. 3-12(1992).

[2] 17岁的高中生马蒂醒来时发现父母在床上遭到袭击,母亲被刺死,父亲遭到毒打,马蒂按照911接线员的指示对父亲做了一定的医护措施并因此手上沾满了鲜血,导致警察将其作为犯罪嫌疑人进行审讯,讯问过程中警察谎称其父亲在医院醒来并认定马蒂就是袭击者,因为相信父亲不会撒谎,所以马蒂开始认为可能是自己不清醒的状态下杀了母亲,在此基础上他作出了供述,但很快撤回并拒绝在供述上署名,然而撤回供词的事实被忽略,在没有任何其他证据证明有罪的情况下,仅凭一份曾被撤回的供词,马蒂最终被判以谋杀罪,在服刑17年后才由上诉法院推翻了他的定罪。

[3] 参见张立:《诱供、骗供之非法言词证据排除的法理辨析及规则构建》,载《中国检察官》2023年第2期。

[4] 参见李玉波、赵海东:《媒体报道呼格吉勒图案笔录:公安局的人不让我解手》,载中国新闻网,https://www.chinanews.com.cn/fz/2014/11-21/6799844.shtml。

[5] 参见彭玉伟、郭赛:《论讯问方法中欺骗的合理性与限制性》,载《广西警官高等专科学校学报》2015年第2期;张鸽:《欺骗性讯问:合法的讯问策略还是非法的心理强制?》,载《犯罪研究》2018年第3期。

合法原则、必要原则和比例原则权衡合法与非法、违背与尊重自由意志之界限。[1]

第三节 检察官伦理

一、检察官伦理的基本内涵

检察官是国家法律的捍卫者,是国家安全和公共利益的维护者,以唯一的公诉机关身份代表国家行使检察权。在不同的刑事诉讼模式之下,检察官所承担的职能不尽相同,我国法律赋予检察官的职能主要有两种,一是公诉职能,二是监督职能。检察官伦理就是检察官在履行上述两项职能及进行相关业外活动时所应当遵循的道德原则与行为规范,其蕴于刑事诉讼全过程。

(一)检察官伦理的核心内容

客观公正是检察官伦理的核心内容。所谓客观公正义务,就是检察官在刑事诉讼中以客观公正之立场追求案件的事实真相,既做犯罪行为的追诉者,确保犯罪者受到应有的法律制裁,也要做无辜行为的保护者,确保无辜者免受错误追究。客观公正作为检察官伦理的核心原则,完全是由检察官职能定位和职能履行的应然性和实然性所决定的。

一方面,客观公正是检察官职能履行和角色定位的必然要求。检察官在刑事司法中代表的是国家和全体国民之利益,检察权在我国是"集公诉权、职务犯罪侦查权、法律监督权于一体的混合性国家权力"[2]。检察机关在刑事司法中处于侦查和审判的中间环节,负有对侦查机关移交的材料进行审查并决定是否起诉的重要职责,负有对公安机关的侦查活动和人民法院的审判活动进行监督的重要义务,无论是公诉职能还是监督职能,其最终的价值追求始终都是司法公正。即便在公诉过程中为尽可能地呈现案件真相,检察官会与辩护律师形成对抗模式,以不同的立场和观点对案件事实展开具体的分析和论证,看似具有一定的立场偏向性,但其本质上最终的价值追求依旧是揭露真相、伸张正义。正如萨瑟兰大法官所说,检察官是"一个主权国家的代表而非争议一方的代表,因此他们在刑事诉讼中的利益不是赢得一场官司,而是伸张正义"[3],检察官有责任

---

[1] 参见张鸽:《欺骗性讯问:合法的讯问策略还是非法的心理强制?》,载《犯罪研究》2018年第3期。
[2] 王永:《我国检察官职业伦理规范研究》,山东大学2012年博士学位论文,第33页。
[3] Berger v. United States,295 U. S. 78(1935).

以实质和程序上客观的方式履行其公诉职能和监督职能。

另一方面，法律同时赋予检察官以公诉职能与监督职能，然而，在这两者之间却又天然地存在内在矛盾，致使检察官在履职过程中更易出现错误定位的问题。具体来说，检察官的公诉职能要求其代表国家利益在刑事诉讼结构中承担起主动的、积极的控诉角色，通过掌握犯罪嫌疑人（被告人）的有罪证据对其进行追诉，以实现惩罚犯罪之目的。而检察官的监督职能又要求其脱离于诉讼结构中的任何一方角色，以客观立场审视包括自身、警察、法官在内的所有司法行为的合法性。换言之，"检察官控诉犯罪的职能需要依靠其在诉讼结构中的角色来实现，而其法律守护人的职能却要求超脱诉讼角色"[1]，这样的规则设置是对人性的极大考验。即便设置控辩模式的本意是为形成平衡的对抗力量，协助法官寻求正义，但长期的对抗诉讼模式确实容易导致检察官形成思维定式，错误地将自己的职能狭隘地定位在案件胜诉和给犯罪嫌疑人定罪上，忽视和偏离检察职能的基本属性和本质要求。针对这一现实问题，必须通过不断强调客观公正义务以平衡与调和两项职能之间的冲突，加强检察官内心确信，以防止其背离正义守护者的职责。

（二）检察官伦理的基本原则

早在20世纪90年代就有国际性文件对检察官职业伦理的基本原则作出相对详尽的规定。如1990年由联合国第八届预防犯罪和罪犯待遇大会通过的《关于检察官作用的准则》（Guidelines on the Role of Prosecutors，以下简称《准则》）[2]就提出了以下几项基本原则：（1）独立。确保检察官在没有任何恐吓、障碍、侵扰、不正当干预或者不合理承担民事和刑事或其他责任的情况下履行其专业职责。（2）公平公正。检察官在履行职责时应始终一贯迅速而公平地依法行事，尊重和保护人的尊严；不偏不倚地履行其职能，并避免任何政治、社会、文化、性别或任何其他形式的歧视。（3）客观。检察官在履行职责时应保证公众利益，按照客观标准行事，适当考虑到犯罪嫌疑人和受害者的立场，并注意到一切有关的情形，无论是对嫌犯有利还是不利；在受害者的个人利益受到影响时应考虑其观点和所关心的问题；如果一项不偏不倚的调查表明起诉缺乏根据，检察官不应提出或继续检控，或应竭力阻止诉讼程序；当得知或认为现已掌握的不利于犯罪嫌疑人的证据是通过严重侵犯犯罪嫌疑人人权的非法手段获取的，检察官应拒绝使用此类证据。（4）保密。检察官在履行职责时应对掌握的情况保守

---

[1] 王超：《公诉环节检察官客观义务的实践困境及其破解——以某市轻罪重判案件抗诉的调研为切入点》，载《北京政法职业学院学报》2014年第1期。

[2] 参见《关于检察官作用的准则》，载联合国网，https://www.un.org/zh/documents/treaty/OHCHR-1990-3，2024年8月23日最后访问。

秘密。此外,欧洲检察官大会通过的《欧洲检察官职业道德和行为准则》(European Guidelines on Ethics and Conduct for Public Prosecutors)即"布达佩斯指南"也提出将"公平、公正履行职能""尊重、保护人权""代表社会和公共利益""致力于在社会一般利益和个人利益之间取得公正的平衡"作为检察官的基本职责。[1]

我国检察官职业伦理基本原则散见于各类规范性文件之中,并在多年的继承与发展中得到不断完善,其中几项最为主要的文件如下。我国于1984年制定《检察机关工作人员奖惩暂行办法》,率先通过奖惩的方式对检察官的忠诚、公正、廉洁、敬业、保密等内容作出着重强调。[2] 2009年《检察官职业道德基本准则(试行)》又将忠诚、公正、清廉和文明作为检察官职业道德的基本要求,并对这四个方面的伦理原则作出具体而明确的规定。1995年制定且至今已历经三次修改的《检察官法》(2019年修订)更是从以下六个方面对检察官职业伦理提出了具体要求:一是忠诚,即"忠实执行宪法和法律,维护社会公平正义,全心全意为人民服务";二是勤勉尽责;三是清正廉明;四是客观公正,检察官应始终"以事实为依据,以法律为准绳,秉持客观公正的立场","严格坚持罪刑法定原则,尊重和保障人权,既要追诉犯罪,也要保障无罪的人不受刑事追究","秉公办案,不徇私枉法";五是独立,检察官"依法履行职责,受法律保护,不受行政机关、社会团体和个人的干涉";六是保密,检察官应"保守国家秘密和检察工作秘密,对履行职责中知悉的商业秘密和个人隐私予以保密"。

《检察官法》2019年修订时对检察官的客观公正义务予以高度重视,对保障犯罪嫌疑人人权予以重点强调。此前,2017年修正的《检察官法》非但完全未提及"客观公正"之字样,对于检察官的公正义务也仅以义务履行条文中的一项规定予以简单地概括列明,即"以事实为依据,以法律为准绳,秉公执法,不得徇私枉法",而在强调维护利益时也只概括提及"国家利益、公共利益,自然人、法人和其他组织的合法权益",虽然此处的自然人可能包括犯罪嫌疑人,但却尚未作出明确强调。2019年修订的《检察官法》,一方面,通过单列条文的形式明确提出"公正客观立场";另一方面,多次强调尊重保障犯罪嫌疑人的人权,保障当事人的诉讼权利。从上述两点细微的变化之中,或许就能窥见我国对检察官职业伦理的关注重点发生了重大改变,客观公正义务逐渐被放置在了检察官职业伦理的核心地位,而这一改变与国际性文件对检察官客观公正义务的强调也有所呼应。

---

[1] 参见张幼平:《欧洲检察官职业道德和行为指南——"布达佩斯指南"(节选)》,载《中国检察官》2011年第7期。
[2] 2001年被《检察机关奖励暂行规定》废止,后者同样对"忠于职守,秉公执法""坚持原则,办事公道""保守、保护国家和检察工作秘密"等内容作出了规定。

二、全面客观对待所有证据

检察官负有"有利和不利均应注意"的客观性义务和严格的法定性义务。客观性义务要求检察官在提起公诉时必须依法客观公正地向法院提交能够证明公诉犯罪事实的证据,包括对被告人有利和不利的全部证据材料。[1] 换言之,检察官在刑事诉讼环节既有提交证实犯罪嫌疑人有罪证据的义务,也有提交证实犯罪嫌疑人无罪或罪轻证据的义务,不以一方当事人地位先入为主地认定犯罪嫌疑人有罪,而是全面客观地对待所有证据,倾听犯罪嫌疑人的意见,理性处理案件。

然而,现实中也存在部分检察官在长期的诉讼对抗模式之下,形成了错误的角色定位和思维定式,陷入了隧道视野和证实性偏见[2],进而无意识地偏离了客观公正的职业伦理轨道,忽视了正义守护者的身份本质。在刑事诉讼活动中,先入为主地认定犯罪嫌疑人有罪,或是对侦查机关通过违法方式取得的不利于犯罪嫌疑人的证据"睁一只眼,闭一只眼",或是故意隐瞒有利于犯罪嫌疑人的证据,片面追求有罪判决或从重处罚,都将导致法官的中立审判地位和辩护律师的辩护功能受到严重影响,进而导致错误定罪的可能性也大大提高,是刑事冤错案件在检察环节的重要成因之一。美国司法研究所(National Institute of Justice)的一项研究曾表明,检察官隐瞒证据是检察官错误定罪的一个重要原因。[3] 针对这一问题,美国通过著名的布雷迪诉马里兰案(Brady v. Maryland)确立了检方无罪证据开示制度,初步规制检察官在证据审查和提交方面的行为规范。[4]

---

[1] 参见缐杰、高翼飞:《检察官秉持客观公正立场的基本要求》,载《检察日报》2019年10月10日,第3版。

[2] 证实性偏见是一种以确认或支持个人先前已有的信念或价值观的方式搜索、解释信息的倾向。这种倾向在日常生活中十分普遍,实际上几乎每个人都会倾向于寻求符合自己观点的数据和现象以论证先前观点的正确性,同时忽视与自己观点相异的事实,而一旦观点再次得到确认这种偏见就很难再被消除。

[3] See Richard R. E. Kania, *Ethical Challenges for Prosecutors*, in M. Braswell, B. McCarthy & B. McCarthy eds., Justice, Crime, and Ethics, 9th edition, Taylor and Francis, 2017, p. 184.

[4] See Brady v. Maryland, 373 U. S. 83 (1963). 布雷迪(Brady)和同伴鲍勃利特(Boblit)在抢劫银行前准备偷走熟人布鲁斯的汽车,在这过程中鲍勃利特杀死了布鲁克斯,在两人分别受审时鲍勃利特承认了自己的杀人罪行,但检方隐瞒了这份书面陈述,导致两人被定罪且都被判处死刑。在该案中,联邦最高法院表示,如果证据对定罪量刑具有实质性意义,则扣留、压制对被告人有利的证据就违反了正当程序和宪法规定的被告人享有的公正审判权,布雷迪案中检方隐瞒的证据虽不能为被告人开脱罪责,但对于量刑而言是至关重要的,因此需要就处罚问题发回重审。

随后，从 1972 年吉格里奥诉合众国案（Giglio v. United States）[1]，至 1976 年合众国诉奥古鲁斯案（United States v. Agurs）[2]，检察官被要求证据开示的范围不断扩大，到了凯乐斯诉怀特里案（Kyles v. Whitley），检察官负有开示证据的义务已经扩大到了需要对所有定罪量刑具有实质性作用的证据进行开示，无论检察官是否实际知晓该证据的存在。这一规定倒逼着检察官积极履行对警察和其他执法机构证据搜查过程的监督义务，一旦出现"布雷迪违规"，法院将会推翻定罪重新审理。可以说检察官证据开示制度对于减少检察官隐瞒证据的不当行为以及避免冤假错案的发生具有重大意义。对此，我国虽未明确规定适用检察官证据开示制度，但在《刑事诉讼法》中已有相关规定体现了证据开示精神，而在认罪认罚从宽制度的广泛适用之下，越来越多的学者也提出证据开示在认罪认罚案件中具有重要地位。

在以证据为核心的刑事指控体系中，检察官能否全面客观对待所有证据至关重要。对此，外在制度性规范的约束当然必不可少，但检察官同样应在内心形成一种正确的职业伦理认知，明确自己的职责所在，正确处理好检警、检法两对关系，在监督与起诉两项职能履行中践行客观证据审查义务。

首先，在侦查阶段，要履行好对侦查机关在证据收集方面的监督职能。除部分自侦案件以外，大多数公诉案件的证据收集工作由侦查机关开展，部分侦查人员为尽可能追诉犯罪，存在片面收集证据或违法收集证据的情况。对此，一方面，检察官应要求侦查人员全面收集证据，既包括能够指控犯罪的证据，也包括能够证明无罪、罪轻的证据。对于侦查机关已经提交的证据，应全面仔细地审查其合法性，在排除非法证据之后再综合考量现有证据是否符合起诉标准。另一方面，检察官作为刑事诉讼结构中的一方，针对存疑案件，检察官应在退回公安补充侦查的同时，列明侦查提纲，为侦查人员有针对性地收集证据、尽可能排除疑点指明方向，使确实有罪的犯罪嫌疑人受到其应有的法律制裁，而不是一发现证据不足就存疑不诉。此外，在起诉阶段，要始终保持对证据证明力的敏锐度和客观性。对于已经起诉到法院的案件，事后才发现现有证据不足或反而能够证明被告人无罪或罪轻事实，或是出现新情况可能推翻原先观点的，检察官应全面客观地对待证据指向的事实，及时修正错误，而不是隐瞒对被告人有利的

---

[1] See Giglio v. United States, 405 U. S. 150(1972). 在该案中，美国联邦最高法院再次拓展了布雷迪规则，将检方应该开示的证据范围扩展到了可能影响检方证人可信性的证据。

[2] See United States v. Agurs, 427 U. S. 97, 110 (1976). 在该案中，美国联邦最高法院进一步规定，即使辩方未提出开示要求，检察官也应主动履行开示义务，否则将推翻定罪重新进行审判。

证据。[1]

三、公正践行认罪认罚制度

自 2018 年《刑事诉讼法》正式确立认罪认罚从宽制度以来，认罪认罚量刑协商就成为检察工作中的一项重要内容。具体而言，就是检察机关在认罪认罚案件中，通过听取各方建议，最终与辩方就案件的处理结果达成一致，并由犯罪嫌疑人在自愿认罪认罚的前提下签署具结书，检察机关则根据认罪认罚具结书内容向法院提出具有较高话语权和约束力的量刑建议。[2] 认罪认罚量刑协商程序无疑具有重要意义，非但可以节约诉讼资源，在一定程度上也能凸显犯罪嫌疑人等辩方的主体地位。然而，在审判资源配置减少、审判程序简化、审判制约能力弱化的情况下，检察官在履行认罪认罚量刑协商工作时也有可能出现公正偏失的职业伦理问题，并由此造成冤错案件的发生。对于这一点，现已有调研发现，"认罪认罚程序已经成为少数个案瓦解被追诉人无罪辩护意志的有效工具"[3]。有学者认为，认罪认罚从宽制度重塑了我国刑事诉讼结构，控辩双方在审查起诉阶段协商达成共识，模糊了原先二者对抗的界限，使没有交集的平行线结构在"量刑建议"这一交叉点上汇集，在检察官向法庭提交量刑建议时，控辩双方已就诉讼结果达成合意，使对抗失去必要。[4] 检察官在认罪认罚案件的量刑协商过程中处于主导地位，具有一定的证据信息优势及其他包括继续侦查、采取强制性措施在内的司法权力，可能对犯罪嫌疑人造成强大的心理压制，"当犯罪嫌疑人对检察官的指控减让抱有期望且有妥协的意愿时，检察官就有了运用己方优势力量进行操作的空间"[5]。如果检察官不能秉持客观公正的立场听取辩方意见，而是一味地追求打击犯罪和定罪率，就有可能导致错误定罪，并使犯罪嫌疑人不得不接受检察官提出的控诉及处理结果。[6]

同样具有刑事协商性质的辩诉交易制度[7]，在个人权利保护和正当程序

---

[1] 参见孔璋、叶成国：《法治思维中检察官角色要论》，"法治思维与检察工作"第九届国家高级检察官论坛论文，2013 年 8 月于黑龙江大庆。
[2] 参见罗少雄、冯璐璐：《量刑建议在认罪认罚从宽制度中的定位》，载《人民司法》2021 年第 34 期。《刑事诉讼法》第 201 条规定："对于认罪认罚案件，人民法院依法作出判决时，一般应当采纳人民检察院指控的罪名和量刑建议……"由此可见，在认罪认罚案件中，检察院所提量刑建议具有相当高的话语权。
[3] 龙宗智：《完善认罪认罚从宽制度的关键是控辩平衡》，载《环球法律评论》2020 年第 2 期。
[4] 参见秦宗文：《检察官在量刑建议制度中的角色定位探究》，载《法商研究》2022 年第 2 期。
[5] 秦宗文：《检察官在量刑建议制度中的角色定位探究》，载《法商研究》2022 年第 2 期。
[6] 参见龙宗智：《完善认罪认罚从宽制度的关键是控辩平衡》，载《环球法律评论》2020 年第 2 期。
[7] 辩诉交易是美国的一项司法制度，在资源有限的刑事司法系统中发挥着控制犯罪、提高刑事诉讼效率、减轻司法系统案件负担等作用。

执行等方面也存在明显的伦理问题,并在学术界引发长久的争议。阿尔舒勒(Alschuler)作为辩诉交易制度的反对者之一,提出检察官在辩诉交易中的目的是确保尽可能多地定罪[1],而为实现这一目的,检察官有时会在辩诉交易中通过加重指控,或者提出现有证据不足以支持的指控,来误导辩护律师和被告人,设置"讨价还价"的余地以使被告人通过认罪来换取减刑,这在一定程度上会导致错误定罪。从表面上来看,辩诉交易使控辩双方都获得了好处,检察官能够节省时间和精力,被告人能够获得一个较轻的指控,然而很多情况下,这种双赢表象只是检察官设置的一个圈套。基普尼斯(Kipnis)指出由于辩诉交易的主动权掌握在检方手上,因此在被告人对已知的轻罪和未知的重罪进行艰难抉择时实际上产生了一种隐性的胁迫和压力。[2] 在面临如果不认罪并坚持出庭受审可能会受到更严重的刑罚处罚时,被告人会倾向于接受"有罪"指控以换取减轻刑罚,降低冒险风险。[3]

针对检察官在刑事协商中的公正偏失问题,我国学者强调,必须保障刑事辩护律师在认罪认罚量刑协商中发挥有效辩护功能,完善认罪认罚制度中的证据开示义务,以及明确法院司法审查的重要性等[4]。国外学者奥伦·加扎尔(Oren Gazal)也认为建立对辩诉交易认罪协议的司法审查制度十分必要。如果认罪协议须经法庭复核,法官在发现检察官量刑建议过分宽大时进行干预并无视量刑建议,可能会降低检察官在辩诉交易中承诺从轻处罚的可信度,当被告人清楚法院不会接受这样的认罪协议时,他更有可能拒绝检察官在辩诉交易中的提议,而如果检察官不能在辩诉交易中给出足够诱人的轻罪承诺,被告人也更有可能拒绝检察官的提议以追求审判中更大概率的无罪开释,在这种情况下,可以降低无辜者被起诉和定罪的风险。[5]

当然,除外部制度性约束以外,检察官还须形成自己的内心约束和内心自律,在认罪认罚案件中始终以客观公正的立场将犯罪嫌疑人及其辩护律师置于

---

[1] See A. W. Alschuler, *The Prosecutor's Role in Plea Bargaining*, The University of Chicago Law Review, Vol. 36:1, p. 50-112(1968). 阿尔舒勒还举了一个旧金山辩护律师的案例来进行说明,当辩护律师告知被控绑架和强奸的男子在该案审判中被定罪的可能性极小时(检察官也赞成这一观点),被告人仍然接受了检察官就殴打行为进行认罪以获取更轻甚至缓刑处罚的提议,而被告人作出认罪决定的理由只是"不能冒险"。
[2] See K. Kipnis, *Criminal Justice and the Negotiated Plea*, Ethics, Vol. 86:2, p. 93-106(1976).
[3] See John Kleinig, *Ethics and Criminal Justice An Introduction*, Cambridge University Press, 2008, p. 123.
[4] 参见龙宗智:《完善认罪认罚从宽制度的关键是控辩平衡》,载《环球法律评论》2020年第2期。
[5] See Gazal Oren, Screening, *Plea Bargains and the Innocent Problem*, Law & Economics Working Papers Archive:2003-2009, Art. 31(2004).

与自己平等交流抗辩的位置,而不是单纯地将认罪认罚视为一项指标性程序工作,对于不理解认罪认罚制度对己利害关系的犯罪嫌疑人应耐心解释,而不是利用犯罪嫌疑人的认知缺位实施变相恐吓,使其形成一旦不接受认罪认罚就会加重量刑的错误认知,这样才能够充分保障犯罪嫌疑人在认罪认罚案件中应有的诉讼权利。

第四节　法官伦理

一、法官伦理的基本内涵

法官伦理是法官在行使审判权、履行审判职能及进行职业外活动时应当遵守的行为规范,是判断法官职业行为"好坏""善恶"与否的重要标准。按照洛克的说法,法官是致力于公正地解释和适用法律的司法机构的代理人。法官的职业角色在赋予个人以司法审判权的同时,也天然地为其蒙上了公平、正义的面纱,使得关心真相、寻求公正成为法官职业角色的价值追求和社会期待,也使得法官本身成为一种价值符号。换言之,一旦个体被冠以"法官"身份,其个人身份就被进一步弱化,转而化身为整个司法系统公平、正义的象征。正是基于这一点,为维护法官形象以及整个司法系统的公信力,强调法官伦理建设就显得尤为重要。

(一)法官伦理的核心内容

中立是国际公认的法官基本道德准则,是法官正确履行职责、实现司法公正的基础性支撑,中立公正审判也是法官伦理的核心内容。恰如培根在其《论法官的职责》一文中所说的"法官的德行见于能削山填谷把控辩双方摆在平等的地位,从而使自己不偏不倚地作出判决"[1],法官在审判过程中必须处于客观中立、不偏不倚的地位,平等兼听各方诉辩,并在独立公正、排除外界压力和个人利益的前提下判断是非、正确适法。[2]

保持中立地位是法官实现司法公正的前提,也是让社会公众切实感受到司法公正性的重要方式。公正是法治的生命线,是司法活动最高的价值追求,是包括警察、检察官、法官在内的法律职业共同体的共同价值目标,而为实现这一共同价值目标,刑事司法系统基于不同的角色定位和职业属性,对各法律职业群体

---

[1] [英]培根:《培根随笔集》,曹明伦译,北京燕山出版社2000年版,第215页。
[2] 参见石莹莹、石德和:《锤炼新时代人民法官优秀品格》,载《人民法院报》2022年5月27日,第7版。

提出了不同的要求。恰如我们不会要求警察、检察官、律师在司法过程中必须保持中立地位，因为他们是案件事实的争辩双方，是证据材料的提供者，而不是最终的判断者、裁决者，我们对法官提出中立性要求，也正是基于其在刑事司法系统中所处的特殊位置。按照社会契约论的说法，"法官"是个人让渡权利并指定能够按照共同行为规范标准以公正裁判的集体，法官存在的原始目的就是以一种超脱于争议双方的"第三人"身份来结束自然状态下"人人都是自己案件的法官"的状态。因此，这个"第三人"就必须与案件本身的利益无关，且能够保持客观中立的超然地位以作出相对公正的判断。中立性是法官伦理区别于其他法律职业伦理最为显著的特征之一。中立公正审判也是法官伦理的核心内容，其他法官伦理原则或规范多是围绕着这一内容所展开，如我们所强调的清廉正直、独立、平等原则均是为确保法官的中立性地位，进而得以通往司法公正这一终极目标所作的努力。

（二）法官伦理的基本原则

当前，国外以及我国国内学术界对于法官伦理的具体内容并未形成一个统一、明确的认识，但是往往包含着几项通用的基本原则。以联合国相关文件为例，为确保法官能够正确行使司法审判权，公正适用法律，由80多位首席大法官制定的班加罗尔原则，提出了六项几乎囊括了法官职业伦理所应具备的所有核心价值观的司法行为原则，与诸多国家所制定和采用的法官司法行为原则具有较高程度的契合。这六项基本原则的具体要求如下[1]：

1. 独立。强调法官应当基于事实判断，按照对法律的审慎认知，依法独立行使司法职权，不受直接或间接的外来影响，包括引诱、压力、威胁等，独立于政府行政部门、特定争议当事人、社会公众和司法同仁。

2. 公正。司法公正对于适当地履行司法职责至关重要，司法公正既包括结果公正，也包括过程公正。因此法官在履行司法职责时不应抱有偏见或偏袒，不得在诉讼程序结束前作出任何在合理预期下会影响诉讼程序结果或损害诉讼程序公正性的评论，法官公正的前提之一是其与司法审判结果没有任何利害关系，如果发现法官无法公正地判决，此时则应取消其参与诉讼程序的资格。

3. 正直。正直廉洁也是适当履行司法职责的重要内容。法官应该确保其行为能够得到人们的尊重和信任，维持公众对司法的信心，在伸张正义的同时让人们看到正义得以伸张，只有这样，司法权威才能得以保持。

---

[1] See United Nations Office on Drugs and Crime, *Commentary on the Bangalore Principles of Judicial Conduct*, United Nations (Feb. 20, 2022), https://www.unodc.org/documents/corruption/publications_unodc_commentary-e.pdf.

4. 得体。得体的着装和行为举止对于法官履行司法职责也是必不可少的，法官应该避免其在所有活动中的不当行为，包括日常生活中的行为也应体现司法代理人的正面形象，这意味着法官需要放弃一些普通人所享有的自由，在行使公民权利（如言论自由）时也应始终维护司法的公正性。

5. 平等。法官在履行司法职责时应该适当考虑所有相关人员，不得以任何不相关的理由进行区别对待，对于律师在法庭上以言辞或行为表达除辩护主题以外的偏见也应及时阻止。

6. 能力和勤奋。能力与勤奋是法官履行司法职责的先决条件。法官是一种专业技术性较强的职业，因此具备丰富的法律专业知识是成为法官的门槛，同时法官应确保自己始终保持并不断提高能够恰当履行司法职责所必需的知识、技能，拓展个人见识，提升社会人文素养，以更恰当地作出符合"法理情"的司法判决，不从事与勤勉履行司法职责相抵触的行为。

可见，在司法权行使上具有较大自由裁量权且具有较高社会期待的法官职业被要求按照较高标准的职业伦理原则行事。

（三）我国法官伦理的基本规范

我国法官职业伦理规范主要通过以下三种方式加以固定，一是国家法律，如《法官法》为法官正确履行职责设定多项义务，《刑事诉讼法》对审判人员设置回避制度；二是党政文件，如中共中央印发的《法治中国建设规划（2020—2025年）》对公正司法作出指导，中央政法委印发的《司法机关内部人员过问案件的记录和责任追究规定》从防止司法机关内部人员干预办案、确保公正廉洁司法角度对法官职业行为作出具体规定；三是法院系统文件，如最高人民法院发布的《法官职业道德基本准则》从忠诚司法事业、保证司法公正、确保司法廉洁、坚持司法为民、维护司法形象五项基本要求切入，对法官的职业道德作出了具体而明确的规范。这些规范性要求是由不同的机构在不同的时期以不同的文件确立起来的。我国法官职业伦理规范基本上也围绕着上述六项基本司法行为原则展开。值得注意的是，我国法官职业伦理规范特别强调了为民理念，《法官职业道德基本准则》第19条至第22条不断重申"以人为本、司法为民""司法便民""尊重人格尊严"等具体内容，将"以人民为中心"作为刑事审判理念，指导法官职业行为始终朝着"让人民群众在每一个司法案件中感受到公平正义"方向努力。

二、廉洁正直——法官伦理的底线要求

司法审判工作是保障社会公平正义的最后一道防线，是排除非法证据、防范冤假错案发生的兜底性环节，法官是否正确行使自由裁量权对于能否实现司法公正起着至关重要的作用。然而，被赋予的司法裁量权越大，引发潜在贪利性的

概率也就越大。即便职业道德规范甚至是刑法条文对法官提出了具体而明确的要求,也仍然无法完全消除法官作为人所具有的人性缺陷,司法腐败问题成为法官职业伦理问题中最主要也是危害最大的一个方面。

从事法官职业,理应具备崇高而坚定的法律信仰,对国家律法始终保持发自内心的信任、信服乃至敬畏情感,对自己被赋予的能够剥夺他人权利的自由裁量权始终以一种敬畏与审慎的心理谨慎行使。守住内心底线,保持清正廉洁,是对一名法官最基本的要求。

三、法理情统一——法官伦理的最高境界

法官在适用法律时并非只是简单地、机械地按照法律逻辑推理模式套用法条,法律的滞后性和模糊性以及案件事实的复杂性,要求法官在面对"法律未作明确规定出现空白,或者虽有规则但含义不清需要解释,或者存在两个或两个以上相互抵触的规定但必须从中作出选择,或者虽有法律规定或先例处理但如果照此办理将明显造成司法不公"等情形时,能够灵活运用个人经验与智慧对现有条文进行更为恰当地解释适用。在整个司法审判过程中,对证据材料的取舍,对控辩双方证明力度的权衡,对事实与法条之间的匹配解释以及对刑罚量刑幅度的确定等多方面内容,也要求法官充分运用除逻辑判断以外的个人价值判断。

价值判断是判断者个人确信的表述,它受到判断者过往经历、人格因素、兴趣爱好、政治信仰等多方面非理性因素的影响,这些非理性因素会在无意间参与到法官的取舍与权衡过程,并对判决结果产生影响。例如,女性法官相较男性法官或者已婚已育的女性法官相较未婚未育的女性法官更有可能对女性受害者或者未成年受害者产生更为强烈的同情心理。这绝非对性别或其他因素的刻板印象,而是由不同立场和境遇带来的感知力度所决定的客观现实,经验性认知会伴随着某种情绪,这种情绪则会在个体再次碰到相似情境时予以释放,并影响个体的决定。恰如卡多佐(Benjamin N. Cardozo)所说:"我们也许会尽我们之所愿地努力客观地理解事物,即便如此,我们却也永远不可能用任何他人的眼睛来理解这些事物。"[1]法官在司法审判过程中的自由裁量权越大,其个人经验与人格因素发挥作用的空间也就越大。

然而,这并不意味着法官在法律适用过程中所进行的价值判断就完全可以是任意的、个性化的和不可预测的,其仍然受到诸多限制。

一方面,法官是其所在社会的成员之一,是社会文化综合的产物,法官在司法裁判过程中所作的价值判断无可避免地会带有社会文化的印记,同时受到其

---

[1] [美]本杰明·卡多佐:《司法过程的性质》,苏力译,商务印书馆1997年版,第3页。

所处的那个时代的社会与文化框架为其提供的审判的标准与原则的限制。[1]法官所作的价值判断必须同社会的"历史与习惯"保持前后一致,必须考虑到社会公众普遍的正义情感,满足社会伦理之需要。同时,法官以法律为准绳开展司法活动的终极服务目的是"社会福利"[2],法官所作的判决又确实能够作用于社会文化的发展。因而,当法官在处理复杂案件,进行价值排序和价值判断面临两个或两个以上可能正确的选择,无法仅凭逻辑推理作出一个确然的抉择时,还应以结果为导向,考量判决结果是否符合普遍的社会价值共识,是否能够为社会整体效益服务,能否引导社会文化朝着某个正确的方向发展甚至推动社会变革,以康德"绝对命令"的确立标准来衡量自己的判决结果,是否愿意使它成为整个社会都尊崇和遵守的准则或道德规范,以此来指导自己的审判行为。现代网络媒体的发展使得司法案件更易曝光在社会公众视野之下,接受公众的检验。对于涉及社会伦理问题的复杂案件,法官不能保守地仅凭逻辑推理得出简单结论,而是要发挥司法能动性,考虑到社会历史、文化在其中产生的影响力,以良善之心作出符合社会伦理所期待的判决。

另一方面,为尽可能减少或避免司法人员个人的非理性因素影响司法的公正性,法律也为司法行为设置了一系列程序性规范,希望通过高度形式化的程序性解释与论证过程来限制非理性因素的发挥空间。法官的价值判断要在满足形式理性和程序正义的基础上展开,在作出价值判断时要力求通过形式化的标准将价值客观化。因为法官是"人","人"只能凭借事实留下的痕迹(证据)去推断可能的真相,而不能完全还原或目睹事实发生的过程,这一客观局限性的存在使得没有一个法官敢确保自己所作的判断是绝对正确的,因而也就需要通过追求程序上的"真"来尽可能达到实质上的"真"。然而,在这一过程中,同样会出现其他问题,即我们如何定义正义?如何把握与平衡程序正义与实质正义的关系和"度"?这些问题并不容易回答,但是现实中部分法官在追求程序"真"的过程中完全囿于其间,或是害怕担责,或是不愿花费精力,单纯地将程序正义等同于实质正义,在法律规定程序内挑不出错就算完成自己的任务,这种做法无疑不符合法官职业伦理精神。

统而言之,好法官要尽可能在"不出错"的基础上力求"做得好":既要保证程序正义,也要力求实现实质正义;既要有娴熟的技术能力,"追求法律逻辑上的一致性、法律结构上的对称性",也要有良善的价值判断,"在某些与之不一致

---

[1] 参见王明新:《现代社会中的法官——兼论当代中国职业法官群体的塑造》,南京师范大学2006年博士学位论文,第29页。
[2] 本杰明·卡多佐在其《司法过程的性质》一书中明确提到"法律的终极原因是社会福利"。

的习惯面前、在某些关于社会福利的考虑因素面前以及有关个人或共同的关于正义和道德的标准面前止步"[1],立足人文关怀,秉持常理常情,尊重社会公众良知。做到法理情相统一,做到政治效果、法律效果和社会效果相统一,既是司法的终极追求,也是法官伦理的最高境界。

第五节 刑罚执行人员伦理

刑事司法的执行通常由多部门承担,除监狱和社区矫正机构外,还包括公安机关(看守所)、法院等。这里讨论的刑罚执行人员主要是指监狱警察(监狱民警)和社区矫正工作人员,不包括社工、志愿者等其他参与力量。

一、刑罚执行人员伦理的基本内涵

刑罚执行人员伦理就是监狱警察和社区矫正工作人员在处理其与服刑人员或矫正对象之间相互关系时所应遵守的行为规范。

作为刑罚执行环节的司法人员,毋庸置疑地应将忠于法律、维护法治作为一项基础伦理原则,除此之外,公正执法、保障人权、廉洁奉公等也是刑罚执行人员伦理中值得一提再提的重要原则。我国《监狱劳教人民警察职业行为规范》提到的监狱警察应当"忠于党""忠于祖国""忠于人民""忠于法律","坚持以人为本","尊重罪犯劳教(戒毒)人员人格,依法保障和维护罪犯劳教(戒毒)人员的人身安全、合法财产……","严守廉政纪律,认真执行廉洁从政准则和廉洁自律规定","严守保密纪律",这些行为规范就是围绕上述几项伦理原则展开的具体行为指南。同样,我国《社区矫正法》第14条也规定,社区矫正机构工作人员应当严格遵守宪法和法律,忠于职守,严守纪律,清正廉洁。

刑罚执行处于刑事司法的最后环节,此时定罪量刑已尘埃落定,刑罚执行人员面向的主体较为单一,更多的还是与服刑人员打交道,故如何正确处理其与服刑人员之间的相互关系就成为最重要的课题。根据当前刑罚执行人员(尤其是监狱警察)与罪犯不对等的现实关系及刑罚执行权力行使的实际现状来看,尊重、保障罪犯人权应成为刑罚执行人员的核心伦理规范。当前,刑罚执行人员与服刑罪犯的关系主要呈现出惩罚与被惩罚、改造与被改造的相对关系,这种相对

---

[1] [美]本杰明·卡多佐:《司法过程的性质》,苏力译,商务印书馆1997年版,第2页。

关系类似于特别权力关系理论中所描述的"支配—服从"关系[1],即刑罚执行人员基于日常考核或奖惩措施可以给罪犯设定各种义务,而罪犯基于法律规定处于绝对服从的地位。在特别权力关系中,受支配方的权利往往更容易被忽视或伤害。[2] 故尊重罪犯人权、保障罪犯权利、坚持以人为本应成为刑罚执行人员伦理建设的重中之重,刑罚执行人员应在人道主义的行刑方式之下,促进罪犯的改造。

二、依法惩罚监管罪犯

刑罚执行人员包括监狱民警和社区矫正执法者。其中,监狱民警对服刑人员的监管权力相较社区矫正执法者更大,而权力越大,肩负的责任越重,同时能够利用权力实施有违伦理的行为的风险也越大。部分监狱民警存在人权保障观念较为淡薄的问题,一方面是因为监狱环境相较社会一般环境而言更加危险,监狱民警在同罪犯打交道的过程中会面临一系列包括人身安全和监狱秩序维护方面的挑战和威胁,如罪犯暴力袭警、逃脱等突发性事件,这意味着监狱民警同罪犯的关系天然地具有对立性。另一方面则是因为部分监狱民警倾向于认为罪犯是社会的"毒瘤",监狱作为国家暴力机构是对罪犯施加惩罚的地方而不是服务罪犯的慈善机构,他们不需要也不应该和善地对待服刑人员。这种对监狱和监禁刑性质的狭隘认识导致他们对待罪犯较为冷漠,容易忽视服刑人员的人格尊严需求,在非必要情况下过度使用暴力。因此,在监狱民警伦理建设中,尤其应强调严格依法监管服刑人员,保护其合法权益这一点内容。

当然,同样不能放松对服刑人员的监管,特别是在针对社区矫正对象的监管具有一定特殊性的情况下。在我国司法实践中,曾出现矫正执法人员未认真履行监管职责,导致矫正对象未经批准擅自外出、超越活动区域,并在脱管期间实施犯罪的情况,这类矫正执法人员后均被依法追究玩忽职守罪。[3] 实践中,社区矫正工作人员未认真履行工作职责主要有以下表现:未定期到矫正对象的家庭、社区了解、核实其思想动态和现实表现,减少或谎报与矫正对象的接触频率和考察工作,或者为了绩效考核谎报罪犯矫正效果等,使社区矫正工作丧失了应

---

[1] 特别权力关系是指基于特别的原因(包括法律规定、当事人的同意或其他原因),为了公法上的特别目的,在必要范围内,在当事人之间形成的一方取得支配另一方的权能,而另一方负有服从义务的关系。参见刘恒:《论特别权力关系》,载《山西省政法管理干部学院学报》2006年第4期。
[2] 参见贾洛川:《监狱行刑伦理研究》,中国法制出版社2012年版,第159-160页。
[3] 参见湖北省荆州市沙市区人民法院刑事判决书,(2020)鄂1002刑初446号;辽宁省鞍山市台安县人民法院刑事判决书,(2022)辽0321刑初19号。

有的功能,不仅影响矫正效果,也损害了刑事司法的严肃性。刑罚执行人员应充分把握惩罚罪犯和保障人权之间的平衡点,而不可向任意两端偏颇。

三、注重教育帮扶

我国《监狱法》和《社区矫正法》对教育、帮扶服刑人员作出规定。《监狱法》特别强调通过劳动教育、思想教育、文化教育、技术教育等各种教育手段来改造罪犯。监狱根据罪犯的个人情况,合理组织劳动,使其矫正恶习,养成劳动习惯,学会生产技能,并为释放后就业创造条件。监狱思想教育包括法制、道德、形势、政策、前途等内容。监狱应当根据不同情况,对罪犯进行扫盲教育、初等教育和初级中等教育,经考试合格的,由教育部门发给相应的学业证书。监狱应当根据监狱生产和罪犯释放后就业的需要,对罪犯进行职业技术教育,经考核合格的,由劳动部门发给相应的技术等级证书。教育改造罪犯实行因人施教、分类教育、以理服人的原则,采取集体教育与个别教育相结合、狱内教育与社会教育相结合的方法。监狱及其民警要保障服刑人员获得上述教育的公平机会。除此之外,监狱对于生理心理有疾病的罪犯提供医疗或心理咨询服务。

相对来讲,社区矫正的服刑环境较为开放,社区矫正法并没有规定社区劳动的强制义务,文化教育照常进行,日常改造中主要是思想教育和技术教育。思想教育由集中教育和个别教育构成,技术教育通常由社区矫正机构提供就业指导和培训。相对于监狱矫正,社区矫正为服刑人员日常生活中的就业、住房、生活救助等方面提供更多的帮助。对服刑人员的教育、帮扶对于预防重新犯罪具有积极的意义,它一方面可以使服刑人员认识到自己的错误,进而悔罪、赎罪、远离犯罪;另一方面可以帮助服刑人员就业或获得生活保障,增进社会联系,缓解生活压力,减少犯罪风险。因此,矫正民警要认识到教育帮扶的重要性,在工作中积极、认真开展教育帮扶工作,达到矫正目标。

四、廉洁奉公

保持廉洁性是司法工作人员的基本职业伦理要求,刑罚执行人员廉洁性缺失同样可能导致司法公信力丧失。然而,有权力的地方就容易滋生腐败,腐败行为也常见诸监狱和社区矫正执行环节。因监狱环境具有一定的封闭性,监狱警察更有可能利用手中权力从事腐败行为且不易被发现。在美国,监狱管理人员可能会通过收受囚犯的贿赂或性好处为囚犯走私毒品、武器、手机等违禁物品,或者替某些囚犯惩罚其他囚犯。[1] 而在我国,也存在监狱民警利用职务之便,在劳动岗位安排、工分评定、服刑积极分子评选、日常监管及帮助携带烟、酒、食品或生活用品等方面收受好处、以权谋私的不良行为。而社区矫正执法人员通常则是利用日常监管、教育帮扶、解除矫正等各项职务上的便利,来收受或索取矫正对象的好处,以此为其谋求便利、放松监管。故在刑罚执行人员伦理建设中,还应要求刑罚执行机构加强执行人员的业务学习和伦理修养,拒腐防变,知法守法,杜绝腐败问题的出现。

---

[1] See *Prison Corruption: The Problem and Some Potential Solutions*, Center for the Advancement of Public Integrity at Columbia Law School (Sept., 2016), https://web.law.columbia.edu/sites/default/files/microsites/public-integrity/files/prison_corruption_-_capi_community_contribution_-_september_2016_0.pdf.

第五章 警察制度的发展

警察是决定案件是否进入刑事司法系统的主要决策者,因此也被称为刑事司法系统的看门人、刑事司法程序的启动者。实际上,正是现代职业警察的诞生标志着完整刑事司法体系的成形。[1]

第一节 警察与警察自由裁量权

一、警察词源考证

在我国古代文献中,"警"和"察"两字通常是分开使用的,合在一起作为一个词使用始于唐朝。据学者考证,唐初颜师古注汉班固《汉书》时言"密令警察,不欲宣露也"。[2]《汉书》中记载,汉孝宣帝密令山阳太守张敞对前废帝刘贺进行暗中监视、观察,颜师古将张敞受命做的事情称为"警察"。显然,此处的警察是作为动词使用,具有对不法行为、不良意图的发现、监视、管控之意,这与现代警察工作内容有一定程度契合。此后"警察"一词在《旧五代史》《新五代史》《宋史》等史书中都有出现,[3]但其内涵未有变化,没有自发形成现代意义上的专门的警察组织。

我国在现代意义上使用"警察"一词始于清朝末期。1887年,清政府选拔官员出洋游历,时任兵部候补郎中傅云龙等12人通过考试遴选后由光绪皇帝钦定派往日本、美国、加拿大、巴西等国考察,历时两年多。傅云龙在日本期间对日本的各项制度和文化详细考察,并著书《游历日本图经》。也正是傅云龙将日文中以汉字书写的"警察"一词带回了中国。[4]

---

[1] 注:此处所用"现代"并非中国历史学、政治学上"现代"的时间段划分,而是相较于传统警察而言的现代警察。
[2] 参见谢惠敏、党燕:《"警察"词源补正》,载《公安大学学报》1997年第2期。
[3] 参见胡建刚:《论当代中国警政范式之嬗变与重构》,法律出版社2019年版,第40-41页。
[4] 参见[意]马西尼:《现代汉语词汇的形成》,黄河清译,汉语大词典出版社1997年版,第113-115、222页。

英文的 police 和法文的 La police 以及德文的 die politzey 都是源于希腊文的 Politeia。Politeia 的含义是指关于城邦生存和福祉的所有事务，显然这是一个外延极为宽泛的概念，用现在观点看，它涵盖了一个国家政治、经济、文化、军事、外交等各项对内对外事务。15 世纪晚期，"警察"一词在德语中出现，其内涵与希腊文的 Politeia 基本一致，指所有国家事务。"从 17 世纪开始，军事、财政、司法等事务便逐渐从警察事务中分离出来。至 18 世纪，警察概念便几乎与内务行政相对应。"[1] 18 世纪英国经济学家亚当·斯密认为，警察的意义是指政府的次要部门的管理，如保持清洁、维持治安、设法做到价廉物博。[2] 在他看来，发展商业和制造业是防止犯罪的最好政策，所以是警察最重要的工作内容。英国哲学家杰里米·边沁则将警察的作用界定为在发现任何具体的作恶图谋以前采取措施以预防内敌。可见，在欧洲，"警察"一词出现较早，但在很长一段时间内它泛指国家的活动，进入 17 世纪以后，随着国家职能的细化，越来越多的职能从警察职能中分化出来，直到 19 世纪现代职业警察出现，狭义的现代警察概念确立。

二、现代警察概念

现代警察在各个国家都是特指某国家机构及在该机构工作的特定群体，但对这一机构和群体特征、职能、权限等内容的不同界定，形成不同的警察概念。

英国学者罗伯特·雷纳认为，警察主要是指那些身着蓝色制服在公共场所巡逻，履行广泛的犯罪控制、秩序维护以及一些协商性社会服务职能的群体。[3] 美国学者认为"警察是享有国家授予的在国家领土范围内使用暴力的一般权力的机构或个人"[4]。

我国 1957 年开始实施的《人民警察条例》（已失效）第 1 条规定：中华人民共和国人民警察属于人民，是人民民主专政的重要工具之一，是武装性质的国家治安行政力量。这个界定突出警察的阶级属性、专政功能和武装特性。这种概念界定在 20 世纪 80 年代仍然是主流，比如，当时一公安学教材中的概念："警察是国家政权中按照统治阶级的意志，依靠暴力的、强制的、特殊的手段维护国家

---

[1] 陈鹏：《公法上警察概念的变迁》，载《法学研究》2017 年第 2 期。
[2] 参见[英]坎南编著：《亚当·斯密关于法律、警察、岁入及军备的演讲》，陈福生、陈振骅译，商务印书馆 1962 年版，第 172 页。
[3] See Robert Reiner, *The Politics of the Police*, Oxford University Press, 2000, p. 1.
[4] [美]罗伯特·兰沃西、劳伦斯·特拉维斯 Ⅲ：《什么是警察——美国的经验》，尤小文译，群众出版社 2004 年版。

安全与社会秩序的武装行政力量"[1]。此后,阶级话语逐渐淡出,警察职责、警察制度等成为警察概念的核心内容。1995年《人民警察法》第2条规定:人民警察的任务是维护国家安全,维护社会治安秩序,保护公民的人身安全、人身自由和合法财产,保护公共财产,预防、制止和惩治违法犯罪活动。人民警察包括公安机关、国家安全机关、监狱、劳动教养管理机关的人民警察和人民法院、人民检察院的司法警察。这是从警察的任务、类型进行界定的。2012年修正的《人民警察法》延续了这种界定模式。学术界对警察概念的界定也发生了转变,有学者认为"警察是依法维护和管理国家治安(社会秩序)的国家行政武装实体"[2]。还有学者认为,警察是一定社会上层建筑中的政法制度及设施之一,是国家和政府为维护社会公共安全而依法设立的负责履行治安行政管理和刑事执法职能的专门机关、人员及职务活动。这些概念界定显然更强调警察的职能。

本书中的警察指的是公安机关人民警察这一组织机构和群体,是警察中力量最庞大、职责最繁杂、与公众有最密切最广泛接触的国家力量。其是依法预防、调查、处置违法犯罪行为并执行其他行政管理和服务公众职责的国家行政机关,具有使用包括武力在内的强制性手段的权力。本概念揭示了警察以下四个特征:

第一,警察机关是国家行政机关。国务院2006年发布的《公安机关组织管理条例》第3条规定,公安部在国务院领导下,主管全国的公安工作,是全国公安工作的领导、指挥机关。县级以上地方人民政府公安机关在本级人民政府领导下,负责本行政区域的公安工作,是本行政区域公安工作的领导、指挥机关。因此,各级公安机关均是本级政府的重要组成部分,受本级政府领导。

第二,警察依法履行职责。强调警察执法的合法性是现代法治国家的重要标志。《人民警察法》第4条规定,人民警察必须以宪法和法律为活动准则,忠于职守,清正廉洁,纪律严明,服从命令,严格执法。首先,警察执法要有明确的法律依据,特别是在采取针对个体人身、财产的强制性措施时,要严格遵守法无规定不能为的原则。其次,在有法律依据的情况下,警察执法要遵守比例原则,尽量将强制性手段作为最后选择,并根据执法对象的具体情况采用强制性程度不同的手段。

第三,警察的职责包括应对违法犯罪、其他行政管理以及为公众提供服务。应对犯罪问题固然是警察最重要的职责,但犯罪侦查仅仅是警察工作内容的一

---

[1] 《公安学概论》,公安大学出版社1985年版。转引自李坤生:《论警察的概念》,载《公安大学学报》1995年第3期。
[2] 尹春生:《"警察"概念之科学透视》,载《公安大学学报》1989年第5期。

小部分,大部分警力是用于日常行政管理和为公众提供服务。我国各级公安机关,特别是基层派出所承担大量行政管理工作,如户籍管理、公共场所安全管理、娱乐场所安全管理、特种行业安全管理、治安案件查处、道路交通管理等。除此之外,警察还要在公民报警时及时出警,处理公民遇到的危险、紧急、纠纷事件。当然,警察行政管理工作有助于警察及时发现违法犯罪行为或线索并及时予以处理,而服务性工作是人民警察为人民之体现,也能让警察获得公众信任,从而有助于警察更好地完成其犯罪侦查和行政管理职责。

第四,警察具有使用强制性手段的权力。警察在行政管理中可以依法采用盘查、留置、搜查、扣押等手段对相对人的人身、财产进行控制。警察在刑事司法中可以采取拘传、取保候审、监视居住、拘留、逮捕等强制措施以及搜查、查封、扣押、监控等侦查措施。除此之外,法律还授予警察在必要时使用警械和武器的权力,以快速、有效地制止违法犯罪行为。相较于其他负责行政事务的国家机关,警察拥有的强制性手段最多,而且也只有警察具有对公民使用武力的权力。因此,该特征也是警察机关区别于其他国家机关的最重要标志。

三、警察自由裁量权

我国学者对自由裁量权问题的关注始于20世纪80年代,关注的焦点是行政自由裁量权。1983年出版的《行政法概要》被认为是我国最早就行政自由裁量权概念进行表述的教材。该教材指出:"凡法律没有详细规定,行政机关在处理具体事件时,可以依照自己的判断采取适当的方法的,是自由裁量的行政措施。"[1]20世纪90年代初,学界有一次对行政自由裁量权问题的专门探讨,学者就自由裁量权的概念提出不同认识。有的认为,"自由裁量权是指国家行政机关在法律、法规规定的原则和范围内有选择余地地处置权力"[2]。有的认为,"自由裁量权是指国家行政机关依照法定的原则和范围,根据客观实际情况自由地作出处理具体行政事务的权力"[3]。还有的认为,"行政自由裁量权就是行政机关及其工作人员在法律规定范围内,或是在没有法律规定的情况下根据情势所需,自由、合理地作出决定的权力"[4]。上述概念界定的主要区别在于行政机关及其工作人员是否可以超出法律规定作出决定或采取行动。

显然,学者们认识到行政机关及其工作人员在工作中会遇到各种问题,这些

---

[1] 王珉灿主编:《行政法概要》,法律出版社1983年版,第113页。转引自司久贵:《行政自由裁量权若干问题探讨》,载《行政法学研究》1998年第2期。
[2] 游振辉:《论行政执法中的自由裁量权》,载《中国法学》1990年第5期。
[3] 何海源:《论行政机关的自由裁量权》,载《当代法学》1990年第3期。
[4] 梁彦:《论行政自由裁量权》,载《法学杂志》1990年第5期。

往往是稳定的、概括性的法律无法完全覆盖的。当然,即使法律有明确规定,也通常会为执法人员留有决定的选择空间与幅度。因此,自由裁量权是国家机关在履行职责时在法律规定的范围内或者依照法律原则作出决定、采取行动的选择权。

警察作为国家行政机关,执行维护社会治安秩序的任务,在履行行政管理和刑事司法职能时同样有广泛的自由裁量权。有学者认为,警察比其他任何行政机关都更多地使用自由裁量权。[1] 这固然与警察的工作内容繁杂、接触的社会面广密切相关。关于警察的刑事自由裁量权,有学者将其界定为"警察在刑事诉讼中履行自己职务时,在多种合法的执法行为中享有的选择权"[2]。作者在认可警察自由裁量权的同时强调了合法性,这是自由裁量权正当行使的表现。事实上,自由裁量权也容易出现滥用的情况,特别是警察行使自由裁量往往具有"低可视性",当缺乏有效监督,权力滥用就无法避免。

警察自由裁量权从类型上看可以分为两大类,一是警察机关决策层面的自由裁量权,二是警察在处理具体案件时的自由裁量权。前者主要体现为警察机关在特定时期、特定区域就某些违法犯罪问题所采取的态度与策略。比如,实施专项行动是各级公安机关统一执行党中央、全国人大、公安部的决定,但在落实上,公安机关结合本辖区实际治安状况对警力进行分配,着重打击某些犯罪。更多时候,各地、各级公安机关开展地方性的专项行动,重点整治某些严重治安问题。后者就是指警察机关及警察在具体行政管理和刑事司法中的自由裁量权,本书关注的是警察在刑事司法中的自由裁量权。

警察刑事自由裁量权贯穿于刑事司法职能的全过程,主要包括是否对报案或发现的线索采取行动、是否启动初查程序、是否立案、是否投入警力进行侦查、采取何种强制措施、采取哪些侦查手段、收集哪些证据、是否认可证据、是否撤销案件、是否移送审查起诉等。

警察的刑事自由裁量权决定了刑事司法程序是否启动及其走向,对嫌疑人而言则会导致人身权、财产权受到限制。当前,警察履行刑事司法职能最突出的问题是公开性、透明度较低,检察机关监督乏力,社会监督更为困难。因此,确保警察合法地行使自由裁量权至关重要。第一,相关司法解释要进一步细化、明确,合理界定警察自由裁量的空间和幅度。第二,省、市级公安机关要制定警察工作手册,明确工作标准和流程,加强对警察的培训,让警察形成规范执法的理

---

[1] See Kenneth Kulp Davis, *Discretionary Justice—A Preliminary Inquiry*, Louisiana State University Press 1969. From Michael Freeman, *Controlling Police Discretion*, 6 POLY L. REV. 51 (1981).

[2] 李明:《论警察的刑事自由裁量权》,载《政治与法律》2009年第8期。

念和习惯。第三,信息公开,各级公安机关要向社会公开警察工作手册以及刑事司法相关数据,便于公众监督。第四,要建立公众对警察刑事司法行为的投诉机制。对于警察的行政行为,相对人可以提起行政复议或行政诉讼。同时,应当赋予刑事诉讼当事人向办案的公安机关及其上级公安部门提出异议的权利。第五,强化检察机关对警察刑事司法行为的监督。例如,可以实现公安办案电子平台向检察机关开放,让检察机关能够有条件全程监督警察刑事司法流程。第六,法院切实加强对警察提供证据合法性的审查。法院对于以普通程序进行的刑事案件要在庭审中仔细审查证据合法性,大胆排除非法证据,谨慎采纳瑕疵证据,让警察侦查取证的过程在庭审中完整显现,只有这样才能对警察决定的合法性、客观性进行有效审查。第七,发挥各级人大的监督作用。人大可以通过专案监督的方式,对一些影响较大、公众较关注的案件进行监督。监督的重点就是包括警察在内的刑事司法机关和人员行为的合法性。

第二节　英国现代职业警察的诞生

着制服、以维护社会治安为主要职责的警察组织并非最早出现在英国,但是1829年伦敦大都市警察因其平民化特征以及强调警察对法律负责而被认为是现代民主国家警察组织开始完善的起点。

一、伦敦大都市警察诞生的社会背景

伦敦大都市警察的诞生是社会变革的产物,一方面,随着工业革命和城市化的发展,旧的治安维护模式弊端充分显现;另一方面,新的实践探索也为变革提供了基础。

英国的王权长期受到教会权力和贵族势力的掣肘,中央王权难以对地方产生有效的控制,在治安维护方面,地方自治是传统。

早期英国(大致自9世纪阿尔佛雷德时代起)的社会治安模式是以社会义务和集体防范为特征的十户联保制度(Frankpledge),也称为太兴制(Tything)。即在镇这一基层行政区域,每十户为一个太兴,在太兴长的领导下进行维护地方治安的工作。在太兴中,人们相互监督,一旦发现有人实施犯罪行为,可采用击鼓鸣金(Hue and Cry)的方法,抓捕犯罪人,并使其受到审判。如果没有抓住犯罪人,则太兴长会被处以罚金或者是向受害人提供补偿。十个太兴组成百户,由百户长负责。百户长不仅具有维护地方治安的日常行政职能,还主持百户法院,行使司法权。百户之上的行政单位则是郡,由郡长统一负责郡的治安。

12 世纪至 18 世纪中期,英国各地负责治安维护的力量主要有:治安官(constable)、守夜人(watchman)和治安法官(Justice of the Peace),这些人都不是专职人员,同时普通公众仍然具有维护本社区安全的责任。1285 年《温彻斯特法令》(Statue of Winchester)重申了地区治安地方责任的原则。该法所确立的原则主要有:"(1)每一个人都有维护国王和平的义务,每个市民都可以逮捕犯罪人;(2)没有报酬的、兼职的治安官更具有这样的责任,在城镇治安官的工作受到守夜人的帮助;(3)如果犯罪人没有被现场抓获,那要鸣金捕贼;(4)每一个人都要准备好武器以参加鸣金捕贼行动;(5)治安官有义务将犯罪人带到领主治安法院。"[1]治安官最初是指军队中的马夫长,其作为内政官员始于封建时期领主通过其控制的领主法院做出的任命。[2] 1233 年、1242 年和 1253 年"守望条令"(Assize of the Watch)要求每一个镇和城市在夏季夜间设立守夜人,因为在这个季节,道路干燥,流浪人员更容易进入市镇。守夜人负责逮捕陌生人,如果他们逃跑,则要进行追捕。[3] 1361 年《治安法官法》规定了治安法官一职。治安法官由王权从地方精英中任命,其权力也来源于王权,其主要职责在于维护国王安宁,集警务、司法与行政于一身。

中世纪这种以庄园为单位形成的治安维护模式在 17、18 世纪日益显现出与社会发展的不相适应。首先,治安官和治安法官工作繁重却没有报酬,腐败等问题滋生。治安官可以收取费用、赏钱,也可以从一些犯罪执行罚款中获得提成。被任命的治安官又常常通过支付极低的报酬让根本不具备履职能力的人担任治安官,导致治安官多为年老、贫穷的文盲。治安法官也可以收取赏金和费用,还收保护费,"英国的治安法官因'在正义市场交易正义'而闻名"[4]。其次,随着工业化和城市化的发展,社会形态发生改变,很多人在城市工厂工作而非在农场务农,人财物的流动大幅增加,这为犯罪发生提供更多机会。最后,不同阶级之间的矛盾加剧,骚乱频发。传统的治安维护模式在这种社会大变革面前完全没有应对之力。

在这种情况下,一些治安法官、政治家开始尝试组建专业力量应对犯罪问题。18 世纪中期,亨利·菲尔丁(Henry Fielding)和约翰·菲尔丁(John

---

[1] Philip Rawlings,*Policing A Short History*,Willam Publishing,2002,p. 7.
[2] See T. A. Critchley,*A History of Police in England and Wales 900-1966*,Constable and Company Ltd. ,1967,p. 1-5.
[3] See Philip Rawlings,*Policing A Short History*,Willam Publishing,2002,p. 16.
[4] Patrick Pringle,*Hue and Cry—The Birth of The British Police*,London Museum Press Limited,1955,p. 44. T. A. Critchley,*A History of Police in England and Wales 900-1966*,Constable and Company Ltd. ,1967,p. 18-20.

Fielding)兄弟俩先后担任伦敦维斯敏斯特治安法官。他们尝试组建专职治安维护力量，积极打击犯罪。其创新主要体现在两个方面：一是充分利用报纸、杂志公布有关犯罪的信息，并且教育公众正确认识犯罪问题；二是争取政府资金支持，秘密建立小规模的职业治安人员队伍。1785年，威廉·皮特（William Pitt）政府向议会递交治安体系改革法案。其主要内容为：（1）在整个伦敦大都市区域建立一个强大的警察组织，由国王任命的3名带薪治安法官组成警察局长委员会，统领警察组织；（2）大都市划分为9个警务区，每个区域由警察负责步行巡逻和骑马巡逻，警察有权进行搜查和逮捕；（3）警察组织建立由低到高的官僚层级。[1] 这一方案建议的警察制度已经和后来建立的伦敦大都市警察制度基本一致，但最终未获得议会通过。另一位英国警察制度开拓者是帕特里克·苛奎恩（Patrick Colquhoun），他盛赞欧陆的警察体系，主张建立中央集权的警察体系并强调警察的犯罪预防职能。他于1797年出版了《论大都市警察》（*A Treatise on the Police of the Metropolis*），该书七次再版，影响极为广泛，对于公众认可警察制度起到了重要作用。他还推动建立泰晤士水上警察组织并担任领导职责。该警察组织有60名警察，其主要职责是保护水上商船所运货物的安全。

二、伦敦大都市警察的建立及其特征

1822年1月，罗伯特·比尔（Robert Peel）成为内政部长。上任伊始，他就倡议建立特别委员会，就建立新警察事宜进行问询。但是中央控制的警察制度与地方自治传统相悖，倡议未获议会批准。1829年4月，在做了一些准备之后，比尔向下议院提交了大都市警察法案。他利用犯罪统计数据证明犯罪数是上升的，并对传统的、分散型的治安维护体系进行了批评。同年7月19日，比尔的警察法案得以通过。该法规定：在伦敦大都市建立由内政部长指挥和控制的警察组织，警察局长的任免权由中央行使。大都市警察在大都市行使警察权，不受教区地理区划的限制。警察局长负责制定相关规定并对警察组织进行管理，有权解雇不履行职责或滥用权力的警察。

警察法通过后，比尔着手组建新警察。大都市警察局分为17个分局（division），每个分局由警司（superintendent）负责，其下有4名督察（inspector）和16名警长（sergeant），警长手下又各有9名警员（constable）。每个分局约160人，整个大都市警察局警察人数约3000人。至8月，新警察的招募工作已经基本完成。9月26日，新警察正式在街面巡逻，英国中央控制的现代职业警察

---

[1] See T. A. Critchley, *A History of Police in England and Wales 900-1966*, Constable and Company Ltd., 1967, p. 36.

诞生。

伦敦大都市警察建立后,英国地方自治传统以及社会对个体自由的重视导致政治家和公众对中央化的职业警察仍然存在强烈反感。这使得比尔及其同事意识到警察的合法性地位不仅仅依赖法律,更重要的是公众的认可。为此,比尔和新任警察局长就大都市警察的工作目标、权力、工作方式、组织形式等具体制度予以精心设计,努力塑造警察就是公众的平民警察形象,强调服务公众,弱化警察权力。各地在组建新警察时也都接受了大都市警察的警务模式,由此形成英国警察独特的风格。

第一,明确警察工作目标是犯罪预防。1829 年发布的《警察行为指导规范 I》(General Instruction for the Police I)要求:(1)每个警察从其就职起就要知道,其主要工作目标是预防犯罪;(2)只有以此为目标进行工作,才能确保公民的人身、财产安全,才能维护社会秩序安宁;(3)其效果比犯罪人实施犯罪后进行犯罪侦查和处罚犯罪人要好得多。[1] 比尔在向议会陈述新警察建立的必要性时,犯罪问题严重、新警察能更有效地抑制犯罪,是其主要的支撑依据。但抑制犯罪并不是通过犯罪侦查、处罚犯罪人来实现的,因为公众对于警察的侦查权力是极为排斥的。如前文所述,在英国人看来,四处获取信息的法国式的便衣警察是对公民自由的极大威胁。所以,大都市警察建立初期并没有设立侦查部门,所有警察都是在不同地区进行巡逻工作,及时处理可疑、违法行为。直到1842 年 6 月,才有 2 名检查员(inspector)和 6 名警察负责犯罪侦查。但内政部对于公众的反应是十分关注的,总体上对于侦查部门的发展予以严格控制。

第二,通过官僚化机制加强对警察的约束。从新警察的组织形式来看,更接近军队的模式:警察有不同的警衔,下级警察听从上级警察指挥,警察局长是警察局的最高领导人,而他们又向内政部负责,由此形成一套中央控制的、统一的警察组织体系。这与原来兼职、地方控制的治安人员截然不同。在人员招募上,新警察候选人必须符合一定的身体、心理和书写能力标准。较高的准入门槛、统一的招募标准也是为了确保警察规范、纪律约束的有效执行。

第三,强调警察依法行事。"警察维持秩序、执行法律的行为本身要受到法定程序和法律规范的制约。遵守法律是大都市警察的首要要求。"[2]罗恩和梅恩这两位早期警察局长非常清楚警察在法律规定的范围内行动的重要意义,虽然他们也希望警察能拥有更多权力,以提高其抑制犯罪的成效,但更清醒地认识到,警察唯有臣服于法律才能获得合法地位,公众对其"威胁自由"的疑虑才会

---

[1] See Charles Reith, *A New Study of Police History*, Oliver and Boyd, 1956, p. 135–136.
[2] Robert Reiner, *The Politics of Police*, 3rd edition, Oxford University Press, 2000, p. 52.

减少。因此,他们制定了严格的规则,对警察行为进行约束。《警察行为指导规范Ⅰ》规定,警司的首要职责是"确保其手下警察行为良好、遵守规则……确保所有的规定和命令得到及时、严格的遵守"[1]。警察的日常行为规范更是管理者关注的焦点,在1829年至1835年间连续发布的警察行为指导规范中,有大量关于警察行为规范的内容。如"如果不能证实某人违反某法律,警察无权将其逮捕羁押;无论行为人以多么粗俗的语言对警察挑衅,如果没有其他行为,警察无权剥夺其自由;警察要特别注意不要发怒,不要和行为人发生争执……"[2]。违反法规和纪律的警察通常会被解雇。

第四,警察的平民化特征。大都市警察最初的制服是深蓝色燕尾服、黑色高筒礼帽,与当时普通男士着装无异,只是在其衣领上有警号和所属警区的字母。这样的设计显然是为了将警察与士兵区别开,减少公众的反感。在武器装备方面,英国警察从其诞生之日起就遵循"最少使用武力"原则,一般不给警察配备杀伤性武器。新警察建立初期不携带任何警具,直到1863年,警察工作时被允许配备警棍。"只有在执行危险任务或在危险区域巡逻时,才允许个别警察配手枪和短刀;每一次使用甚至仅仅是携带此类武器都要受到严密监督,如果不是出于合理的自卫而使用武器,警察会被解雇。"[3]如绅士般的着装、不佩带武器,这些都在向公众传递一个信息:警察就是公众,只不过他们的工作是专门维护社会治安。

第五,大都市警察践行服务型警务。在警务方式上,强调警察与公众建立良好的关系,通过警察适宜的行为举止以及为公众提供服务获得其认可。警察行为指导规范告诫警员"(警察)最重要的素质是控制自己的脾气,不要因小事动怒而使用粗暴的语言和威胁行为;如果能够以从容而坚决的态度履行职务,警察可能获得帮观者的好感和帮助"[4]。1830年10月发布的行为指导则鼓励警察"在街上行走时,如遇到受尊敬的人,要礼貌地给对方让路;警察在非履行职务期间对他人越恭敬、平和,他在履行职务时就越有可能获得尊敬和支持"[5]。比尔和警察局长是希望以温和的警察形象博取公众的认同,而不是以强力迫使大家接受。无论警察局长们推行服务功能的真实目的是什么,它对于警察和公众之间关系的缓和是起到一定作用的,服务型警务也逐步发展为英国警察的一大特色。

---

[1] Charles Reith, *A New Study of Police History*, Oliver and Boyd, 1956, p. 138.
[2] Charles Reith, *A New Study of Police History*, Oliver and Boyd, 1956, p. 141.
[3] Robert Reiner, *The Politics of Police*, 3rd edition, Oxford University Press, 2000, p. 53.
[4] Charles Reith, *A New Study of Police History*, Oliver and Boyd, 1956, p. 140.
[5] Charles Reith, *A New Study of Police History*, Oliver and Boyd, 1956, p. 142.

第三节 我国现代警察制度的诞生与发展

一、清末我国建立现代警察制度的尝试

中国古代各朝虽然都有一些官职或人员负责履行部分现代警察职能,如缉捕盗贼、户籍统计、缉私等,但类似于伦敦大都市警察那样的现代警察制度是在清末出现并逐步发展的。

中国领土上最早出现的现代警察是英美等国家在其占领的租界中设立的警察组织,如英租界的工部局,法租界的公董局都设有警务部门,负责租界内治安维持工作。租界中来自不同国家的警察执行巡逻、检查、抓捕窃贼等职责。

19世纪90年代前期,改良主义思想家何启、胡礼、郑观应等在其著书中介绍英美等国的警察制度,建议将这一制度引入中国。[1] 最先向清政府上书,明确提出要建立警察制度的是康有为。1897年,康有为以工部主事上书,提出包括"设巡捕"在内的多项新政变革;第二年又上"统筹全局书"再次提出设"警捕"。[2] 至八国联军入侵,辛丑条约签订,面对领土割让、主权丧失的危急现状,不仅知识分子积极力倡图新,开明官绅亦赞同变革,而警政的建设又被认为是最急之事务。江苏学者张骞在他的"变法平议"一文中力倡建警,他说:"警察者,上通政府而下达穷坏。弭教案、诘戎莽、稽印税、缉私铸、佐学校、清田赋,莫不赖也。"[3] 封疆大吏岑春煊则认为:"伏查东西各国整齐划一,其内治外交之绝无扞格龃龉之患者,无一非警察之绩,有以防患未然。中国今日求善外交,必先内治;求善内治,必先警务。"[4] 这些学者、官员对西方现代警察制度的引介为清朝地方和中央建警奠定了思想基础。

我国创建警察制度的实践始于黄遵宪在湖南长沙设立的保卫局。黄遵宪为光绪举人,进举后次年被任命为驻日使馆参赞,后历任美国旧金山总领事、英国参赞和新加坡总领事。在任外交官期间,其留心考察西方国家政治、社会制度,对美日等国的警察制度有了较清晰的认识。1898年,在巡抚陈宝箴及谭嗣同等

---

[1] 参见韩延龙、苏亦工等:《中国近代警察史》,社会科学文献出版社2000年版,第12页。
[2] 参见王家俭:《清末民初我国警察制度现代化的历程(一九〇一~一九二八)》,台北,商务印书馆1984年版,第21页。
[3] 参见王家俭:《清末民初我国警察制度现代化的历程(一九〇一~一九二八)》,台北,商务印书馆1984年版,第27页。
[4] 参见王家俭:《清末民初我国警察制度现代化的历程(一九〇一~一九二八)》,台北,商务印书馆1984年版,第54页。

维新志士的支持下,黄遵宪创办了湖南保卫局。其仿效美、日警察制度,并参考上海租界总巡捕房的做法,结合其"保民""卫民"的政治主张,决定采取官绅合办的形式。对于保卫局的职责,明确为去民害、卫民生、检非违、索犯罪。具体工作情形大致是:"拟定章程,派委员绅,设立巡捕,添设大小各局,除负责缉捕盗贼,清查户口等事外,且附设迁善所,凡失业、流民、犯有赌盗等罪者,皆得入所看管。延请工匠教习手艺,令其改过自新。"[1]从中可以看出,湖南保卫局的警察工作是以预防犯罪为主,在对行为人的处置方面遵循人道原则,侧重矫正,体现了西方警察制度中比较先进的理念。然而,随着戊戌变法的失败,湖南保卫局作为维新变革之一部分在创建后5个月终被裁撤。

八国联军入侵以及辛丑条约签订后,清政府迫于压力,重回施行新政的道路。由于各级官员与知识分子积极要求建立警政,而地方治安也是外国在华人士特别关注的事宜,清政府于1901年下谕裁汰绿营,改为巡警营。各地遂开始警政建设。1902年,袁世凯参照西方国家有关法律,制定章程,在保定创设警务总局,并设五处分局,从士兵中挑选人员进行培训,履行警察之责。同年7月,袁世凯奉命接收八国联军交还的天津,将八国联军占领时期各国都统衙门警察进行改组,设立天津警察总局,并将新招募的新军3000人改编为巡警。与此同时,袁世凯还设立警务学堂,聘请外国教员培训警员,并编译外国警务书籍作为培训教材。

京城地区,在1901年清政府下谕设立巡警营之前,实际上已经有类似于警察的机构。八国联军入侵后,地方绅董经本地洋官同意设立安民公所,负责维护治安。1901年夏季,清政府建立京城善后协巡总局,其职责就是维持京城治安。善后协巡总局创建之初,意在仿效西方警察制度,切实起到安定秩序的作用,但其效果并不理想。该局在1902年为工巡总局所取代,而后者则被认为是近代京城正式设立警察机构的开始。与善后协巡总局相比,工巡总局在三方面有更大的进步:一是职权更为集中,即由工巡总局专门负责道路与巡捕工作,不似善后协巡总局实行期间,京城多个机构仍具有治安管理的职权。二是职责更为广泛,除了道路维修、巡逻、缉捕盗贼,工巡总局还负责卫生、土木等事宜。三是工巡总局实行期间,清廷注重警察教育,在北京设立警务学堂,该学堂为工巡总局警察人才的培养起到了一定的作用。

虽然清廷于1901年就下谕要求各地建警,并且京城、直隶等地的工作也有些成效。但从全国范围来看,警政仍是有名无实。许多地方只是表面敷衍而没

---

[1] 参见王家俭:《清末民初我国警察制度现代化的历程(一九〇一~一九二八)》,台北,商务印书馆1984年版,第23页。

有切实执行,推行警政的各省,在名称、组织机构、权责等方面也颇多差异。1905年10月,巡警部成立,作为全国统一的最高警察管理机构,其职权主要有二:一是指挥监督京师内外城巡警总厅,改进首都警察制度;二是督促各省区督抚、将军创建地方警察体系。[1] 1906年,在厘定中央官制的时候,将巡警部扩大为民政部,巡警司则为民政部所属的五司之一。1908年,清廷推出"预备立宪"计划,警政的建设也是立宪运动中一项重要内容,计划8年内建立完整的警察体系。此计划显示出清廷建警的决心,也颇具合理性。经过10年的发展,清廷警察的基本组织结构已成型,北洋政府和国民党政府时期的警察制度都是对清朝警察制度的继承和变革。

二、中华人民共和国公安机关的起源与发展

清末建警拉开了中国建立现代警察制度的序幕,此后北洋政府、国民党政府在继承的基础上强化警察的组织机构建设和社会控制职能。

1921年中国共产党成立以后,随即建立了负责保密、安保工作的组织,一种新型的警察组织机构和警察制度出现。1927年,党中央在上海建立的第一个中央保卫机关——中央特科,主要负责领导人安全保护、情报搜集、锄奸以及通信联络等,为之后的公安工作积累了宝贵经验。1931年11月,中华苏维埃共和国临时中央政府在瑞金成立,同时成立了国家政治保卫局,这被认为是人民革命政权的第一个公安机关。国家政治保卫局设立了侦察部、执行部、政治保卫队、红军工作部、白区工作部、民警厅以及劳动感化院等。工作职责方面,除了锄奸、保卫、情报搜集等战时工作,还有普通犯罪侦查、社会治安管理等公安专业工作。[2]

在抗日战争时期,公安组织机构进一步发展。1937年10月,陕甘宁边区政府建立了延安市公安局;1938年5月,组建延安市警察队,这是公安史上第一支较为正规的人民警察队伍,主要负责警卫和城市治安维护工作。[3] 1939年,党中央书记处决定在党的高级组织中建立社会部,在人民政权中设立保卫机构或公安局并明确其职责是维护社会治安。[4]

解放战争时期,人民政权的公安机关和保卫工作重点转向城市。1946年4月,哈尔滨市公安局成立,这是我党建立的最早的中心大城市公安局。1946年9月,党领导的东北各省市行政联合办事机构建立公安总处(1949年1月改为东

---

[1] 参见孟庆超:《中国警察近代化研究》,中国人民公安大学出版社2006年版,第149页。
[2] 参见许新源:《我国公安机关和人民警察组织机构历史沿革》,载《公安研究》1999年第3期。
[3] 参见胡建刚:《论当代中国警政范式之嬗变与重构》,法律出版社2019年版,第124页。
[4] 参见郑中午:《中国警史源流试探(四)》,载《公安大学学报》1998年第6期。

北公安部)。1948年后,随着济南、青岛、上海等大中城市及华东一些省的解放,市委社会部、市人民政府公安局、省人民政府公安厅都陆续成立。1948年5月,华北局社会部和华北人民政府公安部建立。1949年7月,中央决定在华北社会部和华北公安部的基础上组建中央军委公安部。此后,随着其他地区逐步解放,当地公安部门也相继建立。

1949年10月1日,中华人民共和国成立,中央人民政府决定在中央军委公安部的基础上组建中央人民政府公安部。10月15日至11月1日,第一次全国公安会议在北京召开,会议讨论了当前的安全形势,研究了全国统一的公安机关机构设置,并明确了公安部门领导机制,即"各级公安部门均实行党组制,公安部门党组受同级政府党组领导"。"1950年4月,毛泽东主席强调指出各级公安部门必须特别强调党的领导作用,并在实际上受党委直接领导。也就是在这个时候确定了'统一领导、分级管理、条块结合、以块为主'的公安管理体制的基本模式。"[1]1954年12月31日,全国人大常委会四次会议通过《公安派出所组织条例》,全国各地在基层设立公安派出所。至此,新中国统一的、多层级的公安组织机构成形,公安机关领导组织体系以及内部管理机制确立。到1965年,全国公安民警总数达40万人(包括劳改、劳教单位民警)。[2]"文化大革命"期间,公安工作遭到严重破坏,无法正常开展工作。

改革开放以后,公安机构建设和现代警务得到快速发展,主要表现为以下三个方面:

首先,公安工作步入法治轨道。1979年,我国《刑法》《刑事诉讼法》颁布,这是我国刑事法律发展的重要里程碑,为警察履行刑事司法职能提供了明确的法律依据。此后,两部法律多次修订,《刑法》不断细化对严重社会危害行为的犯罪行为的界定,减少警察自由裁量的空间,《刑事诉讼法》则总体上不断加强对刑事司法中犯罪嫌疑人、被告人以被害人权利的保护,加强对警察侦查行为的规范。与此同时,《行政许可法》《行政处罚法》《行政强制法》等规范行政机关行政权行使的法律也陆续出台,约束公安机关依法行政。除此之外,1995年颁布、2012年修正的《人民警察法》,以及大量的公安部行政规章都对警察执法行为作了较为全面的规定。

其次,公安机关向专业化发展,警察队伍不断扩大。20世纪80年代至21世纪初,公安机关内部各专业化部门相继设立,专业警种先后出现。公安部于

---

[1] 魏永忠:《改革开放以来公安机关机构改革及其启示》,载《中国人民公安大学学报(社会科学版)》2008年第6期。

[2] 参见本刊编辑部:《成熟与坚强——新中国成立后30年公安工作》,载《人民公安》2009年第18期。

1982年11月成立外国人管理、出入境管理局;1983年设置刑事侦查局、计算机管理和监察局;1986年成立交通管理局;1998年成立经济犯罪侦查局、禁毒局、海关走私犯罪侦查局;2002年,成立证券犯罪侦查局、反恐怖局。警种方面,除了上述部门的专业警察,1986年公安部要求大中城市组建巡逻队,1990年公安部要求在重点城市公安局组建防暴队(后更名为特警队)[1]。

最后,警务科技化进程加速。改革开放以来,我国警务科技化有两次突飞猛进的发展。第一次是20世纪80年代末至90年代,这一时期机动车和通信工具被充分运用到警务工作中,这扩大了警察巡逻的范围,提升了警情处置效率。第二次是进入21世纪,互联网、移动通信和人工智能技术被综合运用到警务工作中,城市街面、单位、社区公共场所监控摄像头几乎全覆盖,人脸识别系统也得以快速推广,机器成为警察感知器官的延伸,越来越多的警务工作由机器自动完成。警务科技化是警务现代化的重要标志,也是警务发展的必然趋势。

第四节 警务模式变革

"警务"是警察学、公安学研究中经常使用的一个词,在英文中为policing。英国学者罗伯特·雷纳援引一些学者的观点,认为警务的核心内涵是以监控以及惩罚威胁来维持安全的尝试。他进一步阐释道:警务包括一系列旨在维护某特定社会秩序或一般社会秩序的活动,而这些活动通常是指以创设的监控系统以及惩罚威胁对发现的越轨行为进行处置,包括即时处理、启动刑事程序或者两者并用。[2] 简言之,雷纳教授对"警务"一词概念界定的核心是以特定方式维护社会安全秩序。在现代警察制度诞生前,任何人类社会、国家都存在警务,从这个意义上讲,policing一词更类似于我国的"治安"一词。只不过随着社会分工日益细化,职业警察成为维护社会安全的最主要力量,警务也逐渐变为专指警察维护社会安全的工作方式。

从世界范围来看,自1829年英国伦敦大都市警察诞生以来,各国警务模式先后经历了类似的变革。当然,在同一时期,一个国家的警务模式并不是单一的,往往是以一种模式为主导,并且在不同领域、面对不同社会安全问题,也会有不同的警务模式。

---

[1] 参见张明:《论中国人民公安机构的演进》,载《警学研究》2021年第5期;许新源:《我国公安机关和人民警察组织机构发展50年回顾》,载《公安大学学报》1999年第4期。

[2] See Robert Reiner, *The Politics of the Police*, Oxford University Press, 2000, p. 3.

一、自我警务

自我警务是伦敦大都市警察创建时所主张的警务模式。如前文所述,伦敦大都市警察在创建时期遭到社会大众强烈反对。为减少公众对法国宪兵式警察的恐惧,罗伯特·比尔等创建者努力使新警察保持英格兰和威尔士传统的自我警务模式,这充分体现在他们确立的警察工作原则中,其主要内容包括:(1)强调警察就是公众、公众就是警察,警察只不过是专门负责应对犯罪问题的公众,并没有什么特权;(2)警察预防、打击犯罪的工作目标能否实现取决于公众对警察行为的认可度;(3)警察要获得公众的配合,只有自觉遵守法律才能得到公众的尊敬;(4)警察通过公正执法获得支持,而非简单地迎合民意;(5)尽可能不使用武力,武力作为最后手段原则。[1] 伦敦大都市警察的平民性特征突出,还体现在警察招募和警察形象方面,如警察局在招募警察时,刻意排除有军队服役经历的人员;警察只配备哨子和警棍;警察制服类似于一般男性的晚礼服,而非军队制服等。

在我国,中华人民共和国成立后,公安机关成立之时就以党的"依靠群众,发动群众"为基本工作方针。1950年,经周恩来总理核准,全国警察统一命名为中国人民警察,简称民警,强调的就是警察为人民服务。[2] 从这一点来说,与伦敦大都市警察的自我警务模式理念是相同的。不同的是,新中国成立初期警察面临的任务不仅仅是应对普通刑事犯罪,更重要的是保卫新政权,与敌特分子做斗争。而且我国的公安工作在新中国成立初期主要是依靠党的政策,警察服务于人民是贯彻党的路线、方针,依靠的是党的纪律监督以及警察自身的政治觉悟和道德素养。

二、快速反应警务

20世纪20年代至60年代,一种新型的警务模式在美国得到发展并在此后影响世界各国——快速反应警务。此种警务模式是在人们生活方式的改变、科学技术的发展以及警务理论与实践先驱者的推动下形成的。

20世纪早期,随着汽车在美国家庭中的逐渐普及,人们的活动区域扩大,社会流动加速,犯罪同样表现出更强的机动性和跨区域性。相应地,警察部门也用新的技术武装自己,提升应对犯罪的能力。警用巡逻汽车在第一次世界大战前

---

[1] See Keith L. Williams, *Peel's Principles and Their Acceptance by American Police: Ending 175 Years of Reinvention*, 76 POLICE J. 97 (2003), p. 100.

[2] 参见胡建刚:《论当代中国警政范式之嬗变与重构》,法律出版社2019年版,第127页。

就出现,到 20 世纪 20 年代已经非常普及,[1]这大大改变了以往警察主要靠步行或骑自行车巡逻的模式。

与此同时,通信技术的发展改变了公众和警察以及警察内部人员之间的联系方式。首先,对讲机的发明使得警察局能够指挥派出巡逻的街面警察,警察之间的联络也更为迅捷。其次,由于大部分家庭都安装了电话,公众可以在家通过电话联系警察局。1968 年,美国电话电报公司首创"911"报警电话系统,阿拉巴马哈利维尔市首先运行该系统。[2] 由此,警察和居民之间的接触方式发生巨大改变。之前,警察步行巡逻,有选择性地与居民谈话或者对某些嫌疑人采取行动。变革后,警察开车巡逻,在街面上和居民产生了距离,只是当居民打电话报警后,警察才会上门处理。

这一时期的警务模式突出地表现出以下特征:(1)警察巡逻以汽车巡逻为主,巡逻警察受警察局指挥中心的指派前往事发地处理居民报警事务;(2)警察局不断提升装备水平,追求警察对报警的最快反应速度;(3)警察组织内部管理具有明显的准军事化特征;(4)警察职责方面侧重执法以及对犯罪的打击;(5)警察认为应对犯罪是其专业工作,普通公众作用有限。

由此可见,快速反应警务模式相较于伦敦大都市警察的自我警务模式是一次巨大的转变。警察在日益职业化、专业化的同时,却与公众拉开了距离。也正是在这一阶段,美国警察歧视性执法、权力滥用等问题突出并对之后的警务工作产生了长久影响。

我国公安机关在 20 世纪八九十年代也经历了上述发展过程。1986 年,广州市公安局首先开通"110"报警电话;1990 年,福建漳州将该报警电话系统发展为报警服务平台,并与巡警相结合形成快速反应机制,扩大了其在公众中的影响力,这一模式得到公安部认可并在全国得以推广。同时,随着我国私人机动车保有量的不断上升,警车也成为各级公安部门必备的装备。在这一时期,西方的警务理论和实践为我国学界和公安部门所借鉴,快速反应警务也成为当时主要的参考对象。

三、社区警务

至 20 世纪 60 年代,快速反应警务模式在美国遭遇严重危机。首先,犯罪数量持续在增长,警察并未如公众所期望的那样控制犯罪。其次,市民的恐惧感上升,市民不敢去公园、商店、教堂,不敢乘坐公共交通工具。最后,美国社会在 20

---

[1] See Samuel Walker, Police in the USA, p. 37.
[2] See Samuel Walker, Police in the USA, p. 37.

世纪六七十年代处于社会冲突剧烈时期,特别是各种要求平等权(反对种族歧视、争取女性权利等)、反对战争等运动迭起。静坐、示威、游行此起彼伏。这种运动与以前的骚乱不同,它们都是基于正当的理由并且是以和平的方式进行。警察在处置此类事件的过程中不可避免地会采用暴力手段,由此加深公众与警察之间的裂痕,严重影响警察的合法性。显然,警车巡逻、接到求救电话后快速出警以及以犯罪调查为主要工作方式的警务模式已经不适应六七十年代急剧变化的社会。警务模式必须从指导原则到具体操作上有实质性的变化,社区警务正是在这种情形下应运而生。[1]

社区警务的诞生有若干理论基础,其中最重要的是关于居民恐惧感问题研究、破窗理论以及问题解决警务理论。

关于居民犯罪恐惧感问题的研究显示,个体恐惧感的来源是多方面的,有时并不与犯罪数量和形势同步。韦斯利·斯可干(Wesley Skogan)将恐惧感的缘由归纳为五大类:实际的犯罪被害,通过社会网络传播的有关犯罪被害的二手信息,物质环境的败坏和社会无序,建筑环境的特点,群体冲突;而后三类是导致恐惧感的主要因素。[2] 犯罪恐惧感问题研究对传统警察的工作目标提出新要求,警察不仅要应对犯罪问题,更要减少使公众产生恐惧感的因素。

1982年詹姆斯·威尔森(James Q. Wilson)和乔治·凯林(George L. Kelling)发表了《破窗——警察与社区安全》(Broken Windows: Police and Community Safety)一文。该文借用破窗这一比喻,分析了一些社区如何由最初的小的无序状态蜕变为破败进而成为犯罪滋生地的过程。他们也认为公众的恐惧感不仅是源于严重犯罪,更主要的是由社区中小的无序状态引起的,如街头的青年团伙、醉酒者、吸毒者、性工作者等。因此,警察应当更多地注意辖区内的"破窗",即各种轻微的不良行为,及时采取行动。[3] 破窗理论在警务发展中具有极其重要的作用,直接催生了社区警务。

第三个重要的理论是赫曼·戈尔茨坦(Herman Goldstein)于1979年提出的问题解决警务理论。他对将执行法律作为警察工作全部内容的警务方式提出了批评,进而指出:警察面对的就是社区中的各种行为和社会问题,警察工作的最终目的就是解决这些问题。这里的"问题"是一个外延非常广泛的概念,具体来说包括了从街头抢劫、住宅盗窃到儿童出走、居民的恐惧等各种促使居民向警察

---

[1] 参见夏菲:《论美国社区警务的理论与实践》,载《河北法学》2005年第12期。
[2] See Wesley Skogan, *Fear of Crime and Neighborhood Change*, 8 Crime and Justice (1986), p. 210-215.
[3] See James Q. Wilson & George L. Kelling, *Broken Windows Police and Community Safety*, 249 The Atlantic Monthly 29-38 (1982).

寻找帮助的麻烦。所以当警察必须面对如此种类繁多、数量巨大的问题时,需要有一套科学方法去应对。[1]

上述三个理论都认为警察仅仅打击犯罪是不够的,更重要的是发现、解决社区中的问题,减少公众恐惧感。在此基础上发展起来的社区警务的核心内涵是:警察与社区成员互相合作共同评估社区中的问题与需求,并以和谐的方式予以解决,由此提高社区的生活质量。这意味着警察部门的理念、组织形式、工作方式、警察培训等全方位发生转变。具体而言,包括:(1)警察要深入社区,与社区居民建立良好关系;(2)注重警察的服务功能;(3)一线警察有更多的决定权;(4)评价警察部门工作成效的标准是社区中问题得以解决;(5)警察能力培训强调沟通能力等。

社区警务是对自我警务的回归,但其创建和发展以警务研究为基础,在科学性、规范性上有很大提升。我国公安机关一直以来贯彻"群众路线"方针,这与社区警务的核心内涵是契合的。20世纪90年代中期开始,我国一些城市开始在社区建设社区警务室,让警力真正下沉,就近为社区居民提供警务服务,保障社会安全。[2] 2002年,公安部召开全国公安派出所工作"杭州会议",提出加强派出所基础工作,实施社区警务。2006年,公安部下发《关于实施社区和农村警务战略的决定》。在公安部的推动下,社区警务建设在全国推广开来。

四、预测型警务

预测型警务是21世纪以计算机技术与网络通信技术为基础发展起来的新型警务模式,包括美国和中国在内的许多国家在不同程度上探索、实践此种警务模式。对于预测型警务的定义,目前尚没有统一界定。有的将其定义为:运用分析方法,特别是定量分析技术进行数据预测,锁定警察干预的目标以实现预防犯罪以及侦破已发生犯罪的目的。[3] 有的认为,预测型警务指所有发展、使用信息和高级分析技术进行超前性犯罪预防的策略和措施。[4] 有的则将其简单定

---

[1] See Herman Goldstein, *Improving Policing: A Problem - Oriented Approach*, 25 Crime & Delinquency 236 (1979).
[2] 参见向党主编:《中国警务改革战略》,中国人民公安大学出版社2010年版,第215页。
[3] See Elizabeth E. Joh, *Feeding the Machine: Policing, Crime Data, & Algorithms*, 26 William and Mary Bill of Rights Journal (2017), p.287-288.
[4] See Craig D. Uchida, *A National Discussion on Predictive Policing: Defining Our Terms and Mapping Successful Implementation Strategies*, https://www.ncjrs.gov/pdffiles1/nij/grants/230404.pdf, visit on May 16, 2022.

义为"使用数据和分析来预测犯罪"[1]。

预测型警务与快速反应型警务最大的不同是警察不是被动地在特定事件、行为发生后行动,而是在预见到某种趋势将出现,某具体事件、行为将发生,甚至是预见某特定人将实施违法犯罪行为时就采取行动。这种预测不是依靠警察的工作经验和直觉判断,而是依靠大量的信息数据输入以及计算机演算等现代科技手段。

当然,警察部门很早就开始使用与犯罪和执法相关的信息。如美国联邦政府自 1900 年起开始进行犯罪统计,一些城市和州自 20 世纪 20 年代开始进行入狱人数、逮捕数量统计,1930 年起美国联邦调查局被授权进行全国范围的犯罪统计以及数据分享。[2] 在这些数据统计基础上,警察部门又发展并利用热点（hot spot,指犯罪多发的地点）、犯罪地图（crime mapping）、地理信息系统（Geographic Information Systems,GIS）等,分析一定地域的犯罪特征和趋势,并以此指导警力配置。1994 年纽约时任警察局长威廉·布拉顿（William Bratton）及其团队推行的计算机数据引导警务（Compstat,该词为 Computer Statistics 的缩写）被视为以信息指引警察工作的创新典范。其运行机制是:常规性地搜集、分析犯罪数据及其他重要的警察工作相关数据并制作犯罪地图,各警察部门负责人对数据所显示的警察工作成效负责。[3] 具体方式就是警察局每周召开两次犯罪控制战略会议,由各辖区负责人汇报本辖区犯罪情况（主要是犯罪数量）,然后警察局专业人员根据犯罪地图显示的情况,与辖区负责人一起分析犯罪多发原因以及警察应对策略。

可见,在数据引导警务中,信息和分析已经是两个核心环节,但是对未来犯罪发展趋势的预测是分析的内容之一,而不是重点。因此,类似于数据引导警务的工作模式只是预测型警务的萌芽阶段,随着信息、网络以及计算机技术的进一步发展,自 21 世纪初,警察部门进入预知未来的时代。

预测型警务的正式出现仍然要归功于威廉·布拉顿,他于 2002 年被任命为加利福尼亚州拉斯维加斯警察局长。鉴于其在纽约警察局创设的数据引导警务的巨大成功,他在拉斯维加斯期间又推动警局与加利福尼亚大学洛杉矶分校等著名高校的合作。学者协助警察局开发了计算机演算软件,[4] 对数据的分析

---

[1] Andrew D. Selbst, *Disparate Impact in Big Data Policing*, 52 Georgia Law Review 109（2017）, p. 114.

[2] See Jennifer Bachner, *Predictive Policing: Preventing Crime with Data and Analytics*, http://businessofgovernment.org/sites/default/files/Predictive%20Policing.pdf, visit on May 16, 2022.

[3] See Jon M. Shane, *Compstat Process*, 73 FBI L. Enforcement Bull. 12（2004）, p. 13. Andrew D. Selbst, *Disparate Impact in Big Data Policing*, 52 Georgia Law Review 109（2017）, p. 114.

[4] See Andrew Guthrie Ferguson, *Policing Predictive Policing*, 94 Washington University Law Review 1109（2017）, p. 1126.

不是再由专家的大脑思考,而是吸收了专家知识与经验的计算机程序运行。拉斯维加斯最初的预测型警务主要针对三类侵财犯罪:入室盗窃、盗窃机动车以及盗窃机动车中的物品。街面巡逻的警察按照指挥中心提供的犯罪地图频繁前往可能发生某类犯罪的区域进行巡逻,以降低该地区某类犯罪的发生率。[1]

后来,专门生产犯罪预测软件的 PredPol 公司于 2012 年成立。公司的研发团队主要是来自加利福尼亚大学洛杉矶分校、圣塔克拉拉大学的数学家、人类学家、犯罪学家以及警察机关的专家。其录入的数据有三类:犯罪类型、犯罪地和犯罪时间,一般会将一个城市过去 2—5 年的犯罪数据录入系统以使机器有足够的数据创建模型并进行分析。[2]

关于预测型警务的类型,学者有不同分类。有的将其分为地点预测型警务(place-based predictive policing)、人员预测型警务(person-based predictive policing)和嫌疑预测型警务(suspect-based predictive policing)。[3] 有的将其分为 1.0 版的预测型警务(以财产犯罪发生地为预测目标)、2.0 版的预测型警务(以暴力犯罪发生地为预测目标)、3.0 版的预测型警务(以涉及犯罪的人员为预测目标)。[4] 从总体上可以将预测型警务分为两类:地点预测和人员预测。前者指预测哪些地方可能发生犯罪,这种预测是在以往对于犯罪热点研究的基础上的深入。后者指预测个体卷入犯罪的危险性级别以及实施某类犯罪的个体特征,这是在以往诸如犯罪人画像技术上的进一步发展。

预测型警务在美国的兴起源于科技发展为执法部门预见未来提供了可能性。以移动互联网、社交网络、云计算、大数据等为特征的新一代信息技术平台使信息的获取、储存、交换、处理日益快捷、准确。然而,新技术在警务中的使用仍存在诸多争议,比如由监控、数据引导警务引发的公权力侵犯个体私权利、歧视性执法等法律问题。此外,人们对于机器自我学习给出结论的可靠性仍心存疑虑,毕竟犯罪是人的行为,人的行为很大程度上取决于主观意识,预测犯罪和预测天气终究还是有很大区别的。

---

[1] See Andrew Guthrie Ferguson, *Policing Predictive Policing*, 94 Washington University Law Review 1109(2017), p. 1126-1127.

[2] See *How Predictive Policing Works*, http://www.predpol.com/how-predictive-policing-works/, visit on July 26, 2018.

[3] See Andrew D. Selbst, *Disparate Impact in Big Data Policing*, 52 Georgia Law Review 109 (2017), p. 129-140.

[4] See Andrew Guthrie Ferguson, *Policing Predictive Policing*, 94 Washington University Law Review. 1109(2017), p. 1126-1143.

第六章 警察刑事司法职能

我国公安机关刑事司法职能主要有两项：刑事立案和刑事侦查。前者是刑事司法程序的法定的开端，决定了个案是否进入刑事司法程序；后者则旨在查明犯罪事实、锁定犯罪嫌疑人并获取证据，其成效往往直接影响刑事司法程序的走向。警察在履行立案与侦查刑事司法职能时需要作出一系列具体的决定，除法律因素外，还有警察机关本身的性质、警察文化、现场情境、警察个体特征以及公众舆论等多方面因素的影响。

第一节 刑事立案

立案是指公安机关对报案、控告、举报、犯罪嫌疑人自首材料以及公安机关自己发现的犯罪线索进行审查后，认为有犯罪事实存在并且依法需要追究刑事责任时，决定作为刑事案件进行侦查的诉讼活动。我国现行《刑事诉讼法》第二编第一章专门就"立案"进行规定，而在"立案"程序之后则是"侦查""起诉"，这显示，立案是刑事司法中一个独立程序，此种制度设计是我国借鉴苏联刑事诉讼法并由1979年《刑事诉讼法》正式确立的。

一、刑事立案的功能

刑事立案的第一项功能是筛选、分流功能，这是由我国治安处罚和刑事惩罚二元机制所决定的。公安机关在收到公民或组织的报案、控告、举报和自首的材料或者自己发现了违法犯罪线索后，对于那些应当由公安机关管辖的事件，需要区分其性质，分别进入治安处罚系统或刑事司法系统。当公安机关对发现或者受理的案件暂时无法确定为刑事案件或者行政案件时，依照《公安机关办理行政案件程序规定》第65条的规定，先按照行政案件的程序办理。在办理过程中，认为涉嫌构成犯罪的，可转为刑事案件。因此，刑事立案的一项重要功能是将非涉嫌犯罪的行为排除在刑事司法系统之外，这既是公安机关执行《治安管理处罚法》和《刑法》的要求，也有利于合理控制我国刑事司法系统的社会覆盖面，确保刑事司法资源用于应对犯罪。

刑事立案的第二项功能是限制警察侦查权,保障公民合法权利。《刑事诉讼法》赋予警察在刑事案件侦查中采取强制措施和侦查措施的权力,这些措施往往会对公民的人身权、财产权有所限制,甚至是在一定时期内剥夺公民的人身自由权。因此,对上述措施的使用应当限定在必要的范围内。依照立法本意,只有在立案以后,警察才能启动刑事侦查权,也就是在将事件排除在刑事司法系统之外的同时保障了个体免受侦查权干预。

刑事立案的第三项功能是统计、评价功能。首先,就国家层面而言,公安机关刑事案件立案数是评估我国社会治安形势最重要的数据,对于政府制定、调整刑事政策具有重要意义。其次,对公安机关自身而言,刑事案件立案数是各级公安部门掌握本辖区治安状况、发现突出治安问题并采取相应措施的重要依据。此外,立案与破案相关数据是上级公安机关对下级公安机关以及各级公安机关内部进行绩效考核时使用的重要指标。

二、初查

"初查"一词,最早出现在1985年1月召开的第二次全国检察机关信访工作会议的文件中,但该文件并未界定其定义,直到1990年11月24日,在最高人民检察院印发的《关于加强贪污贿赂案件初查工作的意见》中才指出"初查工作是对贪污、贿赂案件线索立案前的审查"。[1] 实际上,在公安工作中,初查工作普遍存在。2018年《刑事诉讼法》、2020年《公安机关办理刑事案件程序规定》中都没有明确出现"初查"一词,但是2018年《刑事诉讼法》第112条规定,人民法院、人民检察院或者公安机关对于报案、控告、举报和自首的材料,应当按照管辖范围,迅速进行审查,认为有犯罪事实需要追究刑事责任的时候,应当立案。结合最高人民检察院对"初查"一词的界定,这里的"审查"实际上就是"初查"。

公安机关进行初查的必要性是由《刑事诉讼法》规定的立案标准所决定的,该标准包含两项内容:"有犯罪事实"且"需要追究刑事责任"。首先,受案的公安机关要确定有某种危害社会、触犯《刑法》的犯罪事实发生,且有一些证据证明犯罪事实确已发生。[2] 其次,案件不存在2018年《刑事诉讼法》第16条规定的不应追究刑事责任的情形。

在公安机关接到报案等材料以及发现犯罪线索的阶段,是否有犯罪事实常常是不清晰的,是违法还是犯罪甚至是否有违法行为发生都难以确定,更毋庸说

---

[1] 参见孙长永、杨柳:《论刑事立案前的初查》,载《河北法学》2006年第1期。
[2] 参见李奋飞:《对立案与侦查关系的再认识》,载《法学家》2006年第3期。

刑事责任问题。要满足立案标准,公安机关必须进行一些调查,这也是立法规定"审查"权的原因。2018年《刑事诉讼法》并未明确规定审查的方式,当然,立案作为独立于侦查阶段的程序,审查权不同于侦查权。对此《公安机关办理刑事案件程序规定》第174条第2款规定,调查核实过程中,公安机关可以依照有关法律和规定采取询问、查询、勘验、鉴定和调取证据材料等不限制被调查对象人身、财产权利的措施。但是,不得对被调查对象采取强制措施,不得查封、扣押、冻结被调查对象的财产,不得采取技术侦查措施。

对于初查这一警察在正式立案前所采取的措施,学界始终较为关注。如上文所述,立案程序的一项重要功能是限制警察侦查权的使用,保障公民合法权利。但是初查恰是警察在立案前所采取的调查措施,这似乎又与立案制度设立的初衷不相符。关于初查能采用哪些方式进行,1998年《公安机关办理刑事案件程序规定》对于初查没有任何规定,2012年的规定明确了警察在初查阶段能采取哪些侦查措施,2020年的规定又增加了禁止使用的侦查措施的内容。即便警察在初查阶段未采用《公安机关办理刑事案件程序规定》所禁止的方式,由于进行初查的主体往往就是立案后侦查的主体,采取的询问、查询、勘验、鉴定和调取证据材料等方式也属于立案后的侦查措施,初查与立案后的侦查在性质上难以区分。对此,一些学者早就提出改变立案的法律地位,将包括初查程序在内的立案纳入侦查程序中。这些学者认为,警察接报案或者获得线索后必然要采取诸如询问、现场勘察、尸体勘验甚至围追堵截犯罪嫌疑人等措施,以初步弄清基本事实以及控制犯罪嫌疑人。既然初查具有必要性,就需要改变"立案是侦查的前提"这一认知,立案应当只是侦查程序的前期工序而非独立程序。[1] 还有些学者则不谈立案程序独立与否,而是建议将初查中警察采取限制犯罪嫌疑人人身权和财产权的措施合法化。[2] 同时,学者都提出要加强对警察侦查权行使的制约和监督,特别是司法控制。但从2012年、2018年《刑事诉讼法》修正来看,上述建议都没有被采纳。

三、立案监督

监督主要分为公安机关自己进行的内部监督以及来自外部的监督。关于内部监督,复议、复核程序是公安机关进行内部自我监督的法定形式。2015年,公安部印发《关于改革完善受案立案制度的意见》,其中针对"人民群众反映强烈

---

[1] 参见李奋飞:《对立案与侦查关系的再认识》,载《法学家》2006年第3期;吕萍:《刑事立案程序的独立性质疑》,载《法学研究》2002年第3期。
[2] 参见马婷婷:《公诉案件立案功能论——以公安机关为视角》,载《法学评论》2018年第2期。

的报案不接、接案后不受案不立案、违法受案立案等问题"提出具体的工作制度建设要求,包括:(1)建立、完善全省区市统一的接报案、受案立案网上系统;(2)对受案要进行网上登记;(3)对群众上门报案的,要做到"三个当场"(当场进行接报案登记,当场接受证据材料,当场出具接报案回执并告知查询案件进展情况的方式和途径)。这些细化的规定,让监督人员有了明确的监督内容和清晰的关注点。关于初查的时间,该意见规定:(1)刑事案件立案审查期限原则上不超过3日;(2)涉嫌犯罪线索需要查证的,立案审查期限不超过7日;(3)重大疑难复杂案件,经县级以上公安机关负责人批准,立案审查期限可以延长至30日。该意见同时明确,各级公安法制部门是公安机关受案立案工作监督管理的主管部门,负责对公安机关内部立案工作进行监督、与检察院立案监督工作进行对接并办理不予立案复议复核。[1]

外部监督主要是指检察监督和被害人、报案人监督。《刑事诉讼法》第113条规定,人民检察院认为公安机关对应当立案侦查的案件而不立案侦查的,或者被害人认为公安机关对应当立案侦查的案件而不立案侦查,向人民检察院提出的,人民检察院应当要求公安机关说明不立案的理由。人民检察院认为公安机关不立案理由不能成立的,应当通知公安机关立案,公安机关接到通知后应当立案。此外,《人民检察院刑事诉讼规则》第557条还规定,被害人及其法定代理人、近亲属或者行政执法机关向检察院提出立案监督的情形不仅包括他们认为公安机关应当立案而不立案,还包括不应当立案而立案。[2] 将公安机关不应当立案而立案也纳入立案监督范围,对《刑事诉讼法》规定进行扩大解释,是1999年1月生效的《人民检察院刑事诉讼规则》所确立的。[3]

实践中,存在报案人、控告人并不知晓其进行立案监督途径的情况,此种监督效果有限。因此,就外部监督而言,检察监督是最重要的监督方式。

对此,检察机关不断加强制度创新,提升其对公安机关立案监督的实效。2010年《最高人民检察院、公安部关于刑事立案监督有关问题的规定(试行)》再次强调了加强立案监督的重要性,并提出:公安机关与人民检察院应当建立刑事案件信息通报制度,定期相互通报刑事发案、报案、立案、破案和刑事立案监督、侦查活动监督、批捕、起诉等情况,重大案件随时通报。有条件的地方,应当建立刑事案件信息共享平台。[4] 还有一些地方探索尝试有利于检察机关在受

---

[1] 《关于改革完善受案立案制度的意见》(公通字[2015]32号),2015年11月4日发布。
[2] 《人民检察院刑事诉讼规则》(高检发释字[2019]4号),2019年12月30日发布。
[3] 参见孙谦:《刑事立案与法律监督》,载《中国刑事法杂志》2019年第3期。
[4] 《最高人民检察院、公安部关于刑事立案监督有关问题的规定(试行)》(高检会[2010]5号),2010年7月26日发布。

案立案关键环节履行监督职责的途径。比如,2016年,北京市人民检察院与公安局联合下发《关于在公安机关执法办案管理中心派驻检察室的通知》,在公安机关执法办案管理中心设立派驻检察室开展立案和侦查监督。

就检察机关内部负责立案监督的部门而言,也随着检察机关内设机构的变革而发生变化。依照1999年《人民检察院刑事诉讼规则》的规定,负责立案监督的是审查逮捕部门,对被害人反映的立案问题,控告申诉部门在初步审查材料后也要移交审查逮捕部门处理。2000年8月,最高人民检察院将审查批捕厅更名为侦查监督厅,全国各级检察机关也将原来的刑事检察部门分设为公诉部门和侦查监督部门,并逐步形成了以审查逮捕为主体、以刑事立案监督和侦查活动监督为两翼的"一体两翼"工作格局。这种内部机构设置上的改变,体现了检察机关对公安机关立案监督、侦查活动监督的重视。2019年《人民检察院刑事诉讼规则》则确立检察机关"捕诉一体化"改革后新的立案监督,即由负责捕诉的部门办理,以实现"在办案中监督,在监督中办案"。

第二节 刑事侦查

刑事案件立案后,公安机关依法开展侦查活动,通过采取强制措施和侦查措施查明案件事实、查获犯罪嫌疑人并搜集、固定证据。《刑事诉讼法》和《公安机关办理刑事案件程序规定》为公安机关进行侦查活动确立了基本原则和细化规则。

一、刑事强制措施

刑事强制措施,是指"公安机关、人民检察院和人民法院为了保证刑事诉讼的顺利进行,依法对犯罪嫌疑人、被告人的人身自由进行限制或者剥夺的各种强制性方法"[1]。依照法律规定,刑事强制措施包括拘传、取保候审、监视居住、拘留和逮捕。强制措施是保证侦查工作顺利进行的手段,在不采用此类手段也能保证刑事司法程序正常进行的情况下,就没有必要采用。在现有立法不修改、强制措施审查决定程序不改变的情况下,加强检察监督以及推进警察文化建设是逐步减少侦查阶段强制措施使用的主要路径。

(一)拘传

拘传,是指警察用强制方法将犯罪嫌疑人带至公安机关执法办案场所接受

---

[1] 陈光中主编:《刑事诉讼法》(第7版),北京大学出版社2021年版,第233页。

讯问的强制措施。拘传一般分为两种：对经合法传唤无正当理由不到案的犯罪嫌疑人采用的拘传以及直接对犯罪嫌疑人采取拘传。《公安机关办理刑事案件程序规定》第 80 条第 1 款规定：(1) 拘传持续的时间不得超过 12 小时；(2) 案情特别重大、复杂，需要采取拘留、逮捕措施的，经县级以上公安机关负责人批准，拘传持续的时间不得超过 24 小时；(3) 不得以连续拘传的形式变相拘禁犯罪嫌疑人。

(二) 取保候审

取保候审，是指公安机关责令犯罪嫌疑人提出保证人或交纳保证金，保证其不逃避或不妨碍侦查、起诉或审判，并随传随到候审不误的强制措施。[1] 公安机关对下列犯罪嫌疑人可以适用取保候审：(1) 可能判处管制、拘役或者独立适用附加刑的；(2) 可能判处有期徒刑以上刑罚，采取取保候审不致发生社会危险性的；(3) 患有严重疾病、生活不能自理，怀孕或者正在哺乳自己婴儿的妇女，采取取保候审不致发生社会危险性的；(4) 羁押期限届满，案件尚未办结，需要采取取保候审的。保证的形式有两种：保证人保证和交纳保证金保证，一般优先采用保证人保证。交纳保证金的，成年犯罪嫌疑人的保证金起点数额为人民币 1000 元，未成年犯罪嫌疑人保证金起点数额为人民币 500 元。具体数额综合考虑保证诉讼活动正常进行的需要、犯罪嫌疑人的社会危险性、案件的性质和情节、可能判处刑罚的轻重以及犯罪嫌疑人的经济状况等情况确定。犯罪嫌疑人在取保候审期间要遵守以下规定：(1) 未经执行机关批准不得离开所居住的市、县；住址、工作单位和联系方式发生变动的，在 24 小时以内向执行机关报告；(2) 在传讯的时候及时到案；(3) 不得以任何形式干扰证人作证；(4) 不得毁灭、伪造证据或者串供。除此之外，公安机关还可以根据案件实际情况，禁止犯罪嫌疑人进入与其犯罪活动等相关联的特定场所，禁止其与证人、被害人及其近亲属、同案犯以及与案件有关联的其他特定人员会见或者以任何方式通信等。被取保候审人违反上述要求，已交纳保证金的，公安机关将没收部分或者全部保证金，并且区别情形，责令其具结悔过、重新交纳保证金、提出保证人，变更强制措施或者给予治安管理处罚，需要予以逮捕的，可以对其先行拘留；如果是保证人保证且保证人未履行保证义务的，经县级以上公安机关负责人批准，对保证人处 1000 元以上 2 万元以下罚款，构成犯罪的，依法追究刑事责任。

(三) 监视居住

监视居住，是指公安机关将犯罪嫌疑人限制在其住所或指定居所，并对其行动自由进行监视的强制措施。依照现行《刑事诉讼法》第 74 条的规定，监视居

---

[1] 参见陈和华、叶利芳：《刑事司法学》，中国方正出版社 2004 年版，第 228 页。

住的适用对象为,符合逮捕条件但有下列情形之一的:(1)患有严重疾病、生活不能自理的;(2)怀孕或者正在哺乳自己婴儿的妇女;(3)系生活不能自理的人的唯一扶养人;(4)因为案件的特殊情况或者办理案件的需要,采取监视居住措施更为适宜的;(5)羁押期限届满,案件尚未办结,需要采取监视居住措施的。此外,对符合取保候审条件,但犯罪嫌疑人不能提出保证人,也不交纳保证金的,可以监视居住。显然,监视居住是逮捕的替代措施。根据犯罪嫌疑人被监视居住场所不同,分为在犯罪嫌疑人住所执行的监视居住和在指定居所执行的监视居住,后者适用的情形包括犯罪嫌疑人无固定住所或者涉嫌危害国家安全犯罪、恐怖活动犯罪,在住处执行可能有碍侦查的。在执行期间,犯罪嫌疑人应当遵守以下规定:(1)未经执行机关批准不得离开执行监视居住的处所;(2)未经执行机关批准不得会见他人或者通信;(3)在传讯的时候及时到案;(4)不得以任何形式干扰证人作证;(5)不得毁灭、伪造证据或者串供;(6)将护照等出入境证件、身份证件、驾驶证件交执行机关保存。

公安机关对于监视居住的适用情况随着立法的变化而发生变化。1979年《刑事诉讼法》对于监视居住措施的规定非常原则,就执行而言几乎没有具体规定。1996年《刑事诉讼法》细化了犯罪嫌疑人在被监视居住期间应当遵守的规定,但同样未就公安机关执行有明确规范。因此,在20世纪八九十年代,公安机关在侦查阶段较多使用监视居住,其主要原因是监视居住地点通常是在羁押场所,如看守所、拘留所等。在这种情形下,监视居住实际上属于羁押,[1]也就偏离了监视居住措施设立的初衷。随着公安法治化发展以及2012年《刑事诉讼法》明确禁止公安机关在羁押场所、专门的办案场所执行监视居住,监视居住的使用率越来越低。[2] 其主要原因是公安机关认为成本高,监控难度大。与此同时,指定居所监视居住长期备受争议与批评,其存在的问题突出地表现为以下几个方面:(1)本应作为逮捕替代措施的指定监视居住实际上成为一种变相羁押措施甚至是"超羁押手段";[3](2)因"办案需要"采用指定居所监视居住的案件数量较多,以便于侦查和获取证据,[4]强制措施变为侦查措施;(3)监视居

---

[1] 参见马静华、冯露:《监视居住:一个实证角度的分析》,载《中国刑事法杂志》2006年第6期。
[2] 参见左卫民:《反思监视居住:错乱的立法与尴尬的实践》,载《学习与探索》2012年第8期。
[3] 参见郭烁:《论作为"超羁押手段"的指定居所监视居住制度》,载《武汉大学学报(哲学社会科学版)》2016年第6期。
[4] 参见谢小剑、朱春吉:《公安机关适用指定居所监视居住的实证研究——以5955个大数据样本为对象》,载《中国法律评论》2019年第6期;蔡艺生:《公安机关适用指定居所监视居住实证研究——以2018—2019年703份判决书为主要分析样本》,载《中国人民公安大学学报(社会科学版)》2020年第4期。

住后大多变更为羁押措施;[1](4)执行中非法讯问等。

(四)刑事拘留

刑事拘留,是一种剥夺犯罪嫌疑人人身自由的强制措施。依照《刑事诉讼法》第 82 条规定,刑事拘留适用的对象为有下列情形之一的现行犯或重大嫌疑分子:(1)正在预备犯罪、实行犯罪或者在犯罪后即时被发觉的;(2)被害人或者在场亲眼看见的人指认他犯罪的;(3)在身边或者住处发现有犯罪证据的;(4)犯罪后企图自杀、逃跑或者在逃的;(5)有毁灭、伪造证据或者串供可能的;(6)不讲真实姓名、住址,身份不明的;(7)有流窜作案、多次作案、结伙作案重大嫌疑的。在程序方面,公安机关拘留人的时候,必须出示拘留证。拘留后,应当立即将被拘留人送看守所羁押,至迟不得超过 24 小时,并在拘留后的 24 小时内进行讯问。此外,公安机关一般应当在拘留嫌疑人后的 24 小时内通知家属,除非是无法通知或者涉嫌危害国家安全犯罪、恐怖活动犯罪通知可能有碍侦查的。

关于拘留的期限,《刑事诉讼法》第 91 条第 1、2 款规定,公安机关对被拘留的人,认为需要逮捕的,应当在拘留后的 3 日以内,提请人民检察院审查批准。在特殊情况下,提请审查批准的时间可以延长 1 日至 4 日。对于流窜作案、多次作案、结伙作案的重大嫌疑分子,提请审查批准的时间可以延长至 30 日。这就意味着,加上检察机关审查逮捕的 7 天时间,拘留时间最长可达 37 天。对此,学者指出,拘留最初是作为公安机关在紧急情况下所采取的一种措施,主要功能是保障犯罪嫌疑人临时到案,但立法不断扩大拘留的权限并最终使其具有羁押属性,[2]同时也兼具调查取证功能。

(五)逮捕

逮捕,是指"公安机关、人民检察院和人民法院为了防止犯罪嫌疑人或者被告人逃避侦查、起诉和审判,进行妨碍刑事诉讼的行为,或者发生社会危险性,而依法剥夺其人身自由,予以羁押的一种强制措施"[3]。依照《刑事诉讼法》第 81 条的规定,逮捕犯罪嫌疑人要符合以下三个条件:(1)有证据证明有犯罪事实,又称证据标准;(2)可能判处徒刑以上刑罚,又称刑罚标准;(3)采取取保候审尚不足以防止发生社会危险性,又称社会危险性标准。对于证据标准,《人民检察

---

[1] 参见谢小剑、朱春吉:《公安机关适用指定居所监视居住的实证研究——以 5955 个大数据样本为对象》,载《中国法律评论》2019 年第 6 期;蔡艺生:《公安机关适用指定居所监视居住实证研究——以 2018—2019 年 703 份判决书为主要分析样本》,载《中国人民公安大学学报(社会科学版)》2020 年第 4 期。

[2] 参见薛向楠:《中国刑事拘留制度的发展轨迹与完善路径(1954—2018)》,载《中国政法大学学报》2019 年第 3 期。

[3] 陈光中主编:《刑事诉讼法》(第 7 版),北京大学出版社 2021 年版,第 252 页。

院刑事诉讼规则》第 128 条和《公安机关办理刑事案件程序规定》第 134 条予以详细说明,是指同时具备下列情形:(1)有证据证明发生了犯罪事实;(2)有证据证明该犯罪事实是犯罪嫌疑人实施的;(3)证明犯罪嫌疑人实施犯罪行为的证据已经查证属实。关于犯罪嫌疑人的社会危险性,《刑事诉讼法》第 81 条规定了以下情形:(1)可能实施新的犯罪的;(2)有危害国家安全、公共安全或者社会秩序的现实危险的;(3)可能毁灭、伪造证据,干扰证人作证或者串供的;(4)可能对被害人、举报人、控告人实施打击报复的;(5)企图自杀或者逃跑的。《人民检察院刑事诉讼规则》第 129 条至第 133 条就上述五种情形又进一步予以细化。此外《刑事诉讼法》还明确规定:(1)对有证据证明有犯罪事实,可能判处 10 年有期徒刑以上刑罚的,(2)有证据证明有犯罪事实,可能判处徒刑以上刑罚,(3)曾经故意犯罪或者身份不明的,应当予以逮捕。

办案的公安机关认为需要提请批准逮捕犯罪嫌疑人的,应当经县级以上公安机关负责人批准,制作提请批准逮捕书,连同案卷材料、证据,一并移送同级人民检察院审查批准。人民检察院批准逮捕的,由县级以上公安机关负责人签发逮捕证,立即执行。侦查人员执行逮捕时,不得少于 2 人,必须出示逮捕证,并责令被逮捕人在逮捕证上签名、捺指印,拒绝签名、捺指印的,侦查人员应当注明。逮捕后,应当立即将被逮捕人送看守所羁押。对于人民检察院决定不批准逮捕的,公安机关在收到不批准逮捕决定书后,如果犯罪嫌疑人已被拘留的,应当立即释放。

二、调查取证措施

《刑事诉讼法》规定了以下几种调查取证措施:讯问犯罪嫌疑人,询问证人,勘验、检查、搜查,查封、扣押物证、书证,鉴定,技术侦查措施。1996 年和 2012 年《刑事诉讼法》修订的重要内容之一,就是规范侦查权。对此,下文将以讯问和技术侦查为例进行阐述。

讯问犯罪嫌疑人是公安机关在刑事侦查中采用的重要侦查措施,可以有效获得案件侦破的线索以及证实相关事实的证据,特别是犯罪嫌疑人的认罪口供,长期以来是认定有罪的强有力证据。1996 年和 2012 年《刑事诉讼法》修订注重对警察讯问犯罪嫌疑人行为的规范,除了明确不能仅仅依靠口供认定有罪的基本证据规则外,还不断细化讯问的具体程序,防止警察非法获取口供行为的发生。

立法首先从讯问主体、时间和地点对警察讯问进行规范。关于讯问主体,1979 年《刑事诉讼法》就规定应当有 2 名以上侦查人员进行讯问。这样规定的目的,一方面从讯问技巧角度出发,2 名以上讯问人员可以配合实施某些讯问策略,提高讯问成效;另一方面是让讯问人员彼此有所监督制约,防止违法讯问情况发生。关于讯问时间,1979 年《刑事诉讼法》没有明确规定,1996 年《刑事诉讼法》增加了以下内容:传唤、拘传持续的时间最长不得超过 12 小时。不得以连续传唤、拘传的形式变相拘禁犯罪嫌疑人。2012 年《刑事诉讼法》在 1996 年《刑事诉讼法》的基础上,一方面在特别重大、复杂案件中给予警察更多讯问时间——不得超过 24 小时;另一方面进一步要求"应当保证犯罪嫌疑人的饮食和必要的休息时间"。关于讯问地点,分为犯罪嫌疑人被羁押和未被羁押两种情形。对于未被拘留、逮捕的犯罪嫌疑人,可在其所在市、县内的指定地点(公安机关执法办案场所)或者其住处进行讯问。对于被羁押的犯罪嫌疑人,2012 年《刑事诉讼法》明确,应当在看守所内进行讯问。《公安机关办理刑事案件程序规定》则根据警察办案实践,补充规定除上述两种情况以外的讯问地点:(1)被拘留、逮捕的犯罪嫌疑人被带至看守所前在公安机关执法办案场所的讯问室接受讯问;(2)紧急情况下的现场讯问;(3)对有严重伤病或者残疾、行动不便的,以及正在怀孕的犯罪嫌疑人,在其住处或者就诊的医疗机构进行讯问;(4)对于正在被执行行政拘留、强制隔离戒毒的人员以及正在监狱服刑的罪犯,可以在其执行场所进行讯问。此外,2012 年《刑事诉讼法》首次就讯问的录音录像进行规定:(1)侦查人员在讯问犯罪嫌疑人的时候,可以对讯问过程进行录音或者录像;(2)对于可能判处无期徒刑、死刑的案件或者其他重大犯罪案件,应当对讯问过程进行录音或者录像。录音或者录像应当全程进行,保持完整性。

关于刑讯逼供等非法获取口供问题,1979 年《刑事诉讼法》只是原则性地禁止以威胁、引诱、欺骗以及其他非法的方法讯问,但并没有明确非法获取的口供是否应当被排除。2010 年最高人民法院、最高人民检察院、公安部、国家安全部、司法部联合发布的《关于办理刑事案件排除非法证据若干问题的规定》明确:采用刑讯逼供等非法手段取得的犯罪嫌疑人、被告人供述属于非法言词证据,经依法确认后,应当予以排除。2012 年《刑事诉讼法》吸纳了上述非法证据排除规则。2017 年最高人民法院、最高人民检察院、公安部、国家安全部和司法部联合发布《关于办理刑事案件严格排除非法证据若干问题的规定》,进一步明确对以下三种非法获取的口供应当予以排除:(1)采用以暴力或者严重损害本人及其近亲属合法权益等进行威胁的方法,使犯罪嫌疑人遭受难以忍受的痛苦而违背意愿作出的供述;(2)采用非法拘禁等非法限制人身自由的方法收集的犯罪嫌疑人供述;(3)采用刑讯逼供方法使犯罪嫌疑人作出供述,之后犯罪嫌疑人受该刑讯逼供行为影响而作出的与该供述相同的重复性供述。

技术侦查是公安机关在侦查重大刑事案件时经常采用的侦查措施。1995 年《人民警察法》第 16 条规定:"公安机关因侦查犯罪的需要,根据国家有关规定,经过严格的批准手续,可以采取技术侦察措施。"这是关于公安机关采用这种特殊侦查手段最早的法律规定。《刑事诉讼法》则是在 2012 年修正时将技术侦查措施纳入规范范围,就适用的案件范围以及基本程序作了原则性规定,这也是当年立法修改的亮点之一。

对于技术侦查措施的概念以及其具体包括哪些手段,立法并没有明确规定,学界也有不同的观点。从技术侦查措施的内涵来看,大部分学者都同意技术侦查具有技术性和秘密性,但是着重点不同,有的偏重技术性,有的偏重秘密性。2012 年,《刑事诉讼法》修正后,技术侦查措施实施的法定性、规范性、诉讼性以及对公民的侵权性又得到重视。综合上述特性,有学者将其定义为:为了维护国家安全和打击严重刑事犯罪,由公安机关、国家安全机关的特定侦查部门,通过使用相关专门技术,依法对经过批准的侦查对象的个人信息权与隐私权进行秘密干预,以获取犯罪情报和犯罪证据的秘密侦查工作。[1] 还有的学者认为:技术侦查是指法律授权的侦查机关在侦查活动中为打击和防控犯罪,依法对特定对象秘密采用起主要作用的特定技术,直接、实时地获取犯罪信息、侦查线索,收集诉讼证据的特殊侦查措施。[2] 应该说上述两个概念界定具有相似性,而且都概括出了技术侦查最核心的特性。从技术侦查措施概念的外延来看,有广义和狭义之分。广义的技术侦查措施既包括监听、监控等狭义的技术侦查措施,也包括密拍、密录、密搜、跟踪、控制下交付以及隐匿身份侦查等秘密侦查措施。狭义的技术侦查措施则仅指以监听、监控为代表的特殊侦查措施。上述所列举的两个概念采用的是狭义外延,即不包括控制下交付、隐匿身份侦查以及无须技术手段的密搜、跟踪。

技术侦查的种类,依照《公安机关办理刑事案件程序规定》的解释,具体包括记录监控、行踪监控、通信监控、场所监控等。应该说这种分类仍然是比较笼统的,并没有列举出具体的手段,对此,有学者认为,从维护国家安全和社会利益以及保证侦查机关有效侦查角度出发,不应当在法律中详细列举。[3]

在适用的案件类型方面,《刑事诉讼法》明确列举了危害国家安全犯罪、恐怖活动犯罪、黑社会性质的组织犯罪、重大毒品犯罪这四大类犯罪,但又有一个兜底的"其他严重危害社会的犯罪案件"《公安机关办理刑事案件程序规定》对其进行了更为详细的解释。

在程序方面,立法对技术侦查使用的期限进行了规定,即一般为 3 个月,同

---

[1] 参见刘鹏:《技术侦查相关概念研究》,载《公安学刊(浙江警察学院学报)》2021 年第 4 期。
[2] 参见许志:《技术侦查概念的界定及辨析》,载《中国刑警学院学报》2022 年第 2 期。
[3] 参见刘鹏:《技术侦查相关概念研究》,载《公安学刊(浙江警察学院学报)》2021 年第 4 期。

时规定对复杂、疑难案件可以经批准延长不超过3个月的期限。关于审查批准的程序，立法要求"经过严格的批准手续"。《公安机关办理刑事案件程序规定》将这一要求落实为：由设区的市一级以上公安机关负责人批准，同时也明确由设区的市一级以上公安机关负责技术侦查的部门负责实施。相较于搜查、查封、扣押等侦查措施以及拘传、取保候审、监视居住、刑事拘留等强制措施的决定由县级以上公安机关负责人批准这一要求而言，技术侦查的审批层级确实要高一些，体现了公安机关内部加强控制的制度设计。

关于技术侦查材料作为刑事诉讼证据使用这一问题，在《刑事诉讼法》2012年修正之前，由于立法没有专门规定，更主要的是公安部门担心其所采用的秘密侦查手段被知晓而影响侦查成效，技术侦查材料不作为证据使用是惯例。2012年《刑事诉讼法》第152条专门规定了技术侦查措施取得证据的适用原则，明确技术侦查材料"可以"作为证据使用。有学者认为：立法意图就是废止传统上技术侦查材料不得作为证据使用的禁令，推动在重大疑难复杂案件中使用技术侦查证据。[1] 2012年《公安机关办理刑事案件程序规定》重申了《刑事诉讼法》的规定：采取技术侦查措施收集的材料在刑事诉讼中可以作为证据使用。同时规定：采取技术侦查措施收集的材料作为证据使用的，采取技术侦查措施决定书应当附卷。也就是说，只明确要将采取技术侦查措施决定书随卷移送检察机关，而没有说明证据本身是否移送以及证据的载体是什么。根据学者的调查，实践中，法院刑事案件审理中，将技术侦查材料作为证据使用的情形很少，大部分情况下仅仅是作为破案线索出现。而且，作为证据的技术侦查材料绝大多数是以翻音材料、情况说明的形式呈现，只有个别案例中使用原始的语音材料。[2]

---

[1] 参见程雷：《技术侦查证据使用问题研究》，载《法学研究》2018年第5期。
[2] 参见程雷：《技术侦查证据使用问题研究》，载《法学研究》2018年第5期。

第七章 检察机关及其刑事司法职能

检察机关是刑事司法体系中的重要部门,其刑事司法职能贯穿刑事司法全过程。与许多国家的检察机关不同,我国检察机关是与审判机关具有同等地位的司法部门,其组织机构发展具有鲜明的中国特色。审查起诉与法律监督是检察机关最重要的刑事司法职能,除了立法与司法解释的规范,检察官正确行使自由裁量权也是检察机关刑事司法职能得以合法、有效实现的基础。长期以来,检察机关积极探索,推动刑事司法制度变革,努力在公平、正义与效率之间寻找适当的平衡点。

第一节 检察机关历史沿革

我国设立检察机关的尝试始于清末,但当时并没有付诸实践,民国时期,检察制度得到了一定的发展。1949年中华人民共和国成立,检察机关的发展开启了新的篇章。随着《宪法》《人民检察院组织法》《人民检察院刑事诉讼规则》《刑事诉讼法》等一系列与检察制度密切相关的法律的颁布与实施,检察机关的建设在立法规制下不断完善。尤其是近十年来,检察机关不断探索和改革内设机构设置,检察机关刑事司法职能也进行了重大调整,朝着更加专业化的方向发展,我国检察机关在全面发展和完善的道路上不断前进。

一、中华人民共和国成立前我国检察机关的建立与初步发展

中国历史上检察机关最早出现于清末,当时迫于内外压力,在变法修律时引入了属于大陆法系德国、日本的检察制度。清政府在1906年宣布预备立宪后,在《大理院审判编制法》中照搬日本检事局的名称,设检事局于审判厅内,分别为初级检事局、地方检事局、高级检事局和最高检事局,之后又改为检察厅。1910年2月在清政府批准颁行的《法院编制法》中规定按照当前审判衙门的设置,对应地进行各级检察厅的配置,虽然采用的是审检合署的方式,但是互不干涉。在刑事司法职能方面,规定检察机关具有调查、决定是否起诉、对判决的执

行情况进行监视等职能。这一时期检察官虽然在审判厅内工作,但双方主体权力的行使是互不干涉的,保证各自的独立性。清末检察制度改革虽然因为清朝的灭亡未来得及推广实行,但是为后来南京临时政府、北洋政府、南京国民政府的司法机构和检察制度奠定了基础。[1]

清政府被推翻后,北洋政府基本继承了清末的检察制度,但同时也进行了一些变动,如废除地方初级审判厅和检察厅的设置,在这些地方设立县知事,负责行政、审判、检察等事项。后续在南京国民政府时期,社会相对稳定,为加强对司法的控制,检察机关有普通和特别之分,虽然仍设置在法院之内,但是对外以自己的名义开展活动。同时检察官的职权扩张,除起诉之外还具有侦查权、指挥判决执行权等职能。1927年南京国民政府决定对已经设立的检察厅进行裁撤,虽然不再设立检察机关,但并没有对检察官及其职权进行裁撤,暂时仍将其安置在法院内部开展工作。1929年又决定恢复检察机关的设置,将其改名为检察署,并且重新确立了检察长这一职务。直到1935年,这一时期对保留还是废除现有的检察制度展开了争论,最终决定继续沿用现有的制度设计。从上述历程来看,南京国民政府对于检察机关配置这一新事物虽然有所摇摆,但是最终选择了延续,肯定了检察机关的重要性。

新民主主义政权下,中国共产党在不同时期对检察制度的配置也进行了一系列探索与实践。例如1931年设立了"国家公诉员"这一职务,这是首次出现的专职检察人员,同年还设立了中央工农检察人员委员部,这标志着中华苏维埃共和国检察制度正式诞生。[2] 这一时期仍采用审检合一的制度模式,整个检察系统没有独立出来,也缺少一套完整的检察运行机制。在检察机构设置方面并不统一,有些地区选择将其置于司法机关内部,如陕甘宁边区;也有些地区并不设立检察机关,相关的检察职权由各级行政长官或者公安局行使。1941年4月山东抗日根据地《关于改进司法工作纲要》中首次规定设置检察委员会,[3] 这一创举成了检察委员会制度的发端。1946年10月,审检分立的检察体制开始确立,标志着人民检察制度开始向独立体系迈进,在推进人民检察体制建设上迈出了具有历史意义的一步。[4] 为我国后来检察机关的设立积累了宝贵的经验。

---

[1] 参见何勤华主编:《检察制度史》,中国检察出版社2009年版,第341页。
[2] 参见何勤华、张顺:《人民检察九十年:历史发展中赓续前行》,载最高人民检察院网,https://www.spp.gov.cn/spp/bwcxyjtx/202111/t20211125_537217.shtml。
[3] 参见石少侠、郭立新:《列宁的法律监督思想与中国检察制度》,载《法制与社会发展》2003年第6期。
[4] 参见张敬博:《历经风雨 探索前行——抗日战争、解放战争时期的人民检察制度(1937—1949)》,载《人民检察》2011年第19期。

二、中华人民共和国成立后检察机关的建立与发展

(一)初步运行时期

中华人民共和国成立之初,我国在学习列宁提出的社会主义检察理论的基础上,仿照苏联模式设立检察机关。但是我国并没有完全照搬苏联的检察制度,而是与我国国情相结合。在检察制度方面借鉴苏联模式,废除审检合署体制,建立新型的社会主义检察制度,并将检察机关定位为法律监督机关,赋予检察机关强大的法律监督权。[1]

我国起初通过了一系列与检察机关设立有关的法律文件,如《中央人民政府组织法》《中央人民政府最高人民检察署试行组织条例》《中央人民政府最高人民检察署暂行组织条例》等。在经历了5年的检察制度实践后,1954年颁布了我国第一部社会主义类型的宪法——《宪法》,同年《人民检察院组织法》颁布,这些法律文件为我国检察体系的建立提供了立法的指引,也是研究检察机关发展变化的重要法律依据。例如1949年9月通过的《中央人民政府组织法》第5条规定,中央人民政府委员会组织最高人民法院及最高人民检察署,以为国家的最高审判机关及检察机关。此外还规定了最高人民检察署的人员配置,设检察长一人,副检察长若干人,委员若干人。同年12月《中央人民政府最高人民检察署试行组织条例》中第2条规定:"全国各级检察署均独立行使职权,不受地方机关干涉,只服从最高人民检察署之指挥。"这一规定改变了过去实行的审检合一机制,将检察机关独立出来,不再附设于其他国家机关内部,同时在检察机关上下级之间采用垂直领导体制。1951年9月颁布了《中央人民政府最高人民检察署暂行组织条例》,在最高人民检察署内设机构设置方面,主要根据检察职能这一标准进行划分,共设立了三处:一处主要负责一般监督工作;二处主要负责对刑事案件进行批捕和公诉等检察工作;三处主要负责民事以及行政检察工作。在这些主要机构之外,还设立了办公厅、人事处、研究室等部门。1954年9月我国第一部《宪法》颁布,在该法中对检察机关的名称进行了修改,不再称为"检察署",而更名为检察院,这一称呼一直延续至今,同时确立了检察院和法院相互独立、并列这一原则。紧接着通过了《人民检察院组织法》,该法进一步对检察制度如何设置及运作等作出了具体规定,包括检察机关的职能、机构划分、组织方式以及人员的选任等多个方面。明确检察机关内部上下级之间是垂直领导关系,并设立检察委员会,检察机关内部体系不断完善。1955年最高人民检

---

[1] 参见叶青、王小光:《检察机关监督与监察委员会监督比较分析》,载《中共中央党校学报》2017年第3期。

察院内设机构也有了新的变化,改为一般监督厅、侦查厅、侦查监督厅、审判监督厅和劳改监督厅,除侦查厅的名称略显不同之外,其他全部带有"监督"二字。[1] 此外还增设了军事和铁路专门人民检察院。我国的检察制度在此基础上初步成型,各地区检察机关也整体上完成设置,并已着手开展检察工作。

(二)改革开放后规范化发展时期

1978年我国进入改革开放新时期,撤销近十年的检察机关逐步恢复重建。在立法层面上,1979年7月《人民检察院组织法》颁布,这部法律对国家法律监督机关性质的明确,奠定了改革开放以来人民检察制度蓬勃发展的法律基石。[2] 该法中首次明确人民检察院是国家的法律监督机关,这一规定也被写入后续1982年《宪法》之中。此外还删除了过去一般监督的内容,规定检察机关主要职权的行使只能在刑事犯罪活动中。在领导体制方面,采用双重领导模式,检察机关同时受到上级以及同级人大及其常委会的领导。在内设机构设置上,第20条规定最高人民检察院设置刑事、法纪、监所、经济等检察厅,同时还可以根据具体情况设立其他业务机构。在立法的指引下,检察机关开始了自上而下的内设机构重建进程,各级检察机关基本建立。

改革开放之后,检察机关工作聚焦于贪污贿赂等职务犯罪。这一时期得益于内外相对稳定的社会环境,我国的经济实力明显增强,检察工作内容也随着时代的变化作出相应的调整。随着经济犯罪案件逐步增多,检察机关工作的重心之一就是对贪污贿赂犯罪开展侦查活动。这一时期强化检察机关的职务犯罪侦查权,以便更好地完成党中央交付的反腐败工作任务和宪法法律赋予的工作职责。[3] 为了更好地完成这一任务,1989年最高人民检察院经济检察厅改名为贪污贿赂检察厅,[4] 1995年最高人民检察院设立了反贪污贿赂总局,作为专门负责办理贪污贿赂案件的检察侦查部门,突出对这一类案件的重点办理。

20世纪90年代,司法改革已拉开序幕,检察改革作为司法改革的重要内容,检察机关的内设机构在这一背景下进行了诸多调整。为了统一和规范各级人民检察院内设机构,1996年7月最高人民检察院在发布的《关于地方各级人民检察院机构改革意见的实施意见》中指出内设机构一般分为必设机构和因地制宜设置的机构,同时还规定了省级人民检察院13种必设机构,市(地)级和县级人民检察院必设机构由省级人民检察院根据工作需要确定。这一时期,很多

---

[1] 参见孙谦主编:《人民检察制度的历史变迁》,中国检察出版社2009年版,第261-262页。
[2] 参见蒋安杰:《检察变革四十年》,载《法治日报》2022年3月8日,第1版。
[3] 参见曹东:《检察机关内设机构设置之变及其逻辑》,载《人民检察》2019年第19-20期合刊。
[4] 参见邱学强:《恢复重建以来检察机关内设机构改革的历史经验与启示》,载《检察日报》2018年11月13日,第3版。

改革内容都是让地方先进行实践,总结经验,然后最高人民检察院对取得的成果予以吸收并在全国推广。20世纪90年代末,检察机关内设机构有了重大调整,1999年开始探索捕诉分离的机构设置,最高人民检察院将刑事检察厅拆分为审查批捕以及审查起诉两个独立的厅,由不同的检察官行使职权,以期提高办案的质量,强化对刑事案件的监督,一年后又分别更名为侦查监督厅和公诉厅。2000年中共中央办公厅发布了《最高人民法院、最高人民检察院机关机构改革意见》,规定最高人民检察院在主要业务机构方面应当设置反贪、渎职、预防、侦监、公诉、监所、民行、控申等部门,加上其他机构共计18个,之后省级人民检察院以最高人民检察院的改革为范本,内设机构数量大致维持在15个。经过这一时期的发展,检察机关形成了相对稳定的机构设置,在之后的发展过程中,内设机构改革呈现出逐步深化的态势。[1]

三、21世纪以来检察机关的纵深发展

(一)检察机关侦查职能调整

2012年,《刑事诉讼法》修改后,进一步强化了检察机关的侦查职能,新增规定检察机关对特别重大贿赂犯罪案件适用指定居所监视居住措施,对于重大贪污、贿赂犯罪案件以及利用职权实施的严重侵犯公民人身权利的重大犯罪案件有权采用技术侦查措施等。2017年我国开展了监察改革的试点工作,次年3月《监察法》出台,检察机关绝大部分的侦查职能交由监察机关行使,并改名为职务犯罪调查权。2018年随着监察体制改革的推进,全国四级检察机关反贪、反渎和预防职务犯罪部门、机构以及相关的工作人员按时完成转隶。[2] 转隶之后,检察机关只拥有少部分职务犯罪的自侦权,同时增加了对监察机关移送案件的审查逮捕、起诉和补充侦查等职能,这场改革深刻影响了检察机关的权力配置格局,同时也为接下来的改革发展提供了契机。

(二)检察机关内设机构改革持续推进

最高人民检察院在《2018—2022年检察改革工作规划》中提出"推动检察机关内设机构改革,健全和规范检察机关组织机构,落实省以下地方检察机关人财物统一管理改革要求,构建科学高效的检察组织体系"。本次改革遵循优化效

---

[1] 参见2000年中共中央办公厅颁布《最高人民法院、最高人民检察院机关机构改革意见》,明确了内设机构主要分为反贪、渎职、预防、侦监、公诉、监所、民行、控申等部门,与其他机构合计18个,之后下级检察院也参照最高人民检察院改革蓝本,完成了相应的内设机构设置。周新:《检察机关内设机构改革的逻辑与面向——权力属性视角下的实践分析》,载《当代法学》2020年第2期。

[2] 参见王松苗:《加强监检衔接配合 更好形成监督合力》,载《人民检察》2020年第16期。

能、整合职能相似的机构、统一业务机构名称、建立专业化团队、强调公益诉讼职能的发挥等原则。以最高人民检察院的设置为模板,统一各地区检察机构以及名称的设置。同时在内部推行"捕诉合一"改革,从侦查到批捕再到公诉,由一名检察官或者一个办案组织负责到底,强化检察队伍的专业素质以及工作能力。此外,强调检察机关内设机构应当多方面综合发展,建立以刑事、民事、公益诉讼以及行政检察为内容的"四大检察"工作格局。至2018年年底,各级检察机关内设机构改革基本完成,最高人民检察院开始按照新的检察权运行模式开展工作。相较于之前的改革内容,此次实施的改革被视为自检察机关恢复重建以来规模最大、调整最多、涉及检察工作全部职能的一次改革。[1] 此轮改革完善了检察机关内设机构的设置,有利于充分发挥各项检察职能的作用,结合实际情况为检察权建立了新的运行模式。"四大检察"落实到具体业务则形成"十大业务",即最高人民检察院内设机构根据工作内容具体划分为第一至第十检察厅,分别负责不同业务。[2] 为了组建专业化刑事办案机构,设置了第一至第四检察厅;第五为刑事执行检察厅;第六至第八检察厅,分别负责民事、行政、公益诉讼检察工作;第九为未成年人检察厅;第十检察厅负责控告和申诉工作。除了上述十大机构,最高人民检察院还设有新闻办公室、法律政策研究室、案件管理办公室、国际合作局、检务督查局等九个内设机构。[3] 与此同时,地方各级人民检察院和专门人民检察院基本上都是在科学配置、职能对应的基础上以最高人民检察院的改革为样本来设置相应的业务机构。[4] 检察机关内设机构的增设和细分,为检察机关全面履行法律监督职责、促进各项检察工作的发展发挥了积极作用。[5]

从检察机关70多年的发展历程来看,我国在不断探索和完善具有中国特色的检察制度建设。一方面对组织机构的改革步伐从未停止,虽然在不同时期都进行了一定的调整,但是其格局始终遵循着组织法或者诉讼法逻辑进行构造,在

---

[1] 2019年1月,国务院新闻办公室举行最高人民检察院改革内设机构全面履行法律监督职能发布会,发布会以检察机关内设机构的调整、全面履行法律监督的职权为主题,宣布了检察机关恢复重建以来规模最大、调整最多、涉及检察工作全部职能的改革方案,创造性地对检察工作进行了系统性变革,重新塑造了"四大检察""十大业务"法律监督系统体系。

[2] 2018年12月4日,中共中央正式印发《最高人民检察院职能配置、内设机构和人员编制规定》。

[3] 参见王凤涛:《最高人民检察院内设机构改革述评》,载《法治现代化研究》2021年第3期。

[4] 参见周新:《我国检察制度七十年变迁的概览与期待》,载《政法论坛》2019年第6期。

[5] 参见汪建成、王一鸣:《检察职能与检察机关内设机构改革》,载《国家检察官学院学报》2015年第1期。

具体分工方面也在不断细化。[1] 另一方面为了更好地实现检察机关维护法律实施,保障国家、人民的合法权益这一目标,检察机关的职能也在不断地调整,在实践中落实着检察机关的初心与使命。

第二节　检察机关刑事司法职能

检察机关是刑事司法体系中重要的主体之一,在其参与和推动下,刑事诉讼活动才能顺利进行。刑事司法职能作为检察机关职权的重要内容,主要包括立案侦查、审查批捕、审查起诉和法律监督职能。检察机关在刑事诉讼各个环节中积极履行职能,惩罚犯罪,营造和谐稳定的社会环境,为国家和人民的合法权益提供有力的司法保障。

一、刑事案件立案侦查

在刑事诉讼活动中,立案与侦查是紧密相连的两个环节,立案表明刑事案件的确立,决定立案后才能启动侦查程序,立案也为后续侦查手段和强制措施的采取提供了法律基础。案件经过立案环节后,刑事诉讼程序也就此开启,检察机关有权在职权范围内对案件开展侦查活动,以便收集犯罪证据,查清案件事实。

1979年《刑事诉讼法》中规定检察机关行使侦查权的范围为"贪污罪、侵犯公民民主权利罪、渎职罪和其他人民检察院认为需要自己直接受理的案件"。这一时期检察机关对案件是否应当由自己进行侦查拥有较大的自由裁量权,而且自行侦查涵盖的案件范围较广。在自行侦查案件范围存在不确定性的情况下,办案量出现连年快速增长态势。[2] 1996年,《刑事诉讼法》修改,在范围方面进行了限缩,解决了之前检察机关与其他机关在案件管辖方面的冲突问题。从修改的内容来看,侦查权的范围主要集中在"贪污贿赂犯罪,国家工作人员的渎职犯罪,国家机关工作人员利用职权实施的非法拘禁、刑讯逼供、报复陷害、非法搜查的侵犯公民人身权利的犯罪以及侵犯公民民主权利的犯罪",此外"对于国家机关工作人员利用职权实施的其他重大的犯罪案件,需要由人民检察院直接受理的时候,经省级以上人民检察院决定",这一规定明确了侦查权的范围,进一步规范了检察机关权力的行使。相较于之前检察机关立案侦查的情况,案

---

[1] 参见张建伟:《逻辑的转换:检察机关内设机构调整与捕诉一体》,载《国家检察官学院学报》2019年第2期。

[2] 参见王小光:《改革开放后检察机关自行立案侦查案件变化趋势分析》,载《犯罪研究》2020年第2期。

件数有明显的下降,1998—2002 年的 5 年间,全国检察机关立案侦查贪污贿赂、渎职等职务犯罪案件下降到 207103 件(比前 5 年下降了 46.5%,1993—1997 年是 387353 件),2003—2007 年及 2008—2012 年更是下降到 179696 件(又比前 5 年下降 13.2%)和 165787 件。[1]

实践中检察机关职务犯罪侦查权更多地适用在国家反腐败之中,但由检察机关充当反腐败的主力军,并不符合"人民检察院是国家的法律监督机关"这一宪法定位。[2] 随着 2018 年监察体制的正式确立,监察机关负责对职务犯罪案件进行调查,检察机关对监察机关移送的案件进行审查起诉,检察机关能够立案侦查的案件范围大大缩减。同年 10 月《刑事诉讼法》修正,第 19 条第 2 款明确规定,"人民检察院在对诉讼活动实行法律监督中发现的司法工作人员利用职权实施的非法拘禁、刑讯逼供、非法搜查等侵犯公民权利、损害司法公正的犯罪,可以由人民检察院立案侦查",具体包括十四个罪名的侦查权。[3] 该部分侦查权的赋予是对监察机关职能范围的有效补充。在上述规定之外,还有两种情况能够行使侦查权。一种是《刑事诉讼法》第 19 条第 2 款规定,"对于公安机关管辖的国家机关工作人员利用职权实施的重大犯罪案件,需要由人民检察院直接受理的时候,经省级以上人民检察院决定,可以由人民检察院立案侦查"。另一种是补充侦查活动,如《刑事诉讼法》第 175 条中规定在补充侦查环节,检察机关可以根据案情的需要行使侦查权。侦查职能转隶之后,检察机关能够将更多的精力放在诉讼监督上,强化自身的法律监督职能。

二、刑事案件审查批捕

逮捕是刑事诉讼过程中最严厉的强制措施,我国采用捕押合一的模式,决定逮捕之后,就意味着将在一定时间内剥夺被追诉人的人身自由。通过羁押的方式,防止嫌疑人脱离管控,也有利于对案件进行侦查取证。该措施如果不依法行使,很容易侵害被追诉人的合法权利,所以实践中逮捕制度的适用应当慎之又慎。对于需要逮捕的案件,法律规定由检察机关在全面审查的基础上依法作出是否批准的决定。让中立的检察机关来行使这一职权,可以有效监督公安机关

---

[1] 参见张兆松、罗薇:《检察侦查管辖权七十年:回顾与反思》,载《河南警察学院学报》2019 年第 5 期。

[2] 参见张智辉:《检察侦查权的回顾、反思与重构》,载《国家检察官学院学报》2018 年第 3 期。

[3] 十四个职务罪名:非法拘禁罪,非法搜查罪,刑讯逼供罪,暴力取证罪,虐待被监管人罪,滥用职权罪,玩忽职守罪,徇私枉法罪,民事、行政枉法裁判罪,执行判决、裁定失职罪,执行判决、裁定滥用职权罪,私放在押人员罪,失职致使在押人员脱逃罪,徇私舞弊减刑、假释、暂予监外执行罪。

行使侦查权。

根据法律规定,检察机关在审查批准逮捕时要考虑三个方面的因素:证据、刑罚以及社会危险性(又称逮捕必要性)。前两个条件比较容易判断,第三个条件需要检察机关结合具体案情进行综合性判断,包括犯罪的性质、情节以及认罪认罚情况等。在审查批捕的案件范围方面,此前的规定局限于公安机关侦查的案件,实际上检察机关审查批捕的范围还包括自侦案件以及监察机关移送的案件,对于这些刑事案件,检察机关都要进行审查并作出是否批捕的决定。因此2018年修改后的《人民检察院组织法》将批捕范围修改为刑事案件,不再局限于公安机关提请批捕的案件,更符合实际的审查批捕范围。

检察机关的审查批捕权与后续阶段的审查起诉权是两项重要的刑事司法职能,为了充分、高效地发挥这两项职能的作用,在不同的历史时期我国进行了捕诉一体和捕诉分离工作模式的探索。最高人民检察院在《2018—2022年检察改革工作规划》中提出"组建专业化刑事办案机构,实行捕诉一体办案机制",检察机关批捕和公诉职能合一。捕诉一体模式强调办案组织的专业化和一体化建设,将刑事案件中检察环节的主要任务交由一个检察官或办案组织全程负责,有利于落实司法责任制,有效避免了不同部门之间相互推卸责任现象的发生,有助于建立高效有力的检察工作机制。

三、刑事案件审查起诉

在刑事诉讼过程中根据起诉主体的不同,诉讼类型分为两种,一是自诉,也叫作私诉,即公民自己向法院提起诉讼;二是公诉,也是实践中最常用的起诉方式,由检察机关代表国家行使权力,依法向法院提起公诉,指控犯罪。我国当前在实践中主要适用的是公诉制度,同时兼采自诉制度。检察机关作为行使公诉权的专门机关,在其职务犯罪侦查职能转隶后,审查公诉成了刑事司法职能中更加突出的部分。这一职能自中华人民共和国成立以来相关法律均予以明确规定,如1949年年底颁布的《中央人民政府最高人民检察署试行组织条例》中规定"检察机关对刑事案件公诉权"。1954年通过的《人民检察院组织法》进一步明确规定检察机关是国家的公诉机关。[1] 检察机关在进行公诉之前,需要对案件的犯罪事实、相关证据等材料开展全面的审查活动,在审查起诉的过程中检察机关具有客观中立的义务,由于检察官与诉讼结果没有利害关系,因此检察官不能站在当事人的立场,更不能与当事人有利益方面的牵扯,应该客观公正地行使审查起诉权。

---

[1] 参见姜伟:《公诉制度的历史沿革和发展趋势》,载《浙江社会科学》2002年第4期。

根据我国《刑事诉讼法》的规定，检察机关提起公诉的条件为"犯罪事实清楚，证据确实、充分，依法应当追究刑事责任"。检察机关在对案件进行审查时既要查明案件事实，又要全面审查证据，案件事实既包括实体法上的事实，如犯罪实施者、犯罪行为、犯罪行为造成的损害等方面；还包括程序法上的事实，如有无管辖权、回避问题、诉讼期限问题等。在对证据进行审查时要全面，不仅要看对被追诉人不利的内容，也要认真审查对其有利的内容，对案件作出公正的决定。检察官作为客观的第三方，应尽可能还原案件的情况，排除合理怀疑，根据掌握的事实和证据，在法律规定的基础上形成内心的确信。如果审查之后认为案件符合起诉条件，应当提起公诉，这也意味着检察机关认为被追诉人的行为符合犯罪构成要件并且应当受到刑事处罚，从而选择将案件移送到法院进行审判活动，获得定罪量刑的判决。

根据法律规定，在案件符合起诉条件时，检察机关有权在裁量权的范围内作出不起诉决定。我国在理论上将不起诉划分为法定不起诉和相对不起诉两种，虽然适用的结果相同，但是适用的具体情形不一样。在法定不起诉方面，根据《刑事诉讼法》第 177 条第 1 款的规定，犯罪嫌疑人没有犯罪事实，或者有法条规定的 6 种不予起诉情形[1]之一的，应当作出不起诉决定。这些情形中适用最多的是第一项，即情节显著轻微，包括事实和量刑两个方面都轻微。此外，法定不起诉还包括法律规定的由于证据不足不起诉的情形，是指现有证据达不到法律要求的证明程度。例如法律规定二次补充侦查后，人民检察院可以以证据不足为由不提起诉讼。这种不起诉并非终局性的，如果之后出现了新证据，满足了起诉的证据要求，仍然可以提起诉讼。上述两种属于法律明确规定不得起诉的情形，检察官没有裁量的空间，必须严格按照法律的规定履行职责。

除法定不起诉之外，我国还规定了相对不起诉的情形，相对不起诉的适用能够更好地兼顾惩罚犯罪与保障人权，展现检察机关准确把握刑事政策，能动适用法律的形象。主要包括以下几种：（1）酌定不起诉。法条依据为《刑事诉讼法》第 177 条第 2 款，"对于犯罪情节轻微，依照刑法规定不需要判处刑罚或者免除刑罚的，人民检察院可以作出不起诉决定"。如果决定对案件不起诉，需要得到检察长的批准，自侦案件不起诉的，由上一级检察院批准。检察官在酌定不起诉中需要衡量案情作出决定，这是宽严相济政策中该宽则宽的体现。对犯罪行为

---

[1]《刑事诉讼法》第 16 条规定："有下列情形之一的，不追究刑事责任，已经追究的，应当撤销案件，或者不起诉，或者终止审理，或者宣告无罪：（一）情节显著轻微、危害不大，不认为是犯罪的；（二）犯罪已过追诉时效期限的；（三）经特赦令免除刑罚的；（四）依照刑法告诉才处理的犯罪，没有告诉或者撤回告诉的；（五）犯罪嫌疑人、被告人死亡的；（六）其他法律规定免予追究刑事责任的。"

危害较小,认罪态度良好的犯罪嫌疑人给予改过自新的机会,是一种能够有效预防减少犯罪的措施,提高司法资源的利用效率,是诉讼经济原则的体现。(2)刑事和解不起诉。过去我国刑事司法多强调"严打",虽然在一定时间内能够取得明显的效果,但是并不利于实现长久的治安。刑事和解制度的出现是我国探索和谐司法的体现,体现了对被害人利益的重视和保护,能够修复社会关系、化解纠纷,促进社会和谐稳定。适用刑事和解不起诉以自愿为前提,在满足适用条件的情形下,检察官可以提出从宽处罚的建议,或者在裁量权范围内决定不起诉。达成和解协议并不意味着一定实现不起诉,检察官需要综合考虑各方面的因素决定是否起诉,如果达成刑事和解后,检察官经过审查认为符合起诉条件的,仍然要提起公诉。当前我国刑事和解制度还在不断探索时期,还需要不断完善实践中的适用情况,构建符合我国国情的刑事和解制度体系。(3)附条件不起诉(又称暂缓起诉)。当前该制度的适用主体仅限于未成年人,适用附条件不起诉,检察官需要审查未成年人是否满足法律规定的条件,并在此基础上决定是否起诉。一旦决定启动附条件不起诉程序,在考验期内,检察官需要对未成年犯罪嫌疑人进行监督考察,未成年犯罪嫌疑人在考验期间如果没有违反规定,考验期满后,检察机关应当作出不起诉决定。(4)认罪认罚从宽制度中的特殊不起诉制度。根据《刑事诉讼法》第 182 条的规定,"犯罪嫌疑人自愿如实供述涉嫌犯罪的事实,有重大立功或者案件涉及国家重大利益的,经最高人民检察院核准,公安机关可以撤销案件,人民检察院可以作出不起诉决定,也可以对涉嫌数罪中的一项或者多项不起诉"。这一规定属于构成犯罪之后在审前程序中人民检察院不起诉的情形,能够引导犯罪嫌疑人真诚认罪,争取免于处罚,和域外的污点证人具有一定的相通性。为避免不起诉的滥用,这种不起诉要求的条件很高,实践中适用的情况并不多见。

四、刑事诉讼法律监督

宪法规定的法律监督机关这一定位是检察机关行使监督权的重要依据,检察机关刑事诉讼法律监督职能主要体现在对立案、侦查、审判以及执行活动的监督。根据有权必有责,用权受监督的理念,在刑事司法活动中,检察机关的法律监督职能为各机关依法正确行使权力提供了重要的保障,通过对权力进行监督和制约,更好地维护公民的合法权利。1979 年《人民检察院组织法》和 1982 年《宪法》明确了检察机关是国家法律监督机关这一地位后,其后出台的 1982 年《民事诉讼法(试行)》、1991 年《民事诉讼法》和 1989 年《行政诉讼法》中均在总则部分规定检察机关对民事审判以及行政诉讼进行法律监督。[1] 对刑事诉讼法律监督职能的明确规定直到 1996 年《刑事诉讼法》修改,才在总则中增加了检察机关"依法对刑事诉讼实行法律监督",使检察机关刑事诉讼法律监督职能的行使有了更为明确的法律依据。在此之前,1979 年《刑事诉讼法》只规定了公、检、法三机关之间分工负责、互相配合、互相制约,一般认为其中的"制约"包含了监督的内容。

(一)刑事立案监督

检察机关是法律明确规定行使立案监督权的主体,主要监督对象为公安机关的立案行为,包括两方面的监督内容,一是应当进行立案而不立案的情形,二是不应当立案而立案的情形,此外对检察机关内部自侦案件立案情况也有权进行监督。如果检察机关发现存在不当立案的情形,应当依法建议对案件进行立案或者撤销。此外,当前对于检察机关是否有权对监察机关的刑事立案行为进行监督尚处于学者讨论的范畴。

我国法律明确规定了检察机关行使立案监督职能的内容及程序,确保刑事立案活动依法进行。根据《人民检察院刑事诉讼规则》第 557—566 条的规定,检察机关进行立案监督的案件来源包括被害人及其法定代理人、近亲属,行政执法机关或者当事人向检察机关提出的;检察机关接到控告、举报或者自行发现等情况。人民检察院负责控告、申诉检察的部门受理对公安机关应当立案而不立案或者不应当立案而立案的控告、申诉后根据事实、法律进行审查。认为需要公安机关说明不立案或者立案理由的,将案件移送负责捕诉的部门办理;认为公安机关立案或者不立案决定正确的,应当制作相关法律文书,答复控告人、申诉人。人民检察院审查后要求公安机关说明不立案或者立案理由的,公安机关应当在收到通知后 7 日以内予以说明。人民检察院对公安机关提出的说明,进行审查。认为公安机关不立案或者立案理由不能成立的,经检察长决定,通知公安机关立案或者撤销案件。若公安机关在收到通知立案书或者通知撤销案件书后超过 15 日不予立案或者未要求复议、提请复核也不撤销案件的,检察机关应当发出纠正违法通知书。公安机关仍不纠正的,报上一级检察院协商同级公安机关处理。从实务操作的角度来看,在现行法的制度框架下检察院实施立案监督通知立案有困难,但对少数案件亦有立案监督必要和可能,如国家工作人员共同实施的职务犯罪。[2]

---

〔1〕 参见卞建林、李晶:《刑事诉讼法律监督制度的健全与完善》,载《国家检察官学院学报》2012 年第 3 期。
〔2〕 参见龙宗智:《监察与司法协调衔接的法规范分析》,载《政治与法律》2018 年第 1 期。

立案是开启侦查活动前必经的法定程序,经过立案之后,案件就正式进入了刑事诉讼过程当中,这一阶段虽然不具有实体裁判的功能,但是将导致被追诉人在一段时间内处于法律上的不确定状态。因此为了遏制权力的不当行使,及时纠正违法、保障公民权利,有必要对侦查活动在启动阶段就进行有效控制。[1] 让检察机关介入其中,对立案情况进行监督,有利于制约立案权的滥用,防止无辜的人被刑事追诉。

(二) 刑事侦查监督

检察机关既承担着审查逮捕职责,又承担着对立案、侦查活动的监督职责,处于打击犯罪、保障人权、维护社会公平正义、促进社会和谐稳定的前沿,也是坚守防止冤假错案底线的第一关。[2] 在我国,公安机关拥有大多数案件的侦查权,该权力的行使受到检察机关的监督和制约。检察机关主要从是否符合法律要求的条件、时限等方面进行监督,保证侦查活动依法进行。

在立法层面,检察机关的侦查监督职能首次出现于1954年《人民检察院组织法》,该法规定了侦查监督的适用程序。当前《刑事诉讼法》第100条规定,"人民检察院在审查批准逮捕工作中,如果发现公安机关的侦查活动有违法情况,应当通知公安机关予以纠正,公安机关应当将纠正情况通知人民检察院"。同时《人民检察院刑事诉讼规则》第567—569条对侦查监督职能进行了更为具体的规定,并对违法侦查行为进行了列明,在列举了15种违法情形的基础上还设置了兜底条款,表明除此之外还存在其他需要监督的违法行为。此外,如果是检察机关内部负责捕诉的部门发现本院负责侦查的部门在侦查活动中违法行使侦查权的,应当及时提出纠正意见,需要追究违法行为人具体责任的,应当报告检察长。

检察机关在行使侦查监督职能时,有权采取的监督方式包括对公安机关移送的案卷进行审查或者主动调阅案卷进行审查,提出纠正意见进行监督,包括口头纠正和书面纠正。除此之外,还可以通过提前介入的形式对侦查情况进行监督,例如,听取公安机关对侦查情况的介绍、查阅侦查卷宗;对案件取证方向和要求提出引导性意见;协助公安机关开展相关侦查工作等。实践中的经验表明,侦查权易被滥用,常表现为刑讯逼供、超期羁押等现象,易导致冤假错案的发生。为了更好地规范侦查权的行使,应当加强检察机关的监督力度,同时建立健全监督机制,严厉打击违法侦查的行为,保护公民的合法权利。

---

[1] 参见孙谦:《刑事立案与法律监督》,载《中国刑事法杂志》2019年第3期。
[2] 参见金园园:《准确把握职能定位 全面开创侦查监督工作新局面——全国检察机关第四次侦查监督工作会议述要》,载《人民检察》2013年第15期。

(三)刑事审判监督

刑事审判监督是指检察机关对人民法院的刑事审判活动是否合法进行监督。在刑事审判活动中,检察机关既要对被告人的犯罪行为进行指控,同时还要对法院审判权的行使进行制约,确保法院严格依照法律规定行使职权,保障诉讼活动合法、有序开展,维护社会的公平正义。

刑事审判监督职权行使的依据有《刑事诉讼法》第209条,检察机关有权对法院违反法定程序审判的行为进行监督。同时在《人民检察院刑事诉讼规则》第570—572条对检察机关审判监督职能的行使进行了具体的规定,对审判活动中存在的15种违法行为进行了列举,还设置了兜底条款。监督方式主要为提出纠正意见,规定检察机关在审判活动监督中,发现法院或者审判人员审理案件违反法律规定的诉讼程序,应当提出纠正意见,其中若对庭审活动违反程序提出纠正意见,应当在庭审后提出。此外还可以通过抗诉的形式进行监督,包括二审抗诉和审判监督程序抗诉。

监督属于单向性的活动,因此检察机关一方面要履行诉讼职能,另一方面又要对审判活动进行监督,这两种角色之间存在一定的矛盾之处。在刑事诉讼庭审过程中,在被告方、检察官以及法官的三角构造下,法官属于中立方,行使审判职能,检察官负责对被告人的犯罪行为进行控诉,被告人及其辩护人对检察官的指控进行反驳。在这种结构中,如果检察机关又有权对法院的审判活动进行监督,无疑加剧了控辩双方的不平等性,对法院的审判工作也带来了一定的压力。因此很多学者对该职能进行了讨论,有学者认为,这一职权有悖于现代诉讼的基本构架与性质和诉讼运作的一般性规律,具有很多的负面效应。[1] 也有学者对此提出了解决方法,提出要明确那些被视为刑事审判监督职能的活动方式本来就是诉讼职能,因此应当将其还原为诉讼职能,这有利于我国检察制度的健康发展和各项检察权能的有效运行。[2]

(四)刑事执行监督

检察机关在刑事执行阶段的职能有执行监督和指挥两种模式,我国采用的是执行监督模式,[3]刑事执行监督主要指检察机关对刑罚执行机关执行法院已生效的刑事判决、裁定的活动是否合法进行监督,主要指刑罚执行的监督。自2012年《刑事诉讼法》修改以来,刑事执行法律监督范围迅猛拓展,成为诉讼职

---

[1] 参见龙宗智:《相对合理主义视角下的检察机关审判监督问题》,载《四川大学学报(哲学社会科学版)》2004年第2期。

[2] 参见刘计划:《检察机关刑事审判监督职能解构》,载《中国法学》2012年第5期。

[3] 参见张建伟:《检察机关刑事执行职权模式比较研究》,载《中国刑事法杂志》2022年第1期。

能与诉讼监督职能优化配置的突破重点。[1]《刑事诉讼法》新增了检察机关羁押必要性审查以及对暂予监外执行、社区矫正、强制医疗执行的监督。刑罚执行监督的内容主要包括交付执行监督、死刑执行监督、监禁刑执行监督和非监禁刑执行监督。[2] 通过监督保障被追诉人在刑事执行过程中的合法权益,确保刑事措施的正确落实,树立司法权威。

检察机关执行监督权的法律依据为《刑事诉讼法》第 276 条,即人民检察院对执行机关执行刑罚的活动是否合法实行监督;如果发现有违法的情况,应当通知执行机关纠正。《人民检察院刑事诉讼规则》第十四章也对刑罚执行和监管执法监督进行了专门规定,其中规定检察机关可以采取的监督方式包括提出纠正意见或者检察建议等,此外检察机关根据工作需要,可以对监狱、看守所等场所采取巡回检察、派驻检察等方式进行监督。在社区矫正执行监督方面,2019 年 12 月公布的《社区矫正法》在《刑事诉讼法》规定的基础上对社区矫正监督内容进行了具体规定。同年最高人民检察院在《2018—2022 年检察改革工作规划》中提出要完善刑事执行检察工作机制,需从以下几个方面进行:一是建立对监狱、看守所的巡回检察制度;二是完善刑事执行检察与审查逮捕、审查起诉等工作的衔接机制;三是健全财产刑执行检察工作机制,推动建立与人民法院财产刑执行案件信息、执行信息共享机制;四是探索完善社区矫正检察机制。这些措施对检察机关刑事执行监督工作提出了更高的要求。

刑事执行是刑事司法程序中的重要一环,是将国家机关在刑事司法活动中作出的决定落地的过程,是国家行使刑罚权的体现。在这一过程中,将之前作出的静态刑罚决定在实践中予以落实,直接涉及被执行人的权益,为了保障执行权力的正确行使,加强人权司法保障,检察机关要做好监督工作,保障刑罚执行机关能够依法行使权力,树立司法的良好形象。

第三节 检察官及其刑事自由裁量权

一、检察官

(一)检察官制度

检察官是行使检察权的主体,是刑事司法活动中不可缺少的角色,也是警察

---

[1] 参见季卫华、李强、王胜利:《新时代检察机关的职能优化》,载《天津行政学院学报》2018 年第 6 期。
[2] 参见侯亚辉:《刑事执行检察职能定位和权力边界研究》,载《中国刑事法杂志》2022 年第 1 期。

和法官之间的"中间人"。12世纪末,法国设立了国王代理人这一职务,主要负责维护国王的特权以及对地方进行监督,参加与国王利益密切相关的诉讼活动。菲利普四世时正式设立了检察官一职,职责主要包括两方面的内容,一是以国王的名义对地方开展监督活动,二是以国家公诉人身份对罪犯进行侦查,听取私人告密,批准对被告人的起诉书,参加法院审讯。直到16世纪,法国才以成文法的形式确立了检察制度。[1] 17世纪时,国王颁布敕令增设了总检察官一职,在审判机关内进行工作,主要负责对刑事案件进行侦查、起诉等,检察制度至此初步建立。[2]

大部分国家在自身的司法体系中设立了检察官一职,在大陆法系国家,检察机关被定位为司法机关,检察官被称为"准司法官"或者"站着的司法官"。[3] 例如,意大利刑事司法的一个主要特点是检察官乃司法系统而非行政部门的一部分。[4] 英美法系国家多数将该职务纳入行政系统,如美国检察官属于政府一方的律师,由政府进行雇佣。我国检察官制度的设置具有自身的特色,也具有历史性的特点。我国并没有从法律层面规定检察官属于何种类型的角色,有学者认为检察官兼具行政性和司法性,也有学者认为我国检察官属于准司法官,[5]当前宪法只规定了检察机关是法律监督机关,在设置上我国检察官制度与法官制度类似,在任用条件、职务待遇、任免奖惩等方面规定都相同,也更倾向于司法官这一角色。

我国于1995年出台了《检察官法》,该法明确检察官的职权内容包括法律监督、公诉、侦查等职能,同时还对具体的权利、义务、任免、遴选、考核等多个方面进行了规定。从此我国对检察官的管理走向了规范化、明确化、综合性的发展道路。2010年最高人民检察院内部全体检察官进行了第一次集体宣誓仪式,强调检察官群体要有坚定的使命与责任感,牢记初心与使命。2015年最高人民检察院发布了《关于完善人民检察院司法责任制的若干意见》,规定实行独任检察官和检察官办案组两种办案组织形式。2016年开始全面推行检察官员额制改革,采用分类的方式对人员进行管理,为员额检察官依法独立行使职权提供有力的保障。2019年,《检察官法》修订,增加了"四大检察"职能、客观公正义务、司法责

---

[1] 参见何勤华主编:《检察制度史》,中国检察出版社2009年版,第142页。
[2] 参见陈卫东:《我国检察权的反思与重构——以公诉权为核心的分析》,载《法学研究》2002年第2期。
[3] 参见刘涛:《检察机关外部关系比较研究》,载《法学杂志》2009年第9期。
[4] 参见[意]马可·法布里:《意大利刑事诉讼程序与公诉改革之回顾》,叶宁译,载《比较法研究》2010年第5期。
[5] 参见朱孝清:《检察官客观公正义务及其在中国的发展完善》,载《中国法学》2009年第2期。

任制、员额制管理以及职业保障等多方面的内容,全面吸收了司法体制改革的成果,在管理水平方面有了明显的提升,为检察官更好地履行职责提供了立法指引。

(二)检察官员额制

根据中共中央和最高人民检察院关于检察人员分类管理要求的规定,将所有的检察人员分为三种类型:检察官、检察辅助人员和司法行政人员。对于想要入额的人员,需要通过统一组织的考试进行遴选,成为员额检察官之后在法定职权内独立办案,并对在职期间内自己办理的案件质量负责。员额制改革有助于推动检察人员专业化建设,提高办案能力,有效对接公安机关和法院的业务,实现高效办理案件。

检察官员额制主要包括遴选、考核、退出机制和职业保障四个方面的内容。第一是遴选机制,科学合理的检察官选任标准以及程序设置是保证后续制度推进的重要基础,为了选拔优秀的人才,在设置选拔标准时,要看重检察官的办案业务能力、个人作风品德、政治素养等方面。符合以上要求并且申请入额的人员参加全省统一司法办案能力考试,通过后择优录取。第二是考核机制,设立科学的考核机制有利于激励检察官认真工作,主要从办理的案件数量、质量、难易程度、效果、职业操守等情况进行考核,作出科学的评价。此外还成立了省检察官惩戒委员会,对在履职过程中有过错的人员进行责任认定和惩戒,确保检察官能够依法履职。第三是检察官的退出机制,既是优胜劣汰的体现,同时也能够实现员额制的动态发展,给予想进入员额体制内的检察官更多的机会。检察官应当根据法律的规定,遵循一定的流程退出员额,保证后续工作的顺利衔接。当前对退出机制的设置尚未进行统一明确的规定,各地正处在探索的过程中。第四是检察官职业保障,包括待遇、尊严、人身安全等方面,《检察官法》第七章专门规定了该部分的内容,主要由检察官权益保障委员会负责维护检察官的权益,为其在实践中坚持依法办案提供有力的后盾支撑。

随着改革的推进与实践,检察官员额制改革已经取得了初步的成果,检察官办案的话语权进一步提升。2021年6月中共中央在《关于加强新时代检察机关法律监督工作的意见》中指出完善遴选入额机制和员额退出机制及其配套政策,推动着检察官员额制朝着更加规范化、制度化的方向发展,努力打造一支高素质的检察官队伍。

二、检察官刑事自由裁量权

检察官刑事自由裁量权是行使职权过程中的一种斟酌处理权,[1]该权力

---

[1] 参见龙宗智:《检察官自由裁量权论纲》,载《人民检察》2005年第15期。

需要在法定范围内独立行使,使检察官结合个案进行具体分析并作出裁量决定。法律规定本身是抽象的、静态的,案件与案件之间也不会是完全相同的,通过检察官这一专业人员的参与能够将法条和案件联系在一起。检察官在办理具体刑事案件时,在法律规则和原则的指导下,将案件与法律规定进行连接,这一过程包括了对案件事实的认定以及对法条的解释运用。对检察官刑事自由裁量权的赋予在兼顾法律和社会效果统一的同时也能够推动诉讼经济的实现。本部分主要从检察官刑事自由裁量权最突出的表现形式——审查批捕和起诉两方面进行分析。

(一)检察官审查批捕自由裁量权

我国现行立法中并未对检察官逮捕裁量权进行明确规定,但规定了逮捕的条件,体现在《刑事诉讼法》第 81 条,这也是检察机关作出批捕决定的主要考虑因素。但是,检察机关对于案件事实的认定以及社会危险性因素的考量都具有一定的裁量空间,因此检察官作出逮捕与否的决定都暗含了一定的裁量在里面,但是在法律规定的应当逮捕的情形中,自由裁量权更加强调法律的强制性。检察机关依法对逮捕请求进行全面审查,在了解案件事实的基础上,依法作出逮捕与否的决定,对于事实的判断就带有一定的主观性,同时法律条文的规定是原则性的,有时候语言的开放性会给法律规则的实际适用带来不确定性,检察官不能机械地适用法律,还要结合具体的案情进行判断,这一过程亦蕴含了检察官的自由裁量。

就审查批捕而言,检察官主要从逮捕的三个要件——证据、刑罚以及社会危险性来审查犯罪嫌疑人是否符合逮捕条件进而作出决定,其中社会危险性审查是逮捕的核心评估因素,也是检察官行使自由裁量权最重要的体现。社会危险性的考量包括犯罪的性质、情节以及认罪认罚情况等因素,既包括了对案件事实的认定,同时也是对法律规定进行适用的过程。由于社会危险性要件没有统一、确切的标准,不像证据和刑罚条件一样容易判断,因此需要检察官把握好一个度,正确行使批捕裁量权,保障逮捕制度得到有效适用。实践中要杜绝因为有证据证明被追诉人实施了犯罪行为,就与社会危险性画等号这一行为。[1]

《人民检察院刑事诉讼规则》第 128 条对 5 种具有社会危险性的情形进行了列举,没有设置兜底条款,限制了检察官逮捕裁量权行使的范围,但是从条文的表述来看,用词包括"可能""现实危险""企图"等,这就需要检察官具体

---

[1] 参见刘计划:《逮捕审查制度的中国模式及其改革》,载《法学研究》2012 年第 2 期。

裁量判断。《人民检察院刑事诉讼规则》同时对此5种情形进一步细化列举，此时设置了兜底条款，这是因为个案情况在实务中复杂多样，根本无法获得详尽、全面的列举，因而当遭遇特殊个案情形，就不能因为没有规定就拒绝适用。[1] 虽然法律对于具有社会危险性的情形进行了细化规定，为规范逮捕社会危险性证据的收集以及检察官的审查认定提供了一定的标准，但是就实务操作而言，不确定性依然很大。此外《人民检察院刑事诉讼规则》第135条第1款规定："人民检察院审查认定犯罪嫌疑人是否具有社会危险性，应当以公安机关移送的社会危险性相关证据为依据，并结合案件具体情况综合认定。必要时，可以通过讯问犯罪嫌疑人、询问证人等诉讼参与人、听取辩护律师意见等方式，核实相关证据。"根据这一规定，检察官在认定社会危险性时，要在审查证据的基础上认定案件事实，还可以通过听取意见的方式进行认定，综合全案情况作出裁量判断。该规定虽然为检察官逮捕裁量权提供了适用方向，但是仍然缺乏具体的适用程序。最终社会危险性的认定，还是需要检察官在个案中予以衡量判断。

当前通过科技的力量，实践中积极开发应用"逮捕社会危险性量化评估"这一系统，帮助检察官作出科学的社会危险性判断。该系统在2020年11月开始在各地方开展试点工作，从试点情况来看，逮捕社会危险性量化评估对降低羁押率有一定影响。[2] 量化评估追求的是科学性，为检察官提供一定的参考，并不具有决定性的作用。因此，对社会危险性最终还是需要依靠检察官自己根据案件的证据和事实作出认定，在证据方面，需要对基础的犯罪事实予以证明，在此基础上进行是否具有社会危险性的主观判断，在犯罪事实认定上，包括被追诉人的主观恶性、再犯可能性、犯罪心理等，同时也可以借助品格证据进行一定程度上的证明。检察官在审查犯罪事实和证据的基础上，对社会危险性形成心证，作出综合认定。

（二）检察官审查起诉自由裁量权

检察官通过对事实和证据进行衡量判断，结合办案经验形成内心的确信，进而对是否提起公诉作出决定，就这个角度而言，起诉权是一种裁量性的权力。[3] 在英美法系国家，检察官虽然一般没有侦查权，但是具有选择起诉权，

---

[1] 参见万毅：《解读逮捕制度三个关键词——"社会危险性""逮捕必要性"与"羁押必要性"》，载《中国刑事法杂志》2021年第4期。

[2] 参见高通：《逮捕社会危险性量化评估研究——以自动化决策与算法规制为视角》，载《北方法学》2021年第6期。

[3] 参见武晓慧：《论公诉裁量权的运行与程序性控制》，载《中国刑事法杂志》2016年第1期。

实行起诉便宜主义。在大陆法系国家，检察官至少在法律上同时享有侦查权和起诉权，以起诉法定主义为主、起诉便宜主义为辅。[1] 因此，英美法系中检察官拥有的起诉裁量权较大，大陆法系裁量权受限制较大，主要用来弥补起诉法定主义一味追求实体公正的不足之处，兼顾公正和效率。我国亦采用大陆法系的起诉方式，检察官在法律规定的有限范围内进行裁量。在我国的不起诉制度中，一般认为相对不起诉的规定是检察官行使自由裁量权最明显的体现。2012年《刑事诉讼法》修改，增加了附条件不起诉以及刑事和解程序中不起诉的相关规定；2018年《刑事诉讼法》修改，规定了认罪认罚从宽制度中的特殊不起诉情形。这两次修改增加的不起诉制度，也属于检察官在作出不起诉决定过程中具有裁量权的体现。

在职权主义模式下，检察官提起公诉是原则，不起诉是例外，在法律规定的一定情形中，检察官可行使裁量权作出不起诉决定。我国相对不起诉裁量权较小，当前法律规定主要局限在"犯罪情节轻微"的情形，这被认为是起诉便宜原则在我国刑事诉讼中的体现。[2] 犯罪情节轻微表明行为已经构成了犯罪，但是没有严重到需要刑法进行调整的程度，因此对于此类案件作出相对不起诉的处理，这也能够起到预防犯罪的效果。对于哪些犯罪情节属于轻微的范畴，当前并没有统一的解释，但是在具体罪名的司法解释中对属于情节轻微的情形进行了列举，例如2013年最高人民法院和最高人民检察院发布的《关于办理抢夺刑事案件适用法律若干问题的解释》和《关于办理敲诈勒索刑事案件适用法律若干问题的解释》，还有2016年《关于办理非法采矿、破坏性采矿刑事案件适用法律若干问题的解释》等文件中都对可以认定为犯罪情节轻微的情形进行了规定。在河南省人民检察院2022年印发的《轻微刑事案件适用相对不起诉指导意见》的规定中，对于"情节轻微"进行了列举，包括犯罪嫌疑人系未成年人或者在校学生；75周岁以上的老年人；患有严重疾病，生活不能自理的人或其唯一抚（扶）养人；怀孕或者正在哺乳自己婴儿的妇女；属于初犯、偶犯或者过失犯罪；因亲友、邻里等民间纠纷引发，当事人双方达成和解的；具有法定从轻、减轻或者免除处罚的情节等。该意见为检察官行使不起诉裁量权提供了一定的参考标准。实践中检察官主要从案件的事实、性质、情节，犯罪的手段、方法、后果，犯罪嫌疑人的动机、归案态度、人身危险性等方面

---

[1] 参见谢鹏程：《检察官的权力与责任——评〈检察官角色的演变：挑战和创新〉》，载《检察日报》2021年9月9日，第3版。

[2] 参见贺江华：《检察裁量权的再配置——在"认罪认罚从宽"背景下展开》，载《苏州大学学报（哲学社会科学版）》2020年第6期。

进行认定,这需要检察官具备一定的专业能力以及生活经验,综合案件各种情节作出最终决定。检察官应当正确适用审查起诉裁量权,斟酌案件的具体情况作出决定,维护被追诉人的合法权益。

(三)影响检察官审查批捕和审查起诉裁量权行使的因素分析

赋予检察官一定的自由裁量权是想让其在履行刑事司法职能时,能够根据个案的具体情况进行合理分析,作出合法公正的决定,兼顾预防和惩罚犯罪双重目的。但是检察官作为独立的个体,不是机械执法的机器,在职权行使过程中不可避免地带有非理性因素和个人主观价值判断。检察官在审查批捕和审查起诉职权行使的过程中,除严格遵守法律之外,还受其他一些因素的影响,例如检察官自身职业惯性思维、与公安机关以及法院的关系、业绩考核标准的影响、程序的繁简程度、社会舆论的影响等都会或多或少影响着检察官自由裁量权的行使。

1. 检察官个人以及职业惯性思维的影响

在检察官自身认知方面,由于每位检察官自身的经历、知识储备、个人素养等不尽相同,所以其在工作的过程中难免会受到自身价值观、个性等因素的影响。刑事自由裁量权的赋予需要检察官既有一定的业务水平,同时也具备良好的心理素质。当前实行检察官办案责任制,将检察官依法独立办案与责任相挂钩,对于检察官的个人办案能力提出了更高的要求,检察官在审查批捕和审查起诉时更要克己慎独,不断提高办案水平,妥善行使对案件事实以及证据的斟酌判断权,体现司法的公正性。

在审查批捕阶段,检察官在行使逮捕裁量权时,如果带着打击犯罪的惯性思维,受"够罪即捕"传统司法理念的影响,认为存在证据表明发生了犯罪事实就能够批捕,这将导致侦查阶段逮捕率过高。公安机关对于在规定期限内未收集全证据或者面临关键人证、物证等证据随时可能丢失的紧急情形,先提请批捕,以便后续案件继续侦查和证据的收集,对此检察机关更倾向于批捕。此外,对于某些案件不批捕,犯罪嫌疑人极有可能在外继续作案,为了及时获取重要的证据,保证与公安机关顺利衔接工作,以及后续审查起诉工作的开展,在材料不全的情况下检察官批捕的概率也会增加。2001年最高人民检察院指出,必须摒弃"够罪即捕"的思想,减少不必要的逮捕,[1] 为检察官正确适用逮捕制度提供了指引。

---

[1] 参见王俊:《专访最高检第一检察厅厅长:摒弃"够罪即捕",降低审前羁押率》,载最高人民检察院网,https://www.spp.gov.cn/zdgz/202103/t20210307_511300.shtml。

案件到了审查起诉阶段后,由于我国对不起诉的条件规定较为严格,检察官办案的惯性思维也限制了相对不起诉制度的适用,所以实践中不起诉案件数量占比较少。在当前捕诉一体的模式下,按照一般的办案思维,可能难免出现以审查起诉的思维去把握审查逮捕的情况,[1]检察官带着起诉的思维去办理案件,更限制了不起诉裁量权的适用。此外,在对案件进行证据审查以及事实认定时,有时检察机关也会机械办案,只注重案件的法律效果,容易忽略社会效果。对此,为了防止带着惯性思维行使裁量权,检察官需要改变自身的职业思维定式,秉持着客观公正的理念,依法公开、公正地行使权力,做好"法律守护人"这一角色。

2. 与公安机关、法院之间的关系以及考核规定的影响

在检察机关与公安机关、法院的关系上,法律规定我国三机关之间是分工负责、互相配合和制约的关系。检察机关的批准逮捕数量以及作出法定不起诉决定对于公安机关的业绩考评具有重要影响。因此,检察官在决定是否批捕和起诉时也可能有意无意地会考虑上述因素。此外,在检察机关与法院的关系上,检察官在决定是否起诉时会考虑后续能否得到法院的有罪判决。检察官需要根据案情评估如果起诉是否能够诉得出,这也会影响检察官的判断。此外,对于检察官提起公诉的案件,法院有可能经过审查后认为案件事实不清、证据不足,这种情况下通常会建议检察官撤诉,而不是由法院最终得出无罪的结论,以此来避免减损检察机关的司法公信力。

检察人员考核工作是对检察官工作质量的考察,结合办案的质量、效率、效果等因素,以量化的方式进行评定。考核机制的设立能够起到良好的激励作用,但也会导致检察官工作根据考核内容有所侧重,因此考核标准有时也会对检察官的自由裁量权产生一定的影响。

当前实行捕诉一体的检察体制,在提高检察机关办案效率的同时也会带来一些问题。批捕和起诉程序的衔接问题是检察官考核的重要方面,在具有裁量权的案件审查中检察官难免会受其影响。逮捕的证明标准相较于起诉标准较低,而且逮捕条件中社会危险性的判定具有很强的主观性,在捕诉一体的情况下,批捕后不起诉会影响考核,检察官责任加大,检察官心中的起诉标准可能会影响到逮捕标准中的主观因素。[2] 在案件由同一检察官或者检察官办案组负责的情况下,两者的证明标准将发生混同,要么导致逮捕的标准居高不下,要么

---

[1] 参见陈实:《论捕诉一体化的合理适用》,载《法商研究》2019 年第 5 期。
[2] 参见邓思清:《捕诉一体的实践与发展》,载《环球法律评论》2019 年第 5 期。

导致公诉标准的降低。[1] 如果实践中检察官以高于现有逮捕规定的标准审查案件,将会使得有些案件出现漏捕,增加社会的不稳定因素,此外还会使侦查机关的侦查难度加大。如果实践中检察官以低于现有起诉规定的标准审查案件,如凡是逮捕的一律起诉,容易造成对犯罪嫌疑人、被告人合法权益的侵犯,也会浪费不必要的司法资源,降低公诉质量。

3. 受批捕和起诉程序的制约

《刑事诉讼法》第 92 条规定,公安机关对人民检察院不批准逮捕的决定,认为有错误的时候,可以要求复议,如果意见不被接受,可以向上一级人民检察院提请复核。这意味着,检察机关作出不批准逮捕决定相较于作出批准逮捕决定会增加工作量,个体检察官在作决定时也会考虑这一因素。

就审查起诉而言,为了防止检察官滥用裁量权,《人民检察院刑事诉讼规则》第 365—389 条对检察官不起诉制度进行了详细规定,例如"不起诉决定须经检察长批准,必要时由检察委员会决定,对于自侦案件不起诉的,由上一级检察院决定"。同时规定"在报请检察长决定之前,先由业务机构负责人审核"。因此检察官拟作出不起诉决定后要经过两次审核程序,最终决定由检察长或者上级检察院作出。此外,作出不起诉决定之后,后续要做的工作有很多,如对被不起诉人进行训诫、解除强制措施,向加害方、被害方、侦查机关、主管机关、法院等送达相关材料,还有可能要处理公安机关的复议、被害人的申诉、上级检察机关的指令纠正等。检察官虽然是独立的办案责任主体,但是受"检察一体"原则的影响,如果上级作出不同的决定,检察官在实践中可能更倾向于执行该决定。这种不起诉内部程序的复杂性实际上制约了检察官行使不起诉裁量权的积极性。

4. 社会舆论的影响

舆论以其特有的存在方式对社会生活的方方面面进行监督,检察工作也不例外,对于可能引发重大社会舆论的案件,基于其多具有情理与法理之间冲突的特点,检察官在行使裁量权时需兼顾法律效果和社会效果的统一。

检察机关应该站在公共利益的立场上,探寻真正的"公益"所在,但不能随着舆论左右摇摆,确切地说,检察机关应主动发掘公益的所在,而非仅消极依市场与舆论来作为公益的依据。[2] 因此,检察官既不能无视社会舆论,也不能被动地受到社会舆论的影响,检察工作应当主动与社会舆论构建一种良性互动的

---

[1] 参见张建伟:《"捕诉合一"的改革是一项危险的抉择?——检察机关"捕诉合一"之利弊分析》,载《中国刑事法杂志》2018 年第 4 期。

[2] 参见刘学敏:《检察机关附条件不起诉裁量权运用之探讨》,载《中国法学》2014 年第 6 期。

关系,以专业知识引导舆情向正面方向发展,在依法决定的基础上作出合理解释,可以通过公开听证的方式,回应公众的关切,从社会利益的角度出发,作出公正的决定。

三、检察官裁量权行使的监督制约机制

法治国家要求制约公权力,依法保障公民的自由和权利,检察官刑事自由裁量权是代表国家行使的公权力,为了防止被滥用,必须规范该权力的行使。根据有权必有责,用权受监督的理念,赋予检察官一定的裁量权并不意味着检察官可以不受限地作出决定,而是要受到监督和制约。一方面可以减少其他因素对于检察官作出批捕或者起诉决定的影响,保障检察官依法、公正地作出决定。另一方面健全权力行使的内外部主体监督和法律监督机制,确保裁量权的正确行使,提高司法的公信力。

首先是减少其他因素的影响。在公、检、法三机关的衔接方面,法律规定"分工负责、互相配合、互相制约",虽然规定内容为配合在先,制约在后,但是在检察官批准逮捕权的行使上追求的更多是对侦查权的制约,因此应当严格依法行使权力。此外,公众舆论的监督是必不可少的,其有利于推动公正司法的实现,树立良好的司法形象,但是如何做到兼顾法理和人情的统一是巨大的考验。检察官不能被动地执法,应当在听取合理意见的基础上,把握好法理和人情之间的尺度,同时公开作出合理解释,更能够使受害方以及公众信服。

其次是完善检察权内部监督机制。通过检察机关内部其他主体权力的行使,对自由裁量权进行制约,建立健全廉政风险防控体系。包括以下几个方面:一是检察机关内部上下级的监督制约,例如上级检察机关如果认为下级的决定有错误时,有权进行撤销、变更;上级检察机关有权对公安机关提请复核的案件进行审查决定;检察长或者检察委员会亲自参与到疑难案件的办理,同时对检察院侦查终结的案件是否撤销拥有最终决定权等,通过上级监督指导下级检察官依法行使职权。二是部门之间的监督,部门之间既各司其职,又相互制约,如在检察机关内部设立案件管理办公室,主要负责执法督察、巡视巡察、追责惩戒等工作,涵盖了事前、事中、事后监督全过程。三是对领导干部实施的干预司法、插手案件的行为及时进行记录,进行通报和责任追究。

再次是完善检察权的外部监督机制。当前对检察权进行外部监督的规定中,不仅有多个外部主体对检察权进行监督,如人大及其常委会通过对法律实施情况进行检查、询问和质询,公安机关有权对不起诉要求复议、复核等,同时还引入了人民监督员、检务公开等制度设计,此外还包括案件信息公开、公开听证等

社会监督。案件公开是有效拓宽群众有序参与和监督司法的重要渠道，其中的不起诉听证制度，包括依职权和依申请两种，在听证过程中通过对案件事实以及证据进行阐述，在听取多方主体意见的基础上作出决定，对拟不起诉决定进行释法说理，增加不起诉的透明度，保障案件的公正处理。检察机关应当主动接受外部监督，认真落实监督机制，保障检察机关刑事自由裁量权的行使在法定权限范围内，确保检察权规范、透明行使，实现"阳光检务"。

最后是保障检察机关依法行使刑事自由裁量权。《刑事诉讼法》第92、179条规定，公安机关认为不批准逮捕决定、不起诉决定有错误的，可以要求复议，如果意见不被接受，有权向上一级检察机关提请复核。此外，被害人也有权提出申诉，根据《刑事诉讼法》第180条的规定，对于检察机关决定不起诉的案件，法律赋予被害方向上一级检察机关申诉的权利，请求提起公诉，如果仍然维持原有的不起诉决定，被害方有权自行向法院起诉。在当前认罪认罚从宽制度中，也对检察机关的自由裁量权进行了制约，2020年5月最高人民检察院印发的《人民检察院办理认罪认罚案件监督管理办法》中规定检察官应当依法在权限范围内提出量刑建议，切实开展量刑协商工作，保证量刑建议依法体现从宽、适当，同时也明确规定了部门负责人的案件审核职责等，对于检察机关办案具有重要的实践指导意义。

第四节 特色检察制度

"特色检察制度"所言特色，并不是指专属于检察机关的制度，而是指检察机关在这些制度的适用中有着极其重要的作用，甚至在重要环节起着主导作用，但是其职能的实现还是需要和其他机关相互配合。以下主要介绍和检察机关密切相关的刑事和解和认罪认罚从宽制度。

一、刑事和解制度

(一)刑事和解制度的建立

按照传统的刑事诉讼理念，加害人实施的犯罪行为是对国家权威的侵犯，因此要以国家的名义对其处以刑罚。在这一理念指导下，刑事司法系统以发现、惩罚犯罪为核心功能，容易忽略对被害人需求的考虑。随着时代的发展，司法体系中案多人少的矛盾越来越突出，为了能够高效地运用司法资源，追求诉讼效益的最大化，就需要一种更加灵活的化解矛盾的纠纷解决机制。此外被害人学理论也不断发展，犯罪不再只是对国家公权的侵害，也是对被害人私权的侵犯，法律应当凸显对个人尊严和人权的保护。[1] 西方在20世纪中后期开始探索公共利益、被刑事追究者利益与被害人利益这三者之上的平衡保护,刑事和解制度由此产生。[2] 我国结合本土实践,也对该制度进行了探索与适用。其中检察机关在刑事司法和解制度中发挥了重要的作用,在包括公安、检察、审判等部门主导的我国司法和解模式中,检察部门主导的和解占比较大。[3]

刑事和解制度适用于自诉和公诉案件。我国在2012年《刑事诉讼法》中增加了对公诉案件和解程序的相关规定,包括适用的案件范围、公检法三机关的角色定位、适用的法律后果等。2018年《刑事诉讼法》继续沿用了这一规定,在此讨论的也是公诉案件的刑事和解制度,主要是指在刑事诉讼过程中,加害人以认罪、赔偿、道歉等方式与被害人达成谅解以后,国家专门机关将从轻处罚或者免除其刑事责任的一种纠纷解决机制。[4] 刑罚的最终目的是预防和减少犯罪,一味地追求对加害人进行惩罚,并不能有效实现这一目的,有时还会适得其反,增加加害人对被害人以及整个社会的恶意。同时对于被害人来讲,有时更希望得到尽可能多的民事赔偿。如果可能,尽量实现恢复原状,一切都回归原位,才是最有效的司法结果。刑事和解制度给了加害人这一机会,使其与受害方进行协商,通过赔礼道歉、赔偿损失等一系列行为,尽量修复被破坏的社会关系。加害方在这一过程中直面自己行为的后果,清晰了解受害人的遭遇,更容易感同身受,反省自己的过错,从而回归正途,这也是刑事司法程序真正追求的结果。同时该制度也注重对被害人权利的保护,通过加害人和被害人直接进行沟通交流,尊重被害人的意愿,能够深层次地修复社会关系,达到及时解决纠纷的目的。

(二)刑事和解制度的适用

根据当前《刑事诉讼法》第288条的规定,适用刑事和解制度需要满足以下条件:一是加害人真诚悔罪,承认并后悔自己实施的犯罪行为,对于指控没有异议,并且想要通过和解的方式弥补自己的错误。二是加害人要通过赔偿损失、赔礼道歉等方式获得谅解,被害人对此要明确表示予以谅解。采用赔偿损失方式的,检察机关要审查赔偿数额与损失大小以及加害人经济能力是否相适应。三

---

[1] 参见侯安琪、王瑞君:《国内被害人学研究及启示》,载《同济大学学报(社会科学版)》2020年第2期。
[2] 参见向朝阳、马静华:《刑事和解的价值构造及中国模式的构建》,载《中国法学》2003年第6期。
[3] 参见于改之、崔龙虓:《"恢复性司法理论国际研讨会"综述》,载《华东政法大学学报》2007年第4期。
[4] 参见陈光中:《刑事和解的理论基础与司法适用》,载《人民检察》2006年第10期。

是双方主体依法自愿和解,和解的主体并非仅限于被害人和加害人,特定情形下法定代理人或者近亲属可代为和解。四是适用的案件范围有限,仅限于"涉嫌刑法分则第四章、第五章规定的犯罪案件,可能判处三年有期徒刑以下刑罚的;除渎职犯罪以外的可能判处七年有期徒刑以下刑罚的过失犯罪案件"两种情形。《刑事诉讼法》同时还规定了符合上述情况的例外情形,即不适用于5年内曾经实施故意犯罪的加害人。适用刑事和解制度的效果是双方可以对民事责任事项进行和解,刑事责任方面不可以协商,否则就有"花钱赎刑"的嫌疑,但是法律规定被害人方可以要求或者同意公检法机关依法作出从宽处理,公检法机关综合案情对案件作出是否从宽处理的决定。

(三) 检察机关在刑事和解中的职能

检察机关是主持适用刑事和解制度的重要机关,在《人民检察院刑事诉讼规则》中对公诉阶段如何审查和适用刑事和解制度进行了详细的规定。主要包括审查双方和解的情况、主持制作和解协议书以及监督和解制度在不同阶段的适用三方面的内容。

1. 审查。主要包括判断案件是否满足刑事和解的适用条件、对和解情况以及羁押必要性进行审查。首先,将案件的具体情况与法律的规定进行匹配,看案件是否符合法律规定的适用刑事和解的范围,如果不符合,则不能适用该制度。其次,对和解的情况进行审查,包括:(1) 是不是双方主体在自愿基础上达成的一致意见;(2) 加害人悔罪的主观态度是否真诚,有无赔礼道歉的行为,有无以及能否实现赔偿被害人的损失;(3) 被害方是否对加害方明确表示谅解;(4) 是否与法律规定一致以及符合社会公德等。最后,根据加害人的犯罪情节、主观悔罪态度、社会危险性因素等考量是否有羁押的必要,如果没有必要的,应当及时变更措施。

2. 主持制作和解协议书。在经过上述审查之后,认为符合适用刑事和解制度各方面规定的,检察机关应当根据和解情况进一步制作协议书,明确双方的权利和义务。在和解协议中应当详细记录加害人的承诺,例如采用赔偿方式的,应明确数额、方式以及期限,一般情况下应当立即履行,保障被害人的需求能够依法及时得到实现,确保该制度能够在实践中予以落实。制作完成后,检察机关不能在和解协议书上签字,但可以写明由自己主持,主要由双方主体进行签字。双方虽然不能对刑事部分进行协商,但是能够通过对民事部分的协商对其产生一定的影响,如作为后续提起诉讼、判处刑罚时的考量因素。

3. 监督。监督职能是检察机关重要的职权内容,刑事和解制度的良好适用离不开公权力的有力监督。首先是对侦查阶段的监督,对公安机关是否依法进行和解程序、和解协议是否依规制作等进行监督。公安机关无权对刑事和解案件进行实体处分,对于其撤销的案件,检察机关要及时监督,发现违法行为的及时予以纠正。其次是对审判阶段的监督,主要体现为对达成和解协议的案件法院是否按照法律规定制作协议书,是否依法从轻处罚,量刑是否合适等方面进行监督,对于严重违法行为,应当进行抗诉或提出纠正意见。最后是对加害人对和解协议的履行情况进行监督,以其作为是否逮捕或者起诉的重要考量因素,加害人切实履行的,可以对其提出从宽处罚的建议,如果出现了反悔、弄虚作假等行为致使和解协议的目的不能实现的,和解协议无效,检察机关应当抛开和解协议,对具体事项依法作出决定。

刑事和解制度适用于刑事诉讼的各阶段,在不同的阶段,都有专门的机关对达成的和解协议进行自愿和合法性的审查。如果在侦查阶段达成的,根据法律规定,公安机关对当事人达成的和解协议没有最终处分权,不能直接撤案,应该根据案情提出从宽处理的意见并将案件进行移送,最终由检察机关作出是否起诉的决定,这也是检察机关对和解程序进行监督的过程,避免公安机关滥用职权。如果是在审查起诉阶段达成的,由检察机关负责对协议进行审查,符合起诉条件的,应当提起公诉,并且可以向法院提出从宽处罚的量刑建议,如果是有起诉裁量权的案件,可以依法决定不起诉。如果是在审判阶段达成的,法院在依法裁判的基础上,可以根据具体案情在量刑上进行从宽处罚。从刑事和解制度的整个适用过程来看,无论是主持和解协议书的签订还是行使监督职能,每个阶段都有检察机关参与的身影,保障刑事和解制度的有效实施。

二、认罪认罚从宽制度

（一）认罪认罚从宽制度的建立

2014年10月《中共中央关于全面推进依法治国若干重大问题的决定》中提出要完善刑事诉讼中的认罪认罚从宽制度,实践中开始在试点刑事案件速裁程序的基础上积极探索。2016年正式开始在部分地区开展试点工作,2018年将这一制度规定在《刑事诉讼法》中,标志着我国在立法上确立了具有中国特色的认罪认罚从宽制度。该制度满足了我国当前阶段刑事犯罪结构变化的需求,进入21世纪尤其是近10年来,我国刑事案件总量高位徘徊,法院判处3年有期徒刑以下刑罚的案件比例达到80%以上。[1] 因此实践中大多数的刑事案件具有犯罪事实清楚,证据确实充分,社会危害性不大的特点,对于此类案件如果普遍采用普通程序审理,诉讼成本较高,背离了诉讼经济原则,同时新的案件层出不穷,

---

[1] 参见郑博超:《认罪认罚从宽制度:实现公正高效司法的"中国方案"》,载最高人民检察院网,https://www.spp.gov.cn/zdgz/202010/t20201013_481731.shtml。

使得案多人少的矛盾更加突出。认罪认罚从宽制度在保证司法公正的前提下,鼓励被追诉人与国家合作,依法及时惩治犯罪行为。在程序上主要采用速裁程序审理,既能够使得被追诉人的及时审判权得到落实,也能够实现对有限司法资源的高效利用,提高办案效率。

(二)认罪认罚从宽制度的适用

刑事诉讼中的认罪认罚从宽制度是由检察机关审前发挥主导作用的一种协商机制。认罪认罚在任何阶段都可以提出,贯穿刑事诉讼的全过程。根据《刑事诉讼法》第15条的规定,"犯罪嫌疑人、被告人自愿如实供述自己的罪行,承认指控的犯罪事实,愿意接受处罚的,可以依法从宽处理"。从这一规定来看,并不是只要认罪认罚,就一定会从宽处理,而是要由有关机关进行决定。该制度的适用条件包括三个,首先是"认罪",是指被追诉人愿意承认自己实施的犯罪行为,同时对被指控的内容无异议。强调被追诉人是在自愿的前提下,是该制度取得实效的关键。只需要认识到自己的行为触犯了刑法,构成了犯罪即可,至于对具体触犯的法条和罪名等专业内容有不同的认识,不影响其认罪。其次是"认罚",是指被追诉人愿意接受处罚,自愿承担因自己实施犯罪行为而产生的法律后果。具体表现为接受检察机关作出的是否起诉决定、量刑建议书的内容以及最后的刑罚处罚等。自愿认罚体现了加害人对被害人悔罪的态度和表现,想要以实际行动来弥补被害人的损失以及平复其受到的创伤,同时愿意为自己实施的犯罪行为承担法律责任。最后是"从宽",表现为在程序方面从简,实体方面从宽处理。程序方面主要表现为可以适用速裁程序审理,检察机关也可以建议法院适用速裁程序,也表现为非羁押性强制措施的适用等。实体方面的从宽主要表现为经过审查之后作出撤销案件或者不予起诉的决定,在量刑上予以从轻、减轻或者免除处罚。需要注意的是"认罪认罚"与"从宽"之间并不是对价的关系,最终还是需要法院予以审查决定。

对于已经适用认罪认罚从宽制度的案件,被追诉人有权反悔,不再认罪认罚,在法院判决之前都可以作出反悔的决定,根据2019年10月发布的《关于适用认罪认罚从宽制度的指导意见》,一旦出现了认罪之后悔罪的情形,在审查起诉阶段,如果是检察机关决定不起诉之后反悔的情形,检察机关应当进行审查,根据不同情形,依法重新决定是否起诉。如果是在提起公诉之前反悔的,检察机关要全面审查案件材料,然后依法提起公诉。如果是在审判阶段反悔的,法院应当根据案件的具体情况,依法进行裁判。

(三)检察官在认罪认罚从宽制度中的职能

1. 主持认罪认罚具结书的签署

认罪认罚具结书的签署发生在检察机关审查起诉阶段,检察机关首先根据案件证据,分析犯罪事实,然后在听取多方意见的基础上,根据犯罪嫌疑人认罪认罚的情况,依法提出从宽处罚的量刑建议。犯罪嫌疑人在自愿认罪认罚、接受检察机关提出的量刑建议和程序的适用之后,根据《刑事诉讼法》第174条的规定,除了不需要签署认罪认罚具结书的情形,其应当在辩护人或者值班律师在场的情况下,进行具结书的签署。这一过程由检察机关主导,也是该制度适用的核心步骤,一旦签署认罪认罚具结书,就表明双方协商一致,被追诉人接受检察机关提出的量刑建议,案件将适用认罪认罚从宽制度。认罪认罚具结书签署后将对检察机关和被追诉人后续诉讼行为的效力产生约束力,其中的量刑意见对法院也具有一定的约束力,检察机关将其随案移送给法院,法院进一步对具结书进行审查。

认罪认罚具结书签署的过程,就是控辩双方进行协商的过程。当前《刑事诉讼法》以及《人民检察院刑事诉讼规则》对于检察机关与其他主体之间的交涉采用的是听取意见一词,规定检察机关要听取犯罪嫌疑人、辩护人或者值班律师、被害人及其诉讼代理人的意见。听取意见体现的更多是由检察机关主导制度的适用,最终是否采纳意见也是由检察机关自主决定。2019年《关于适用认罪认罚从宽制度的指导意见》第33条规定,"人民检察院提出量刑建议前,应当充分听取犯罪嫌疑人、辩护人或者值班律师的意见,尽量协商一致"。该意见规定听取意见的同时,也提出了检察机关与被追诉方尽量协商一致的要求。由此可见,就检察机关而言,认罪认罚从宽制度的适用既需要听取多方意见,也需要与被追诉方进行协商,但是此处的协商并不是广泛的协商,而是有限范围内的协商,在被追诉人认罪认罚的前提下,检察机关应当在法律规定的范围内对量刑以及适用程序进行协商,不能对罪名以及罪数进行协商。辩护人可以根据案件事实和证据,就案件的定性与检察机关进行沟通,但是不能以"若判处某种罪就认罪认罚"作为协商筹码。[1] 控辩双方仅在有限的范围内达成合意,确保协商结果的自愿性和真实性。

认罪认罚具结书的签署既关系到被追诉人的实体权利,也涉及程序性权利。与实体相关的内容涉及罪名的认定以及从刑罚上提出量刑建议。被追诉人签署具结书后,就表明其接受量刑建议,之后在程序上对案件可以适用速裁程序审理,法院能够有效提高审判效率。速裁程序适用的案件一般为轻微刑事案件,被追诉人是在利益权衡判断基础上自主作出的选择,而且实践中法院一般都会采纳量刑建议,所以被追诉人对判决结果心里也会有大概的预估,减少了案件未知判决带来的不安和焦虑。认罪认罚具结书一旦签署,双方本应当遵守相关的内

---

[1] 参见张玉鲲、史达、姚彩云:《强化重罪案件认罪认罚从宽"沟通协商"》,载《检察日报》2020年8月24日,第3版。

容约定,但是《关于适用认罪认罚从宽制度的指导意见》也赋予了被追诉人反悔的权利,该指导意见第52条规定,被追诉人在检察院提起公诉前反悔的,具结书失效,检察机关将依法提起公诉,被追诉人不再获得从宽处罚的权利。反悔现象的出现,会使得认罪认罚制度难以取得实效,同时也会造成司法资源的浪费,因此在签署之前,控辩双方要进行充分的协商,减少犯罪嫌疑人签署具结书时的盲目性与不明确性,降低犯罪嫌疑人在签署具结书后反悔情形出现的概率,增强具结书的稳定性与认罪认罚从宽制度的实效性。[1]

2. 量刑建议权

认罪认罚从宽制度的核心环节是具结书的签署,检察官量刑建议权的行使又是具结书签署的重中之重,量刑建议是一项专属检察机关的法定职权。[2] 检察官量刑建议权是指检察官在刑事诉讼过程中,依法享有向法院提出量刑建议的权力。例如根据被告人的犯罪情节、认罪态度、主观恶性等方面依法向法院提出适用从轻或减轻处罚的建议。根据《刑事诉讼法》第176条第2款的规定,犯罪嫌疑人在认罪认罚之后,检察院应当就主刑、附加刑、是否适用缓刑等提出量刑建议。量刑建议的内容是法院对认罪认罚案件审判的重要基础,法律规定法院应当对量刑建议予以采纳,实践中法院也在践行着这一规定。最高人民检察院曾在工作报告中指出2021年在认罪认罚案件中量刑建议采纳率为97%,[3]这说明检察官量刑建议权在司法实践中发挥着重要作用。

量刑建议制度是我国认罪认罚从宽制度的重要组成部分,也正是基于量刑建议权的存在,很多被追诉人选择如实供述罪行,愿意为自己的犯罪行为承担相应的责任,自愿签署具结书,希望获得从宽处理。由于认罪认罚从宽制度在我国适用时间较短,属于新事物,因此实践中反映出一些问题。首先,检察官因为量刑建议权的存在,与辩方实际上并不是处于平等协商的地位,检察官在量刑协商过程中明显处于优势地位,实践中更多是由检察官针对被追诉人的犯罪行为提出量刑减让进行协商。其次,《刑事诉讼法》"一般应当采纳"的规定对审判权具有约束效力,而且检察机关还可以提出确定刑,该规定虽能够树立检察机关在认罪认罚案件中的权威,但同时也可能对法官的量刑权形成一定的冲击。对于该

---

[1] 参见刘少军:《性质、内容及效力:完善认罪认罚从宽具结书的三个维度》,载《政法论坛》2020年第5期。

[2] 参见潘申明、刘浪、周耀凤:《量刑建议前沿理论与实战技能》,中国检察出版社2016年版,第6页。

[3] 参见张军:《最高人民检察院工作报告——2022年3月8日在第十三届全国人民代表大会第五次会议上》,载最高人民检察院网,https://www.spp.gov.cn/spp/gzbg/202203/t20220315_549267.shtml。

权力是否威胁到法院的实体处分权这一问题尚存在争议,有学者认为量刑建议权属于求刑权的范畴,并不会侵犯法官的审判权。[1] 也有学者认为检察权原则上属于司法请求权,但是在某些情况下,可能具有"消极裁判权"的性质。[2] 此外,对于检察官提出的量刑建议,实践中也可能会出现无辜被追诉人为了尽快摆脱诉讼程序而认罪的现象,这与立法的本意相冲突,而且根据逮捕的适用条件,如果无辜被追诉人坚持不认罪认罚,就说明其社会危险性较大,适用逮捕的可能性就高,将对其合法权益造成潜在的威胁。

一般情况下,法院和检察院在定罪方面争议不大,因此检察官如何与辩方进行量刑协商以及如何科学地提出量刑建议是需要解决的问题。有学者认为应当对检察官在量刑建议制度中的角色进行重新定位,淡化检察官的主导地位,对辩方和法官进行双线释明,一方面向犯罪嫌疑人、辩护律师或值班律师进行释明,另一方面向法官进行释明。[3] 这种双线释明不仅能够说服法官,也能够使被追诉人对认罪认罚的后果予以明晰,确保其在理性以及自愿的前提下作出是否认罪认罚的决定。2021年年底最高人民检察院在《人民检察院办理认罪认罚案件开展量刑建议工作的指导意见》中进一步规范了量刑建议权的行使原则、程序、方法等,强调完善量刑监督制度的设计。其中在第四章听取意见中就规定了检察官的量刑工作要进行释法说理,听取各方意见,即检察官一方面要充分说明量刑建议的理由和依据,另一方面量刑建议的提出不能仅根据被追诉人一方意见,同时还要听取被害人、值班律师以及辩护人的意见,必要时还可以针对提出的量刑建议单独地提交一份说明书。由此可以看出,在实践中已经开始增强检察官对量刑建议的释法说理,提高检察官与被追诉方的协商性。附上量刑建议的说理能够让法官更清楚地进行裁判,弱化检察官的主导性,量刑建议只是法官裁判的依据之一,法官综合考量各种因素进行最终的定罪量刑。检察机关在行使量刑建议权之前,应当与被追诉方进行量刑以及程序方面的沟通或者协商,这一过程有利于确保被追诉人明确知悉认罪认罚的后果,更好地权衡利弊作出选择。同时检察机关在进行量刑协商时,要加强协商过程的公开度和透明度,树立检察机关的公信力。

3. 检察机关对被追诉人认罪认罚自愿性的保障

认罪认罚从宽制度适用过程中最具有争议性的就是"自愿性问题",该制度

---

[1] 参见李振杰:《困境与出路:认罪认罚从宽制度下的量刑建议精准化》,载《华东政法大学学报》2021年第1期。

[2] 参见樊崇义主编:《检察制度原理:中国特色检察制度原理研究》,法律出版社2009年版,第71页。

[3] 参见秦宗文:《检察官在量刑建议制度中的角色定位探究》,载《法商研究》2022年第2期。

适用的核心就是被追诉人认罪是自愿的、是出于内心的真实意思表示。案件在审查起诉阶段,基本犯罪事实已经查清,是认罪认罚从宽制度适用的关键环节,检察机关应当确保被追诉人在充分知悉认罪认罚的性质和法律后果的基础上作出决定。根据《刑事诉讼法》的规定,认罪认罚具结书签署的前提是被追诉人自愿认罪并且同意量刑建议,检察机关作为认罪认罚从宽制度适用的主导机关,有责任保障被追诉人认罪认罚的自愿性,推动认罪认罚从宽制度在刑事司法中的有效落实。

首先,《关于适用认罪认罚从宽制度的指导意见》第 10 条规定,检察机关应当保障被追诉人获得有效的法律帮助,确保其了解认罪认罚的性质和法律规定。被追诉人在知悉后果的基础上作出的认罪认罚决定更能保障其自愿性。因此,辩护律师以及值班律师的参与就显得尤为重要,由于被追诉人对法律知识了解有限,缺少对认罪认罚从宽制度全面的了解,此时就需要专业人士的协助,使得控辩双方力量相对等。在大量认罪认罚案件中,被追诉人没有委托辩护律师,仅在值班律师帮助下完成认罪认罚。[1] 可见,值班律师对于被追诉人权利保障的重要性,虽然被追诉人并不需要支付报酬,但是值班律师也不能消极作为,仅充当见证人的角色,而应该积极为被追诉人争取应得的权利,提供力所能及的法律帮助。对此,检察机关应当在实践中主动落实听取值班律师意见这一规定,并为其阅卷、了解案情提供必要的便利,让值班律师与被追诉人进行充分交流沟通,并确保在值班律师见证下,被追诉人自愿签署认罪认罚具结书,充分发挥和值班律师的作用。在双方交流的过程中,检察机关也可以从辩方获取更加充分的案件信息,在全面了解案情的基础上进行协商,保障认罪认罚的自愿性和真实性,实现认罪认罚从宽制度的应有价值。

其次,在证据开示制度上,控辩双方在互相知晓对方证据信息的基础上,才能进行最充分的协商。《关于适用认罪认罚从宽制度的指导意见》第 29 条也规定检察机关可以探索证据开示制度,确保认罪认罚自愿性的实现。在认罪协商中,控方在掌握案件证据材料等信息方面占据优势,也即控方信息偏在。[2] 辩方在证据上作为相对弱势的一方,通过互相交换证据,能够了解更多的案件证据,在此基础上作出真实并自愿的认罪认罚选择。实践中多地都探索建立了证据开示制度,检察机关在进行沟通时,将自己掌握的证据根据案件需要向被追诉方进行开示,以便双方在信息对称的情况下进行沟通协商,而且相较于辩护律师

---

[1] 参见卞建林、钱程:《认罪认罚从宽制度下量刑建议生成机制研究》,载《云南社会科学》2022 年第 1 期。

[2] 参见柴晓宇:《认罪协商中的信息偏在与法律矫正》,载《政法论坛》2022 年第 2 期。

的阅卷权,证据开示在保障认罪认罚自愿性方面的优势更加明显,能够保证犯罪嫌疑人在具结书签署之前有充足的信息作出判断。[1] 当前证据开示制度尚在探索阶段,因此是否对被追诉方进行证据开示属于检察机关可以自由裁量的范围,为了保障认罪认罚的自愿性,检察机关应当积极主动对证据开示制度进行探索和实践,开示内容要全面,不仅包括不利于被追诉方的证据,还包括有利于被追诉方的证据,这也是检察机关公正性的体现,有利于塑造客观中立的司法形象。

最后,在审查被追诉人自愿性的问题上,由于认罪认罚从宽程序中供述产生的后果能够直接影响后续程序走向并基本决定被追诉人受到的刑事处罚,[2] 更应该确保被追诉人是根据自己自由意志作出的选择。根据《关于适用认罪认罚从宽制度的指导意见》第28条的规定,要从犯罪嫌疑人有无受到暴力、威胁、引诱、认知能力、精神状况、是否真诚悔罪等方面考察是否违背意愿。但是对于自愿性的统一审查标准以及配套措施都没有明确的规定。实践中主要根据具结书来判断,根据《人民检察院刑事诉讼规则》第272条的规定,"具结书应当包括犯罪嫌疑人如实供述罪行、同意量刑建议和程序适用等内容,由犯罪嫌疑人及其辩护人、值班律师签名"。审查内容主要包括被追诉人在签署时有没有受到律师的帮助,审判过程中法官对签署程序是否合法,内容是否和被告意愿相一致以及被告签署的确定性进行审查,来证实被告人的自愿性。有学者提出应当确立独立的认罪自愿性审查程序,可以选择在庭前会议中进行,[3] 通过将这一环节独立出来,能够凸显出自愿的重要性,保障被告人是根据自身真实意思表示作出的选择。总之在具结书签署的过程中,检察机关应当对认罪认罚的权利以及后果进行明确的阐述,保障被告人权利的有效行使以及后续认罪认罚程序的顺利开展。在2021年年底最高人民检察院颁布了《人民检察院办理认罪认罚案件听取意见同步录音录像规定》,其中提出对检察官听取意见、签署具结书活动进行同步录音录像的规定,这使得实践中检察官听取辩方意见走向实质化、规范化,同时录音录像也可以作为后续自愿性审查的证据进行使用。录音录像制度能够保障认罪认罚的自愿、真实和合法性,为认罪认罚从宽制度的适用提供了正当性的基础,还能够提高检察官释法说理的能力,监督检察官依法办案,约束检察官自由裁量权的行使。

---

[1] 参见陈子奇:《论认罪认罚案件证据开示的两种逻辑》,载《法律科学(西北政法大学学报)》2022年第4期。

[2] 参见夏菲:《辩诉交易强迫认罪问题对认罪认罚从宽制度的警示》,载《东方法学》2021年第4期。

[3] 参见杨波:《刑事诉讼事实形成机理探究》,载《中国法学》2022年第2期。

第八章　审判机关及其刑事司法职能

在刑事司法系统中，法院的主要职能是定罪量刑。刑事审判，尤其是第一审程序，是法院对前期公安机关和检察机关的侦查、审查起诉行为进行全面审查、对证据进行认定并最终作出决定的过程。法院的判决不仅关系被告人个人，更直接体现了刑事司法正义内涵。

第一节　法院的组织机构沿革及刑事司法职能

一、法院组织机构沿革

我国现代法院组织机构的确立始于清末变法时期，其标志是两部法律。1906年，沈家本主持编撰了近代中国第一部专门的法院组织法——《大理院审判编制法》。该法规定大理院为全国最高的司法审判机关，京师高等审判厅、城内外地方审判厅和城谳局为地方审判机关。该法还明确规定大理院和各审判厅拥有独立的司法权，不受任何行政机关干涉，这为司法权摆脱行政权及其他干扰因素提供了法律依据。1910年颁布的《法院编制法》重申了大理院作为最高司法审判机关的法律地位，另将地方审判机关改设为初级审判厅、地方审判厅和最高审判厅。虽然此法因清政府被推翻而未全面推行，但该法所确立的司法审判机关的组织机构体系为之后我国现代法院组织机构的发展奠定了基础。

中华民国初期，南京临时政府制定了包括宪法性文件在内的一系列法令，如《临时政府组织大纲》《中华民国临时约法》等。然而，由于南京临时政府存续时间短，上述法令无论是形式还是内容都不完备，比如《临时政府组织大纲》只规定了总统为行政机关，参议院为立法机关，却没有规定司法机关。《中华民国临时约法》虽然规定了法院负责行使司法机关的权责，但并未规定有关法院组织机构等具体内容。[1] 北洋政府在援用清末《法院编制法》的基础上开展了法院

---

[1] 参见赵晓耕主编:《中国法律史》,高等教育出版社2019年版,第257-259页。

组织机构体系改革。普通法院系统实行四级三审制度,中央设立大理院为最高法院,地方分设高等审判厅、地方审判厅和初级审判厅。[1] 随后因极度缺乏司法经费等现实原因,所有初级审判厅均被取消,代之以县知事兼理司法。南京国民政府成立之初,北洋政府时期的大理院被改为最高法院,是当时全国最高司法机关,主要负责终审全国民刑案件和解释法律,地方各级审判厅改称为法院。1928 年 10 月,南京国民政府颁布的《国民政府组织法》和《司法院组织法》规定,司法院是南京国民政府最高司法机关,负责司法审判、司法行政等职能,司法行政部、最高法院、行政法院和公务员惩戒委员会是其内设机关。[2] 1932 年 10 月,《司法院组织法》将"四级三审制"改为"三级三审制",从中央到地方依次是最高法院、高等法院和地方法院,以三审为原则,以二审为例外。当时曾有人提议探索实施巡回法院,其理由是中国区域辽阔、诉讼繁多,大量偏远地区的案件难以得到及时有效的处理和反馈,但最终未被采纳。在抗战爆发前期,南京国民政府曾派员去欧美、日本等国家进行考察,官员们回国后便提出设立少年法院的意见,[3] 希望能充实整个法院组织机构体系,遗憾的是,这一意见因为历史原因未被采纳。综上,从整体上看,中华民国时期法院组织机构体系改革是各执政政权在清末司法改革基础上借鉴西方法律文化推进展开的。

"1921 年,中国共产党成立,马克思主义法律思想在中国的传播始有了组织保障。"[4] 在第一次国共合作被破坏后,中国共产党同国民党展开了艰苦卓绝的武装斗争,在国民党统治较为薄弱的地区开辟一个又一个革命根据地。根据地政权在马克思主义法律思想的指导下制定了一系列法律法规,由此形成了一套相对完整的法律制度,根据地的法院组织机构也得以建立、发展。1932 年中华苏维埃共和国中央执行委员会发布的《中华苏维埃共和国军事裁判所暂行组织条例》和《中华苏维埃共和国裁判部暂行组织及裁判条例》规定,在临时中央政府的组织之下,临时最高法庭(最高人民法院的前身)为中华苏维埃共和国的最高审判机关,负责解释一般的法律,监督审查各级裁判部的判决,受理不服省裁判部或者高级军事裁判所的判决而提起的上诉或者抗诉案件。地方各级裁判部为省、县、区(市)的临时司法机构,负责审理除现役军人和军事机关工作人员之外的一切刑事和民事案件。现役军人及军事机关工作人员由军事裁判所负责审理,军事裁判所分为初级、高级和最高三级。初级军事裁判所和高级军事裁判

---

[1] 参见谢舒晔:《从诋毁到赞誉:北洋司法官在司法变革中的蜕变》,载《法学》2017 年第 7 期。
[2] 参见聂鑫:《从三法司到司法院——中国中央司法传统的断裂与延续》,载《政法论坛》2009 年第 1 期。
[3] 参见谢冬慧:《民国时期的司法改革及其当下启示》,载《中国法律评论》2016 年第 3 期。
[4] 赵晓耕主编:《中国法律史》,高等教育出版社 2019 年版,第 294 页。

所通常设在军队内部,而最高军事裁判所设在随后成立的最高法院内部,是审理不服高级军事裁判所所作判决而上诉的终审机关。[1] 此外,国家政权保卫局和肃反委员会也承担部分的司法职能。抗日战争时期,边区高等法院为根据地的最高审判机关,下设有刑事审判庭、民事审判庭和执行审判庭,必要时还可以组织巡回法庭。高等法院分庭是高等法院的派出机构,负责审理不服各分区地方法院或县司法处判决的上诉案件。县司法处(地方法院的前身)负责审理地方第一审民刑案件。边区审判委员负责审理不服高等法院判决的刑事、民事、行政上诉案件以及第二审判决的刑事上诉案件和死刑复核案件。[2] 解放战争初期,解放区沿用了抗日战争时期根据地法院组织机构体系。解放战争后期,即1948年3月23日,东北解放区的东北行政委员首先就成立高等法院并健全司法机关问题发出专门指示。[3] 同年3月至11月,东北解放区各地区通过颁布通令、细则等文件对司法制度建立和司法组织机构改组等问题作出了相应规定。从现有资料来看,在中国,人民法院和审判员的称谓,也许是从这一系列通令、细则发端。[4]

1949年9月27日,中国人民政治协商会议第一届全体会议通过的《中央人民政府组织法》第五章明确规定,最高人民法院是全国最高审判机关,肩负着领导和监督各级审判机关的审判工作的职责。但该法对于法院的组织机构、领导体制、审级制度等基础性问题或未予以明确规定或规定不合理,仍亟须完善。因此,中央人民政府委员会在1951年9月颁布了《人民法院暂行组织条例》用以明确前述问题。一是细化法院组织机构。《人民法院暂行组织条例》规定了三级人民法院组织体系,分别是县级人民法院、省级人民法院和最高人民法院,并且规定各级人民法院得设刑事、民事审判庭和审判委员会。二是明晰上下级人民法院之间的关系。《人民法院暂行组织条例》规定下级人民法院的审判工作受上级人民法院的领导和监督。同时,此条例规定各级人民法院(包括最高人民法院分院、分庭)为同级人民政府的组成部分,受同级人民政府委员会的领导和监督,这意味着下级人民法院在审判工作中会受到上级人民法院和同级政府的双重领导,体现出浓厚的行政化色彩。三是明确人民法院的审级制度。《人民法院暂行组织条例》确定了三级两审制,将司法审判活动中出现的一般情况和

---

[1] 参见张朝晖:《我国军事审判体制的演进与变革》,载《西安政治学院学报》2016年第2期。
[2] 参见赵晓耕主编:《中国法律史》,高等教育出版社2019年版,第327页。
[3] 参见韩延龙、常兆儒编:《中国新民主主义革命时期根据地法制文献选编》(第3卷),中国社会科学出版社1981年版,第610页。转引自公丕祥:《当代中国的司法改革》,法律出版社2012年版,第75页。
[4] 参见公丕祥:《当代中国的司法改革》,法律出版社2012年版,第75页。

特殊情况进行了有机的结合,即一般情况下是以二审终审作为原则,在特殊情况下,可不遵循该原则而以三审或一审为终审。

1954年9月21日,第一届全国人民代表大会第一次会议正式通过了中华人民共和国第一部专门的人民法院组织法——《人民法院组织法》。此法主要有以下三个方面的突出成就:首先,该法完善了人民法院的组织机构体系,将人民法院分为地方人民法院、专门人民法院和最高人民法院。地方人民法院包括基层人民法院、中级人民法院、高级人民法院。专门人民法院分为军事法院、铁路运输法院和水上运输法院。该法还赋权中级人民法院、高级人民法院和最高人民法院在必要时可增设其他需要的审判庭,这为行政审判庭、少年审判庭等其他特色专业审判庭的建设提供了法律依据。其次,该法调整了上下级人民法院之间的关系,根据《人民法院组织法》的规定,上下级审判机关之间为监督与被监督的关系,即下级人民法院的审判工作受上级人民法院的监督。不过,各级人民法院的司法行政工作由司法行政机构管理,并非法院自主管理,行政化色彩依然浓厚。该问题至《人民法院组织法》1983年修订时才最终予以解决。最后,该法将司法审级制度相应地调整为"四级两审终审制",力求与新施行的行政体制保持同步。后续历年对《人民法院组织法》的修改和完善也基本是对原审级制度予以吸收和重申。诚然,诸如再审之诉、小额诉讼等涉审级制度的内容在诉讼法中有所增加,但也只是在现有审级制度的基础框架内进行不断填充与补足,而根本审级制度却从未动摇。

党的十八大以来,我国司法改革深入推进,法院组织结构进一步优化,巡回法庭、跨行政区法院、专门的知识产权法院等相继出现。党的十八届三中全会通过的《中共中央关于全面深化改革若干重大问题的决定》提出"探索建立与行政区划适当分离的司法管辖制度",党的十八届四中全会通过的《中共中央关于全面推进依法治国若干重大问题的决定》继续强调探索设立跨行政区划的人民法院和人民检察院,办理跨地区案件,并首次提出,最高人民法院设立巡回法庭负责审理跨行政区域的重大行政和民商事案件。2015年1月5日,在经过中央审议通过和地方试点成功之后,最高人民法院通过了《关于巡回法庭审理案件若干问题的规定》,确立在广东深圳设立第一巡回法庭,在辽宁沈阳设立第二巡回法庭。依据《关于巡回法庭审理案件若干问题的规定(2016年修正)》,最高人民法院又在南京市、郑州市、重庆市和西安市增设了四个巡回法庭,至此,我国目前有六个巡回法庭负责审理跨行政区划的案件。此外,随着我国经济的快速发展,知识产权案件数量和难度在不断增加,对知识产权案件的审判提出了更高的要求。在此背景下,2014年8月和2015年2月,《关于在北京、上海、广州设立知识产权法院的决定》和《关于全面深化人民法院改革的意见——人民法院第四个五年改革纲要(2014—2018)》明确,在知识产权案件较集中的地区设立知识产权法院,由此,我国设立具有中国特色的知识产权法院。目前,部分官方文件和地方法院已有让知识产权法院突破传统"三审分立"模式进而转变为"三审合一"模式的政策倾向和地方试点,即由知识产权法院统一受理和审理知识产权民事、行政和刑事案件,赋予其审理知识产权案件的刑事司法职能。虽然这种地方尝试取得了一定的突破,但就"三审合一"模式的试点情况来看,若要贯彻落实该模式仍需要克服诸多问题。[1]

二、法院的刑事司法职能

在刑事司法系统中,人民法院主要是以实体法和程序法为规范依据,通过证据裁判原则对公诉案件和自诉案件进行审判,同时还拥有执行刑罚和运用刑事强制措施等其他若干职能。

(一)审理公诉案件

刑事审判的实质可以从以下三个方面来理解:一是刑事性。人民法院对刑事案件进行审理时,以《刑法》《刑事诉讼法》等刑事法律作为审理依据,若在审理过程中发现案件事实存在民事法律关系或者行政法律关系,法官需要援用相应的法律依据或交由其他职能部门审理。例如,根据《刑事诉讼法》第102条的规定,法官在审理附带民事诉讼案件时,若认为有必要对被告人的财产采取保全措施,需适用《民事诉讼法》的有关规定,不能根据刑事法律或者行政法律法规对被告人财产进行处置。二是证明责任机制。不同于民事审判,在刑事审判中,仅有控诉机关承担证明个案被告人有罪的举证责任。如果法官在审理过程中发现控诉机关提交的证据材料不能达到定罪标准或者被告人提出的无罪证据为法院所采纳,法官应该认定被告人无罪,证明责任机制不要求被告人必须承担证明自己无罪或轻罪的举证责任。三是国家刑罚权的实现。在刑事审判中,法官对侵害国家所保护的某种法益的被告人判处相应罪名和刑罚是国家刑罚权实现的一种形式。面对犯罪行为,作为治理者、追诉者和惩罚者,国家需要通过某种途径对破坏国家、社会秩序和安宁的犯罪人施以相适应的刑罚,只有审判职能借以运作的审判程序才能够在个案中实现国家刑罚权,侦查、起诉只是审判的准备程序。[2]

正式审理刑事公诉案件之前,必须要明确各级人民法院的案件管辖范围。《刑事诉讼法》《人民法院组织法》《最高人民法院关于适用〈中华人民共和国刑

---

[1] 参见易继明:《构建知识产权大司法体制》,载《中外法学》2018年第5期。
[2] 参见陈卫东:《以审判为中心:当代中国刑事司法改革的基点》,载《法学家》2016年第4期。

事诉讼法〉的解释》(以下简称《刑事诉讼法解释》)对此都有明确规定。

1. 基层人民法院。作为初审法院的一种，基层人民法院广泛设置于县（区）一级，是审理刑事案件的主要力量。基层人民法院负责管辖第一审普通刑事案件，即可能会被判处管制、拘役、有期徒刑的刑事案件。

2. 中级人民法院。中级人民法院设置于地级市（州）一级，负责管辖法定的第一审、第二审和再审的刑事案件。现行《刑事诉讼法》第21条规定，中级人民法院审理的法定第一审案件类型主要包括：危害国家安全、恐怖活动案件；可能判处无期徒刑、死刑的案件。往前追溯，1979年通过的《刑事诉讼法》规定中级人民法院管辖的第一审刑事案件有三类：反革命案件；判处无期徒刑、死刑的普通刑事案件；外国人犯罪或者我国公民侵犯外国人合法权利的刑事案件。为了能更妥善地对危害国家安全的案件进行审理和贯彻人民法院统一定罪的原则，《刑事诉讼法》1996年将中级人民法院管辖的第一审刑事案件修正为：反革命案件、危害国家安全案件；可能判处无期徒刑、死刑的普通刑事案件；外国人犯罪的刑事案件。《刑事诉讼法》2012年修正时，主要修改了第20条第1项和第3项，原因有二：一是随着改革开放力度的加大，涉外刑事案件的种类、涉案人员和外方交涉都在逐步增多，且此类案件大多是被判处轻刑的案件，故可将涉外刑事案件下放至基层人民法院，以更好地发挥中级人民法院的审判职能。二是反革命类罪名于《刑法》1997年修订时被替换为危害国家安全类罪名，《刑事诉讼法》此次修改的主要目的是保持与《刑法》的协调适用。

3. 高级人民法院。高级人民法院设置于省、自治区和直辖市一级，负责管辖法定的第一审刑事案件、第二审刑事案件、再审刑事案件和中级人民法院报请复核的死刑案件。高级人民法院审理的第一审刑事案件是全省（自治区、直辖市）性的重大刑事案件、下级人民法院报请审理的第一审刑事案件、最高人民法院指定管辖的第一审刑事案件。只有犯罪性质极其恶劣、犯罪情节后果极其严重，在本省（自治区、直辖市）内造成极为不利的社会影响时，高级人民法院才会采用第一审程序对案件进行审理。

4. 最高人民法院。作为最高审判机关，最高人民法院既负责监督地方各级人民法院和专门人民法院的审判工作，又负责审理法律规定由其管辖和其认为应当由自己管辖的第一审刑事案件、第二审刑事案件、再审刑事案件和高级人民法院报请核准的死刑案件。最高人民法院管辖的第一审刑事案件是具有全国性重大影响的重大刑事案件。相较于最高人民法院本部，最高人民法院巡回法庭的刑事司法职能主要体现在"积极受理、认真办理大量刑事申诉信访案件，纠正一些在巡回法庭成立之前长期无法纠正的刑事冤错案件"[1]。

(二)审理自诉案件

在司法实践中,人民法院的刑事审判职能主要用于解决大量的公诉案件,但同样存在"少量犯罪性质不太严重、情节较为简单、加害人与被害人之间存在特殊关系的轻微刑事案件"[2]。这些案件因为上述特性,依照法律规定由被害人亲自向人民法院提起诉讼,被称为自诉案件。

现行《刑事诉讼法》《刑事诉讼法解释》规定了3类自诉案件:(1)纯粹的自诉案件,即告诉才处理的案件:侮辱、诽谤案,暴力干涉婚姻自由案,虐待案,侵占案。(2)公诉与自诉交叉并存的案件,即被害人有证据证明的轻微刑事案件,主要有故意伤害案、非法侵入住宅案、侵犯通信自由案、重婚案、遗弃案、生产销售伪劣商品案、侵犯知识产权案或者《刑法》分则第四章、第五章规定的可能被判处3年有期徒刑以下刑罚的案件。此类案件既可由被害人直接提起自诉,由人民法院直接受理,亦可由人民检察院提起公诉,按公诉程序进行。公诉权与自诉权并行存在。[3] (3)公诉转自诉的案件。具体包括两种情形:一是被害人有证据证明对被告人侵犯自己人身、财产权利的行为应当依法追究刑事责任,且有证据证明曾经提出控告,而公安机关或者人民检察院不予追究被告人刑事责任的案件。二是对有被害人的案件,如果被害人对上一级人民检察院维持不起诉决定不服的,可以向人民法院起诉,被害人亦可不经申诉而直接向人民法院起诉。

(三)执行刑罚

人民法院依据人民检察院移送起诉的案卷材料和证据,通过审判程序对被告人进行定罪量刑,待判决、裁定生效后,依法履行刑罚执行相关职能。

1.对死缓、无期徒刑、有期徒刑、拘役的执行。(1)对于被判处前述刑罚的罪犯,待裁判生效后10日以内,第一审人民法院应当将判决书、裁定书、起诉书、执行通知书等案件材料送达公安机关、监狱或其他执行机关;(2)在刑罚执行期间,若罪犯出现依据法定原因申请监外执行的情形,人民法院在征求人民检察院意见的基础上有权作出是否同意监外执行的决定;(3)在监外执行期间,社区矫正机构认为罪犯有违反法律规定情形的,可向人民法院递交收监执行建议书,人民法院经过认真审查后,认为罪犯符合《刑事诉讼法解释》第516条规定的8种情形,依法有权作出收监执行的决定。

---

[1] 胡云腾、王连祥:《刑事申诉信访案件司法工作机制创新研究——以最高人民法院第二巡回法庭的实践为视角》,载《中国青年社会科学》2018年第2期。

[2] 熊秋红:《论公诉与自诉的关系》,载《中国刑事法杂志》2021年第1期。

[3] 参见姚莉:《关于两类自诉案件若干问题的研究》,载《中国法学》1999年第2期。

2. 对管制、缓刑、剥夺政治权利的执行。(1) 对于被判处管制、缓刑的罪犯，人民法院应当依据最有利于促进罪犯接受矫正、更好融入社会的原则，确定刑罚的执行地，并依法在规定时间内通知矫正执行机构和送达相关材料至执行地所在的矫正机构、人民检察院和公安机关；(2) 对单处剥夺政治权利的罪犯，人民法院应当在判决、裁定生效后 10 日以内，将判决书、裁定书、执行通知书等法律文书送达罪犯居住地的县级公安机关，并抄送罪犯居住地的县级人民检察院。

3. 对减刑、假释案件的审理与缓刑、假释案件的撤销。(1) 对于符合减刑、假释条件的案件，依据不同的刑罚措施，分别由不同级别的人民法院作出裁定。对于被判处死缓的减刑案件和被判处无期徒刑的减刑、假释案件，由罪犯执行地的高级人民法院作出裁定。对于被判处有期徒刑、被减为有期徒刑的减刑、假释案件和被判处拘役、管制的减刑案件，则由罪犯服刑地的中级人民法院作出裁定。对社区矫正对象的减刑，则是由中级以上人民法院作出裁定。(2) 对于罪犯在缓刑、假释考验期限内犯新罪或者发现在判决宣告前还有其他罪没有判决的，而应当撤销缓刑、假释的案件，由审判新罪的人民法院对原判决、裁定宣告的缓刑、假释进行撤销，并书面通知原审人民法院和执行机关。

4. 对刑事裁判涉财产部分的执行。随着经济的快速发展，网络诈骗、集资诈骗等涉财产犯罪也随之不断增多，这使得大量刑事裁判涉财产部分执行案件进入法院执行程序中。在刑事诉讼中，刑事裁判涉财产部分的执行因涉及多方利益而稍显复杂。诚然，《刑事诉讼法》《刑事诉讼法解释》《最高人民法院关于刑事裁判涉财产部分执行的若干规定》对诸如执行的主体、对象、时限、方式和救济权利等内容作了规定。但在复杂的司法实践中，该部分的法律规定仍显得较为粗疏和笼统，让人民法院在执行案件时面临不少困惑，比如，如何构建与落实案外人的实体性救济[1]、财产刑案件民事债权优先受偿制度[2]等问题。那么，如何有效克服和解决这些问题是现行《刑事诉讼法》在未来修改时所应当思考的。

(四) 运用、撤销与变更刑事强制措施

1. 刑事强制措施的运用。我国刑事强制措施包括拘传、取保候审、监视居住、拘留和逮捕，人民法院有权运用除拘留之外的其他 4 种强制措施。(1) 拘

---

[1] 参见蔡颖慧：《论刑事裁判涉财产部分执行中案外人实体权益的救济——以集资类刑事案件"刑民交叉"问题为中心》，载《法律适用》2021 年第 4 期；蒋晓亮：《论我国刑事涉案财物执行中的案外人救济》，载《法律适用》2016 年第 8 期。

[2] 参见邵名扬：《我国财产刑案件民事债权优先受偿制度的缺陷及根治——从〈最高人民法院关于刑事裁判涉财产部分执行的若干规定〉第 13 条谈起》，载《哈尔滨工业大学学报(社会科学版)》2017 年第 5 期。

传。根据《刑事诉讼法》第66条和《刑事诉讼法解释》第148条的规定,人民法院对经依法传唤拒不到庭的人或者根据案件情况有必要拘传的人,可以采取拘传措施。(2)取保候审和监视居住。人民法院认为被告人符合《刑事诉讼法》第67条和第74条所规定的情形时,可以决定对被告人采取取保候审或监视居住。公安机关负责执行,人民法院负责对相关事项进行审查。(3)逮捕。人民法院认为被告人具有《刑事诉讼法》第81条所规定的情形时,可以或应当予以逮捕。逮捕由公安机关提请人民检察院批准,决定逮捕权由人民检察院和人民法院行使,公安机关负责执行逮捕。

2. 刑事强制措施的撤销或变更。(1)主动采取。如果发现对被告人采取强制措施不当的,人民法院应当及时撤销或者变更。(2)被动采取。被告人及其法定代理人、近亲属或者辩护人有权申请变更强制措施,人民法院应当在收到变更申请后3日内作出决定,不同意变更的,应当通知申请人并说明理由。

第二节 法官及其刑事自由裁量权

我国现行《法官法》规定,法官是依法行使国家审判权的审判人员,包括最高人民法院、地方各级法院和专门法院的院长、副院长、审判委员会委员、庭长、副庭长和审判员。此项规定具有以下两方面含义:首先,只有法官享有审判权,依法对民事、刑事和行政纠纷进行审理与裁决。其次,只有院长、副院长、审判委员会委员、庭长、副庭长和审判员才是符合法律规定的法官,书记员、法警等并不是法官。

理想的法官职业团体需具备以下四种有机联系的品质[1]:一是掌握专业的法律知识和技能。这是法官在面对数量庞杂尤其是疑难案件时能够公正客观地进行居中裁判的硬实力。二是致力于社会福祉。法官处理的每一个案件都是社会生活在司法中的反映,其中势必充斥着大量的不平等现象,而法官可以利用自由裁量权通过司法程序对社会资源进行一定的重新分配以克服和减少这种不平等,进而实现为人民服务、为社会服务的宏伟目标,最终创造平等和谐的社会环境。三是实行自我管理。无论在工作时间内,还是在非工作时间内,法官的言行举止不仅代表个人的品行,也代表着国家的公信力。这要求法官时刻都要积极地进行自我管理,以维护国家和自身的正义公正形象。四是良好的社会地位。法官在社会生活中往往被认为是由社会精英所组成,其应当将为人民群众谋福

---

[1] 参见张志铭:《中国法官职业化改革的立场和策略》,载《北方法学》2007年第3期。

祉和实现社会公义作为职业内涵，凭此得到社会大众的尊重，获得良好的社会地位。

一、法官任职资格

我国法官准入的资格条件，经历了从无到有、从不严格到逐渐严格的发展过程。[1] 1983年修订的《人民法院组织法》仅是对法官的任职年龄和政治权利进行了简略规定，对法官的学历、法律职业资格以及法官道德要求等都未作明确要求。1995年颁布的《法官法》明确规定法官任职资格，此后《法官法》根据社会发展变化的需求不断进行完善和调整，对法官的任职资格的规定逐渐严格。

（一）学历要求

为了提升法官队伍的正规化、专业化和职业化，1995年颁布的《法官法》规定，法官必须毕业于高等院校的法律专业或非法律专业，即非高等院校毕业的人员不能担任审判人员。考虑到现实情况，《法官法》还规定，即在该法施行前不满足学历要求的审判人员只要在规定期限内通过由最高人民法院开展的培训进而达到学历要求的，便可继续担任法官。另外，值得注意的是，鉴于当时的教育背景，《法官法》仅要求申请人毕业于高等院校法律专业或者非法律专业，而并未严格划分研究生、本科、专科等学历层次。

21世纪以来，随着改革开放的不断深入，在司法实践中，案件数量不断增加、案情愈加复杂与法官审判能力欠缺之间的矛盾愈加凸显。为此，2001年修正的《法官法》将法官的学历条件明确调整为高等院校法律专业本科毕业或者高等院校非法律专业本科毕业具有法律专业知识。同样，对于适用学历条件确有困难的地方，经最高人民法院审核后可以放宽为高等院校法律专业专科毕业。至《法官法》2019年修订之前，高等院校法律专业本科毕业或者非法律专业本科毕业均可通过公务员考试后成为人民法官。但随着社会结构的急剧变迁，案件的形式、种类、样态都越发复杂和多样。与此同时，我国的法学高等教育在教育规模和教育质量上都有大幅提升，全国千余所本科院校为国家和社会培养了大批法律专业人才。在此背景下，2019年修订的《法官法》将法官学历要求提升至具备普通高等学校法学类本科学历并获得学士及以上学位，或者普通高等学校非法学类本科及以上学历并获得法律硕士、法学硕士及以上学历。

（二）法律职业资格考试

在1995年之前，通过相关法律职业资格考试不是担任法官的必备条件。诚

---

[1] 参见杨奕：《我国法官准入标准及选任机制研究——以新修订的〈法官法〉为研究背景》，载《法律适用》2019年第9期。

然法律职业资格考试通过与否并非判断一名法官是否称职的绝对标准,但其在某种程度上能够反映出一名法官是否具备基本的法律知识和技能。20世纪90年代晚期,关于法官专业化的讨论如火如荼,法学家和法律职业群体逐渐形成一致认识:法官必须有坚实的法律专业知识基础,法官的入职条件不应当比律师的入职条件低。1995年出台的《法官法》,不仅提升了法官的任职学历要求,而且还要求初任审判员和助理审判员的招聘必须采用公开考试、严格选拔的方法进行。随后,最高人民法院分别在1995年、1997年和1999年在全国范围内通过组织初任法官考试的形式提升法官整体的法律职业水平。2001年,修正后《法官法》删除了初任法官需要参加公开考试的前置条件,而是将条件改为通过国家统一司法资格考试。2017年修正的《法官法》将国家统一司法考试改为国家统一法律职业资格考试。

(三)法官职业道德

正如肖扬曾说的,"如果说法院是社会正义的最后一道防线,那么法官便是这道防线的守门人"[1],而法官的职业道德便是守门人守住这道防线的重要工具。与法官应当遵守的基本道德原则不同,法官职业道德的基本内涵是公平和正义,法官需要始终保持中立。这就要求法官在审理案件时居中裁判、不偏不倚。法官不顾职业道德而任意地偏袒一方会对另一方当事人的合法权利造成毁灭性和不可弥补的损害,这在刑事审判领域体现得尤为明显。法官的权威和公信力不是来自法院和法官的强制力,而是来自缜密入理的法律分析和令人折服的说服力,以及正直、正派、公正的职业品性的魅力。[2] 法官拥有良好的职业道德,司法会是公平和正义的正向体现,法庭就是解决纠纷的最后场所。

在我国,要求法官具备职业道德并且具备职业道德,最终成为担任法官的必备条件,其中经历了一段漫长的发展时期。1983年《人民法院组织法》并没有对法官的职业道德要求作出规定。1995年《法官法》也仅要求法官应当履行清正廉明、忠于职守和遵守纪律的义务,同样未提及法官的职业道德。直到1999年10月,《人民法院五年改革纲要》才明确提出要从制度上落实审判纪律,进一步强化法官的职业道德观念。故而,2001年《法官法》在经历修正时,将恪守职业道德纳入法官应当遵守的义务。党的十八大以来,司法实践中提高了对法官职业道德的要求。《法官法》2019年修订时,不仅将清正廉明、恪守职业道德等法官义务单列至总则部分,上升为《法官法》的统领性规定,还将担任法官的必备条件从"有良好的政治、业务素质和良好的品行"增加为"具有良好的政治、业务

---

[1] 肖扬主编:《当代司法体制》,中国政法大学出版社1998年版,第1页。
[2] 参见王晨光:《法官职业化和法官职业道德建设》,载《江苏社会科学》2007年第1期。

素质和道德品行"。这足以表明国家充分认识到法官职业道德的有无以及高低对司法公信力的增损有着重要影响。

二、法官刑事审判自由裁量权

(一) 刑事审判自由裁量权的内涵

"刑事审判自由裁量权是法律赋予法官(包括审判机关)根据罪刑相适应原则和刑罚目的,在法定范围内公正合理地自行对刑事被告人裁量决定刑罚的权力或责任。"[1]它是"具备存在的广泛性、权力的相对性、效力的相对性和利弊的两面性的一种权力"[2]。这表明刑事审判自由裁量权具有以下特点：

第一,刑事审判自由裁量权的适用对象是刑事被告人,而不能是其他违法行为人,更不能是民事案件中的被告人。第二,刑事审判自由裁量权的行使贯穿了刑事审判的全过程,并且存在于刑事审判的每一个阶段。第三,刑事审判自由裁量权的行使是法官根据刑事法律的授权在有限范围内按照公平正义原则所作出的裁决,因此,其是有限的而非绝对的。第四,刑事审判自由裁量权是针对具体案件所作出的裁判,其效力只限于特定的个案,不具有普遍约束力,更不能类推适用。第五,作为联系刑事法律和具体案件事实的纽带,刑事审判自由裁量权行使得当,法律的公平正义才会在一系列的个案中得到彰显。

(二) 刑事审判自由裁量权的主要内容

刑事审判自由裁量权的主要内容包括实体和程序两个方面：实体方面包括事实证据的认定、定罪和量刑等定性方面的自由裁量；程序方面包括案件受理、证据合法性的审查、程序审理等方面的自由裁量。[3] 上述内容中,围绕着定罪与量刑,法官在以下三个问题上的自由裁量权对于案件结果最具有决定性作用。

1. 案件事实认定。案件事实是法官依法定罪量刑的基础和依据。案件事实以一般事实为基础,以控方收集的证据为主要依据,是一种认知的回溯性的结果。在刑事审判过程中,法官会遭遇事实不确定的问题。[4] 事实的不确定可能会让案件事实与真正的事实之间产生巨大差别,甚至完全相反。同时,基于司法职能的分配,法官主要是依据控方所提供的起诉材料、辩方提出的意见和有限的证据材料以及在庭审中获得的信息,通过再现选择的方式对材料进行认定,最

---

[1] 李志平：《法官刑事自由裁量权及其合理控制探析》,载《中国法学》1994 年第 4 期。
[2] 袁江华：《刑事审判自由裁量权运行机制研究——以自由裁量权的规范行使为视角》,载《法律适用》2010 年第 10 期。
[3] 参见张向东：《量刑中的自由裁量与程序规制》,载《当代法学》2010 年第 1 期。
[4] 参见姜敏：《刑事司法事实自由裁量权规制研究》,载《现代法学》2013 年第 6 期。

终形成法官心中的案件事实。材料难免会与真正的客观事实有所出入,这就需要法官经过细致地推理和辨明后,充分发挥自由裁量权,力求从最为客观和理性的角度,还原案件事实的真相。

2. 证据审查。案件事实是以一串串证据链为基础的。法官在审查和认定案件证据时会进行以下工作:首先,法官会剔除与案件事实无关的证据。其次,法官会排除那些以非法方法收集的证据。根据法律规定,法官应当排除符合《刑事诉讼法解释》第 123 条至第 126 条所规定的通过非法方法收集的被告人供述、证人证言、被害人陈述、书证、物证等证据。最后,在完成前两项工作后,法官会对证据的证据能力和证明力进行判断,证据能力的有无决定着某些案件材料能否被称为证据,证明力的大小关乎到证据能否起到帮助查明案件事实真相的作用。前者是后者的前提条件,只有具备证据能力才能体现证明力的大小。与案件事实相关和以合法方法收集的证据并非都会对查明案件事实和作出正确裁判起到正向促进作用,因此,需要法官行使自由裁量权来认定证据能力的有无和证明力的大小。

3. 定罪量刑。在刑事审判阶段,定罪量刑是法官在认定案件事实和审查证据之后所进行的一项重要工作。在定罪中,法官依据罪刑法定原则、适用刑法人人平等原则和罪责刑相适应原则将目光穿梭往返于事实与法律之间,其通过行使自由裁量权来决定被告人是出罪还是入罪,是此罪还是彼罪,是轻罪还是重罪,以及是一罪还是数罪等,其自由裁量的结果深深地影响着被告人。在量刑中,我国刑法对犯罪人科以刑罚的规定绝大多数是采取相对不确定刑,这为法官行使自由裁量权提供了一定空间。根据《最高人民法院、最高人民检察院印发〈关于常见犯罪的量刑指导意见(试行)〉的通知》的规定,法官在量刑时应当坚持以定性分析为主、定量分析为辅的原则:(1)对于某些犯罪情节较轻的犯罪适用量刑情节时,法官应当充分体现从宽。反之,在对黑恶势力犯罪、严重暴力犯罪、毒品犯罪、性侵未成年人犯罪等危害严重的犯罪适用量刑情节时,法官要从严掌握从宽的幅度。(2)在具体确定各个量刑情节的调节比例时,应当充分考虑各种法定和酌定的量刑情节。譬如,犯罪人为未成年人或有自首、坦白、立功等情节的,法官可以依据法律法规、司法解释等规定对法定基准刑进行一定比例的减少,确保罪责刑相适应。

(三)影响法官行使刑事审判自由裁量权的因素

一方面,受限于自身业务水平、职业道德水平等因素,案件的裁量者并不能保证自身在刑事自由裁量过程中毫不出错。另一方面,内外部的环境影响、被害人的诉求和舆论的干扰等外部力量会在法官行使刑事审判自由裁量权时施以各种影响。

1. 法官自身因素

一是法官业务素质。法律规范因自身的保守性和滞后性会与现实情况之间存在"裂缝",如何有效处理这个"裂缝"是衡量一个法官业务素质高低的重要标准。面对此等困境时,业务素质较高的法官会深入分析和运用法律原则和法学理论,使案件处理兼顾法理与情理,让纠纷双方都能得到一个相对满意的结果。反之,法律专业水平有限、业务水平较低的法官会让案件审理结果缺乏确实的法律依据,进而引起当事人对案件处理结果的不满。这不仅损害法官队伍的职业化形象,也让群众对司法审判的专业性、权威性和公正性产生怀疑。

二是法官职业道德。法官行使国家的司法审判权,是正义的传播者和践行者。一个公平且正义的司法裁判不仅需要法官具备一定的业务水平,更需要其具有良好的职业道德和职业操守。相较于其他解决社会纠纷的机构,法庭之所以能成为解决纠纷的最终场所,是因为其具有中立性和客观性,而法官正是这种特性的代言人。换言之,正是因为法官在解决社会纠纷时居于超然中立、客观和公正的立场,法庭成为人们寻求社会正义的最终场所,因此,法庭所作的司法裁判才具有终局性。公正和权威的司法形象不是一日促成的,而是由无数个案累积而成的,法官认定行为人构成犯罪必须有确实、充分的证据,否则就有滥用自由裁量权之嫌。

2. 外部因素

一是法院受外部和内部环境的影响。在法律规范上,我国现行《宪法》第131条的规定为人民法院及法官独立行使刑事审判权提供了坚实的法律基础,但在司法实践中,仍出现了司法的地方化和司法的行政化等问题。产生这些问题的原因主要是一些基层人民法院在财政、人事上与地方政府有密切联系甚至是依附性。内部环境影响主要在于法院采取了行政化的管理和办案模式。虽然这种模式通过审批办案、案件请示、审判委员会集体决定等制度来提升案件的质量,但也让法官在行使刑事审判自由裁量权时会受到影响。[1]

二是被害人诉求对法院裁判的影响。随着人类社会进入国家形态之后,国家追诉模式替代了原始社会的同态复仇模式。被害人不再享有直接向犯罪嫌疑人、被告人进行报复的权利,而是由国家司法机关代为行使,在刑事审判中表现为法官行使定罪量刑的职能。不同于被告人权利保护日益受到重视,被害人诉权易被忽视。当司法制度在实体和程序上都难以满足被害人的诉求时,被害人可能会在"复仇"本能的驱使下制造纷扰,以图影响法官裁判。

三是舆论因素。在网络时代背景下,社会公众更容易对司法活动实施监督。

---

[1] 参见陈卫东:《司法机关依法独立行使职权研究》,载《中国法学》2014年第2期。

这给法官带来新的挑战。网络舆论监督有促进司法公正和防止司法腐败等积极的一面,也存在破坏司法公正等风险,法官在依法独立行使审判权的同时,需正确认识网络舆论监督与司法审判的关系,在不同个案的处理上最终实现法律效果与社会效果的统一。

第三节 刑事审判模式

一、两种基本刑事审判模式的区别

学者通常将英美法系国家和大陆法系国家采用的刑事审判程序分别称为对抗式审判模式和审问式审判模式。

对抗式审判模式是一种被告与控方以对抗方式发现案件真实的法庭审判模式。该模式最早可追溯至罗马共和国时期的弹劾式审判模式,后形成、发展于英国。在诺曼征服前,弹劾式审判模式横扫了整个欧洲大陆,经由从欧洲大陆迁徙到英国的盎格鲁—撒克逊人的引入,古日耳曼的弹劾式审判模式也为当时的英国所采纳和适用。在诺曼征服后,欧洲大陆的两种具有对抗式因素的法律制度被引入英国:一是由争端双方通过自行攻击的方式解决争端的制度,二是由若干公正无私的公民发现事实真相的制度。这两种制度被誉为现代对抗式审判的种子。[1] 前一项制度所蕴含的各方主体都有权为各自利益而相互平等斗争的思想被英国的刑事审判制度吸收和保留,这为其增添了对抗性因素。后一项制度则是现代陪审团制度的最初雏形,并逐渐演变为现代陪审团制度。经过11—19世纪的发展与改良,英国的刑事审判模式在克服弹劾式审判模式所保留的一些原始特征之后正式过渡到了当代的对抗式审判模式。[2] 随着不断地向海外扩张,英国将法律制度也输入至各地,这就使得以对抗方式发现案件真实为核心要义的对抗式审判模式在世界范围内得到了极大发展。如今,包括英美在内的普通法系国家多采用此种审判模式。

审问式审判模式是一种法官主导调查和发现案件事实的模式。虽然与英国的对抗式审判模式相同,审问式审判模式同样发源于罗马共和国时期的弹劾式审判模式。但与正处于统一的英国所不同,中世纪的欧洲大陆正面临战乱频繁、小国林立的局面,由教会法确立和能够有效地集中权力、控制社会的纠问式审判模式不仅更加符合统治阶级所欲实现的斗争目标,也受到了广大民众的欢迎,其

---

[1] 参见陈瑞华:《比较刑事诉讼法》,北京大学出版社2021年版,第52页。
[2] 参见汪海燕:《刑事诉讼模式的演进》,中国人民公安大学出版社2004年版,第5页。

更是为审问式审判模式在欧洲大陆的确立、盛行奠定了现实基础。[1] 历经不断的发展与演变，法国于1808年颁布的《刑事诉讼法》正式确立了现代审问式审判模式的最初基础。此后随着法国在历次刑事司法改革中不断加强职权因素，现代审问式审判模式的框架由此得以形成和走向成熟，并在19世纪中后期逐渐为欧洲大陆所广为接受和采纳。

因历史起源、发展脉络和传统文化等因素不同两种刑事审判模式在法官的地位、控辩双方的地位和被告人的角色等方面都有着较大差异：

首先是法官的地位不同。在对抗式审判模式中，法官作为仲裁者处于消极的地位，这种消极地位体现为：(1)法官为防止受到任何一方的不当影响进而处于超然中立和客观的状态，几乎不会主动对控辩双方的案卷材料和证据进行提前审查和熟悉。(2)法官不会也没有手段去参与诸如收集和调查证据、询问证人等程序。(3)在审判过程中，法官主要负责提醒控辩双方在质证和辩论时应当遵守审判程序与法庭秩序。在审问式审判模式中，法官作为裁决者处于积极主动的地位，这种主动地位体现为：(1)法官一般会详细阅读和调查检察官移交的案卷材料和证据，只有经过法官审查后认为符合法定条件的证据才能在庭审中出示。"为了更好地查明案件事实真相，法官在调查证据方面不受控辩双方所提证据范围的限制。"[2](2)对于证据中的人证、物证，法官有权在庭审前进行传唤和实行必要的保全、搜查和扣押等措施。(3)案件审理的范围和方式以及证据的取舍，均由法官依职权决断和承担。[3] (4)整个案件审判程序的进程必须在法官的主导下进行，没有法官的许可，检察官和辩护人无权主动质证、辩护以及询问证人。

其次是控辩双方的地位不同。在证据调查、相互质证和辩论的程序中，控辩双方在两种审判模式中呈现出不一样的地位。在对抗式审判模式中，控辩双方在整个审判程序中都占据着主导性地位，主要表现为控辩双方当事人不仅可以主导刑事案件的程序性事项和实体性问题，而且还能主导法官对法律的适用。[4] 在审问式审判模式中，由于法官在整个审判程序中居于主导地位，控辩双方在证据调查、相互质证和辩论的程序中处于次要和辅助地位。在很多情况下，控辩双方需要向法官提出申请，经过其同意后才可以行使某种权利，比如，控辩双方进行质证和辩论的交叉询问程序需要经过法官同意。[5] 甚至在《德国

---

[1] 参见汪海燕：《刑事诉讼模式的演进》，中国人民公安大学出版社2004年版，第5-6页。
[2] 陈瑞华：《刑事审判原理论》，法律出版社2020年版，第384页。
[3] 参见左卫民、王凌：《刑事审判模式比较研究》，载《现代法学》1993年第6期。
[4] 参见李昌盛：《论对抗式刑事审判》，中国人民公民大学出版社2009年版，第131-133页。
[5] 参见谢佑平：《刑事审判模式探析》，载《政法论坛》1994年第2期。

刑事诉讼法》中,虽然法律明确规定了控辩双方有权联合向法官申请实施交叉询问的规定,但在德国刑事审判实务中几乎没有提出过此类申请,这一规定事实上从未得到实施。[1]

最后是被告人的角色不同。作为审判程序中的重要一方,被告人在不同审判模式中承担着不一样的角色。在以"公平竞争理论"和程序正义为基础理念的对抗式审判模式中,被告人有两种参与方式,在刑事审判中扮演了两种不同的角色:第一个是"沉默者"。被告人通过适用不得强迫自证其罪原则以始终保持沉默,其可以拒绝任何一方的询问和盘问及不利于其的结论。第二个是"辩护者"。被告人通过自愿放弃沉默权而成为己方证人,其可以积极主动为自己辩护,对控方的证据和指控进行证伪和反驳,但他必须要接受控辩双方的交叉询问。在审问式审判模式中,被告人更多是扮演了"配合者"的角色。其任务在于如实向法官陈述案件事实等事项以帮助法官更好地查明案件事实的真相,除此之外,被告人既不能也不需承担其他角色。当然,这并非意味着被告人不具有不得强迫自证其罪的权利。作为诉讼主体,被告人也可以积极行使辩解权和沉默权,不利陈述以及有罪供述只能在被告人自愿作出的情况下才能被采用。

二、我国刑事审判模式的发展

以我国《刑事诉讼法》的颁布和后续历次修改为线索,可以看出我国刑事审判模式的发展进程并非一帆风顺的,其间或有跳跃、或有徘徊甚至挫折,但总体呈不断弥补的上升趋势。这"与司法文明、人权保障理念相呼应,与程序科学化、法治化进程相'伴随'"[2]。

第一个阶段是《刑事诉讼法》(1979年)颁布之前。中华人民共和国成立初期,在国民党的"六法全书"被废除而新的有关刑事审判程序的法律规范尚未颁布的背景下,司法机关只能根据零星的刑事司法文件甚至是直接依据刑事政策来惩治犯罪行为。[3]

第二个阶段是1979年至1996年。1979年7月,我国颁布了第一部社会主义性质的《刑事诉讼法》。关于此部《刑事诉讼法》,有学者认为,"皆透露出我国刑事审判职权主义色彩浓厚,甚至可以将其称为'强职权主义',其核心特质在于更加强调权力因素,权利保障却相较萎缩"[4]。

第三个阶段是1996年至2012年,该阶段刑事审判模式最重要的进步是吸

---

[1] 参见陈瑞华:《刑事审判原理论》,法律出版社2020年版,第385页。
[2] 汪海燕:《中国刑事审判制度发展七十年》,载《政法论坛》2019年第6期。
[3] 参见赵秉志、张伟珂:《新中国刑法司法70年:回顾与前瞻》,载《法律适用》2019年第19期。
[4] 汪海燕:《我国刑事诉讼模式的选择》,北京大学出版社2008年版,第147页。

纳了对抗式因素。经过十余年司法实践的检验,1979年《刑事诉讼法》已反映出诸多弊端,同时,大量经过理论论证和实践检验的司法改革措施亟须通过立法予以法律化。1996年3月,八届全国人大四次会议通过了《关于修改〈中华人民共和国刑事诉讼法〉的决定》。此次修改是希望通过改革案卷中心主义和充盈被告人辩护权的方式来增强控辩双方在审判程序中的对抗性,力图修正职权主义模式下权力过于集中和膨胀的问题。虽然此阶段我国吸收和适用了对抗式审判模式的部分内容,但那时的审判模式既非审问式审判模式,也非对抗式审判模式,而是中国特色混合式审判模式,是中国传统固有要素和西方两种审判模式要素的一种糅合,[1] 也有学者将其称为一种控辩式的刑事庭审方式。[2]

第四个阶段是2012年至今,这一阶段的修改是对中国特色混合式审判模式的深化。主要体现在《刑事诉讼法》2012年和2018年的两次修正:(1)彰显刑事审判的人权保障和科学化。《刑事诉讼法》2012年修正时将尊重和保障人权写入刑事诉讼法的基本任务;改革或创制了审判流程的相关内容;确立非法证据排除规则、完善证人出庭作证规则、细化证明标准。(2)推进以审判为中心的诉讼制度改革和完善刑事诉讼中的认罪认罚从宽制度。《刑事诉讼法》2018年修正时,不仅推进庭审实质化改革,具体和细化了庭前会议、非法证据排除和法庭调查以增强实践中的可操作性,更将协商式审判模式入法,规定多项保障性措施,以保障认罪认罚具结符合真实性、合法性条件,力图将有限的司法资源向疑案、难案和不认罪案件倾斜。

第四节 我国的刑事审判程序

一、第一审程序

我国刑事第一审程序历经了从单一到多元化的发展历程。《刑事诉讼法》最初仅规定了普通程序。《刑事诉讼法》1996年修改时规定了普通程序的简化版程序,即简易程序。《刑事诉讼法》2012年修正时,为了更好地应对司法实践的需要,对简易程序的相关条文进行了修改。自党的十八大以来,我国全面推进依法治国,深化司法改革,刑事实体法也相应地进行了修改,如《刑法修正案

---

[1] 参见龙宗智:《试析我国刑事审判方式改革的方向与路径》,载《社会科学研究》2005年第1期。
[2] 参见夏锦文:《当代中国的司法改革:成就、问题与出路——以人民法院为中心的分析》,载《中国法学》2010年第1期。

（八）》《刑法修正案（九）》增加了一些处刑较轻的犯罪,如危险驾驶罪、代替考试犯罪等最高法定刑皆为拘役。为缓解刑事司法资源的不足,立法者需要探索和创造出一种更加高效且兼顾公平的审判程序来应对此类轻罪。由此,以兼顾公正与效率价值为基础而偏重效率的速裁程序便应运而生。[1] 至此,我国正式形成普通程序、简易程序与速裁程序并存的三元化审判程序。[2]

（一）普通程序

如果将刑事案件比作车辆,将诉讼程序比作道路,那么,刑事审判程序的分流就是使刑事案件流向不同的诉讼程序,如同车辆分流走向不同的道路。[3] 作为刑事审判程序的主干道,普通刑事审判程序的内容最为丰富、结构最为完整,是一项综合且全面的运行系统。我国从以下方面对普通程序进行了规定：

1. 庭前审查。该程序是人民法院在开庭前审查人民检察院所提起的公诉案件是否具备开庭审判条件的活动。庭前审查属于程序审查而非实体审查,换言之,法官仅从程序法的角度审查案件是否具备开庭审理的相关程序性要件,不涉及裁判案件的实体问题。庭前审查完毕后,一般会出现两种情形：（1）决定开庭审理,若需补充材料的,应当通知人民检察院在3日内补送。（2）退回人民检察院。譬如,不属于本院管辖的；被告人不在案且不符合缺席审判程序条件的；依照规定裁定准许撤诉的案件,没有新的影响定罪量刑的事实、证据而重新起诉的；被告人真实身份不明,且不符合《刑事诉讼法》第160条第2款规定的；属于《刑事诉讼法》第16条第2项至第6项规定情形的,其中属于告诉才处理的案件,应当同时告知被害人有权提起自诉。

2. 庭前会议制度。人民法院审查后决定开庭审判的,在出现以下四种情形时,可以决定召开庭前会议：（1）案件证据材料较多、案情重大复杂的；（2）控辩双方对事实、证据存在较大争议的；（3）社会影响重大的；（4）需要召开庭前会议的其他情形。控辩双方向人民法院说明理由后亦可申请召开庭前会议,由法院审查后决定。在庭前会议中,公诉人、当事人和辩护人、诉讼代理人在审判人员的召集下就涉及审判的相关问题,如对回避、出庭证人名单、非法证据排除规则等事项进行情况了解和意见听取。若控辩双方对上述某些问题达成一致意见的,法庭经核对后可以当庭予以确认。对于未达成一致意见的事项,法庭对控辩双方争议的焦点内容进行归纳,听取意见,然后依法作出处理。举行庭前会议的重要意义在于：法官不仅可以通过决定和裁判程序性事项增强对庭审的控制和

---

[1] 参见汪建成：《以效率为价值导向的刑事速裁程序论纲》,载《政法论坛》2016年第1期。
[2] 参见陈瑞华：《"认罪认罚从宽"改革的理论反思——基于刑事速裁程序运行经验的考察》,载《当代法学》2016年第4期。
[3] 参见叶肖华：《论刑事审判程序分流》,载《苏州大学学报（哲学社会科学版）》2009年第5期。

指挥,而且可以将秘密的、单方的行为纳入控辩直接对抗的框架中,以彰显程序公正的内涵。[1]

3.法庭审理。作为审判程序中的核心阶段和中心环节,法庭审理是调查案件事实,辨明和纠正立案、侦查和起诉阶段错误的重要阶段,其结果直接关系到被告人的人身权利和刑事诉讼的基本任务。法庭审理包含以下五个环节:(1)宣布开庭。宣布开庭为法庭审理的首个环节,在书记员完成开庭审理的准备工作后,审判长宣布开庭并重在查明与庭审相关的事项和告知诉讼参与人应享有的权利。对于被告人认罪认罚的案件,审判长应该告知被告人享受的诉讼权利和认罪认罚的法律规定,并审查认罪认罚的自愿性和认罪认罚具结书内容的真实性、合法性。(2)法庭调查。法庭调查是法庭审理的核心,其成效决定着案件审理的质量。法庭调查全程由审判长主持,该环节具体包括三个部分:一是公诉人、被害人与被告人等诉讼参与人就起诉书所指控的犯罪事实进行相互询问和发问;二是控辩双方、被害人及其法定、诉讼代理人等诉讼参与人申请法庭通知证人、鉴定人、侦查人员和有专门知识的人出庭作证;三是控辩双方对物证、书证等证据进行举证和质证。(3)法庭辩论。合议庭认为案件事实已经调查清楚后,审判长应当宣布法庭调查结束,并依照顺序开始对定罪、量刑、证据、适用法律以及涉案财物的处理等问题进行法庭辩论。(4)被告人最后陈述。被告人的最后陈述权不仅是法庭审理特殊阶段中的一种程序性权利,其行使更是直接关系到被告人的实体利益。[2] 因此,在法庭审理的最后阶段一定要保障被告人陈述权、辩护权、参与权、受到公正审判等权利。(5)评议、宣判。在被告人最后陈述后,审判长宣布休庭,合议庭进行评议。合议庭成员通过不公开的方式,根据法庭审理所查明的事实、证据和检察院就被告人认罪认罚案件所指控的罪名和量刑建议对被告人的定罪、量刑以及其他问题进行全面的讨论,进而作出处理决定,并当庭宣判或定期宣判。对于判决的宣告则一律采用公开的方式进行,不存在不公开情形。

(二)简易程序

简易程序存在广义与狭义之分。广义的简易程序是指将刑事普通程序简化后的程序,如普通程序简化程序、速裁程序等。而狭义的刑事简易程序是指在《刑事诉讼法》及相关司法解释的文本意义上,专指对部分事实清楚、证据充分案件的简化审理程序,此处专指狭义的刑事简易程序。我国从以下方面对简易程序进行了规定:

---

[1] 参见汪建成:《刑事审判程序的重大变革及其展开》,载《法学家》2012年第3期。
[2] 参见谢进杰:《被告人最后陈述制度构造原理》,载《甘肃政法学院学报》2006年第2期。

1. 适用范围。简易程序最初的适用范围是两类案件：一是事实清楚、证据确实充分的轻罪公诉案件，即可能判处3年以下有期徒刑、拘役、管制、单处罚金的案件；二是两类自诉案件，即前文提到的纯自诉案件、公诉与自诉交叉并存的案件。该规定的最大特点在于限制了简易程序的适用范围，而过于限制可能会让简易程序成为"处理刑事案件的一种例外形式"[1]，因此，实践中出现了因适用范围较窄、与社会效果相冲突而导致简易程序适用率较低的问题。[2] 为了克服立法原意与实践效果不相符的矛盾，《刑事诉讼法》2012年修改时优化了简易程序的适用范围，即只要案件事实清楚、证据确实充分，被告人认罪、对指控犯罪事实没有异议和同意适用简易程序的，基层人民法院可适用简易程序。这一优化更好地反映了简易程序想通过提高"简单案件"的审判效率来缓解案多人少矛盾的设立初衷。

2. 法庭审理。基于简易程序审理的都是事实清楚和证据确实充分的案件，所以简易程序的审理程序也无须烦琐和复杂，可以在普通审理程序的基础上予以简化。如前所述，普通审理程序的法庭审理包含了五个环节，而简易程序的法庭审理只有三个环节，即法庭调查、法庭辩论和最后的评议、宣判。(1)在法庭调查环节中，公诉人仅需宣读起诉书中的重点摘要和内容，控辩双方主要对异议的部分进行重点讨论。(2)在法庭辩论环节中，控辩双方对与定罪量刑有关的事实、证据没有异议的，法庭审理可以直接围绕罪名确定和量刑问题进行辩论。(3)在最后的评议、宣判环节中，案件的审判结果一般会当庭宣判，并做出简化版的裁判文书。但程序的简化并不意味着被告人的诉讼权利也会被相应地简化，为保障被告人的诉讼权利，即使在简易程序中，在判决宣告前也应当听取被告人的最后陈述，而不能予以简化和省略。

3. 不适用简易程序的情形。为了防止因滥用简易程序而导致被告人的诉讼权利遭到侵害，简易程序的适用必须受到严格限制。当被告人或案件情况存在以下法定情形时，法庭审理便不能适用简易程序或应当转为普通程序：(1)不宜适用简易程序的情形。1996年《刑事诉讼法》并未规定不宜适用的情形，这意味着凡是不符合简易程序适用范围的皆不能适用简易程序。2012年《刑事诉讼法》明确新增了4种不宜适用简易程序的情形：一是被告人是盲、聋、哑人，或者是尚未完全丧失辨认或者控制自己行为能力的精神病人的；二是有重大社会影响的；三是共同犯罪案件中部分被告人不认罪或者对适用简易程序有异议的；四是其他不宜适用简易程序审理的。增加不宜适用简易程序的情形是吸收司法解

---

[1] 汪建成：《刑事审判程序的重大变革及其展开》，载《法学家》2012年第3期。
[2] 参见郑学青：《刑事简易程序适用探讨》，载《法律适用》2011年第9期。

释中相关规定的结果,在法律层面直接明确了一些不宜适用简易程序的情形,完善了简易程序维护诉讼公正的底线规则。(2)简易程序转化为普通程序的情形。主要有五种情形:①被告人的行为可能不构成犯罪的;②被告人可能不负刑事责任的;③被告人当庭对起诉指控的犯罪事实予以否认的;④案件事实不清,证据不足的;⑤不应当或者不适宜适用简易程序的其他情形。

(三)速裁程序

在经过全国部分城市长达4年的试点并取得良好效果后,为响应"试点实践先行,立法保障跟进"的刑事诉讼制度改革理念。[1] 2018年《刑事诉讼法》在第三编"审判"第二章"第一审程序"第三节"简易程序"后增加"速裁程序"一节,用5个条文规定了速裁程序的适用范围和条件、不适用速裁程序的情形、法庭审理程序、程序转化的情形和审理期限等内容。

1. 适用条件。根据2018年《刑事诉讼法》的规定,只有同时满足以下五个条件,才能适用速裁程序:(1)属于基层人民法院管辖的;(2)可能判处3年有期徒刑以下刑罚的案件;(3)案件事实清楚,证据确实、充分;(4)被告人认罪且认罚;(5)被告人同意适用速裁程序。

2. 不适用速裁程序的情形。在案件审查过程中发现出现下列法定情形之一的,便不适用速裁程序:(1)被告人是盲、聋、哑人,或者是尚未完全丧失辨认或者控制自己行为能力的精神病人的;(2)被告人是未成年人的;(3)案件有重大社会影响的;(4)共同犯罪案件中部分被告人对指控的犯罪事实、罪名、量刑建议或者适用速裁程序有异议的;(5)被告人与被害人或者其法定代理人没有就附带民事诉讼赔偿等事项达成调解或者和解协议的;(6)辩护人作无罪辩护的;(7)其他不宜适用速裁程序的情形。

3. 法庭审理程序。偏向于追求效率的速裁程序,一般不进行法庭调查、法庭辩论,但一定要在判决宣告前听取辩护人意见和被告人的最后陈述,并应当当庭宣判审判结果,以保证兼顾公正。

4. 程序转化的情形。出现以下5种情形的,应当按照普通程序或者简易程序对案件进行重新审理:(1)被告人的行为可能不构成犯罪或者不应当追究其刑事责任的;(2)被告人违背意愿认罪认罚的;(3)被告人否认指控的犯罪事实的;(4)案件疑难复杂或者对适用法律有重大争议的;(5)其他不宜适用速裁程序审理的情形。

5. 审理期限。适用速裁程序审理案件,人民法院应当在受理后10日以内审结。如果可能判处的有期徒刑超过1年的,可以延长至15日。

---

[1] 参见卞建林:《刑事诉讼法再修改面面观》,载《法治研究》2019年第1期。

二、第二审程序

第二审程序负责审查第一审程序是否存在事实认定和法律适用错误,而不是"推倒式"地重新审判,因此,也被称为第一审审判活动的延续。[1]

这种延续也体现在第二审程序的选择上,《刑事诉讼法解释》规定开庭审理的上诉、抗诉案件主要参照第一审程序的有关规定。当然,立法和司法解释对于第二审程序在法庭调查和法庭辩论阶段有一些不同规定。(1)法庭调查阶段。审判人员宣读第一审判决书时,可以只宣读案由、主要事实、证据名称和判决主文等事项。对于上诉案件或者抗诉案件,上诉案件由上诉人或者辩护人宣读上诉状或者陈述上诉理由,抗诉案件由检察员先宣读抗诉书;对于既有上诉又有抗诉的案件,则同样是先由检察员宣读抗诉书,再由上诉人或者辩护人宣读上诉状或者是陈述上诉理由。法庭调查重点审查对第一审判决有异议的事实、证据或者新的证据,对于没有异议的事实、证据和情节,可以直接确认。(2)法庭辩论阶段。如果是上诉案件,是先由上诉人、辩护人发言,后由检察员、诉讼代理人发言。如果是抗诉案件,是先由检察员、诉讼代理人发言,后由被告人、辩护人发言。如果是既有抗诉又有上诉的案件,同样是先由检察员、诉讼代理人发言,后由上诉人、辩护人发言。

依照法律规定,第二审人民法院在审理上诉、抗诉案件时遵循"全面审查原则",在审判被告人一方上诉的案件时还必须遵循"上诉不加刑原则"。"全面审查原则"指第二审人民法院对第一审判决认定的事实和适用法律进行全面审查,而不用受上诉或者抗诉范围的限制。因此,第二审人民法院会主动将控辩双方未提出异议的事项进行审查,这虽然有利于实现二审程序纠错功能,但也明显违背了法院"不告不理"的被动性特征,不利于维系审判机关的中立性。[2]"上诉不加刑原则"旨在保障一审被告的上诉权,但人民检察院通过法律监督或者人民法院通过变相加刑的方式(如人民检察院提出抗诉或人民法院动员自诉人提出上诉)仍有可能加重上诉人的刑罚,进而侵害上诉人的诉讼权利,这也违背了第二审程序设立的初衷。[3]

第二审程序对上诉、抗诉的案件进行审理后会出现三种审判结果:(1)驳回上诉或抗诉,维持原判;(2)依法改判;(3)发回原审人民法院重新审判。相较于

---

[1] 参见刘根菊、封利强:《论刑事第二审程序的审判范围——以程序功能为视角》,载《时代法学》2008年第6期。

[2] 参见陈瑞华:《侦查案卷裁判主义——对中国刑事第二审程序的重新考察》,载《政法论坛》2007年第5期。

[3] 参见王超:《虚置的程序 对刑事二审功能的实践分析》,载《中外法学》2007年第2期。

前两种审判结果所产生的终局性效果,发回原审人民法院重新审判是第二审程序对第一审程序的裁判结果的一种否定性评价,并未让案件就此定论。该审判结果的理想目的是让第一审人民法院利用重新审判的机会来纠正第一审程序的错误裁判以救济诉讼权益受到侵害的当事人。但案件发回重审后,"即使由原审人民法院另行组成合议庭进行重审,新的判决结论同原来的审判结果相比可能也差别不大"[1]。这种情况使得第二审程序难以通过自我纠错的方式实现刑事上诉的救济功能。

三、审判监督程序

刑事审判监督程序(或称刑事再审程序)是指,"人民法院、人民检察院对已经发生效力的判决或裁定,发现在认定事实或者在适用法律上确有错误,依法提起并对案件进行重新审判的程序"[2]。它是一种在法的公正性和法的安定性之间寻求平衡的程序。[3] 为了防止因滥用司法权而使被告人的合法权益受到不当侵害,刑事审判监督程序会对已生效的错误裁判进行纠正以追求法的公正性。然而,在经过审查处理后发现已生效的裁判确实存在错误情形后,刑事审判监督程序会另作裁判,这种司法裁判的变更难免会让诉讼当事人对司法公正产生怀疑,进而动摇法的安定性。

根据法律规定,刑事审判监督程序的启动存在当事人申请启动和司法机关决定启动这两种方式,但实际上却只有司法机关决定启动这一种方式。原因在于,当事人申请启动只是司法机关决定启动再审程序的前提和依据,提起再审程序的决定权为司法机关所独有。当事人仅是拥有再审申诉请求权,辅以抽象和宽泛的启动理由更是让当事人陷入"再审启动难"的困境。[4]

依照审判监督程序重新审判的案件一般交由下级人民法院或者原审人民法院及以外的人民法院进行审理,其所适用的法庭审理程序取决于原案件的审理程序:(1)如果原来是第一审案件,重新审判的案件应当依照第一审程序进行审判,所作的判决、裁定,可以上诉、抗诉;(2)如果原来是第二审案件,或者是上级人民法院提审的案件,重新审判的案件应当依照第二审程序进行审判,所作的判决、裁定,是终审的判决、裁定。如果重新审判的案件由原审人民法院审理的,应当另行组成合议庭进行。

---

[1] 王超:《刑事二审发回重审制度的功能异化:从救济到惩罚》,载《政治与法律》2011 年第 11 期。
[2] 陈光中主编:《刑事诉讼法》,北京大学出版社 2021 年版,第 416 页。
[3] 参见陈光中、郑未媚:《论我国刑事审判监督程序之改革》,载《中国法学》2005 年第 2 期。
[4] 参见卞建林、桂梦美:《启动刑事审判监督程序的困境与出路》,载《法学》2016 年第 4 期。

四、死刑复核程序

1979 年《刑事诉讼法》规定最高人民法院是唯一有权核准死刑的国家机关。1981 年 6 月第五届全国人大常委会第十九次会议和 1983 年 9 月第六届全国人大常委会第二次会议分别通过了《关于死刑案件核准问题的决定》《关于修改〈中华人民共和国人民法院组织法〉的决定》，将因杀人、抢劫、强奸、爆炸、放火、投毒、决水、破坏交通、电力等设备以及其他严重危害公共安全和社会治安被判处死刑的案件的核准权交由高级人民法院行使。2006 年 10 月 31 日，第十届全国人大常委会第二十四次会议通过的《关于修改〈中华人民共和国人民法院组织法〉的决定》规定，自 2007 年 1 月 1 日起，死刑除依法由最高人民法院判决的以外，应当报请最高人民法院核准。这让死刑案件的核准权回归最高人民法院，各地方高级人民法院不再行使核准死刑权力。

死刑包括立即执行与缓期二年执行。对于被判处死刑立即执行的案件，如果死刑立即执行判决由中级人民法院作出，被告人未上诉、人民检察院未抗诉，经由高级人民法院复核后并同意适用死刑的，须报请最高人民法院予以核准。若高级人民法院复核后不同意适用死刑的，可以提审或者发回重新审判。如果死刑立即执行判决由高级人民法院作出，应当报请最高人民法院予以核准。最高人民法院在对死刑立即执行案件进行复核后，根据案件的事实认定、法律适用、量刑适用、程序合法、证据等因素进行考量，依法作出相应裁定。最高人民法院裁定不予核准死刑的，根据案件情况，可以发回第二审人民法院或者第一审人民法院重新审判。对于中级人民法院作出的死刑缓期二年执行的判决，被告人未上诉、人民检察院未抗诉的，由高级人民法院核准，高级人民法院在对案件进行复核后，同样依照前述考量因素，依法核准、纠正后核准、改判或撤销原判、发回重审。

关于死刑的具体执行，依据《刑事诉讼法解释》第 499 条规定，一般情况下，第一审人民法院在接到上级人民法院执行死刑的命令后，应当在 7 日以内执行。但在出现《刑事诉讼法解释》第 500 条所规定的特殊情形时，下级人民法院应当暂时停止执行死刑，并立即将请求停止死刑的报告和相关材料层报给最高人民法院，由其组成合议庭进行审查，进而作出是否继续执行死刑的裁定或决定。

在死刑复核程序中，必须充分保障被告人权利。根据《刑事诉讼法》《刑事诉讼法解释》规定，这种保障主要体现在以下 3 个方面：(1) 报请复核的死刑、死刑缓期执行案件，应当一案一报。案件综合报告的内容必须翔实和完整，最大化地帮助法官全面了解案件事实。(2) 保障被告人的辩护权。《刑事诉讼法》《刑事诉讼法解释》明确规定最高人民法院复核死刑案件时，辩护律师提出要求的，应当听取辩护律师的意见,这为辩护律师介入死刑复核程序提供了法律依据。另外,还规定高级人民法院和最高人民法院在复核死刑案件时,应当讯问被告人,这有助于增强被告人辩护权。(3)最高人民检察院的外部监督。最高人民检察院作为行使法律监督权的最高机关,在最高人民法院对死刑案件进行核准时,提出意见的,最高人民法院应当审查,并向最高人民检察院反馈采纳情况及理由。最高人民法院应当根据有关规定向最高人民检察院通报死刑案件复核结果。这为最高人民检察院主动行使外部监督职能以督促最高人民法院正确合法合理地行使死刑核准权提供了依据。

第九章 刑罚执行

在现代刑事司法体系中,刑罚执行作为最后一个环节,主要有监狱执行和社区矫正执行两种形式,其功能不仅仅是实现对犯罪人的惩罚,还包括对犯罪人心理、行为的矫正,帮助犯罪人回归社会,降低再犯罪风险。

第一节 监狱监禁刑执行

一、监狱制度的发展

(一)古代监狱与监狱制度

监狱,作为国家对犯罪人进行教育、监督与管理的刑罚执行机关,历史悠久。从监狱名称来看,古时称为"圜土"或者"囹圄",汉朝时期改为"狱",随着社会发展,《大明律·刑律》中首次以"监"作为狱名[1],直至清朝,统治者将"狱""监"二字合并,出现了沿用至今的称呼——"监狱"。随着刑罚形式的变化,监狱用途发生改变,奴隶制时期,以墨、劓、剕、宫、大辟五刑为主刑,未出现徒刑或者类似徒刑的刑罚方式,监狱用于关押待审、待决的罪犯。隋朝时期,正式确立笞、杖、徒、流、死封建制五刑,取代奴隶制五刑,随着徒刑、流刑的广泛使用,劳役监得以发展,[2]用于执行相应刑罚。即便如此,大部分监狱仍用于关押未决犯、未执行的已决犯以及等待上诉的已决犯等,不作为刑罚执行场所。

唐朝时期,政治、经济、文化、军事等各方面都取得辉煌的成绩,监狱制度也不例外,系囚制度、录囚制度、恤囚制度[3]、监狱机构设置以及狱卒管理制度等

---

[1] 参见周海燕、张晓东:《我国古代监狱制度述论》,载《思想战线》2001年第4期。
[2] 劳役监指被判处徒刑、流刑的罪犯服劳役的场所。
[3] 系囚制度,即监狱的安全和保卫制度,唐朝的系囚制度包括分押分管制度、械具制度、报囚制度、安全制度、居作制度。录囚制度,由皇帝或有关官吏对囚犯进行复核审录,以明确案件审理是否有失公正,并纠正冤假错案的制度,又称"虑囚"制度。恤囚制度,即囚犯的生活待遇制度,以宽仁的思想对待囚犯,保障囚犯的基本人权。以上内容参见郑传霞:《唐、清朝监狱制度比较研究》,复旦大学2008年硕士学位论文,第6-10页。

发展相当完备[1]，在律法之中有迹可循，刑罚执行更加规范化、法制化，为宋朝、明朝、清朝监狱制度的发展奠定了坚实的基础。明朝时期发展了分类杂居制[2]，清朝提牢制度得到发展，对监狱管理人员进行细分。

不可忽视的是，封建时期监狱制度存在腐败、残暴的一面，其弊端突出地体现在三个领域：监狱管理制度、监狱法律法规以及监狱环境建设。具体而言，包括监狱管理理念落后，没有统一的管理标准与模式，滥用刑罚现象突出；监狱立法存在缺陷，相关法律不成体系；传统监狱空间狭小、光线昏暗，环境极差，有的甚至无法实现房屋遮风挡雨的基本作用，更无法实现对犯罪人人权的基本保障；等等。鸦片战争之后，国门被迫打开，西方监狱文化的引入，使得监狱制度在形式上发生较大改变，但是实质上仍保持封建制度色彩，近代监狱制度改革成为必然。

（二）近代监狱制度的发展

晚清时期，封建制度全面瓦解，社会性质发生转变，清政府开始被动地接受西方法律文化。就监狱制度而言，清政府以日本为模板，从监狱法律法规、监狱建设以及监狱管理三个方面进行改革。第一，法律法规方面。清政府请日本监狱学家小河滋次郎拟《大清监狱律草案》，该草案成为中国历史上第一部独立的监狱法典。此后，《大清新刑律》颁布，明确废除封建酷刑，限制死刑罪名，确立了以自由刑为主、从刑为辅的资本主义刑罚体系，该刑罚体系在中国刑罚史上具有划时代的意义。[3] 第二，监狱建设方面。清政府力图打造新型模范监狱，从监狱内部的宽敞、明亮，到监狱外部高墙、高台的成型，新式监狱逐渐在部分地区建立。第三，监狱管理方面。清政府制定中央和省级监狱管理机关，加强对监管理人员的培养，监狱学堂成了输送人才的基地。

民国时期监狱改良，实际上是对清末改革成果的进一步完善与落实，加快监狱制度近代化发展。北洋政府以《大清新刑律》为基础，颁布《中华民国暂行新刑律》，修改《大清监狱律草案》后，颁布《中华民国监狱规则》（1913年），这两部法规为当时监狱管理提供了系统的指导，从整体上规范刑罚执行；继续改良监狱建筑，建立新的监狱管理制度。国民政府同样重视监狱立法，制定和修改了一系

---

[1] 参见杨习梅主编：《中国监狱史》，法律出版社2016年版，第100页。
[2] 分类杂居制，杂居制的一种改进形式，即对囚犯的性别、罪名、刑期、年龄、身份等加以综合考虑后，分别予以监禁的办法，相对于混合杂居制，始于唐朝。
[3] 参见赵连稳：《中国古代刑罚的演变》，载《山东师范大学学报（人文社会科学版）》2007年第5期。

列监狱法规[1],分为普通法律体系和特殊法律体系。与监狱法律体系所对应,国民政府时期的监狱分为普通监狱和特殊监狱,两者管理制度也存在差异,相对于较为规范的普通监狱管理,特殊监狱管理无常法、无制度。[2]

(三) 中华人民共和国成立以来监狱制度的发展

1949年,中华人民共和国成立,监狱工作迎来新的起点。

1. 创建阶段(1949—1954年)

中华人民共和国成立之初,为巩固新政权的建立,人民政府镇压一切反动势力,严厉打击反革命犯罪,一时间犯罪人数剧增,旧监狱难以解决基本的罪犯收押问题,以教育改造为主的监狱工作更是无法开展,监狱改革迫在眉睫。1951年,第三次全国公安会议在北京召开,会议通过了《关于组织全国犯人劳动改造问题的决议》,针对监狱拥挤、管理混乱的问题,提出解决方案,由司法部领导[3],以"三个为了"[4]方针为指导,全国立即开展罪犯劳动改造工作。

1954年,《劳动改造条例》颁布,确定"两个结合"方针,即惩罚管制与思想改造相结合、劳动生产与政治教育相结合。加强对劳动改造的规范与管理,建立健全罪犯收押制度、警戒制度、生活卫生制度、接见和通信制度、保外就医制度、奖惩制度、释放制度等。《劳动改造条例》是中华人民共和国监狱工作第一部法规,标志着中华人民共和国监狱法规制度进入了一个有序规范的发展阶段,为劳动改造工作的初步发展提供了强有力的法律保障。

2. 初步发展阶段(1955—1965年)

1955年,第三次全国劳动改造工作会议召开,对改造和生产工作进行全面规划,要求加强教育改造和狱内侦查工作,增强警戒力量;改进留场就业工作,确定生产发展应以农业为主,适当发展工业,并结合国家经济建设,组织水利、筑路等工程队。[5] 但是,随着大跃进、公社化运动的进行,劳动改造工作受到"左"倾错误思想的影响,监狱加大生产劳动强度,降低罪犯粮食标准,导致罪犯生活水平降低,非正常死亡人数增多,劳动改造工作出现问题。1961年,在"调整、巩

---

[1] 1928年,国民政府对1913年《中华民国监狱规则》进行修改,增减个别条文,出台1928年《中华民国监狱规则》,同时颁布相关附属性法规。1946年1月,国民政府颁布《监狱行刑法》,该法于1947年6月10日起正式施行。

[2] 参见王志亮:《中国监狱史》,中国政法大学出版社2017年版,第294页。

[3] 1952年,劳动改造工作由司法部移交公安部进行领导和管理。

[4] "三个为了":为了改造他们,为了解决监狱的困难,为了不让判处徒刑的反革命分子坐吃闲饭,必须立即着手组织劳动改造工作。

[5] 参见王明迪:《一个甲子的辉煌——新中国监狱工作60年的回顾(上)》,载《犯罪与改造研究》2009年第9期。

固、充实、提高"[1]八字方针的指导下,劳动改造工作重回正轨。1964年,公安部召开第六次全国劳动改造工作会议,正式确定"改造与生产相结合,改造第一、生产第二"的劳动改造工作方针。这一时期,监狱工作取得较好的成绩,曾成功地改造了清朝末代皇帝溥仪、日本战犯、国内战犯以及各种反革命犯和刑事犯。

3."文化大革命"时期(1966—1976年)

"文化大革命"时期,我国监狱工作遭到严重破坏,发展缓慢。但是,部分劳改局极力维护监狱正常秩序,劳动改造工作"乱"中求稳。

4.改革开放以来

随着党的十一届三中全会的召开,国家进入新的历史时期,我国监狱工作重回正轨。1981年,第八次全国劳改工作会议召开,会议回顾了中华人民共和国成立以来的劳动改造工作,肯定了成绩,初步总结了正反两方面的经验,确定了新时期劳动改造工作的任务,提出加强劳动改造工作措施。此次会议之后,劳动改造工作快速恢复,改革建设全力推进。

党的十一届三中全会之后,国家加快法制建设,监狱立法工作活跃,促进了监狱管理规范化、制度化。1982年2月,公安部颁布《监狱、劳改队管教工作细则(试行)》,对监狱具体执行刑罚、狱政管理、武装警戒、罪犯的教育改造等问题分章作详细规定,第一次以法规的形式规定罪犯的权利和义务[2],强调对罪犯的改造。但是,随着监狱工作的快速发展,《监狱、劳改队管教工作细则(试行)》已经不能适应罪犯改造工作的需要,1986年,司法部着手《监狱法》的起草,1994年12月29日第八届全国人大常委会第十一次会议通过《监狱法》,是中华人民共和国成立以来第一部社会主义监狱法,规定了立法目的、监狱的性质、刑罚执行、狱政管理制度等,确认教育改造、劳动改造以及监管改造是我国监狱行刑的三大主要手段,标志着我国监狱工作进入了全面法制化、规范化的轨道。[3]

1995年,国务院印发《关于进一步加强监狱管理和劳动教养工作的通知》,正式确定监狱工作要坚持"惩罚与改造相结合,以改造人为宗旨"的方针,从而取代了"改造第一,生产第二"的方针,并沿用至今;同年,现代化文明监狱建设

---

[1] "调整、巩固、充实、提高",即调整严重失调的经济比例关系,巩固生产力和生产关系在发展和变革中获得的成果,充实一些新发展起来的事业的内容,提高那些需要改善的新事物的质量。

[2] 参见李豫黔:《中国共产党领导下中国监狱改造罪犯的初心和使命(上)》,载司法部网,http://www.moj.gov.cn/pub/sfbgw/jgsz/jgszzsdw/zsdwzgjygzxh/zgjygzxhxwdt/202106/t20210625_428859.html。

[3] 参见李豫黔:《新中国监狱70年改造罪犯的成功发展之路》,载《犯罪与改造研究》2019年第10期。

开启。目前,在习近平法治思想的指导下,我国不断深化监狱工作的改革创新,建设与社会主义法治国家相适应的监狱制度。

二、现代监狱设置

(一)监狱类型

依照《刑法》和《刑事诉讼法》的规定,被判处死刑缓期二年执行、无期徒刑、有期徒刑的罪犯,在监狱内执行刑罚。监狱的设置、撤销、迁移,由国务院司法行政部门批准。

我国现代监狱主要包括监狱和未成年犯管教所[1]:

1. 监狱,用于关押被人民法院判处有期徒刑、无期徒刑和死刑缓期2年执行罪犯的场所。《监狱法》第39条规定,监狱对成年男犯、女犯实行分开关押和管理,因此,我国监狱即可以分设男犯监狱和女犯监狱,女犯监狱应当由女性监狱人民警察直接进行管理。

2. 未成年犯管教所,由于其关押的对象主要是不满18周岁的犯罪人,因此,又称未成年监狱或者少年监狱,是关押被人民法院判处有期徒刑、无期徒刑的未成年犯的场所。未成年犯年满18周岁时,剩余刑期不超过2年的,仍可以留在未成年犯管教所执行剩余刑期;剩余刑期在2年以上的,应当转送成年犯监狱关押改造。[2]

但是,以上监狱并非我国监狱类型的全部,监狱根据罪犯的犯罪类型、刑罚种类、刑期、改造表现等情况,对罪犯实行分别关押,采取不同方式管理,监狱类型多样。

(二)监狱组织机构

1. 监狱主管机关

监狱管理体制是监狱建设与发展的基础,科学的监狱管理体制有利于监狱工作的开展。目前,我国监狱工作由国务院司法行政部门主管,司法部设监狱管理局,作为管理全国监狱的职能部门。各省、自治区、直辖市的司法厅(局)主管本行政区域所辖范围内的监狱工作;省、自治区、直辖市的监狱管理局在当地司法厅(局)的领导下具体管理辖区内的监狱工作。在此之前,全国监狱工作的主管机关几经变动。1949年,中华人民共和国司法部成立,根据《中央人民政府司法部试行组织条例》的规定,犯人改造监管机关的设置、废止、合并、指导与监督由司法部主管。但是,监狱管理的具体工作一般由公安部门负责,于是,1950年

---

[1] 参见王志亮:《中国监狱史》,中国政法大学出版社2017年版,第61-62页。
[2] 参见万安中主编:《中国监狱史》,中国政法大学出版社2015年版,第218页。

11月，监狱工作全权移交至公安部，公安部成为领导机关。1983年，司法部再次接手监狱工作，自此，全国监狱工作由司法部主管，并设相应的管理机构。

2. 监狱内部管理组织机构

监狱设监狱长一人、副监狱长若干人，并根据实际需要设置必要的工作机构和配备其他监狱管理人员，监狱内实行监狱、监区两级管理或者监狱、监区、分监区三级管理。[1] 监狱的管理人员依法开展管理监狱、执行刑罚、对罪犯进行教育改造等活动，受法律保护，但不得有索要、收受、侵占罪犯及其亲属的财物、私放罪犯或者玩忽职守造成罪犯脱逃、刑讯逼供或者体罚、虐待罪犯、侮辱罪犯的人格、殴打或者纵容他人殴打罪犯等违法行为。2019年中央政法工作会议明确指出，加快推进政法队伍革命化、正规化、专业化、职业化建设，努力打造一支党中央放心、人民群众满意的高素质政法队伍。监狱人民警察队伍作为政法队伍的一分子，应当严格遵守宪法和法律，忠于职守、秉公执法、严守纪律、清正廉洁，不断提高专业能力、有效提升职业素养，保障监狱工作顺利开展。

三、监禁刑执行

根据《刑法》《刑事诉讼法》《监狱法》的相关规定，我国监禁刑的执行对象是被判处死刑缓期二年执行的罪犯、被判处无期徒刑的罪犯以及被判处有期徒刑的罪犯，监禁刑执行的内容主要包括收监、对罪犯提出的申诉、控告、检举的处理、监外执行、减刑、假释以及释放。

（一）收监

收监是监狱按照法定程序将被判处死刑缓期二年执行、无期徒刑、有期徒刑的罪犯收押入监的刑罚执行活动，收监意味着刑罚执行的开始。收监必须严格依照法定程序执行。根据《监狱法》的规定，公安机关应在法定时限内将罪犯交付监狱执行刑罚，[2] 并且，罪犯被交付执行刑罚时，必须同时具备人民检察院的起诉书副本、人民法院的判决书、执行通知书、结案登记表，四者缺一不可，否则不予收监。[3] 罪犯收监后，监狱首先应当对其进行身体健康检查，根据罪犯

---

[1] 参见邓立强主编：《监狱学概论》，中央广播电视大学出版社2012年版，第24页。

[2] 《监狱法》第15条规定，对被判处死刑缓期二年执行、无期徒刑、有期徒刑的罪犯，人民法院应当将执行通知书、判决书送达羁押该罪犯的公安机关，公安机关应当自收到执行通知书、判决书之日起一个月内将该罪犯送交监狱执行刑罚。罪犯在被交付执行刑罚前，剩余刑期在3个月以下的，由看守所代为执行。

[3] 《监狱法》第16条规定，罪犯被交付执行刑罚时，交付执行的人民法院应当将人民检察院的起诉书副本、人民法院的判决书、执行通知书、结案登记表同时送达监狱。监狱没有收到上述文件的，不得收监；上述文件不齐全或者记载有误的，作出生效判决的人民法院应当及时补充齐全或者作出更正；对其中可能导致错误收监的，不予收监。

疾病严重程度或者女犯怀孕、哺乳的情况,查明是否存在暂予监外执行的情形,依据相关法律规定作进一步处理。除此之外,还应对罪犯进行人身和生活用品检查,其不得携带子女服刑,非生活必需品由监狱代为保管或者征得罪犯同意退回其家属,违禁品予以没收。收监完成后,监狱应当在5日之内向罪犯家属发出通知书。

（二）对罪犯提出的申诉、控告、检举的处理

监禁刑执行的同时,应当保障罪犯的合法权益,根据《宪法》第41条第1款的规定,中华人民共和国公民对于任何国家机关和国家工作人员的违法失职行为,有向有关国家机关提出申诉、控告或者检举的权利,但是不得捏造或者歪曲事实进行诬告陷害。第一,罪犯对生效的判决不服的,可以提出申诉,人民检察院或人民法院应当及时处理;第二,对监狱人民警察或者其他国家工作人员的违法犯罪行为,罪犯有权向有关机关揭发、控诉,这项法定权利的有效实施,有利于打击刑讯逼供、贪污腐败等违法犯罪活动,减少和避免冤假错案的发生;第三,罪犯向有关机关控告监狱内外的违法犯罪活动。罪犯的申诉、控告、检举材料,监狱应当及时转递,不得扣压,对处理结果有关机关应当通知监狱,依法保护罪犯的申诉、控告和检举权,对于准确、有效执行刑罚,打击罪犯、保护人权具有重要的意义。

（三）暂予监外执行

暂予监外执行因其出现于不同的刑罚执行阶段,可分为两种,即收监前的暂予监外执行和收监后的暂予监外执行。依据《刑事诉讼法》第265条第5款的规定,交付执行前的暂予监外执行由交付执行的人民法院决定,交付执行后的暂予监外执行由监狱或者看守所提出书面意见,报省级以上监狱管理机关或者设区的市一级以上公安机关批准。对于交付执行后的暂予监外执行,批准机关应当将批准决定通知公安机关和原判人民法院,并抄送人民检察院。人民检察院认为对罪犯适用暂予监外执行不当的,应当自接到通知之日起1个月内将书面意见送交批准暂予监外执行的机关,批准暂予监外执行的机关接到人民检察院的书面意见后,应当立即对该决定进行重新核查。对暂予监外执行的罪犯,依法实行社区矫正,具有刑事诉讼法规定的应当收监的情形的,社区矫正机构应当及时通知监狱收监。

（四）减刑

减刑是指对被判处有期徒刑、无期徒刑的犯罪分子,依照法定条件和法定程序减轻其原判刑罚,既可以是同一刑种的减轻,也可以是不同刑种的减轻。第一,减刑必须符合法定条件。根据《刑法》第78条和《监狱法》第29条的规定,减刑分为可以减刑和应当减刑,被判处无期徒刑、有期徒刑的罪犯,在服刑期间

确有悔改或者立功表现的,根据监狱考核的结果,可以减刑;依据法律规定有重大立功表现的,应当减刑。第二,减刑必须依照法定程序进行。根据《监狱法》的相关规定,减刑建议由监狱向人民法院提出,人民法院在法定时限内审核裁定,人民检察院认为人民法院减刑的裁定不当,应当依照刑事诉讼法规定的期间向人民法院提出书面纠正意见。对于人民检察院提出书面纠正意见的案件,人民法院应当重新审理,作出最终裁定。减刑可以激励犯罪人积极改造、认罪悔罪,早日回归社会,是我国宽严相济的刑事政策的有力体现。

(五)假释

假释是指对刑罚执行期间符合法定条件的罪犯附条件地予以提前释放的一项制度,不同于刑罚执行完毕后的释放,有利于激励犯罪人积极改造。根据法律规定,执行原判刑期1/2以上的有期徒刑犯和实际执行13年以上的无期徒刑犯,认真遵守监规,接受教育改造,确有悔改表现,假释后不致再危害社会的,可以假释,对假释犯实行社区矫正。假释建议由监狱提出,监狱应当严格依法对罪犯进行考核,符合法定条件的,向人民法院提出假释建议;对累犯以及因杀人、爆炸、抢劫、强奸、绑架等暴力性犯罪被判处10年以上有期徒刑、无期徒刑的犯罪分子,不得假释。2021年,最高人民法院、最高人民检察院、司法部、公安部联合发布《关于加强减刑、假释案件实质化审理的意见》,指出人民法院在办理假释案件时,要严格审查假释案件实体条件,依照法定程序作出裁定;人民法院裁定假释的,监狱应当按期假释并发给假释证明书。

(六)释放

释放是指依照法律规定解除服刑人员的监禁并恢复其人身自由的刑罚执行活动,是监禁刑执行的终点,是犯罪人回归社会的起点。[1] 监禁刑执行阶段的释放分为三种情况:一是刑满释放,罪犯服满人民法院判决或者裁定的刑期;二是重新判决或者裁定释放,人民法院依照审判监督程序撤销原判,进行重审,监狱依据人民法院作出的无罪释放或者判处较轻刑罚的判决或裁定,释放犯罪人;三是特赦释放,国家元首或者最高国家权力机关对已受罪刑宣告的特定犯罪人免除其全部或部分刑罚,监狱收到特赦通知书后,应立即办理特赦释放手续,释放犯罪人。根据《监狱法》的规定,对刑满释放人员,当地人民政府帮助其安置生活,符合特定条件的,由当地人民政府予以救济。刑满释放人员依法享有与其他公民平等的权利。社会力量的支持,有助于刑满释放人员的再社会化,有助于巩固矫正成果,避免其重新犯罪,有助于维护社会稳定,构建和谐社会。

---

[1] 参见吴宗宪主编:《刑事执行法学》,中国人民大学出版社2019年版,第144页。

四、狱政管理制度

狱政管理是监狱执行监禁刑,对罪犯进行监督、管理,规范狱内行为,保障罪犯合法权益,维护监狱良好秩序的统称。依据《监狱法》等相关法律规定,我国狱政管理制度主要包括分类管理、警戒、生活卫生管理、通信会见、考核奖惩等具体制度。

(一)分类管理制度

监狱内罪犯构成十分复杂,性别、年龄、性格、职业、家庭背景、受教育程度等方面差异明显,并且犯罪性质不同导致被判处的刑种不同、刑期长短不同,不加以区分关押,容易造成罪犯交叉感染、监狱管理混乱等问题,不利于罪犯改造和监狱秩序的维护。分类管理可以针对罪犯的不同情况,制定相应的改造方案,充分调动罪犯改造积极性,提高改造质量。根据《监狱法》的规定,分类关押和分级处遇是我国监狱分类管理的内容,以"横向分类,纵向分级;分级处遇,分类施教"为总原则。[1]

1. 分类关押

根据《监狱法》第39条的规定,监狱分类关押实质上包括两方面内容,即以性别、年龄为标准的成年男犯、女犯和未成年犯分开关押,以及根据罪犯的犯罪类型、刑罚种类、刑期、改造表现等情况,由不同监区关押或者分监区关押。主要存在以下类型:一是以性别为标准,对男性犯人和女性犯人分开关押,女性犯人由女性人民警察直接管理。二是以年龄为标准,对未成年犯与成年犯分别关押。未成年犯生理、心理等方面与成年犯具有较大的差异,单独关押有利于依据其特点制定适合其的改造方案。但是,近年来,随着未成年犯数量的下降,未成年犯管教所面临转型问题。[2] 三是按照犯罪类型不同,将性罪犯、财产型罪犯、暴力犯以及其他类型罪犯予以分类关押。四是按照罪犯的刑期长短、刑罚轻重,将重刑犯和轻刑犯分开关押,长刑犯和短刑犯分开关押。

当然,监狱分类关押的类型不止以上几种,职务犯、少数民族犯、外籍犯分开关押同样存在,不同地区监狱分类有所不同。但是,部分地区的监狱重性别、年龄等层面因素,以刑罚轻重为标准的分类管理落实并不到位;同时,部分犯罪根据犯罪手段、犯罪目的不同可划分为不同的犯罪类型,即存在某一犯罪既是财产型犯罪,又是暴力型犯罪的情况,分类标准不具体、不统一,实践中如何操作是一

---

[1] 参见朱贝妮:《我国监狱罪犯分类管理制度的考察与反思》,载《闽南师范大学学报(哲学社会科学版)》2018年第1期。

[2] 参见姚学强:《未成年犯数量减少背景下未成年犯管教所未来转型与发展研究》,载《中国监狱学刊》2022年第4期。

难题。

2. 分级处遇

分级处遇是监狱按照罪犯表现、判处刑期，全方位区分罪犯恶劣程度，对罪犯开展等级划分，按照相应级别开展不同管理活动和提供待遇。[1] 根据《监狱法》的规定，不同级别的罪犯在收受物品、通信会见、活动范围、文化娱乐等方面的待遇不同，同时罪犯处遇等级并非一成不变，随着改造表现等的变化，日常计分变化，进而改变等级，以激励罪犯积极改造。基于司法实践，监狱级差虽然有三级、四级、五级不等，但大致可以分为以下三种：

第一，从严管理。该等级主要适用于新入监的罪犯（入监不足半年），近年内受过警告、记过、禁闭的罪犯，无期徒刑犯，死缓犯以及主观恶性大、人身危险性大、经常违反监规的罪犯，一般禁止其单独行动，不准离监探亲。

第二，普通管理。这是监狱内最为常见的管理等级，对遵守监规、表现一般、服从管教的罪犯适用，相对严格管理，其待遇较为宽松，在监狱工作人员的监督下，可以在监狱规定的范围内自由活动，有特殊情况（重大变故）的可以特许回家探亲等。

第三，从宽管理。其是分级处遇中最为宽松的等级，主要适用于改造表现一贯良好并且实际服刑超过 1/3 的罪犯，他们有外出学习参观的机会，除重大变故外，还可以在法定节假日探亲，在收受物品的数量、信件检查等其他方面管理宽松，享有最好的生活待遇。

与分类管理一样，《监狱法》对分级处遇制度的规定较为抽象、笼统，各地执行标准不一，导致执行效果有所差别；由于处遇差较小，罪犯处遇晋升意愿不强，大多数罪犯属于普通管理级别，从宽管理级别罪犯较少；与此同时，处遇包括物质处遇和精神处遇两方面，但实践中较为注重物质处遇，罪犯的精神处遇易被忽视。

（二）警戒制度

警戒是监狱为预防和打击罪犯行凶、暴乱、逃跑等违法犯罪行为，而运用一定人力、装备、设施进行的管理约束和警卫戒备活动。[2] 警戒制度有利于防止罪犯狱内违法犯罪行为、自伤自残行为的产生，有利于罪犯培养良好的生活习惯、端正行为作风，有利于建立良好有序的监管秩序。因警戒程度的不同，我国监狱分为低度戒备、中度戒备和高度戒备三个等级，分别关押相应罪犯。

---

[1] 参见吴宗宪主编：《中国现代化文明监狱研究》，警官教育出版社1996年版。

[2] 参见吴宗宪主编：《刑事执行法学》，中国人民大学出版社2019年版，第152页。

内部管理、武装警戒和群众联防构成我国警戒制度的主要内容。其中,内部管理,是指在监区警戒内,设置内看守队,对罪犯进行直接管理。罪犯在监狱内的生活具有明确的时间安排,从起床、劳动到睡觉必须按照规定进行,由内看守队监督、管理,白天负责监管留在监舍或者监区的罪犯,晚上负责全监狱罪犯的管理,清点人数、检查物品,防止罪犯藏有凶器、毒品等违规、危险物品。除此之外,监狱工作人员还应对内部警戒装备、设施进行定期检查,防止出现监管漏洞,破坏监管秩序。

武装警戒,又称外部警戒,由人民武装警察部队负责,在罪犯生产区、监区外围以及押解罪犯途中,依法实施警卫警备活动。外部警戒主要应对监狱内骚乱、暴动,罪犯逃跑,以及意外事故、自然灾害时对罪犯生命安全、国家财产的保障。同时,监狱周围设警戒隔离带,加强监管,防止罪犯、监狱工作人员受到来自监狱外部的袭击。

群众联防,是国家群众路线在监狱管理工作中的切实应用,是指监区、作业区周围的机关、团体、基层组织以及广大人民群众协助监狱、防止罪犯逃跑的警戒工作,如设立联防机构,制定联防措施,通过社会力量的参与最大程度保障监狱监管安全。

监狱警戒活动的有效实施,必然要借助一定的戒具、武器,戒具、武器的使用要在法律允许的范围内,不能违法使用、滥用,侵犯罪犯的合法权益,要坚持惩罚犯罪与保障人权相统一。

(三)监狱生活、卫生管理制度

监狱生活、卫生管理制度与罪犯的切身利益密切相关,是罪犯能够积极改造、坚持改造的基础保障,是人道主义原则的具体表现,罪犯正常生活的权利不应因为刑罚执行而被剥夺。

生活管理主要涉及饮食、穿着、住宿以及作息安排等内容,既要为罪犯提供相应的服务,又要对其行为进行约束。饮食是罪犯最为关心的问题之一,国家对罪犯饮食管理同样予以重视,监狱要保障罪犯吃饱、吃熟、吃得卫生,设置餐具清洗消毒区、冷冻冷藏库、食品检测室等相关功能区域,保障罪犯饮食安全。监狱有少数民族罪犯的,可根据需求设置少量少数民族灶;有病号的,可遵医嘱提供相应餐食,做到人性化管理,但是不能向罪犯收费为其单独"开小灶",做到公平对待。为防止罪犯过于聚集,监狱就餐点相对分散,同时严格管控食堂刀具,防止罪犯带入监舍、作业区等场所进行危险活动。

被服管理指关于罪犯服装、被褥等方面的制度。为了便于管理,罪犯在监狱需要穿着统一的内衣裤、制服、囚鞋,各地监服的颜色、样式等可以不同,但需要体现出刑罚的严肃性;被褥等床上用品也是按照规定,予以统一。根据《监狱法》的规定,罪犯的被服由监狱统一配发。同时,监舍管理和罪犯作息安排对保障人权、维护监狱秩序发挥重要作用,监舍不仅要坚固、通风、透光、清洁、保暖,同时还应符合防火、防震等国家规定标准。合理的作息安排有利于罪犯身心健康,使其具备充沛的精力,投入劳动和教育改造中去,这是行刑人道主义的又一体现。

作为狱政管理的重要内容之一,卫生管理直接关系到罪犯的身体健康,是关于监狱卫生、医疗、罪犯劳动保护等方面的管理。监狱应当设立医疗机构和卫生设施,定期安排罪犯体检,对患有疾病的罪犯进行救治,严重的可依法转往社会医院治疗。同时监狱要注意罪犯个人卫生、监舍卫生的管理,保持监舍清洁,预防流感等传播性疾病,保障刑罚执行顺利进行。

(四)通信、会见制度

通信,是指罪犯收寄信件、通话等;会见,是指罪犯与会见人会面交谈,包括视频会见、面对面会见、隔透明装置电话会见等。通信、会见是罪犯与社会保持联系的一种方式。

在监狱内,罪犯可以依法与他人通信。罪犯拟寄出的信件监狱应进行检查,借助书信泄露机密、串通案情,有其他可疑内容等,监狱予以扣留;监狱允许少数民族罪犯使用本民族语言写信,但信件内容同样接受检查。罪犯写给监狱的上级机关和司法机关的信件,不受检查。罪犯收到的信件监狱应及时检查,但是根据罪犯管理等级的不同,在这方面的处遇有所不同,检查严格程度存在差异。罪犯在服刑期间不允许使用手机,不能单独与外界联系,因此应当使用监狱指定的通话设施,同时,《罪犯会见通信规定》对罪犯通话的次数、时长、特殊情况作出明确规定,不可违法违规通话。罪犯通话时,监狱应当监听。

会见同样要在法律允许的范围内进行,既可以是罪犯在监区指定场所与亲属、监护人见面,也可以是离监探亲,离监探亲需要符合一定的条件,经过监狱的批准。罪犯亲属、监护人可以向监狱提出会见申请,视频会见的,罪犯可以向监狱提出申请。罪犯在监狱会见室或者其他指定场所会见的,监狱应当监听,亲属、监护人携带生活用品、衣物、食物等,应当检查,在规定时间内完成会见。

通信会见制度有利于罪犯了解其家庭情况,缓解思亲之情,使其保持情绪稳定,认真接受改造;有利于亲属对罪犯进行耐心帮教,促进罪犯思想改造,同时打消亲属对罪犯监狱生活的担忧,实现双向支持。

(五)考核奖惩制度

为提高罪犯改造积极性,监狱会根据罪犯改造表现予以奖励或者处罚,日常计分是对罪犯日常改造表现的定量评价,是监狱日常考核制度的主要内容。

计分考核的结果不仅影响到罪犯是否得到奖励或者处罚、得到何种奖励或者处罚,同时是对罪犯实施分级处遇、依法提请减刑假释的重要依据。因此,计分考核要坚持以下原则:第一,合法原则。监狱应严格按照《监狱法》《监狱计分考核罪犯工作规定》规定的情形,对罪犯改造表现加分、扣分,不能受其他非法因素的影响随意评定考核分数。第二,公平公正公开原则。日常计分的内容和标准、考核的程序和规则应当公开,罪犯有权充分了解他们的行为奖惩考核包括哪些内容,对考核结果产生正当怀疑的,有权提出异议,监狱依法公平评价罪犯改造表现,做到考核结果实体公正与程序公正相统一。第三,及时原则。监狱应当每月对罪犯进行考核,不能拖延;遇有恶性案件或者罪犯突出贡献,监狱应当及时作出奖惩决定,提高工作效率,保障监管改造工作顺利进行。[1]

日常计分以罪犯改造表现为依据,监狱对罪犯监管改造、教育和文化改造、劳动改造三个部分进行考核,各部分的分数不可以互相替代,一月一考,对达到计分标准的予以基础分,未达标准或者违反规定的在基础分上予以扣分,表现突出的予以专项加分。罪犯入监教育期间不给予基础分;对老年、身体残疾、患严重疾病等经鉴定丧失劳动能力的罪犯,不考核劳动改造表现。监狱会根据日常计分的结果对罪犯进行等级评定,包括不合格等级、合格等级和积极等级,并依据等级给予罪犯表扬、物质奖励、不予奖励或者批评教育,实行分级处遇。

考核奖惩制度的有效运行对调动罪犯改造积极性、提高改造质量、维护监狱管理秩序具有重要意义。监狱应当严格依照法定考核程序和规则进行评定,规范监狱工作人员的考核行为,监狱纪检部门、人民检察院等加强对考核工作合法性的监督,提高监狱考核执法水平,做到依法考核、公正评定。

第二节　社区矫正

社区矫正,是一种非监禁形式的刑罚执行方法,相对于监禁刑,社区矫正对象人身自由受限程度较轻,犯罪人于其所在社区服刑,通过国家专门机关、社会组织、社会志愿者等力量的帮助,改正行为恶习、改变不良心理,尽快融入社会。社区矫正的兴起与发展是刑罚执行方式的一大进步,尤其是缓刑、假释制度的创立和实施,在社区矫正的实践中具有重大的意义。[2]

---

[1] 参见吴宗宪主编:《刑事执行法学》,中国人民大学出版社2019年版,第170页。
[2] 参见郭建安、郑霞泽主编:《社区矫正通论》,法律出版社2004年版,第20页。

一、国外社区矫正的兴起

社区矫正制度兴起于西方国家,行刑理念的变化使得监禁刑不再成为刑罚执行的唯一方式,被判处缓刑、假释的犯罪分子被送往社区服刑,利用社会力量完成对其的矫正。缓刑是刑罚的暂缓执行,是指对判处一定刑期的犯罪分子,因其符合特定条件,先行宣告定罪,暂不执行所判处的刑罚,是一种刑罚执行方式。缓刑制度历史悠久,关于缓刑的起源,学界存在争议。绝大多数学者认为现代缓刑制度起源于美国的约翰·奥古斯塔斯及其伙伴们的作为,[1]由此,奥古斯塔斯也被称为"缓刑之父"。[2] 在此影响下,1878 年,美国马萨诸塞州颁布了第一部缓刑法,确立缓刑工作人员的专职地位,完善相关制度,美国社区矫正制度初步建立。[3]

但是,也有学者认为缓刑最早萌芽于英国。美国学者克莱门斯·巴特勒斯认为,缓刑的萌芽与英国的"教士恩赦制度"或"神职人员特权"相关。[4][5] 还有学者认为,缓刑早期萌芽是英国的判决暂缓执行(suspended sentences of imprisonment),此外在 14 世纪的英国产生、后来流传到美国的具结释放(release on recognizance),也是现代缓刑制度的萌芽之一。[6] 同样,我国学者吴宗宪认为缓刑最早起源于美国这一观点可能是不准确的。[7] 1907 年,《英国罪犯缓刑法》(Probation of Offenders Act 1907)的颁布标志着英国缓刑制度的正式确立,

---

[1] See Harry Elmer Barnes & Negley K. Teeters, *New Horizons in Criminology: The American Crime Prolem*, Prentice-Hall, 1946, p. 374; Marilyn MeShane & Wesley Krause, *Community Corrections*, Macmillan Publishing Compan, 1993, p. 89; Harry EAllen, Edward J. Latessa & Bruce S. Ponder, *Corrections in America*, 12th edition, Prentice Hall, 2010, p. 84.

[2] 奥古斯塔斯,是美国的一名制鞋匠,因参加禁酒运动(宗教性质的禁酒活动)而著称。1841 年某日,法庭上,犯罪人被判处公开酗酒(美国的一种轻刑罚),即将被送往矫治所,在场的奥古斯塔斯请求法官将犯罪人交给他,以监督犯罪人端正自身行为。在一段时间的监督之后,法官为犯罪人的变化感到惊讶,最终判处犯罪人暂缓执行 6 个月的监禁刑,并缴纳罚金,至此,美国产生了历史上第一位"缓刑犯",此后,缓刑渐渐流行起来。一般认为,奥古斯塔斯是第一个使用"缓刑"一词的人。

[3] 参见丁寰翔等:《社区矫正理论与实践》,中国民主法制出版社 2009 年版,第 23 页。

[4] 参见[美]克莱门斯·巴特勒斯:《罪犯矫正概述》,龙学群译,群众出版社 1987 年版,第 94 页。

[5] 12 世纪末,英国政治异议人士与宗教异端人士认为当时的刑罚太过严苛,为寻求"宽恕"措施,判决暂缓执行、具结释放制度应运而生,英国缓刑制度开始萌芽。

[6] 参见陈梦琪:《英国社区矫正制度评析》,载《青少年犯罪问题》2003 年第 6 期。

[7] 吴宗宪认为,缓刑的最早萌芽可能是在英国产生,为了解决刑罚过于严苛的现象,早期被使用于政治和宗教方面判刑的人,主要包括 12 世纪末时产生的教会人员特权制度、早期英国的判决暂缓执行和具结释放。参见吴宗宪:《社区矫正比较研究(上)》,中国人民大学出版社 2011 年版,第 143-147 页。

被判处缓刑的犯罪人在社区服刑,由缓刑局(Probation Service)进行监督与管理,接受缓刑官的考察与指导。[1][2] 学者郭建安等认为,现代意义上的缓刑制度,实质上起源于英、美两国,[3]此后,其他国家缓刑制度的发展受到了英、美两国的影响。

同样,假释制度对社区矫正的兴起与发展具有促进作用,该制度在解决监狱管理混乱的同时,有利于激励罪犯积极改造、认真服刑。1869年,美国纽约州在立法中首先确定假释制度的关键内容,如管理委员会作出假释的决定和赋予有条件的、进行监管的释放以及对假释的撤销。但是不可否认,假释的实践基础源于欧洲的刑事制度。[4] 在1790年,受流刑宣告而被送至澳洲的受刑人被英属殖民地澳大利亚新南威尔州州长菲利普(Conmondare Phillip)予以附条件赦免,即在英国政府的授权下,犯罪人在指定居住地服刑,不得离开该居住地,并向工作人员报告其生活情况,对表现良好者在期满后可免剩余刑期、采取提前释放。这被较为普遍地认为是假释制度的起源。此外,有学者认为,假释制度几乎同时起源于三位欧洲监狱管理者:西班牙的马努埃尔·蒙特西诺思(Manuel Montesinos)、德国的格奥尔格·米夏埃尔·奥博迈尔(Georg Michael Obermaier)和英国的亚历山大·麦科诺基[5](Alexander Maconochie,1787—1860)。[6] 此后,这一制度在英国、美国等西方多国中广泛传播并应用。假释制度下,犯罪人的服刑地点不再是监狱,而是社区或者指定居住地,假释官对犯罪人的生活、行为进行监督管理,该制度的发展对社区矫正意义重大。

二、美国中间制裁制度

中间制裁(Intermediate Sanctions),又称中间刑罚(Intermediate Punishment),并非区别于监禁刑执行和社区矫正的第三种刑罚执行方式,而是美国在社区矫正发展中,逐渐兴起的另一种社区矫正形式,以解决监狱拥挤等问题,是刑事司

---

[1] 参见郭翔:《英国的缓刑制度》,载《法学家》1996年第5期。
[2] 也有学者认为将"probation"翻译成"缓刑"是不准确的,应是"社区矫正"之意,因此,将Probation of Offenders Act 1907翻译成《1907罪犯社区矫正法》,该法的颁布是英国社区矫正制度正式确立的标志。参见唐彦:《英国刑事执行制度研究》,中国政法大学出版社2017年版,第157-161页。
[3] 参见郭建安、郑霞泽主编:《社区矫正通论》,法律出版社2004年版,第135页。
[4] 参见刘强编著:《美国社区矫正的理论与实务》,中国人民公安大学出版社2003年版,第81页。
[5] 在英国,亚历山大被称为"假释之父",1840年,亚历山大负责管理在澳大利亚流放的犯罪人,他认为表现良好的犯罪人可以提前释放,以此激励犯罪人,并建立了一套激励制度。
[6] 参见吴宗宪主编:《刑事执行法学》,中国人民大学出版社2019年版,第260页。Paul F. Cromwell, Leanne Fiftal Alarid & Rolando V. del Carmen, *Community-Based Corrections*, 6th edition, Thomas Wadsworth, 2005, p.222-224.

法系统对民众对新的矫正形式的现实需要的回应。

(一)产生背景

美国的犯罪圈相当宽泛,对犯罪的刑罚种类和惩罚轻重程度划分细致,中间制裁的严厉程度介于缓刑的宽松管理与监狱严格管理之间。

理论上,20 世纪 60 年代,美国经历了从矫正处遇论转向传统的惩罚处遇论的时期。在矫正处遇论占主导地位的时期,犯罪数量未降反增,部分学者对该理论的成效产生怀疑。加之,刑罚个别化理论普及、"惩罚和控制罪犯论"的地位逐渐上升,进而取代矫正处遇论,影响量刑。20 世纪 70 年代,刑罚的公正性得到各界人士的关注,他们认为应依据罪犯犯罪行为的严重性,使其受到相应严厉程度的惩罚,而不是过分强调罪犯的社会回归,"罪有应得"的传统理念取代改造性矫治的基本理论,对中间制裁制度的兴起产生影响。20 世纪 90 年代,政治选举运动的主要议题是犯罪控制政策,"法律与秩序"的拥护者呼吁对罪犯处以更为严厉的刑罚,人们认为传统缓刑、假释对罪犯的管理不够严格,惩罚不够严厉,寻找新的替代性制裁措施成为现实需要。

实践中,20 世纪 70 年代,犯罪人数的增多导致美国联邦和各州监狱不堪重负,直接表现为监狱拥挤、监禁成本过高,为了缓解此状况,罪犯从监狱向社区过渡成为必要,部分本应在监狱服刑的罪犯被适用缓刑或提前释放而置于社区中,同时增加了社区矫正机构的工作压力,社区民众的安全也受到一定程度的威胁。传统的社区矫正形式和监禁无法满足现状,国家致力于寻找一种制度以平衡两者,实现监狱资源和矫正成本的节约,同时保障社区安全,中间制裁制度应运而生。

(二)主要种类

中间制裁既可以与传统的缓刑、假释结合适用,也可以单独适用。中间制裁包括严密监控下的缓刑或假释、家庭监禁、社区服务、中途之家、电子监控、日报告中心等。

1. 严密的缓刑、假释监督

严密的缓刑和假释监督(intensive supervision probation and parole,ISP)是在常规缓刑和假释考验基础上为罪犯设置更为严格的考验条件、进行更为严密的监督、提供更多治疗计划的一种刑罚执行措施,[1]是美国最早出现的中间制裁措施,其适用于非暴力犯罪的重刑罪犯,监督期限从 6 个月到 2 年不等,并且美国联邦和各州关于该措施的内容不完全一致。

相较于传统的缓刑、假释执行,严密的缓刑和假释监督对罪犯的监督管理更

---

[1] 参见蔡国芹:《美国社区矫正体制的中间制裁制度》,载《时代法学》2007 年第 6 期。

为严格,实行强制就业或赔偿、强制宵禁、自愿或强制参与治疗,监督官对罪犯进行持续的监督,经常性进行滥用物质(酒精、毒品)的检测,掌握罪犯的相关情况。监督所产生的费用由被监督的罪犯承担。此类监督官经过非常严格的培训,个人负责的案件数量较少,司法资源消耗更多,因此,严密的缓刑和假释监督一般不轻易适用,要对罪犯的人身危险程度等进行严格的量化评估。在美国的绝大部分州适用严密的缓刑和假释监督的对象为成年的假释犯和缓刑犯。[1]

2. 日报告中心

1986年,美国马萨诸塞州的汉普登县率先实行日常报告制度。这是一种较新的中间制裁形式,未被执行监禁的罪犯必须定期向其案件负责人报告与其监督和治疗相关的事项,否则将收监服刑。日报告中心多半设置在缓刑和假释监督机构之中,既可以由私人组织设立,也可以由政府设立,案件负责人通常为缓刑官和假释官。

日报告中心措施的期限从40天到9个月不等,内容也较为丰富,被适用日报告中心的罪犯必须与报告中心签订一份书面合同,并承诺自觉遵守合同约定的报告时间安排;双方还可以约定罪犯应当配合的其他行为。日报告中心不为罪犯提供住宿条件,为了方便监督官在约定的时间内上门检查,罪犯晚间在住所的起始和终止时间要确定,因为被监督的罪犯通常被禁止在晚间外出。日报告中心制度将对缓刑、假释的监督,早期释放以及住宅监禁以更为合理的方式结合起来,在加强对罪犯监管的同时,为罪犯提供相应的咨询、教育、工作培训等服务。

3. 中途之家

中途之家,又称返回社区训练所,是为刚刚从监狱被释放或者从精神病院出院的人提供一个过渡性的(一般为6个月)、受到控制的居住环境,是培养其进入自由社区生活的独立适应能力的机构。[2] 中途之家为审前羁押的被告、正处于缓刑考察期的罪犯、临近刑满的缓刑和假释犯以及获准休假的罪犯提供服务和帮助,使其早日顺利回归社会。但是,不同地区中途之家接收的对象有所差异,有的中途之家还接收吸毒者或者精神病人。

在罪犯进入中途之家前,机构会对其进行行政审查,以决定是否接收该罪犯。对顺利进入中途之家的对象进行评估,包括风险和需求两方面,进而制定矫正细则、矫正项目和训练目标,以提高对象的生活能力、减少再犯风险,顺利完成

---

[1] See John C. Runda, Edward E. Rhine & Robert E. Wetter, *The Practice of Parole Boards*, Host Communications Printing, 1994.
[2] 参见姜楠:《美国矫正制度中的中间制裁制度》,载《中国司法》2015年第3期。

矫正计划的对象才可以回归社会或者进入相应的阶段。根据服务内容的不同，美国的中途之家有支持型中途之家和干预型中途之家，前者侧重为罪犯提供生活技能、职业技能等培训，后者则侧重滥用物质干预。中途之家的对象不完全具有人身自由，如禁止夜出。美国的中途之家多为私人管理，也有官方设立。

4. 住宅禁闭与电子监控

住宅禁闭（home confinement），又称为"家中监禁"（home arrest）或者"住宅羁押"（home detention），比严密的缓刑和假释监督更具有惩罚性，是指在一定期限内将罪犯限制在其住所范围之内，非经批准而不得随意外出的限制措施。根据限制等级，住宅禁闭分为三个级别：一是宵禁（curfew），要求被禁闭者必须于每天的固定时段待在家中；二是住宅羁押，要求被禁闭者除事先批准的上班、上学、治疗、做礼拜、律师约见、出庭或履行法院的命令和其他任务外，必须一直待在家里；三是住宅监禁（home incarceration），除出庭、看医生或从事法院特批的活动外，被禁闭者必须一天24小时待在家中。[1]

电子监控制度之前，住宅禁闭耗费较高的人力、物力成本，适用范围有限，电子监控制度出现后，此问题得以解决，住宅禁闭的执行效率提高，适用范围扩大，住宅禁闭制度迅速发展。最早的电子监控利用的是射频系统，通过射频脚环来控制罪犯，设置一个接收器，同时连接罪犯住宅和路上的线路，罪犯只能在接收器规定的范围内活动，一旦离开，接收器便向监控中心报警。现在，电子监控的实现以GPS为主。电子监控的适用，并不意味着住宅禁闭不需要监督官的参与，监督官对罪犯的生活情况要保持严密监督，如是否有违纪行为。

三、我国的社区矫正

（一）我国社区矫正历史沿革

我国刑罚中的管制刑对社区矫正的发展具有重要作用。管制，是我国独创的限制自由刑。中华人民共和国成立之前，出现了管制的雏形，如回村执行制度、军事管制等制度。中华人民共和国成立初期，在《惩治贪污条例》（1952年）等中均有对管制的规定。1979年《刑法》首次以法律的形式确定了管制的范围、对象、考察内容和执行机关。但是，在20世纪80年代，管制刑在实践中出现许多问题，居民委员会、村民委员会对管制刑服刑人员管控效果不佳。当时，社区矫正制度还未确立。[2]

---

[1] 参见蔡国芹：《美国社区矫正体制的中间制裁制度》，载《时代法学》2007年第6期。
[2] 参见王淑华：《建立并完善具有中国特色的社区矫正制度》，载《辽宁警专学报》2008年第3期。

我国社区矫正发展的转折点在21世纪初期。2002年8月,上海自主启动社区矫正试点工作,在闸北区宝山路、普陀区曹杨新村和徐汇区斜土路三个街道扩大社区矫正的试点,当时,除缓刑、管制、假释和暂予监外执行的犯罪分子,社区矫正对象还包括被剥夺政治权利人员。上海社区矫正试点工作为后来全国开展社区矫正工作作出巨大贡献。2003年7月,最高人民法院、最高人民检察院、公安部、司法部联合颁布《关于开展社区矫正试点工作的通知》(已失效),划定北京、上海、天津、浙江、江苏、山东6个省(市)作为第一批试点城市,启动全国性社区矫正改革。

2005年1月,国家公布第二批试点城市,扩及河北、湖北、内蒙古等12个省、自治区、直辖市,试点规模扩大。2009年9月,最高人民法院、最高人民检察院、公安部、司法部联合发布《关于在全国试行社区矫正工作的意见》(已失效),在全国试行社区矫正工作。2011年,《刑法修正案(八)》颁布,首次将"社区矫正"写入法律,明确规定对判处管制、宣告缓刑、假释的犯罪分子,依法实行社区矫正。2019年12月28日第十三届全国人大常委会第十五次会议通过《社区矫正法》,为深入推进社区矫正工作提供有力的法律保障,开启社区矫正法治建设新阶段,我国社区矫正工作上升到新高度。

(二)社区矫正对象

关于社区矫正的对象,《社区矫正法》第2条第1款规定,对被判处管制、宣告缓刑、假释和暂予监外执行的罪犯,依法实行社区矫正。

1. 被判处管制刑罪犯的社区矫正

管制是对罪犯不予关押但是限制其一定人身自由的一种刑罚种类,对被判处管制的犯罪分子,依法实行社区矫正。根据《刑法》《社区矫正法》的规定,被判处管制刑罪犯的社区矫正应当遵守以下规定:第一,人民法院判处管制的社区矫正对象应当自判决、裁定生效之日起10日内到执行地社区矫正机构报到。第二,管制执行期间,社区矫正对象应当遵守法律、行政法规,服从监督;未经执行机关批准,不得行使言论、出版、集会、结社、游行、示威自由的权利;按照执行机关规定报告自己的活动情况;遵守执行机关关于会客的规定;离开所居住的市、县或者迁居,应当报经执行机关批准。

2. 缓刑犯社区矫正

缓刑是对罪犯附条件地不执行原判刑罚的一种刑罚执行方式,是刑罚的暂缓执行,而非刑罚种类;对被宣告缓刑的犯罪分子在缓刑考验期限内,依法实行社区矫正。根据《刑法》《社区矫正法》的规定,缓刑犯社区矫正执行应当遵守以下规定:第一,人民法院宣告缓刑的社区矫正对象应当自判决、裁定生效之日起10日内到执行地社区矫正机构报到。第二,社区矫正期间,社区矫正对象应遵守相关法律法规规定,服从社区矫正机构监管,没有违反法律法规规定的情形,缓刑考验期满,原判的刑罚就不再执行,并公开予以宣告,解除矫正;若违反法律、行政法规或者国务院有关部门关于缓刑的监督管理规定,或者违反人民法院判决中的禁止令,情节严重的,应当撤销缓刑,执行原判刑罚。

3. 假释犯社区矫正

假释是指对刑罚执行期间符合法定条件的罪犯附条件地予以提前释放的一项制度,对被假释的罪犯依法实行社区矫正。社区矫正对象应当自判决、裁定生效之日起 10 日内到执行地社区矫正机构报到。社区矫正期间,社区矫正对象应遵守相关法律规定,服从社区矫正机构监管,没有违法违规情形的,假释考验期满,解除矫正;若存在违法违规情形,但未犯新罪,对社区矫正对象撤销假释,收监执行未执行完毕的刑罚。发现社区矫正对象判决宣告以前还有其他罪没有判决的、社区矫正对象犯新罪的,应当撤销假释,实行数罪并罚。

4. 暂予监外执行人员社区矫正

和缓刑一样,暂予监外执行是一种刑罚执行方式,对被判处暂予监外执行的罪犯,依法实行社区矫正。暂予监外执行因其出现于不同的刑罚执行阶段,故分为两种,即收监前的暂予监外执行和收监后的暂予监外执行,根据《社区矫正法》的规定,人民法院决定暂予监外执行的社区矫正对象,由看守所或者执行取保候审、监视居住的公安机关自收到决定之日起 10 日内将社区矫正对象移送社区矫正机构;监狱管理机关、公安机关批准暂予监外执行的社区矫正对象,由监狱或者看守所自收到批准决定之日起 10 日内将社区矫正对象移送社区矫正机构。社区矫正对象具有刑事诉讼法规定的应当予以收监情形的,社区矫正机构应当向执行地或者原社区矫正决定机关提出收监执行建议,并根据收监决定机关的不同,监狱或者公安机关将社区矫正对象收监执行。

(三)社区矫正机构

起初,我国对判处管制、宣告缓刑、假释、暂予监外执行的社区矫正对象,都是由公安机关进行监管,执行社区矫正职能,并没有专门的社区矫正执行机构和人员。但是,公安机关的工作人员本身职责多样,除了侦查职能,还具有治安管理职能,加之执行社区矫正职能,明显警力不足,尤其在前两项职能处于主导地位的背景下,社区矫正的工作人员就更为缺乏,并且专业化水平不高,不利于社区矫正制度的发展。直至 2012 年,《刑事诉讼法》明确规定,我国社区矫正工作由社区矫正机构执行,[1] 由公安机关执行的模式才正式得以改变。

---

[1] 2012 年《刑事诉讼法》第 258 条规定:"对被判处管制、宣告缓刑、假释或者暂予监外执行的罪犯,依法实行社区矫正,由社区矫正机构负责执行。"

根据《社区矫正法》对社区矫正机构的规定,社区矫正机构包括社区矫正管理机构和社区矫正执行机构,与此同时,人民法院、人民检察院、公安机关和监狱管理机关在社区矫正工作的顺利执行中发挥重要作用,以上是广义的社区矫正机构,即所有参与社区矫正工作的机构。狭义的社区矫正机构则是直接开展社区矫正工作的机构,即社区矫正管理机构和执行机构。社区矫正机构对社区矫正对象进行监督、管理与帮扶。

1. 社区矫正管理机构

根据《社区矫正法》第8条第1款的规定,我国社区矫正管理机构是司法部和县级以上地方人民政府司法行政部门,即各省(区、市)司法厅(局)和各地(市、州)及各县(市、区)司法局(处)。具体来说,司法部设有社区矫正管理局,主管全国的社区矫正工作;省级司法厅(局)设社区矫正管理局(处),市、县级司法局(处)设社区矫正管理处(科、股),主管本行政区域内的社区矫正工作,依法履行相应的职责。同时,地方人民政府设立社区矫正委员会的,司法行政机关向社区矫正委员会报告社区矫正工作开展情况,提请社区矫正委员会协调解决社区矫正工作中的问题,推动社区矫正工作发展。

2. 社区矫正执行机构

社区矫正执行机构,是直接承担社区矫正工作,管理社区矫正对象的机构。根据《社区矫正法》第9条的规定,县级以上地方人民政府根据需要设置社区矫正机构,负责社区矫正工作的具体实施,司法所受社区矫正机构委托,承担相关工作。此条并未明确指出"社区矫正机构"具体是何组织,规定模糊,在司法实践中,便是由司法所直接承担社区矫正工作的执行,[1]但司法所还要负责其他工作,存在"1人所"、司法所力量不足等问题。

(四)我国社区矫正制度现状

我国社区矫正工作自21世纪初期开始,历经试点、扩大试点、全面试行、全面推进、依法实行等阶段,各级司法行政机关严格贯彻落实宽严相济的刑事政策,在《社区矫正法》的科学指导下加强对社区矫正对象的监管,促进教育帮扶形式多元化,提高社区矫正执法水平和规范化,积极推进社区矫正工作全面发展。近年来,每年新接收社区矫正对象50多万人,每年列管约120万人,截至2022年年底,全国已累计接收社区矫正对象649.9万人,累计解除586.9万

---

[1] 司法所,司法行政机关最基层的组织机构,是市(区、县)司法局在乡镇(街道)的派出机构,其与公安派出所、法院派出法庭、检察院派驻检察室共同构成我国乡镇(街道)一级的政法体系,负责具体组织实施和直接面向广大人民群众开展基层司法行政各项业务工作。

人,[1]矫正期间再犯罪率一直处于0.2%的较低水平。[2] 我国社区矫正工作发展快速,效果明显。

1. 规章制度建设规范化

2019年《社区矫正法》颁布,为我国社区矫正工作的深入推进提供了新的标准和立法指导,对我国社区矫正基本制度作了全面系统的规定,保障刑事判决、刑事裁定和暂予监外执行决定的正确执行,解决了过去工作中的难点、疑点问题,促进社区矫正对象顺利融入社会,预防和减少犯罪。同时,为做好《社区矫正法》的贯彻落实,进一步规范社区矫正工作,最高人民法院、最高人民检察院、公安部、司法部对2012年1月10日印发的《社区矫正实施办法》进行了修订,制定了《社区矫正法实施办法》,进一步明确社区矫正对象的奖罚条件,人民法院、人民检察院、公安机关和监狱管理机关在社区矫正中的职责,对社区矫正的工作内容作出详细规定,鼓励社区矫正方式多元化、社会帮扶多样化,提高社区矫正工作质量。为了增强《社区矫正法》《社区矫正法实施办法》的可操作性,提高执行力,适应当地社区矫正发展现状,各地发布相应的社区矫正实施细则。

2020年8月13日,上海市出台全国首部《社区矫正法实施办法》的实施细则——《关于贯彻落实〈中华人民共和国社区矫正法实施办法〉的实施细则》,确保了新旧规定的有效衔接,规范相关部门社区矫正工作的推进。2020年10月,山东省高级人民法院、山东省人民检察院、山东省公安厅、山东省司法厅联合印发《山东省社区矫正实施细则(试行)》。2020年12月,江西省高级人民法院、江西省人民检察院、江西省公安厅、江西省司法厅联合发布《江西省社区矫正工作实施细则(试行)》,坚持问题导向,立足基层实际,推进和规范社区矫正工作。2020年12月,陕西省发布《陕西省社区矫正实施细则》,废止2013年《陕西省社区矫正实施细则》。2021年6月,海南省高级人民法院、海南省人民检察院、海南省公安厅、海南省司法厅联合制定了《海南省社区矫正实施细则》,结合海南省社区矫正工作实践,聚焦社区矫正重点难点,在法律框架内,对社区矫正工作进行细化和规范。2023年9月1日,《湖北省社区矫正工作细则》正式施行,全国有28省、自治区、直辖市,出台相应的实施细则,[3]进一步调整和规范当地社

---

[1] 参见《〈中国法治建设年度报告(2022)〉要点》,载中国法学会网2023年8月24日,https://www.chinalaw.org.cn/index.php/portal/article/index/id/32779/cid/69.html。

[2] 参见《学习贯彻习近平总书记"七一"重要讲话精神 深入推进社区矫正工作规范化精细化智能化》,载司法部网,http://www.moj.gov.cn/pub/sfbgw/fzgz/fzgzqt/fzgzdjgz/202108/t20210826_436141.html。

[3] 浙江省、黑龙江省、内蒙古自治区三地并未制定社区矫正工作细则,但是发布了其他相关规范,如内蒙古自治区制定《内蒙古自治区社区矫正对象分类管理办法(试行)》。

区矫正工作。

2. 监督管理精细化

社区矫正是将社区矫正对象置于社区，进行监管、教育和帮扶，这并不意味社区矫正对象在社区内具有完全的人身自由，其行为是受到一定限制的。社区矫正工作的首要任务是对社区矫正对象进行监管，社区矫正机构不仅要掌握社区矫正对象的活动情况，同时还要对其行动轨迹进行监控，根据相关法律规定，社区矫正对象离开所居住的市、县或者迁居，应当报经社区矫正机构批准，不得擅自外出，社区矫正机构通过手机等设备实现对社区矫正对象的行动监管，社区矫正对象违反相关规定的，可对其使用电子定位装置加强监督管理。[1]

2022年5月31日，司法部发布4篇社区矫正工作指导案例，其中，江苏省南通市海安市对缓刑社区矫正对象吕某某依法给予警告并使用电子定位装置案例[2]，是对社区矫正对象监督管理的典型案例，吕某某不假外出，违反《社区矫正法》相关规定，社区矫正机构通过信息化平台，及时掌握其行踪并作出处理，变更吕某某社区矫正管理等级，调整矫正方案。社区矫正机构充分运用现代信息技术开展对社区矫正对象监督管理，提高监管精准性，对其他类似情况的处理具有示范引领作用。

促进社区矫正对象顺利融入社会，预防和减少犯罪是社区矫正工作的目标。除了对社区矫正对象的监管，对其进行思想、教育等方面的矫正同样是社区矫正的任务。一方面，社区矫正机构应当根据裁判内容和社区矫正对象的性别、年龄、心理特点、健康状况、犯罪原因、犯罪类型、犯罪情节、悔罪表现等情况，为其确定社区矫正小组，制定有针对性的矫正方案，实现个别化矫正，精细化管理。社区矫正期间，社区矫正小组通过走访谈话，了解社区矫正对象思想变化、生活情况，根据社区矫正对象的管理等级或者其他变化，及时调整矫正方案，更好地帮助其成为守法公民。另一方面，通过多元化矫正，实现对社区矫正对象的精细化管理。社区矫正对象不仅要接受法治、道德等教育矫正，还要接受心理矫正。犯罪行为的产生，除了家庭、学校、社会等外在因素的影响，生理、心理等内在因素同样重要，人的行为是内心观念的外化，由此心理因素对分析犯罪行为的产生与实现犯罪预防有着极其重要的作用，对社区矫正对象的心理矫正必不可少。

---

[1]《社区矫正法实施办法》第37条第1款规定："电子定位装置是指运用卫星等定位技术，能对社区矫正对象进行定位等监管，并具有防拆、防爆、防水等性能的专门的电子设备，如电子定位腕带等，但不包括手机等设备。"

[2] 参见《司法部发布社区矫正工作指导案例》，载司法部网，http://www.moj.gov.cn/pub/sfbgw/jgsz/jgszzsdw/zsdwzwfzyjzx/zffzyjzxxwdt/202206/t20220615_457370.html。

3. 社区矫正信息化

近年来,司法行政机关信息化建设稳步推进,随着"互联网+"、大数据的快速发展,国家大力推进社区矫正信息化建设,加快适应国家信息化发展步伐,稳步提升信息化建设水平。2018年,司法部以指导意见的形式提出要搭建"数字法治、智慧司法"信息化体系,实现信息化新格局。随后,智慧社区矫正在实践中逐渐发展。2019年,司法部办公厅印发《关于加快推进全国"智慧矫正"建设的实施意见》,再次强调智慧矫正在社区矫正工作中的重要性,拉开了社区矫正信息化建设的序幕,明确社区矫正信息化建设的推进重点。《社区矫正法》更是指出社区矫正工作要运用现代信息技术开展监督管理和教育帮扶,相关部门之间依法进行信息共享,大力提升社区矫正信息化水平,提高社区矫正工作效率。

自社区矫正信息化建设以来,全国多地建立起省级独立的社区矫正信息管理系统平台,实现与人民法院、检察院、公安机关等相关部门信息联通,工作流程一体化。对社区矫正对象安装电子定位装置,利用该平台随时掌握社区矫正对象的行踪,通过通信联络、信息化核查等了解掌握社区矫正对象的活动情况,实现信息化管控,减轻社区矫正机构的工作压力。同时,重视对社区矫正对象的信息保护,通过电子定位装置获得的信息应当严格保密,有关信息只能用于社区矫正工作,不得用于其他用途,如山东省济南市全面应用北斗系统技术,用"技防"补足"人防",对社区矫正对象进行"7+24"全时段动态跟踪和实时监管,同时保障社区矫正数据信息安全。

智慧矫正中心是社区矫正信息化建设的内容之一,2021年起,各地社区矫正机构加快智慧矫正中心创建工作,加大"智慧矫正"重点应用、信息化管理平台、数据资源、基础设施等建设。新冠疫情以来,智慧矫正在疫情防控工作中发挥重要作用,社区矫正机构依托智慧矫正中心,提供在线教育平台,录制上传各类宣传资料、视频影像等教育矫正资源,实现社区矫正对象"云教育";建立社区矫正机构信息、社区矫正对象个人信息、矫正执行信息等相关数据库,将各省数据库纳入国家电子政务外网,实现从中央到地方信息共享;全面使用智慧矫正设备和程序,社区矫正接收管理、发送受委托司法所法律文书等全部实现无纸化办公,管理业务档案电子化。

第十章　未成年人刑事司法

未成年人正处于生长发育的关键阶段,生理机能、认知水平、心智人格均处于由稚嫩向成熟、由欠缺向健全的过渡期,他们是新时代的生力军、未来的建设者,同时又是需要重点保护的易受侵害群体与需要重点教育的犯罪易感群体,理应受到与成年人不同的、更为审慎的对待。然而直到17世纪,未成年人的独立地位才开始逐渐受到关注,卢梭在其被称为"儿童权利宣言"的著作《爱弥儿》中提出:"万物皆有序,人类也有其位置;在生命的秩序中,童年也有自己的位置。把大人和小孩区别看待,安排每个人的位置,并让他归属于那个位置。"随着启蒙运动展开,以未成年人特质为视角的理论研究蓬勃兴起,在刑事法领域亦不例外。如今,世界各国普遍地建立起各具特色的未成年人刑事司法制度,它囊括了未成年人犯罪预防、罪后处遇及矫正更生的全过程,将教育与保护置于其价值位阶的优先地位,显著地区别于成年人的刑事司法体系。未成年人刑事司法制度的构建,反映出一个国家的法治化、现代化水平。自1984年上海市长宁区人民法院创立中国第一个少年法庭以来,未成年人刑事司法已成为中国特色社会主义刑事司法体系的重要组成部分,事关未成年人福祉,更牵系着国家的希望、民族的未来。

第一节　未成年人刑事司法的界定

一、对未成年人概念的不同理解

所谓未成年人刑事司法,调整的是未成年人专门司法机构或其他司法机构与罪错未成年人之间的关系,目的在于保护未成年人健康成长、防治未成年人罪错行为、帮助罪错未成年人复归社会。未成年人刑事司法的构造以未成年人这一特殊主体为核心,始终围绕着未成年人基本特质展开。处于青春期的未成年人,一方面,身体机能增强,初步具备了实施犯罪行为的身体条件;另一方面,性器官逐渐成熟、睾酮等激素分泌提高,但中枢神经的兴奋抑制和冲动控制功能却未同时完善,多巴胺(DA)、去甲肾上腺素(NE)、五羟色胺(5-HT)等神经递质过量产生,容易在亢奋状态下实施性侵、暴力等激情犯罪。[1] 近年来,由于我国物质生活水平的提高,未成年人生理因素变化的年龄有所提前,生理发展与心理发展产生了严重的不均衡。未成年人往往具备较强模仿、学习的能力和欲望,但缺乏明辨是非、自我控制的能力,很容易受失范环境、犯罪亚文化、不良同侪压力的引诱、催化,走上错误的道路。建立在刑罚个别化基础之上的未成年人刑事司法,要求正确评估当事人个人情况,作出与之相称的司法反应,将未成年人处遇与普通刑事司法程序区别开来,以实现个别预防的目的。[2] 因此,未成年人刑事司法制度必须首先明晰未成年人概念、确定合适年龄区间并根据其基本特质将之与成年人区分对待。

在未成年人刑事司法中,未成年人常与"青少年""少年""儿童"等词混用,不同国家的立法术语各有偏好。英美法系大多使用"juvenile",如《美国联邦少年犯罪法案》(the Federal Juvenile Delinquency Act)、《澳大利亚少年司法法》(the Juvenile Justice Act),再如英国专门处理儿童(children)案件的法院称为少年法院(juvenile court),将二者词义等同。加拿大三部专门未成年人刑法典——1908年《少年犯罪法》、1984年《青少年犯罪法》、2003年《青少年刑事司法法》,分别使用了 juvenile、young、youth 的表述。《日本少年法》使用了"少年"一词。此外,《俄罗斯联邦刑法典》采"未成年人"表述,《德国少年法院法》兼用"少年"和"未成年青年",菲律宾则通用"儿童""少年""未成年人"且不作明确区分。与未成年人罪错行为相关的国际条约用语亦不统一,《联合国少年司法最低限度标准规则(北京规则)》《联合国预防少年犯罪准则(利雅得准则)》《哈瓦那规则》等使用"少年",《儿童权利公约》《儿童生存、保护和发展世界宣言》等使用"儿童",《国内法和国际法原则下的未成年人刑事责任决议》等使用"未成年人",各届联合国预防犯罪和刑事司法大会议题可见"儿童""青少年""未成年人"等表述。《联合国少年司法最低限度标准规则(北京规则)》第2.2条第A项明确:少年系指按照各国法律制度,对其违法行为可以不同于成年人的方式进行处理的儿童或少年人。综上可知,在大部分相关国际公约中,"儿童""青少年""未成年人"的内涵实则一致。我国普遍使用的是语义明确且在我国法律体系中已统一适用的"未成年人"一词,如《未成年人保护法》《预防未成年人犯罪法》《办理未成年人刑事案件的规定》等,实与国际公约之概念同向。需要指出

---

[1] 参见程凌:《未成年人犯罪成因之生物因素分析》,载《河北法学》2015年第12期。
[2] 参见盛长富、郝银钟:《论少年司法处遇个别化原则——基于相关国际准则的分析》,载《广西社会科学》2012年第4期。

的是,尽管《辞海》中解释:"未成年人"系指法律上未达到成年年龄的人,在我国指18周岁以下的人。但在我国未成年人刑事司法的语境中,"未成年人"是将"幼儿""儿童"群体排除在外的,与后二者相关的法律实则更偏重福利与养护。

承担刑事责任的差异是未成年人与成年人在刑事法领域最显著的差异,将哪一年龄段纳入管辖范围则是未成年人刑事司法要解决的首要问题。在这一点上,各国由于经济物质水平、传统文化观念、未成年人犯罪状况等多方面的不同,对未成年人刑事司法所涉年龄区间的规定也不尽相同。《联合国少年司法最低限度规则(北京规则)》第4.1条约定:"在承认少年负刑事责任的年龄这一概念的法律制度中,该年龄的起点不应规定得太低,应考虑到情绪和心智成熟的实际情况。"同时释明了年龄设置应当考虑本国未成年人是否能达到负刑事责任的精神和心理要求,根据未成年人本人的辨别和理解能力来决定其是否能对本质上反社会的行为负责。

目前,世界上主要存在三种设定未成年人合理年龄区间的模式。一是只规定年龄上限。例如《美国法典》《美国标准少年法院法》均规定少年系指未满18岁之人,而受审时未满21岁且案发时未满18岁仍可享有未成年人相关权利。大部分州都不对最低年龄作出规定,但事实上对7岁以下的儿童并不作司法管辖。再如《日本少年法》规定了该法"少年"指未满20周岁的人,统称非行少年,又划分了触法少年(未满14周岁)、犯罪少年(已满14周岁而未满20周岁)、虞犯少年(未满20周岁)三个年龄段,视情况分别处理。二是既规定年龄上限,又规定年龄下限。例如《加拿大青少年刑事司法法》开篇即解释作为适用对象的青少年系指年满12周岁而未满18周岁者,在刑法体系中只区分绝对无刑事责任年龄和完全刑事责任年龄。三是规定年龄上下限的同时对此区间再次分段。其中最为典型的是德国,区分了"少年"(14—18周岁)和"未成年青年"(18—21周岁)的概念,分层适用《少年法院法》。此外,还有一些国家和地区灵活处理年龄区间,考察个案中当事人的身心发展水平以确定是否适用对未成年人的特殊制度。我国立法中所指"未成年人"的年龄上限为18周岁,承担刑事责任的年龄下限为12周岁,刑事实体法上划分了12—14周岁、14—16周岁及16—18周岁三个区间,12—14周岁仅就情节恶劣、手段残忍的故意杀人和故意伤害犯罪承担刑事责任,14—16周岁就故意杀人、故意伤害致人重伤或者死亡、强奸、抢劫、贩卖毒品、放火、爆炸、投放危险物质罪8类犯罪承担刑事责任,16—18周岁就所有犯罪行为承担刑事责任但应当从轻或减轻处罚且不适用死刑,在程序法上一般对18周岁以下罪犯适用未成年人特别程序,但不具体区分不同年龄段的未成年人。

值得注意的是,未成年人国际刑事司法准则鼓励将其适用年龄范围扩大,纳入"25周岁以下的人""青年罪犯",我国北京市海淀区人民法院就曾将已满18周岁、但犯罪时尚处于在校学习阶段的大学生犯罪案件纳入少年法庭审理范围,注重发挥庭审教育的作用。[1]

二、未成年人刑事司法的含义

"少年司法"由"juvenile justice"直译而来,因我国立法中更常用"未成年人",衍生出"未成年人刑事司法"的表述。顾名思义,未成年人刑事司法乃适用于未成年人/少年的特殊司法规范。部分学者认为,"少年司法"与"未成年人刑事司法"并不等同,理由是未成年人包含了少年、儿童两部分在内,"未成年人"与"少年"二者并不等同,且与少年相对的是少年司法,与儿童相对的则是福利法治。[2] 另有学者认为,"未成年人"在我国属于规范性、明确性、法定性概念,用以与成年人相区分,适用更符合此群体特质的法律制度。在一国的法律体系中,这种特殊对待更多体现在刑事法领域。[3] 因而我国所称"未成年人刑事司法"与国外"少年司法"的概念是相同的,且使用"未成年人刑事司法"更为合理。

本章认为,域外所称少年司法,从形式上看,是以预防和减少未成年人犯罪为目的,关于少年不良行为处分和保护相关规定及所实施的处置程序、教育矫治方法的总称,[4]它所调整的行为范畴包括了刑法所规定的犯罪(crime)、身份罪(status offences)、偏差行为(delinquency)。而我国现行未成年人刑事司法,所涉范畴小于少年司法,专门用以处理未成年人犯罪案件。二者的区别仅在于适用主体范畴的大小,其本质均是处遇罪错未成年人的特殊司法规范,其目的均是从未成年人特质出发更好地教育、保护罪错未成年人,因此使用"未成年人刑事司法",既不失其本义,又与我国立法传统相契合、与我国实际情况相适应。为行文便利,本章介绍我国相关现状时皆以"未成年人刑事司法"指称,介绍域外制度、引用著述或法律文件时则保留"少年司法"表述。

"司法"一词,狭义仅指法院的审判活动,较广义指审判活动和检察活动,最广义则在审判、检察之外还包括侦查、司法行政、法律服务、公证、仲裁、司法鉴定等活动。[5] 我国通常采较广义,但在未成年人刑事司法语境中,由于制度本身

---

[1] 参见徐美慧:《对话少年法庭法官秦硕:只要孩子需要我们,我们就一直都在》,载搜狐网2021年4月7日,https://www.sohu.com/a/459479018_114988。
[2] 参见姚建龙:《长大成人:少年司法制度的建构》,中国人民公安大学出版社2003年版,第11页。
[3] 参见郭勤等:《未成年人司法制度理念之界定与比较研究》,载王牧主编:《犯罪学论丛》第4卷,中国检察出版社2006年版。
[4] 参见盛长富:《未成年人刑事司法国际准则研究》,法律出版社2018年版,第11页。
[5] 参见马长山主编:《法理学导论》,北京大学出版社2014年版,第282页。

对多方参与、综合治理有较高要求,除了未成年人刑事案件的检察、审判制度,还有侦查、代理、法律援助、刑罚、矫正、复归等相关设计,均是未成年人刑事司法的重要构成部分,因此采用最广义的司法概念更为准确。

"未成年人刑事司法制度"则可从如下方面界定:从实施主体看,既然取最广义的"司法"概念,实施主体相应地指向最广义的司法机关,即不仅限于检察院和法院,还包括公安机关、监狱、社区矫正中心以及得到司法机关授权、具有社会司法性质的其他组织。从适用主体看,我国目前只将触犯了《刑法》所规定犯罪的未成年人纳入未成年人刑事司法中,但域外法律和国际相关条约文件往往会将罪错未成年人均作为适用主体。从目的看,未成年人刑事司法秉承双保护原则,做到保护社会公共利益和保护未成年人利益的有机统一,但侧重点始终在于保护未成年人权利、预防未成年人犯罪。从地位看,近年来,由于青少年犯罪的问题有愈演愈烈之势,在许多国家出现了"少年司法成人化"的浪潮,在我国也有严惩未成年罪犯之呼声,看似有弱化刑事司法中青少年与成人间区别的倾向,但总体而言,未成年人刑事司法的独立性不会也不应有所变化。从手段看,未成年人刑事司法主要使用的是非惩罚性手段,完成"教育、感化、挽救"的任务。尽管表述中称"刑事司法",但涉罪未成年人的特殊待遇与权利保护,需要具有刑事、行政、民事性质的多项工作配合完成。综上笔者认为,未成年人刑事司法制度是最广义上司法机关及其授权的单位、组织、社会团体,以保护未成年人权利、预防未成年人犯罪为目的,对罪错未成年人实施侦查、检察、审判、惩处、教育、矫正、安帮等工作的实体上和程序上规则之总称。

三、未成年人刑事司法的特征

通过分析未成年人刑事司法与普通刑事司法的区别,可以对其特征作如下理解。其一,未成年人刑事司法和普通刑事司法以年龄为界限分流,且年幼者被认为应当承受较轻的刑事责任,这既是二者最明显的区别,也是未成年人刑事司法理念的集中体现。其二,普通刑事司法通过刑罚实现特殊预防的目的,未成年人刑事司法则偏重教育矫治。普通刑事司法依据犯罪人行为作出罪刑相适应的刑法评价,在发挥矫治之余仍有报应刑的意味。而未成年人刑事司法更注重把握犯罪原因、犯罪动机,将主要精力放在教育矫治上,以期实现未成年人思想上根本性转变,帮助未成年人健康成长。其三,司法机关身份立场不同。普通刑事司法中,多是控、辩、审的三方构造,侦查机关、检察机关与犯罪人呈对立之态,即使是居中裁判的法院也主要以维护社会秩序和被害人利益为立场,社区矫正机构则以监督、管制为主要职能。而未成年人刑事司法程序建立在普通刑事司法基础上,确有追诉、控制、处置之职,但更偏重于从不良社会环境中接管未成年人,由多机关组织协力担任"家长",配合完成保护、矫治、帮扶的工作。其四,普通刑事司法强调保护当事人程序性权利,未成年人刑事司法则因由司法机关主导,对程序性权利保护稍显薄弱,但对未成年人生命权、健康权、名誉权、隐私权等基本权益的保护更为全面、切实。其五,未成年人刑事司法去罪化、去耻辱化倾向明显。基于标签理论,未成年人刑事司法判定未成年人为"犯罪人"时十分审慎,在司法流程中也竭力淡化罪刑烙印。

第二节 未成年人刑事司法的历史发展

一、域外少年司法的历史发展

(一)理论源起与少年司法的诞生

刑罚上将未成年人与成人区别对待,自古罗马时已有之。《十二铜表法》规定处置"夜间窃取耕地的庄稼或放牧""现行窃盗"等罪行时,未适婚人刑罚轻于适婚人。《查士丁尼法典》认为儿童不可能构成预谋犯罪,并划分了行为能力的4个区间。但在很长一段时间,这种区别对待是极为有限的,既没有为此设置特别程序、专门机构,也没有提供涉罪未成年人权利保护。直到工业革命和启蒙运动推动下,儿童的独立地位得到重视,国家亲权理论(parens patriae)随之壮大发展,以此为根基,人们开始希望建立区别于普通刑事司法的独立制度,防控未成年人犯罪并保护涉罪未成年人的权利。

一般认为,国家亲权理论的起源可上溯至古罗马时期,雏形系"全人类的父亲"(parentes generis humani)"公亲"(parens publicus)等语。这种观念意在突显国家和公民的双向性,在公民对国家效忠和供给资源的同时,国家对公民(尤其是那些不能自我保护的公民)负有相应保护义务,它集中体现于官选监护、国家扶养、干涉自然亲权等制度中。[1] 英国吸收了这一观念,认为保护臣民的人身和财产乃封建君王作为一国之家长的权力与义务,且对其辖内所有个人都具有优先权。曾是英国殖民地的美国承袭了这一理论,联邦政府成立后,国家亲权理论在各州各机构均得到发扬,并在19世纪30年代纳入美国法律体系中,最终构成了美国少年法院制度的法理基础。

在1899年以前,对未成年人处以死刑并不罕见,少年犯与成年犯会同室关押;但与此同时,法院通常认为判处无罪对未成年人更为有利,因而陪审团可以

---

[1] 参见徐国栋:《国家亲权与自然亲权的斗争与合作》,载《私法研究》2011年第1期。

不管呈堂证供如何而认定未成年人无罪或判处较轻刑罚,各地还设有特殊拘留所、庇护所、辅育院和未成年人保障机构,为今后少年司法制度的建立提供了鼓励与参照。[1] 19世纪末,工业化的蓬勃发展助推了福利制度的成熟,但也滋生了严重的未成年人犯罪问题,给安宁的社会秩序造成极大威胁。1899年,美国伊利诺伊州通过了《伊利诺伊州少年法院法》(Illinois Juvenile Court Act of 1899),依据此法在芝加哥库克县建立了世界上第一个少年法院,这是少年司法制度诞生的标志,也是20世纪少年法院运动的肇始。"为照料儿童制定标准既是国家权力也是国家义务",当法院介入亲子关系时,并非基于警察权力,而是基于普通法的国家亲权,特殊情况下它可以凌驾于自然亲权之上。对少年法院的最初构想正是法院如同父亲一般劝诫罪错少年,国家机构以其仁慈、明智挽救处于危困、堕落中的孩子。[2] 库克县少年法院成立后,美国各州纷纷效仿建立其少年法院及配套的少年司法制度。1950年,美国所有州均设立了少年法院,少年法院运动早已向世界各地蔓延开来,国家亲权理论随之得到广泛传播、内涵不断丰富。

在美国少年法院运动蓬勃兴起的同时,被称为"红色模式"的北欧福利委员会模式应运而生。在这一模式中法官的刑罚权被抛弃,检察官的控诉职能被弱化,主导违法未成年人处遇的是行政机关。行政机关与未成年人的关系类似于医患关系,其任务是寻找并解决造成未成年人犯罪的问题,教育未成年人改过自新、尽快回归社会。[3]

(二)少年司法探索与调整阶段

20世纪初少年法院运动尽管在美国各地备受欢迎,但也存在诸多诟病。例如法院程序的种族歧视,再如直接将青少年安置在当地监狱而非特殊场所。"二战"以后,动荡的政治经济环境使未成年人犯罪率飙升,围绕少年司法的矛盾激化,并集中体现为三个根本性问题:少年司法理念过于宽松,无法有效治理青少年犯罪;少年法院忽视正当程序,以至于产生冤假错案;被害者处于少年司法的附属地位,权利得不到保障。质疑者认为,少年司法无论在控制犯罪还是保护未成年人方面都颇显乏力。

19世纪60年代,在美国少年司法制度发展史上尤为重要的两个判例使得少年司法在程序方面向成年人刑事司法靠拢。1966年,少年法院欲将16周岁的肯特涉嫌抢劫、强奸一案移送普通法院,这一决议未经听证,肯特的辩护律师

---

[1] 参见张鸿巍:《少年司法通论》,人民出版社2008年版,第31—34页。
[2] See Raymond Chao, *Parens Patriae and the Juvenile Death Penalty*, 21 Child. Legal Rts. J. 21 (2001).
[3] 参见廖明主编:《未成年人刑事司法制度》,对外经济贸易大学出版社2013年版,第21—22页。

也不具有查阅案卷和提出异议的机会。此案成为联邦最高法院开始受理少年上诉案件的分水岭，最高法院在裁定中明确了少年法院应当给予未成年人被告正当程序保护。另一个案例发生于 1967 年，正处于缓刑考验期的高尔特因被控拨打猥亵电话，在其父母不在场时被拘留。高尔特在庭审以前没有见过父母、没有得到辩护律师帮助，也没有任何本案相关证人出席庭审。[1] 案件上诉至最高法院，最高法院在裁决中明确《宪法第 14 条修正案》应当适用于未成年人，重申并进一步细化了未成年人享有的正当程序权利，包括不自证其罪、质证与反询问、获取律师帮助和上诉。此外，1970 年温希普案使得"排除合理怀疑"取代"优势盖然性"成为确认少年犯罪成立的标准、1971 年布利德诉琼斯案严格限制了少年法院转送案件至成人法院的条件……多个重要判例的出现，使得在少年司法制度中正式地确立起未成年当事人的正当程序权利，修正了保护主义与国家亲权理论，有效避免了少年法院以保护之名行伤害之实。

然而制度的完善没有带来青少年犯罪问题的好转，对少年司法保护少年必要性和罪错少年转变可能性的质疑在 20 世纪末掀起巨大声浪，世界各国少年司法趋于严厉化，惩罚为主的改革普遍发生，时至今日仍是各国少年司法发展趋势的重要特征。早在 20 世纪 70 年代，英国两党就对少年法院应当向福利原型还是刑事原型发展争论不休，最终在 1980 年废除了将拘禁适用于未成年人的限制。在美国，严罚主义逐渐占据主流，美国各州将青少年犯罪案件呈送成人法院的条件非常宽松，同时允许对未成年人施以与成年人相同的刑罚，成年人监狱中 18 岁以下囚犯人数猛增。部分州甚至取消了对未成年人隐私权等基本权利的特殊保护。"二战"以后，日本曾试图以福利、教育、宽大处遇应对严重的青少年犯罪问题，但是效果并不理想。20 世纪 90 年代接连发生数起青少年恶性犯罪后，受到被害人运动舆论的影响，日本也走向了重刑化改革的方向。在 2000 年《日本少年法》修改中，首次引入了原则逆送制度，即家庭裁判所原则上应将重大案件涉案未成年人移送刑事诉讼程序受审、判罚。[2] 相似地，法国在 1945 年颁布作为其未成年人刑事司法基本法的《未成年人犯罪法令》时，采取的是福利、保护的立场，但 20 世纪 80 年代以后逐渐向成年人刑法靠拢，重视刑罚使用，加强对未成年累犯与重刑犯的惩罚。

与此同时，一些原本主张刑事原型的国家也在借鉴福利原型国家的通行做法。例如德国 1990 年通过了《少年法院法之第一修正法》，废除不定期刑，扩大

---

[1] See Kathleen Lenski, *In Re Gault*: 50 *Years Later*, 31 Ohio Law 12 (2017).
[2] 参见[日]齐藤丰治:《少年司法的形成历史与普遍模式探究》，李颖峰译，载赵秉志主编:《刑法论丛》(第 48 卷)，法律出版社 2017 年版。

转处程序和刑事和解的适用,限制审前羁押,要求必须施行教育帮助。在该阶段,少年司法福利原型和刑事原型国家相向而行,均在寻找保护社会公共利益和保护未成年人利益的合适平衡点。

(三)少年司法的新近改革

21世纪以来,为了应对未成年人犯罪新形势,各国反思上阶段所采措施的有效性,并以严罚或福利为取向继续推进少年司法的改革。理论界和实务界都在积极寻找减少未成年人犯罪及其所造成损害的新思路,其中获得较多认可并已付诸实践、取得一定成效的有如下方面:

1. 重新审视被害人地位,少年司法的运行充分考虑被害人。过去少年司法的构建始终围绕罪错未成年人进行,被害人及其家属长期处于旁观者、程序客体的地位,正当权益没有得到充分保护。在被害人运动推动之下,刑事法领域逐渐重视被害人权利保护,增加被害人程序参与,关注其感受、听取其意见,少年司法亦不例外。2008年《日本少年法》的修订即体现了对被害人的尊重与合理考量,修订后的《日本少年法》规定家庭法院评估后可以允许重大案件被害人旁听案件审理、法院应依申请向被害人说明审理状况、被害人有权阅读和复制案件记录等。

2. 修复性司法(restorative justice)进入少年司法视域,意图引导少年正视并承担他们造成的危害后果,完成社会复归。修复性司法是积极而多样的,罪错少年不再是被动接受刑罚,而是被鼓励主动采取道歉、参与调解、社区服务等各种方式弥补自身造成的损害,它既"瞻前",要求未成年人认识、承认错误并承担责任,又"顾后",帮助未成年人更生重建、再社会化,从物质与精神两个层面完成了"修复"。[1] 新西兰早在1989年就以家庭协商会议为载体将修复性司法运用于少年犯罪处置。国际社会也认识到修复性司法的效用,在2000年举行的联合国预防犯罪和刑事司法委员会第十一届会议通过了《关于在刑事事项中采用恢复性司法方案的基本原则》,通过修复性司法,未成年人主动融入主流社会并为之所接纳,社群连接和外部控制得到增强,减少了再犯可能性,在今后的少年司法改革中将占据越来越重要的地位。

3. 发展型少年司法(developmental juvenile justice)重申应将未成年人与成年人区别对待,向矫正型少年司法科学回归。[2] 21世纪以来,脑科学、发展科学通过实证验证了两个与少年司法密切相关的基本观点:(1)未成年人与成年

---

[1] 参见刘学敏:《修复性正义在少年司法中的运用》,载《社会科学辑刊》2020年第5期。
[2] 参见夏菲:《美国矫正型少年司法的科学回归——发展型少年司法》,载《青少年犯罪问题》2020年第3期。

人具有明显差异。认知能力等与刑事责任相关的要素在青春期之后才逐渐健全,在此之前未成年人难以控制犯罪冲动,也缺乏参与程序、承担责任的法律能力;但未成年人有更强的成长能力,更易接受心理干预措施。(2)以与对待成年人相同的方式对待未成年人会给未成年人和社区带来更多问题。未成年在为成年人设计的场所中会面临更多生理、心理风险。严罚化改革向成人法院转交犯罪青少年的做法滋生了高再犯率。[1] 发展型少年司法现已深刻影响了美国少年法院的决策和少年刑事政策的制定。

二、中国未成年人刑事司法的历史发展

(一)中华人民共和国成立以前的未成年人刑事政策

我国未成年人刑事司法制度的诞生较晚,但自周朝时就有刑罚上区别对待未成年人的"恤幼"思想,三赦制度之首即为"幼弱"。中华法系背后的深层逻辑亦与国家亲权理论有不谋而合之处,在"家国同构""君为国父"理念指导下,发展了以政府为主导的慈幼恤孤制度,兼重收容与教化。

中国封建时期的未成年人刑事政策带有明显的德主刑辅、先礼后刑色彩,通过"礼"的教化,倡导节欲、守序,预防未成年人犯罪;对于不从教化者再以"法""刑"施以惩戒。刑罚应用受"礼"的深刻影响,一方面,出于维护礼治传统和政权稳固的需要,"慎刑""恤幼",从定罪量刑到刑罚执行阶段予以未成年人特殊保护;另一方面,涉及宗法伦理的相关罪名或制罪规则反会使未成年人处于更为不利的地位。[2] 第一部系统规定青少年犯罪和保护青少年问题的法典是《唐律》[3],实体和程序方面均设置了"恤幼"待遇。例如 10 岁以下犯"反、逆、杀人应死、盗及伤人"以外罪的,不适用刑罚;7 岁以下儿童"虽有死罪,不加刑",判处 10 岁以下儿童死刑须得"上请听裁";15 岁以下犯"流"以下罪的,均可适用收赎,即使是不适用收赎的重刑也有"至配所,免居坐"之优待;判决刑罚依行为时年龄论处,"犯罪时幼小,事发时长大,依幼小论";还通过"诸应议、请、减,若年七十以上、十五以下及废疾者,并不合拷讯"一定程度上禁止了对未成年人刑讯。此后历代刑法大抵遵从《唐律》。直至清末修律时,沈家本提出"丁年以内乃教育之主体而非刑罚之主体",处遇犯罪未成年人的观念有了显著转变,《大清新刑律》中有关青少年犯罪的规定亦带有向西方少年司法学习的意味,提及

---

[1] See Elizabeth Cauffman, Adam Fine, Alissa Mahler & Cortney Simmons, *How Developmental Science Influences Juvenile Justice Reform*, 8 UC Irvine L. Rev. 21 (2018).
[2] 参见王瑞山:《中国传统社会未成年人刑事政策思想研究》,载《青少年犯罪问题》2018 年第 5 期。
[3] 参见王立民:《唐律新探》,北京大学出版社 2010 年版,第 101 页。

了少年犯感化教育。

民国时期对少年犯的处遇借鉴了少年司法福利原型。部分刑法学家关注到"问题儿童",认为他们是恶习和反社会少年犯的前兆;通过感化院的教育实现少年犯的道德转变则成为一种信念。1922年颁布了《感化学校暂行章程》并建立了香山感化院,当时所有省份新建监狱都应押送少年犯至香山感化院。香山感化院区分了"犯罪"与"犯过"两个院区,实行累进制和赏罚制,并培训青少年的生产技能和劳作习惯。1933年后相继建立了强调"三民主义精神"教育的新式少年监狱,教授基本知识、提供技能教育,强调养成勤劳和纪律以适应社会。其中,济南少年监狱将简朴作为感化教育应具备的实际条件,建立起阶级处遇待遇,以奖赏方法鼓励25岁以下少年犯不断改善,通过感化人员的慈爱对待使教化深入少年犯内心。[1] 但是对未成年人的保护与教化未能贯彻落实,也没有独立地位和发展空间,民国未成年人刑事司法制度仅止步于萌芽阶段。

(二)中华人民共和国成立初期的未成年人刑事司法探索

自苏维埃根据地时期起,中国共产党在处置犯罪时就颇为重视未成年人保护,作出了16岁以下从轻处罚、14岁以下交教育机关感化教育等规定。中华人民共和国成立后,如何处理未成年人犯罪案件更成为法治建设的探索重点。《最高人民法院关于少年犯罪应如何处理的批复》、原《国务院关于劳动教养问题的决定》、原《最高人民法院、最高人民检察院、公安部关于对少年儿童一般犯罪不予逮捕判刑的联合通知》等文件就如何处理少年儿童犯罪问题予以规定。[2] 处遇上,设置了少年犯管教所和具有我国特色的工读学校。工读学校是为中华人民共和国成立初期因沾染旧社会恶劣习气而实施违法犯罪行为的未成年人所设,由公安机关强制招收派送,一般是有严重不良行为、被普通学校开除的未成年学生,校内会组织劳动教育、扫盲教育、品德教育和技能学习,意在实现促进未成年人健康成长,帮助他们实现社会化与个性化。[3]

"文化大革命"时期,法治受到极大破坏,未成年人刑事司法的探索随之停滞,直到1976年后才再次发展,恢复了中华人民共和国成立初期未成年人刑事司法相关的原则制度,重新开放并健全了工读学校、管教所等专门机构。在此基础上,1979年《刑法》规定了未成年人不得适用死刑;1979年《刑事诉讼法》规定

---

[1] 参见[荷]冯客:《近代中国的犯罪、惩罚与监狱》,徐有威等译,江苏人民出版社2008年版,第169-175页。

[2] 参见姚建龙:《长大成人:少年司法制度的建构》,中国人民公安大学出版社2003年版,第61-62页。

[3] 参见刘燕:《从工读学校教育历史发展探究其时代价值》,载《预防青少年犯罪研究》2018年第3期。

了未成年人犯罪案件法定代理人、指定辩护人、不公开审理等制度。

这一阶段,我国未成年人刑事司法取得了诸多成果,但仍不具独立性和专业性,发展水平较低,具体表现为:对涉罪未成年人的处遇没有专章规定,散见于其他法律法规中;配套专门机构设置有限,机构工作人员的专业化水平不足;受制于实践经验、理论研究、比较视野的欠缺,处遇流程的科学性、合理性也有限。

(三) 中国未成年人刑事司法制度的深入推进

一般认为,我国真正意义上未成年人刑事司法诞生的标志是 1984 年上海市长宁区少年犯合议庭的建立,它既做到了分庭、分案审理未成年人犯罪案件,又具备观念上根本性的转变。随后 3 年内,长宁区成立少年嫌疑犯预审组、少年案件起诉组等配套机构,并在 1987 年形成了贯穿公检法司全过程的"政法办案一条龙"和政府、社会相衔接的"社会支持一条龙"机制,建立起未成年人综合保护网络。[1] 1988 年,最高人民法院在上海召开审理未成年人刑事案件交流会,并明确提出"成立少年法庭是刑事审判制度的一项改革,有条件的法院可以推广",全国各地响应最高人民法院的号召,相继建立起少年法庭。同年 7 月,上海市长宁区人民法院改"少年犯合议庭"为"少年刑事审判庭",实现独立建制,我国未成年人刑事司法专门机构建设迈上了新的台阶。

1991 年,最高人民法院制定了《关于办理少年刑事案件的若干规定(试行)》(已失效),使得未成年人刑事案件的审理程序于法有据、有法可依,极大地规范了未成年人刑事审判活动,推动了未成年人刑事司法的法制化进程。同年 9 月,我国通过了第一部未成年人专门立法《未成年人保护法》,该法明确"对违法犯罪的未成年人,实行教育、感化、挽救的方针,坚持教育为主、惩罚为辅的原则"等基本问题,此后我国未成年人刑事司法的构建均围绕此原则展开。1998 年全国法院第四次少年法庭工作会议总结了未成年人刑事司法建设在我国遭遇的挫折与面临的困境,此后各地针对性地开展了诸多探索,极大推动了我国未成年人刑事司法深化改革。1999 年《预防未成年人犯罪法》出台,少年法庭的法律地位首次得以明确,本法规定了涉罪未成年人的基本权利及其救济,细化了未成年人犯罪案件的程序流程,未成年人刑事司法体系进一步完善并趋于独立。诸如分案起诉、暂缓起诉、社会服务令、寓教于审等具有中国特色、有益于未成年人的做法均形成于这一时期。

进入 21 世纪后,未成年人刑事司法相关配套法律法规、刑事政策继续完善健全,形成了"有血有肉"的未成年人刑事司法体系。2006 年,《未成年人保护法》修订,对"司法保护"一章作了大量补充,要求所有涉及未成年人的司法活动

---

[1] 参见米振荣主编:《未成年人司法保护的探索和实践》,法律出版社 2019 年版,第 26 页。

均应保护未成年人权益,具体提出了根据未成年人生理、心理特点和健康成长需要及时审理未成年人权益受害案件、依法给予法律援助和司法救助。[1] 2012年修正的《刑事诉讼法》,重申了未成年人刑事案件诉讼活动的基本方针和基本原则,并对公、检、法办案的方式方法提出具体明确的要求。在各地的创新与尝试下,未成年人刑事司法体系建构不断深化推进,社会调查、心理评估干预、安置帮教等工作也取得了一定突破,在预防、治理、处遇未成年人犯罪中发挥了卓越成效。

2019年12月,《社区矫正法》发布,第七章专章规定了未成年人社区矫正特别规范,未成年人社区矫正工作向规范化、合法化、科学化迈出了跨越性的步伐。2020年,针对近年来恶性犯罪低龄化的严峻形势,《刑法修正案(十一)》对几类恶性犯罪的刑事责任年龄作个别调整,将应负刑事责任的最低下限由14周岁降为12周岁。同年,《预防未成年人犯罪法》修订,明确界定了不良行为和严重不良行为的含义,对特定的有严重不良行为的未成年人实施专门教育,因不满法定刑事责任年龄不予刑事处罚的可以决定对其进行专门矫治教育,此外还对未成年人司法保护作出更为切实、具体的规定。2021年《国务院未成年人保护工作领导小组关于加强未成年人保护工作的意见》以"最有利于未成年人"作为基本原则之一,强调"在处理未成年人事务中始终把未成年人权益和全面健康成长放在首位,确保未成年人依法得到特殊、优先保护",要求落实司法保护职责,具体提出了依法妥善办理涉未成年人案件、加强少年法庭建设、深化未成年人检察法律监督、严厉打击涉未成年人违法犯罪行为4项重点任务。[2] 在新时代背景下,我国正多方位着力,秉承"教育、感化、挽救"方针,加快建立健全有中国特色的未成年人刑事司法体系,保护未成年人合法权益、引领未成年人健康成长。

自未成年人刑事司法建立以来,我国一方面持续完善相关立法,切实保护未成年人权利,探索、创新工作方法,有效预防、治理未成年人犯罪,针对疑难问题,深化改革;另一方面,注重与国际接轨,作为《儿童权利公约》的缔约国,遵循国际准则,积极与《联合国少年司法最低限度标准规则(北京规则)》《联合国预防少年犯罪准则(利雅得准则)》《少年司法中的儿童权利》等国际公约衔接,实现国际法的国内化,并在越来越多的国际组织与学术会议中就未成年人刑事司法问题贡献中国智慧。

---

[1] 参见姚建龙:《〈未成年人保护法〉的修订及其重大进展》,载《当代青年研究》2007年第5期。
[2] 参见国务院未成年人保护工作领导小组:《关于印发〈国务院未成年人保护工作领导小组关于加强未成年人保护工作的意见〉的通知》,载教育部政府门户网,http://www.moe.gov.cn/jyb_xxgk/moe_1777/moe_1778/202111/t20211116_580174.html。

第三节 未成年人警务

一、未成年人警务的含义与特征

未成年人警务,又称少年警务(policing juveniles),广义是指由公安机关及其工作人员依法办理危害社会治安、事涉未成年人案件的所有警务活动,适用于未成年人被害和未成年人犯罪。狭义则指公安机关以预防和控制未成年人犯罪、促进未成年人健康成长、保护未成年人最大利益为目的,处理未成年人犯罪、违法和不良行为的警务活动。本节主要采狭义。未成年人警务是未成年人刑事司法的首端,承担了涉案未成年人与公权力机关在整个刑事司法程序中的初次接触,具有极为重要的意义。然而较之整个未成年人刑事司法体系的发展,未成年人警务是稍显迟滞的。即使是在作为先行者的美国,少年警务也远晚于少年法院的发展,直到"二战"后处理未成年人问题的专门警务机构才开始普遍成立,在警务工作中区分未成年人与成年人。近年来,随着未成年人犯罪形势的日益严峻,各国愈加重视未成年人警务,对其工作实效与专业水平也提出了更高的要求。

未成年人警务的特殊性主要体现于如下方面:(1)对未成年人事件的积极干预。出于防微杜渐之考虑,对未成年人犯罪的苗头必须尽早发现、尽早预防,因而未成年人警务并不是接到未成年人犯罪报案时才启动的,而是需要主动开展场所巡逻、法治教育等警务活动,关注、教育未成年人,排查、防范犯罪风险。其正当性源于警务工作兼具行政与刑事的双重属性。(2)未成年人警务强调保护、预防。在未成年人犯罪案件的侦查工作中,发现真实、打击犯罪已不是唯一任务,办案人员还承担着保护未成年人权利、施以感化教育的任务,必须考虑未成年人的当下境况和未来成长。(3)未成年人警务具有"拦河闸"的作用。未成年人刑事司法的基本观点是"减少根据法律进行干预的必要",尽可能晚、尽可能少地使未成年人进入正式的刑事司法程序中。作为未成年人刑事司法的首端,筛选、分流是未成年人警务工作极为重要的组成部分,必须综合评估未成年人罪行轻重、再犯可能、悔过态度等,更为审慎地考虑是否向下一程序移送未成年人。

一般认为,公安机关具有法律执行者和社会服务提供者的双重角色,担任法律执行者角色时承担预防违法犯罪的行政执法职能和打击犯罪的刑事司法职能;担任社会服务提供者角色时则作为专门机构供给治安秩序、权利保障或作为一般社会机构供给纠纷调解、紧急救助等服务。[1] 未成年人警务的工作亦围绕法律执行者和社会服务提供者的双重角色展开。行政执法职能包括管控学校周边治安、依据《治安管理处罚法》处理未成年人违法行为;刑事司法职能包括未成年人犯罪案件中的立案、侦查、讯问、强制措施、社会调查等工作;专门机构服务包括对未成年人进行普法教育、心理疏导等;一般社会服务则主要在于救助帮扶因丧亲、失学、霸凌、重压等处于危困状态下的未成年人。

二、未成年人警务的内容

(一)未成年人警务的专门机构

1955年联合国即在《防止青少年犯罪决议》中指出国家应当在警察机构积极设立少年科、加强对少年警员的专业培训,如今警务机构的专门化程度已是世界各国未成年人警务水平的重要体现。例如日本设置了少年警察课、少年警察股,并配备了专门处理少年案件的少年案件承办人、妇女辅导员等专职警察;法国设置了隶属于省公共安全司的未成年人队、隶属于省级宪兵部队的青少年犯罪预防队;美国则主要由巡警和少年特警队(specialized juvenile units)处理少年非行,前者在日常巡逻中及时制止青少年不良行为,后者则负责青少年犯罪违法行为的侦办。

1986年上海市长宁区公安分局设置了我国第一个独立的少年警务机构,此后一些省市也逐渐在公安机关成立专门办案组或由专门人员处理未成年人案件。2010年《关于进一步建立和完善办理未成年人刑事案件配套工作体系的若干意见》指出:"公安部、省级和地市级公安机关应当指定相应机构负责指导办理未成年人刑事案件。区县级公安机关一般应当在派出所和刑侦部门设立办理未成年人刑事案件的专门小组,未成年人刑事案件数量较少的,可以指定专人办理。"今天,很多市县级公安机关均配备专职处理未成年案件的警务力量或设立了未成年人保护中心,积极探索如何根据未成年人身心特点妥善办理未成年人违法犯罪案件,警务工作的展开受到了法律法规的指导与规范,未成年人案件专办警察的专业能力也日益受到重视。

(二)未成年人警务的法律执行类工作

1. 受案。公安机关在接到未成年人违法犯罪的报案、控告、举报或自首后,首先需要审查是否存在需要追究刑事责任的犯罪事实,其次是初步了解未成年人的年龄,判断是否应由未成年人警务专门机构负责、适用未成年人司法程序规则和特殊方式方法。我国未成年人警务主要适用于违法犯罪少年的处理,治安

---

[1] 参见宫志刚主编:《治安学导论》,中国人民大学出版社2015年版,第138-140页。

管理和刑事侦查是其工作重心,受案范围具体包括:(1)14—18周岁未成年人犯罪,需要追究其刑事责任的案件;(2)14—18周岁违反治安管理规定,应予治安处罚的案件;(3)因未达刑事责任年龄不予处罚的犯罪案件;(4)依法应由政府收容教养的案件;(5)未成年人强制戒毒案件。而域外少年警务为了有效预防未成年人犯罪,适用对象范围往往向违法犯罪行为以前延伸,纳入了越轨行为、偏差行为、身份过错等。

2. 侦查。警察是绝大多数国家青少年犯罪的侦查主体,既要遵循一般刑事侦查的程序正义,又要注意对青少年的特殊保护。由于青少年对审讯规则、所处境况、行为后果的认知都很有限,不恰当的侦查手段就会对他们造成比成年人更甚的损害,因此必须耐心听取其陈述,细致向其解释实体与程序的法律,帮助其排解疑虑、恐惧心理,建立正视错误、积极悔过的态度。基于这一观点,侦办涉未成年人犯罪案件时必须审慎运用侦查技巧、手段,必须贯彻"侦教结合、寓教于侦"原则,并最大限度保护未成年当事人的权利。主要体现为:

第一,侦查方法的选取尊重未成年人身心特点,注重营造宽松氛围、建立互信关系,尽可能地减少对未成年人学习生活的干扰。依据《公安机关办理未成年人违法犯罪案件的规定》,讯问违法犯罪的未成年人时,应当耐心细致地听取其陈述或者辩解,认真审核、查证与案件有关的证据和线索,并针对其思想顾虑、畏惧心理、抵触情绪进行疏导和教育。为了淡化暴力机关性质和控辩对立色彩,通常不使用械具、不穿着警服,在未成年人熟悉的家校场所,以圆桌会谈形式展开讯问,讯问过程中审慎使用讯问策略,用语平实易懂,尽可能详尽地向未成年人释明程序规则及其享有的权利,帮助其端正态度,认识自身行为的错误,塑造改过迁善的心理。

第二,讯问活动要求应有合适成年人在场。《刑事诉讼法》第281条第1款规定:对于未成年人刑事案件,在讯问和审判的时候,应当通知未成年犯罪嫌疑人、被告人的法定代理人到场。无法通知、法定代理人不能到场或者法定代理人是共犯的,也可以通知未成年犯罪嫌疑人、被告人的其他成年亲属,所在学校、单位、居住地基层组织或者未成年人保护组织的代表到场,并将有关情况记录在案。这一制度设计考虑了讯问活动的相对封闭与未成年人诉讼能力的缺失,既有助于保护未成年人的权利,也有利于警务人员进一步了解未成年当事人的情况,更好地落实"侦教结合"。世界各国几乎都设置了成年人参与来监督侦查活动,辅助未成年人权利保护,共同实现"儿童利益最大化"。例如英美"合适成年人"、日本"辅佐人"、澳大利亚"讯问朋友",均要求有成年人在场,否则很可能认定由此产生的证据材料因非法而无效。

第三,尽可能不采取强制措施。必须明确,少年警务中采取的强制措施,不仅是为了避免出现妨碍后续司法程序的情形,有时还具有保护失于监管的青少年,将之与恶劣环境相隔绝的作用。国际未成年刑事司法准则严格限制对未成年人适用强制措施,《儿童权利公约》第37条b款规定:不得非法或任意剥夺任何儿童的自由,对儿童的逮捕、拘留或监禁应符合法律规定并仅应作为最后手段,期限应为最短的适当时间。对于"逮捕"这一最为严厉的强制措施,各国均要求逮捕后立即展开下一步工作,并尽快作出移送或释放的决定,有的国家还会以"控制"(take into custody)代称"逮捕",提示少年拘捕的特殊性并强调非罪化态度。法国禁止对10周岁以下未成年人采取任何强制措施,在例外情况下可以对10—13周岁未成年人采取司法留置,对13—18周岁未成年人采取拘留措施。美国只有在法院下令逮捕,出现法定逮捕事由,青少年处于伤病状态或遭遇危险、逃脱或失去父母管教的情况下可以进行拘捕,后两者为少年警务所独有,若法官下令或出现法定事由,只要州法院没有明确要求,无须出示逮捕证就可实施少年拘捕活动。[1] 德国设置了有权介入强制措施实施程序的少年法院助理,若发现侵害当事人权益的情形,可以要求撤销或停止执行并启动少年帮助项目。我国《公安机关办理未成年人违法犯罪案件的规定》第15条第1款所称"应当严格限制和尽量减少使用强制措施",包含了非绝对必要条件下一律不得使用强制措施、尽量选用强制性弱和非监禁性的强制措施和严格限制并非绝对排斥使用强制措施三个层面的含义。[2]

第四,案件处理注重社会调查。《联合国少年司法最低限度标准规则(北京规则)》第16.1条约定:"所有案件除涉及轻微违法行为的案件外,在主管当局作出判决前的最后处理之前,应对少年生活的背景和环境或犯罪的条件进行适当的调查,以便主管当局对案件作出明智的判决。"社会调查制度起源于美国,区别于为起诉、审判工作做准备的一般侦查活动,它主要调查的是未成年人身心状况、过往经历、生活环境、人际关系等,起初是用于判定该罪错少年的再犯可能性以便决定是否得以假释,现已成为决定后续措施,提升教育、矫正成效的有效手段。依据《公安机关办理未成年人违法犯罪案件的规定》第10条的规定,对未成年人讯问前"应当了解其生活、学习环境、成长经历、性格特点、心理状态及社会交往等情况"。近年来,社会调查工作正逐渐过渡为委托第三方中立机构完成。在提请批准逮捕、移送审查起诉时,社会调查报告会一并移送给检察机关,特定情况下也会成为司法措施采取、量刑决定的重要依据。

---

[1] 参见张鸿巍:《少年司法通论》,人民出版社2008年版,第202页。
[2] 参见姚建龙:《长大成人:少年司法制度的建构》,中国人民公安大学出版社2003年版,第182页。

未成年人犯罪案件办理全程注重未成年人隐私权、名誉权,不公开未成年人的具体信息,不允许报道正在侦查的未成年人犯罪案件。侦办结束后,除了法律规定的情形下,公安机关不得向任何个人和单位提供该未成年人犯罪记录,保证了未成年完成更生改造后能够不带"污点"地回归社会。在确保程序正当、案件真实,特别保护未成年人合法权利的前提下,未成年人犯罪案件的侦查活动还应当尽可能地快速高效。我国未成年人警务的"杨浦模式"在侦查阶段就实行分案,公、检双方专门开辟了一条快审未成年人案件的"绿色通道",尽可能减少司法活动过程中的"交叉感染"和负面效应,[1]通过公检快速高效的衔接,降低了司法活动给未成年人带来的压力与不安定感。

3. 分流转处。未成年人警务是实现未成年人刑事司法非犯罪化、非刑罚化的第一道过筛网,承担着对未成年人罪错行为进行初步分流的任务。在我国,案件办理终结后,未成年人警察应当全面分析案情、充分考虑未成年人特点,从有利于教育、挽救未成年犯罪嫌疑人出发,依法提出处理意见。侦查终结并认为未成年人确实实施了犯罪行为的,公安机关将案件移送检察机关审查起诉,并且应当同检察机关、审判机关的未成年人犯罪案件专门机构加强联系,介绍未成年人在侦查阶段的思想变化、悔罪表现等情况,以保证准确适用法律。对于无须追究刑事责任的违法行为、严重不良行为或未达刑事责任年龄的涉罪未成年人,公安机关可以视情况作出不同处理:(1)依《治安管理处罚法》规定的程序作出处罚决定,与未成年人所在社区、家庭、学校协同执行;(2)依《预防未成年人犯罪法》第 41 条采取矫治教育措施;[2](3)适用工读教育、专门学校教育,2004 年起多地恢复了工读教育的公安机关强制入学制度,将之作为涉案不捕不诉未成年人的矫治方法和刑罚替代性措施;[3](4)作出收容教养、强制戒毒决定并交执行机关;(5)责令监护人管教。

域外少年警务的管辖范围较我国更广,警察转向是少年司法转向的主要构成。美国少年警察对青少年是否需要进入下一步司法程序有相当的自由裁量

---

[1] 参见陈铁珺:《本市公安将建绿色通道专门"办案组"侦办未成年人案》,载新浪网,https://news.sina.com.cn/c/2007-06-13/091012012981s.shtml。

[2]《预防未成年人犯罪法》第 41 条规定:"对有严重不良行为的未成年人,公安机关可以根据具体情况,采取以下矫治教育措施:(一)予以训诫;(二)责令赔礼道歉、赔偿损失;(三)责令具结悔过;(四)责令定期报告活动情况;(五)责令遵守特定的行为规范,不得实施特定行为、接触特定人员或者进入特定场所;(六)责令接受心理辅导、行为矫治;(七)责令参加社会服务活动;(八)责令接受社会观护,由社会组织、有关机构在适当场所对未成年人进行教育、监督和管束;(九)其他适当的矫治教育措施。"

[3] 参见刘燕:《从工读学校教育历史发展探究其时代价值》,载《预防青少年犯罪研究》2018 年第 3 期。

权,可以对案件作出内部转向或外部转向的处理。警方主要通过如下方式处置青少年犯罪与偏差:有足够证据证明犯罪的,侦办完毕后交缓刑官决定是否移送少年法庭审理;其余大部分情况下并不采取正式行动,适当训诫后即可交家长管教;或要求履行一定义务、遵守相应规定,转送社区服务、青少年服务局、少年管制局等;社会组织机构与少年警务的合作十分紧密,对于轻微不良行为,还可能转介给"大哥哥大姐姐计划"、警察体育联盟和精神卫生机构等。日本、德国的少年警察在转处方面的权力则有限,除了确属特别轻微、只需予以警告的情况下,案件办理后一律需要呈交少年检察院或少年法院。

(三)未成年人警务的社会服务类工作

社会服务类工作通常与青少年的生活高度贴合,围绕青少年日常活动范围和青少年不应到访的场所展开。一方面,依托校园、社区等开展教育、预防工作,积极引导青少年作出正确行为选择,帮助他们健康成长;另一方面,在巡逻中发现青少年不良行为或被害风险,及时遏制事件发生,维护社会秩序和青少年人身安全。

我国基层派出所一般会将学校纳为网格巡逻重点区域,采取定岗定责的"设岗护校"机制,在学校周边开展实名制执勤、常态化巡逻,主要目的在于及时发现和清除侵害学生人身财产的风险隐患,为学生营造安全、稳定、有序的社会环境。我国公安部联合教育部持续开展"护校安园"专项行动,截至2022年2月共计选派30余万名业务能力强、经验丰富的优秀民警兼任中小学法治副校长,深入学校组织开展形式多样的安全教育活动,有效维护了学校秩序持续安全稳定。[1]

需要注意的是,法律执行类与社会服务类工作并不割裂,同一工作可能兼具两重性质,在侦查青少年犯罪时,查证犯罪事实和教育、感化的任务是同时进行的;在完成社会服务工作时,警察一旦发现罪错行为即可启动治安执法和刑事司法的相关活动。例如,美国的校园警察(school resource officer),工作内容是专职负责巡逻校园及其周边场所,及时制止学生活动中的骚乱;担任学生的导师,负责预防暴力和犯罪行为的教育工作。但若发现罪错行为或接到刑事投诉,他们即可启动调查,并对违规、违法和犯罪的青少年予以相应处置。[2]

---

[1] 参见欧媚、林焕新:《公安部:30余万名民警担任中小学法治副校长》,载中国教育新闻网,http://m.jyb.cn/rmtzcg/xwy/wzxw/202202/t20220217_679609_wap.html。

[2] See Matthew T. Theriot, *School Resource Officers and the Criminalization of Student Behavior*, 37 Journal of Criminal Justice 280(2009).

第四节 未成年人检察

一、未成年人检察的含义与特征

未成年人检察，又称少年检察，一般是指检察机关办理未成年人犯罪案件和遗弃、虐待等侵害未成年人权利的民事、行政、刑事、公益诉讼案件的检察工作的总称。未成年人检察专门机构通常既负责未成年人犯罪案件，又负责侵害未成年人权益案件，但本节所称未成年人检察仅就前者而论，主要是指检察机关依据特殊程序规范和工作方法，监督未成年人刑事司法活动，审查、起诉未成年人犯罪案件。有别于未成年人刑事司法的其他环节，国内外的未成年人检察，均主要适用于未成年人犯罪，而不及于不良行为和一般违法行为。但其具体涵盖的内容仍不相同，在实行"三权分立"的国家，检察院行使的是行政权，因此它的核心职能仅是代表国家检控犯罪。在检警关系密切的大陆法系国家，检察院一般还负责监督、主导未成年人罪错案件的调查或侦查工作。而在我国，检察工作带有司法权属性，包括了审查批捕、审查起诉、法律监督、犯罪预防，同时它也有鲜明的行政权属性，"案结事不了、功夫在案外"，检控以外的工作尤其体现了未成年人刑事司法的保护、教育与福利。因而检察院是我国唯一参与未成年人司法保护全过程的政法机关，其工作内容承上启下，重要性是不言而喻的。

我国未成年人检察的组织体系、人员配置、履职规范均有着明确的法律规定，见于《未成年人保护法》《预防未成年人犯罪法》《人民检察院办理未成年人刑事案件的规定》《最高人民检察院关于进一步加强未成年人刑事检察工作的决定》等，这些法律法规落实到位，各级人民检察院普遍依当地情况建立了未成年人检察专门机构，未成年人检察工作基本呈有法可依、有法必依的良好态势，且在实践中摸索出了诸多具有中国特色的工作方法。我国未成年人检察主要从如下方面体现对未成年人的特殊保护：(1)未成年人检察机构专门化，未成年人检察队伍专业化；(2)实行"一竿子捅到底"的捕诉监防一体化办案模式，为涉罪未成年人提供全面高效、协调一致的检察保护；(3)对成年人与未成年人共同犯罪案件分案审查起诉；(4)尽可能对未成年人犯罪案件免予起诉，最大限度降低涉罪未成年人起诉率，必须起诉的则依法酌情提出减轻、从轻或适用非监禁刑的量刑建议；(5)寓教于诉、教诉结合，在检控犯罪的同时对成年人与未成年人共同犯实施法治教育和人生观教育，促进未成年人深刻反省、改过自新。

二、未成年人检察的内容

(一)未成年人检察的专门机构

由于检察机关代表国家检控犯罪的工作具有强烈的刑事色彩,因此不同国家就是否建立独立、强职权的未成年人案件专门检察机关有不同做法。美国在少年司法正当程序化改革以前,实际是由缓刑官、警察承担向法庭指控不法未成年人的职能;法国没有独立的少年检察机构,但在少年法庭、少年重罪法院、上诉法院配备了未成年人犯罪案件的专门检察官;日本在最高检察厅、高级检察厅、地方及区检察厅也均未设置少年检察专门机构;而德国各州司法行政部门建立了青少年法庭,《少年法院法》明确规定只有具备教育能力以及具有青少年教育经验的人才能作为青少年检察官,选任青少年检察官时应考察是否拥有教育学、青少年心理、犯罪学和社会学的知识,且选任后检察机关应组织相关的培训。[1]

我国未成年人检察专门机构的设置起始于1986年上海市长宁区人民检察院在审查起诉科设立的"少年刑事案件起诉组",但当时尚无独立建制,工作内容也仅限于审查起诉。此后的多部法律法规、部门规章、规范性文件涉及了专门未成年人检察机构的设立问题,未成年人检察的专门化和专业化水平不断提升,拥有了各级独立建制的未成年人检察机构。依据《人民检察院办理未成年人刑事案件的规定》要求,省级、地市级人民检察院和未成年人刑事案件较多的基层人民检察院,应当设立独立的未成年人刑事检察机构。目前我国未成年人检察机构的设置主要有4种形式:(1)独立建制,捕诉监防一体的未成年人检察机构;(2)检察机关多部门共同参与的未成年人检察工作办公室;(3)在侦查监督、公诉部门下设未成年人刑事犯罪专案组或指定专人办理;(4)地市级人民检察院也可以根据当地条件指定一个基层人民检察院统一办理辖区范围内的未成年人刑事案件。自我国未成年人检察机构设立以来,人员的专业化发展始终与机构的专门化发展齐头并进,各层级立法对此均较为重视,如《人民检察院办理未成年人刑事案件的规定》第8条第2款规定:各级人民检察院应当选任经过专门培训,熟悉未成年人身心特点,具有犯罪学、社会学、心理学、教育学等方面知识的检察人员承办未成年人刑事案件,并加强对办案人员的培训和指导。实践中,未成年人检察机构一般都配置了学识、阅历、性格等方面适宜从事未成年人相关工作的检察官,在女性嫌疑人案件中还会配备女性检察人员;培训中通常会邀请

---

[1] 参见黄礼、杨涌:《德国:缘何任命"青少年检察官"》,载最高人民检察院网,https://www.spp.gov.cn/spp/llyj/201811/t20181108_398063.shtml。

业务专家、高校学者,以培训班、集中授课、专题讲座等形式提升未成年人检察人员专业能力。2016 年最高人民检察院发布的《关于加强未成年人检察工作专业化建设的意见》,就未成年人检察工作人员的专业化建设提出了两点路径方法:一是合理设置未成年人检察专门机构检察官员额比例和权力清单,合理核算实际工作量以设置检察官员额比例,由一个检察官或检察组完成同一案件的捕诉监防工作;二是加强未成年人检察专业化队伍的培养,从司法理念、办案能力、帮教能力多方面选择合适的检察官,分级、分类实施未成年人检察全员业务培训。总地来说,我国未成年人检察人员的选任能够以保护未成年人权益为出发点,充分考虑未成年人身心特点和未成年人检察工作承担的特殊职能,在专业能力的要求上精益求精。

(二)未成年人检察的审查批捕

我国对未成年人案件批捕的相关规定主要集中于规范性文件中,严格限制逮捕措施的适用,逮捕未成年人必须经过全面社会调查,检察机关综合案件事实、主观恶性、成长经历、悔过态度和社区帮教条件等审慎作出批捕与否的决定。《未成年人刑事检察工作指引(试行)》中详细说明了批捕工作中案件审查具体涵盖的内容,还规定了检察机关在审查批捕时应当要求公安机关提供社会调查报告,必要时也可以自行或委托有关机构调查。[1]《人民检察院办理未成年人刑事案件的规定》第 19 条第 1、2 款中则明确了应当不批准逮捕的情形及罪刑较重时可以不批准逮捕的情形。[2] 逮捕后人民检察院仍应当审查本案的羁押必要性,认为不符合羁押条件的应当建议予以释放或变更强制措施。近年来,我国未成年人批捕率呈下降趋势。

与我国不同,有些大陆法系国家采取强制措施通常是由检察官、司法警察向法官申请签发逮捕证、羁押证等司法文书。例如,日本未成年嫌疑人会适用羁押或观护措施,由检察官根据案件以及嫌疑人具体情况向法官请求批准,但除不得

---

[1]《未成年人刑事检察工作指引(试行)》第五章第二节"案件审查"部分对年龄审查、事实证据审查、监护帮教审查、社会危险性审查、犯罪诱因等均作出了细致说明,细化了未成年人批捕相关规则,有助于认定是否属于"可以依法不予批捕"的情形。

[2]《人民检察院办理未成年人刑事案件的规定》第 19 条第 1、2 款规定:"对于罪行较轻,具备有效监护条件或者社会帮教措施,没有社会危险性或者社会危险性较小,不逮捕不致妨害诉讼正常进行的未成年犯罪嫌疑人,应当不批准逮捕。对于罪行比较严重,但主观恶性不大,有悔罪表现,具备有效监护条件或者社会帮教措施,不具有社会危险性,具有下列情形之一,不逮捕不致妨害诉讼正常进行的未成年犯罪嫌疑人,可以不批准逮捕:(一)初次犯罪、过失犯罪的;(二)犯罪预备、中止、未遂的;(三)有自首或立功表现的;(四)犯罪后如实交待罪行,真诚悔罪,积极退赃,尽力减少和赔偿损失,被害人谅解的;(五)不属于共同犯罪的主犯或者集团犯罪中的首要分子的;(六)属于已满十四周岁不满十六周岁的未成年人或者系在校学生的;(七)其他可以不批准逮捕的情形。"

已情况外检察机关不得申请、法院不得签发羁押证。[1]

(三) 未成年人检察的检察监督

检察机关作为我国的法律监督机关,全过程监督未成年人刑事司法运作,纠正立案、侦查、审判、执行等环节的违法行为,保障案件办理程序正当合法。人民检察院依法监督侦查活动,在审查批捕、审查起诉的同时审查公安机关的侦查活动是否合法,发现违法行为则应当提出纠正意见;构成犯罪的,依法追究刑事责任;依法监督审判活动,主要就庭审中违反程序性规定的情形提出纠正意见,如不应当公开审理而公开审理、未通知未成年人被告的法定代理人到庭、未告知未成年人及其法定代理人享有的程序性权利等,均应由人民检察院向法院提出纠正意见;依法监督执行活动,对未成年犯管教所实行驻所检察,对管教所违法行为提出纠正意见,保障未成年犯的合法权益,维护监管改造秩序和教学、劳动、生活秩序。此外,还对未成年犯的减刑、假释、暂予监外执行等活动实行监督。尽管在程序性事项的规定上未成年人检察的检察监督职能与一般检察差别不大,但一些地方检察院也探索出了更有助于未成年人案件办理的特色做法。以青岛市公安局黄岛分局为例,该局成立未成年人警队的同时,形成检警融合联动,检察院向警队派驻了未成年人检察检察官办公室,指导未成年人案件的调查取证工作,在刑事案件处理中通过合作机制、信息通报机制、提前介入机制,向前延伸检察监督质效。[2]

(四) 未成年人检察的审查起诉

审查起诉在各国都是检察工作的核心所在,但域外少年检察在审查起诉阶段发挥的作用与裁量权却有所不同。日本检察院在青少年犯罪案件中的权力受到极大限制,警察认为可能判处罚金以上刑罚才会将案件移交检察院,而检察院不能作出向普通法院移送的决定,而是一律交由家庭法院初步判断是否应当判处刑罚。若案件在家庭法院受理,即排除检察机关的参与,除非该未成年人涉嫌故意犯罪致人死亡或实施了其他最低法定刑为2年惩役的犯罪行为,家庭法院认为有必要的,方可由检察官参与庭审、辅助认定犯罪事实。若法院认为有"刑事处罚相当性",则会逆送至检察机关,再由检察机关就已知事实决定是否适用普通刑事司法程序向普通法院提起公诉。[3] 少年检察官拥有审查起诉是否适当的权力,可以作出提起公诉、归档不究、适用起诉替代措施等决定。德国检察

---

[1] 参见徐尉:《日本检察制度概述》,中国政法大学出版社2011年版,第243-244页。
[2] 《检察建议促公安机关成立全省首个未成年人专门机构"U18警队"》,载青岛市黄岛区人民检察院网,http://www.huangdao.qdjcy.gov.cn/html/qwfb72/20220418/1/443.html。
[3] 参见刘仁海、周舟:《日本少年检察制度及其对我国的启示》,载《青少年犯罪问题》2016年第3期。

机关则对是否追诉未成年人犯罪案件具有较大的自由裁量权,可以作出是否适用青少年嫌疑人专门终止程序(不起诉)的决定。被害人—加害人调解(Victim-Offender Mediation,VOM)是德国少年检察的重要特色,即在法院受理案件以前,由检察机关决定是否适用 VOM 并担任调解主体,既可以在起诉以前调解、对调解成功的案件作出不起诉决定,也可以在撤销起诉的同时要求法官发出调解命令。未成年人在起诉前、调解中所做的调解努力、赔偿、悔过等可以作为检察机关不起诉或法院减轻其刑事责任的依据。[1]

对未成年犯罪嫌疑人的审查起诉不仅是为了依法打击犯罪、追究刑事责任,还要对未成年犯罪嫌疑人施以适时教育,帮助其充分认识行为错误,敦促其深刻反省、改过迁善。我国为了贯彻"教育、感化、挽救"方针,坚持"寓教于诉",在审查起诉环节,当未成年人认罪、悔罪或虽不认罪、悔罪但有可能促进其转化的,检察机关会适用亲情会见制度,将该未成年人的近亲属纳入教育与感化工作中。在亲情会见过程中,既能由检察官为未成年人及其近亲属释法说理,完成法律知识与亲职理念的普及,又能由近亲属开导、劝诫、关怀未成年人,加固其社会纽带,为其将来重新回归社会搭建"绿色通道"。

案件审查完毕后,检察机关根据案情作出起诉或不起诉决定:(1)对于犯罪事实清楚,证据确实、充分,未成年犯罪嫌疑人可能被判处一年有期徒刑以上刑罚,认为起诉有利于对其矫治的或可能被判处一年有期徒刑以下刑罚但不符合附条件不起诉条件的,人民检察院应当提起公诉,并应将证明未成年人年龄的材料、社会调查报告、教育感化工作开展情况等与起诉书一并向法院移送。此外,在庭审前,检察院还应做好掌握未成年人心理状态、与被告辩护人交换意见、依据案情和未成年人特点拟定书面材料等准备工作,并根据情况建议法院适用简易程序、缓刑、禁止令等。庭审过程中,公诉人在依法指控犯罪的同时,要剖析未成年被告人犯罪的原因、社会危害性,对其施以法治教育及人生观教育,且需要保持用语温和、密切注意未成年人的身心状态。(2)不起诉则分为:①法定不起诉,即《刑事诉讼法》第 16 条规定的情形。②存疑不起诉,即证据不足,认为不符合起诉条件的情形。③酌定不起诉,即情节轻微,依据刑法不需要判处刑罚或免除刑罚的。若符合《人民检察院办理未成年人刑事案件规定》第 26 条的规定,应当优先适用酌定不起诉。④附条件不起诉,必须满足事实证据、罪名、刑罚、悔罪表现 4 方面条件,在作出附条件不起诉决定前,检察机关应当听取公安机关、被害人、未成年犯罪嫌疑人法定代理人及辩护人的意见。附条件不起诉的考验期限由检察机关就罪行轻重、主观恶性、人身危险性、一贯表现及帮教条件

---

[1] 参见安文霞:《德国未成年人犯罪 VOM 制度研究》,载《青少年犯罪问题》2012 年第 4 期。

决定,根据该未成年人在考验期的具体表现可以缩短或延长考验期,并在期限届满后再行作出起诉或不起诉决定。2018年至2020年,我国总计对涉嫌轻微犯罪的未成年人不起诉2.8万人、附条件不起诉2.6万人。[1]

我国附条件不起诉制度是我国未成年人检察自由裁量权的重要表现,充分结合个案考虑了起诉的必要与合宜,在节约司法资源的同时,符合"尽可能不提交主管当局正式审判"的未成年人刑事司法国际准则,避免罪犯标签阻断未成年人复归社会,有利于未成年人矫治更生、重回正轨。与附条件不起诉相类似的暂缓起诉制度在多个国家得到确立,它由检察官主导,常承担着刑罚替代、程序分流、辩诉交易、非正式缓刑等重要作用。美国暂缓起诉适用于检察官认为情节轻微且具有改过自新可能性的青少年,在充分审查并说明暂缓起诉原因后,在遵守协议条款的前提下检控工作暂停、当事人进入监督期,若监督期内发生违反协议条款的情形,则检控工作重新启动;如果监督期顺利度过,检察官不再起诉该青少年,且可依申请封存其前科记录。[2] 美国各州普遍建立了与暂缓起诉配套的监督考察项目及专门机构(如邻里恢复性中心、未成年人恢复性司法理事会),关于暂缓起诉具体执行的规范清晰完备,在再犯预防与罪错矫正方面的作用也得到了验证,对完善我国附条件不起诉制度具有参考意义。

(五)未成年人检察的预防帮教

未成年人检察工作中的一般预防主要是深入学校、社区开展以案释法的警示教育活动,特殊预防则包括"通过刑事诉讼程序所实现的专门性强制措施及其防治活动"和"对涉罪少年开展教育矫治、考察帮教活动"。[3] 检察机关的一般预防与其他司法部门差异不大,并不足以彰显未成年人检察工作的特殊性,其预防工作更多落脚于特殊预防,尤其是在批捕、起诉、监督以外的矫正安帮工作。未成年人检察的帮教依托于司法部门配合和社会综合治理,努力做到"办理一案、治理一片",主要有两种情况:(1)对于作出不批准逮捕决定的未成年犯罪嫌疑人,人民检察院应当进行帮教。必要时可以会同家庭、学校、公安机关或者社会组织等组成帮教小组,制订帮教计划,共同开展帮教。(2)作出不起诉决定同样是检察预防帮教工作的开端。尤其是在附条件不起诉中,处于考验期的未成

---

[1] 参见《最高检印发〈全国检察机关"检爱同行 共护未来"未成年人保护法律监督专项行动实施方案〉》,载中国法学会网络与信息法学研究会网2021年5月8日,http://cyberlaw.chinalaw.org.cn/portal/article/index/id/964.html。
[2] 参见张鸿巍:《美国未成年人暂缓起诉与检察裁量》,载《人民检察》2020年第11期。
[3] 参见岳慧青:《检察机关少年检察部门犯罪预防职能再思考》,载《预防青少年犯罪研究》2015年第5期。

年犯罪嫌疑人,由检察机关负责考察监督,帮教的成效更决定着该未成年人最终是否能免受刑罚的处分。

我国还探索了"社区服务令"的做法,全国第一道"社区服务令"于2001年由河北省石家庄市长安区检察院发出。检察机关发出服务令并将嫌疑人推荐到社会公益性机构,并聘用辅导员施以思想感化教育,嫌疑人在规定时间内从事志愿工作,服务表现与思想转变会作为检察机关是否最终对其作出不起诉决定的重要依据。这一做法在我国很多地区得到普及,极大程度上帮助了触法未成年人改变错误认知、建立积极心态,更好地回归正常生活、融入主流社会。2018年最高人民检察院、共青团中央签署了《关于构建未成年人检察工作社会支持体系合作框架协议》,实现专业化办案与社会化保护配合衔接,动员社会、整合资源,共同构建未成年人检察工作社会支持体系。[1] 近年来,检察机关的帮教工作还与"互联网+"、大数据、人工智能等密切结合。

我国未成年人检察工作体系中,审查批捕、审查起诉、检察监督、犯罪预防4项检察职能统归未成年人检察机构,打破了检察机关内部所设壁垒,简化了未成年人违法犯罪案件的办案流程,有利于尽可能降低冗长、繁杂的诉讼程序给未成年人带来的负面影响,由同一承办人跟进同一案件全程的做法也保证了未成年人检察人员能够深入了解涉罪青少年身心情况、顺利开展教育帮扶。

第五节 未成年人刑事审判

一、未成年人刑事审判的概念

庭审是诉讼程序的核心,未成年人与成年人在刑事法上的差异最初就体现于司法裁判中,而近现代独立的少年司法之诞生也恰始于专门少年法院的成立。"法律的生命在于实施",一国未成年人刑事司法的完备与先进,很大程度上能从如何审理罪错未成年人案件、如何实现审判与教育的统一体现出来。故而为了充分发挥涉及罪错未成年人的相关法律之保护、教育、惩治、预防等效能,势必需要建立权威的、专门的未成年人刑事审判机构,即通常所称少年法院或少年法庭。自美国少年法院运动以来,少年法院的设立渐成国际共识,将其作为衡量一国法治发展水平的标准也不为过。1996年《联合国刑事司法系统中儿童问题行动指南》第14条d款指明:国家应设立主要对犯有刑事行为的少年行使司法权

---

[1] 参见郑赫南:《最高检团中央会签构建未检社会支持体系合作协议》,载最高人民检察院网,https://www.spp.gov.cn/spp/zdgz/201802/t20180228_368082.shtml。

的少年法庭,并应制定旨在顾及儿童特定需要的特别程序。

尽管具体到各国而言,"少年法院"的称谓、受案范围、组织形式各有不同,但梳理它们的共同特征可知,其基本概念应为:根据未成年人身心特点,以特殊程序依法审理青少年不良行为、违法行为、犯罪行为等案件的专门审判机构。少年法院的特征主要包括如下方面:(1)少年法院不局限于审理嫌疑人有无犯罪并对其定罪量刑,还需要"调查少年误入歧途的原因"、"制定一系列制裁和帮助措施使他们改邪归正"[1],它是寓惩治、教育、预防、保护于一体的;(2)少年法院的程序有别于一般法院,如庭审不公开、收案听审、记录封存等,这些程序的设置主要是为了降低司法对未成年人的负面影响、教育其改过自新、有利于其今后复归社会,但相应地,少年法院处理案件的效率要求更高、程序性权利保护弱于普通刑事案件,有时也可能导致法官滥用自由裁量权;(3)少年法院是柔性司法,力图营造包容的而非严厉的、平和的而非对抗的、引导的而非责难的庭审氛围,此观念受到国际社会普遍认可,如《联合国少年司法最低限度标准规则(北京规则)》第14.2条要求"诉讼程序应按照最有利于少年的方式和在谅解的气氛下进行,应允许少年参与诉讼程序,并且自由地表达自己的意见";(4)少年法院的判决结果呈宽宥态度,尽可能采取刑罚替代性措施,即使适用刑罚时亦会考虑从轻、减轻。

二、未成年人刑事审判制度建设的内容

(一)未成年人刑事审判的专门机构

1899年美国芝加哥库克县成立了世界上第一个少年法院,时任少年法院法官的朱利安·马克评价道:少年法院不仅要问未成年人犯了何种具体罪行,而且要弄清他们身心的问题;目的不是惩罚,而是矫正;不是令其堕落,而是令其振奋;不是镇压,而是发展;不是令其成为罪犯,而是令其成为值得尊敬的公民。[2] 如今,建立未成年人相关案件专门审判机构,保护青少年免受成人法庭的潜在伤害、在施以惩罚的同时促进青少年最佳利益已成为世界普遍认可的司法理念。

美国绝大多数州均建立了区别于成人刑事法院、独立运作的少年法院且配备有各自的少年法院组织法。依《美国少年法院法》规定,罪错少年、被忽视少年和16岁以下的无人抚养少年属于少年法院管辖范围,即使由县法院或家庭关系法院审理青少年犯罪案件,也需严格遵循少年法院的程序规则。为了应对复

---

[1] 张鸿巍:《少年司法通论》,人民出版社2008年版,第338页。
[2] See Julian W. Mack, *The Juvenile Court*, 23 Harvard Law Review 104 (1909).

杂严峻的青少年犯罪问题,还设立了管辖涉及毒品、枪支案件的专门少年法院。法国的少年法庭制度同样十分细致、完备,由少年法官、少年法庭、上诉法院特别法庭、未成年人轻罪法庭和未成年人重罪法庭五级独立的审判组织构成,各自对违警罪、轻罪、重罪具有不同的管辖权。少年法官从大审法院法官中选任,由最高司法官委员会提名,还需要在未成年人司法保护培训中心完成培训。少年法官在预审阶段就已介入案件的办理,在正式侦查程序中监督司法令状的签发、调查未成年人的个人状况并采取有利于未成年人再教育的一切手段。[1] 不同于法国刑事诉讼法"预审审判分开"的一般原则,完成预审工作后,同一法官会继续担任同一案件的庭审法官和刑罚适用法官。

我国一般将未成年人刑事审判庭和未成年人刑事案件合议庭统称少年法庭。成立于1984年的上海市长宁区少年犯合议庭,实现了我国少年法庭零的突破,在当时未成年人相关规范供给不足、司法资源相对匮乏的背景下,极大促进了我国未成年人刑事司法制度的推广与建设。依据《最高人民法院关于审理未成年人刑事案件的若干规定》(已失效)第6条第1款规定:中级人民法院和基层人民法院可以建立未成年人刑事审判庭;条件尚不具备的地方,应当在刑事审判庭内设立未成年人刑事案件合议庭或者由专人负责办理未成年人刑事案件。高级人民法院可以在刑事审判庭内设立未成年人刑事案件合议庭。由于犯罪与被害具体情况、司法发展水平等方面存在差异,各地少年法庭受案范围不一,组织形式亦不相同。我国少年法庭主要审理如下类型的案件:未成年人犯罪、未成年人被害、未成年人侵权、未成年人行政诉讼、未成年人经济案件和涉及未成年人的家事纠纷。经历30余年的探索,已形成如下6种少年法庭模式:(1)附设于刑庭的少年刑事合议庭;(2)独立建制的少年刑事案件审判庭;(3)纳入未成年人相关民事、行政案件的"三审合一"综合案件审判庭;(4)"家事"与"少事"结合、保证未成年人刑事审判独立性的少年家事审判庭;(5)上级法院指定的少年案件集中管辖审判庭;(6)受案范围扩展至25周岁以下被害人或嫌疑人的青少年刑事犯罪案件审判庭。

少年法庭的审判人员不仅需要居中裁判刑事犯罪案件,而且更重要的是根据未成年人身心状况给予恰当的教育和必要的保护。职能与审理对象的特殊性对少年法庭审判人员的专业水平、职业素养和道德品质均提出了更高的要求。我国未成年人刑事案件合议庭一般由审判员与人民陪审员组成:(1)审判员应当熟悉未成年人特点、善于做未成年人思想教育工作。出于积累与未成年人接触及案件办理经验的考虑还要求保持审判人员工作的相对稳定性;(2)审判未

---

[1] 参见《法兰西共和国少年犯罪法令》,宋沁沙译,载《国家检察官学院学报》2011年第6期。

成年人刑事案件的人民陪审员,则由熟悉未成年人特点,具备一定青少年教育学、心理学知识,热心于教育、挽救失足未成年人工作的共青团、妇联、工会、学校的干部、教师或者离退休人员、未成年人保护组织的工作人员等担任,且应当经过必要培训。我国高度重视少年法庭法官队伍建设,着重选拔政治素质高、业务能力强、熟悉未成年人身心特点、热爱未成年人权益保护工作和善于做未成年人思想教育工作的法官,并要求最高人民法院、高级人民法院每年至少组织一次少年法庭法官业务培训,中级人民法院和基层人民法院也应当以多种形式定期开展少年法庭法官的业务培训。

我国少年法官还承担着预防未成年人犯罪、跟踪回访触法青少年的任务,与未成年人犯罪审理环节一同形成了在司法中帮教、在帮教中司法的工作方式。少年法官可以受聘担任中小学法治副校长,以法治讲座等形式为未成年人普及法律知识,配合开展治安治理、安全管理等工作,通过与学校的密切衔接合作预防未成年人犯罪与被害,引导未成年人知法、守法、用法。对于判决结束的未成年人,明确杜绝"一判了之",在审理结束后继续教育与扶助工作。法官会要求涉案未成年人定期提交思想汇报,并开展座谈会、面对面交流活动,深入了解其生活学习环境,为其基本生活提供必要物质支持和就学就业支持,帮助犯罪未成年人顺利度过缓刑考验期或出狱后适应期。

(二)未成年人刑事审判的特殊保护

未成年人刑事审判需要营造宽松的庭审氛围。普通刑事司法的庭审过程中,职权主义偏向追诉,当事人主义偏向对抗,对于未成年人而言都是不合时宜的。普通刑事庭审氛围严肃,检察官、法官态度均较为强硬,而未成年人缺乏自我保护能力、适应调节机制和权利救济意识,身心受到伤害的概率和严重程度都大于成年人,严厉的氛围不仅达不到"教育、感化、挽救"的作用,还可能适得其反,激化未成年人心理病变。因此,未成年人刑事审判过程必须尽可能保持司法机关的克制,以引导、关怀的态度对待未成年人。例如圆桌审判,在形式上是指以圆缓相近的圆桌式审理取代棱角割据的法台式审理,实质上则是一种家庭化、座谈式的审判方式,发动家庭、学校、社区等社会力量配合案件审判、共同教育未成年人。圆桌审判力求营造相对宽松平等的法庭环境,减轻未成年人恐惧与抵触的情绪,更好地实现处置犯罪、挽救未成年人的目的。[1] 圆桌审判淡化了庭审的纠问性质与严肃氛围,这使得少年法庭比起国家对犯罪的审判、惩处,更贴近家庭对"问题未成年人"的处理、管教。

---

[1] 参见陈建明、钱晓峰:《论圆桌审判在少年刑事审判中的运用》,载《青少年犯罪问题》2005年第6期。

庭审公开是刑事诉讼法的重要原则,意在保障公民知情权,提升司法公信力与刑罚威慑作用,但出于保护未成年人权益、尽可能减少司法对未成年人的负面影响之目的,未成年人刑事审判是庭审公开的重要例外。《公民权利和政治权利国际公约》第14.1条规定,对未成年人案件的审判,可以成为公开审判原则的例外。《联合国少年司法最低限度标准规则(北京规则)》也规定了未成年人在刑事司法各阶段享有的隐私权,避免信息、档案泄露对其造成伤害。我国早就规定了可以不公开审理未满18周岁的少年犯罪案件,2012年《刑事诉讼法》则明确规定审判时被告未满18岁的案件均不公开审理。"不公开审理"既指社会公众不得旁听庭审,还指除依法经本院院长批准外,不得披露未成年人信息资料,不得查询、摘录、公开、传播诉讼案卷材料。同时,为了确保司法公正与程序正当、提升教育与帮助的效果,未成年被告人所在学校和未成年人保护组织可以在被告人及其法定代理人同意的前提下派代表到场。审判结束后,对未成年人刑事案件宣告判决应当公开进行,但不得采取召开大会等形式。

未成年人刑事审判通常会细致了解并考虑法律外因素,根据个案情况适度调整判决结果,为后续处遇矫正方案提供依据。未成年人特有的身心状况致使他们属于犯罪的易感人群,受恶劣环境、同侪压力、挫折事件等因素影响,极易误入歧途。这也意味着未成年犯罪人一般并非不可饶恕、更并非不可矫正。必须尽可能详尽地了解涉案未成年人的家庭状况、人际关系、过往性格、成长经历等,才能作出恰如其分的判决,以为未成年人带来思想、观念等方面的根本性转变。法国在正式开庭前设置了预审作为未成年人案件审理的必经程序。少年法官在预审程序中采取各种方式方法调查了解案件事实真相和未成年犯罪人人格,从而为审判准备好材料。预审不就案件实体下结论,形成的调查结果会写入"受指控人人格案卷"。[1] 我国未成年人刑事司法创设初期,即确立了在庭审前展开社会调查,了解未成年人犯罪事实、犯罪动机及个人情况,为教育感化工作做好准备。

(三)未成年人刑事审判的庭审程序

未成年人刑事审判被誉为"特殊的希望工程",我国少年法庭发展始终坚持贯彻"教育、感化、挽救"方针和"寓教于审、审教结合"原则,在庭审过程中注重保护未成年人身心健康、引导未成年被告改过自新,为未成年人司法保护与犯罪预防作出了积极贡献。

未成年人较长的与司法机关接触时间和羁押时间,可能加深未成年人的犯

---

[1] 参见[法]雅克·博里康、朱琳编著:《法国当代刑事政策研究及借鉴》,中国人民公安大学出版社2011年版,第403页。

罪烙印、加大犯罪传染的风险,而未知判决的结果则会增加未成年人紧张情绪与不安定感,削弱未成年人对刑罚与犯罪行为间联系的认知,对未成年人造成诸多负面影响,有悖于未成年人刑事司法的目的。简易程序适用于少年法庭,可以尽快结束未成年人滞留于司法系统的时间、尽快开展后续矫治教育、尽快使其生活重新步入正轨。因此,我国少年法庭一般将简易程序作为首选审理程序,只要检察机关提出建议或依法符合条件的案件均会适用。依据《刑事诉讼法解释》,简易程序必须满足经审查认为案件事实清楚、证据充分,被告人对指控的犯罪事实没有异议,且应当征求未成年被告人及其法定代理人、辩护人的意见,上述人员提出异议则不得适用。少年法庭适用简易程序有"三不简":(1)特殊诉权不简,诉讼权利告知、合适成年人到场等体现未成年人特殊诉权的程序与制度不能略过;(2)社会调查不简,检察院提起公诉时必须附有社会调查报告,公诉人不出庭的则由审判人员陈述调查要点;(3)法庭教育程序不简,对未成年人的教育必须贯穿案件始终。[1]

我国未成年人刑事审判坚持"寓教于审""教育为主、惩罚为辅"原则,注重在庭审过程中因材施教,帮助未成年人认识犯罪行为危害性、真诚悔罪。为贯彻"惩教结合"还设置了专门的庭审教育环节,在人民法院宣判未成年人有罪后均需组织到庭的诉讼参与人对未成年被告人进行教育。法庭教育环节强调对未成年人的关爱与引导,这使得少年法庭比起国家对犯罪的审判、惩处,更贴近家庭对"问题未成年人"的处理、管教。少年法官、公诉人、诉讼参与人、社会调查员、心理咨询师等广泛参与到法庭教育程序中,通过法治教育、感化教育、道德塑造、心理辅导等方式,引导未成年被告人改变错误认识、真正认罪服法,以便在后续的犯罪矫正、特殊预防和复归社会环节取得更好的成效。

美国少年法院的审判程序与我国有很大区别。其司法权的启动系由执法机关、学校、父母等相关机构或人员呈请而非由起诉触发,意味着并非向法官指控青少年的罪行而是申请对其予以帮助与教育,呈请的案件由法庭工作人员或收案官筛选,作出受理或以非正式措施处理的决定。少年法院可以放弃对青少年案件的管辖权,将其转至普通刑事法院审理,但是必须经过严格的听证程序,由各方共同讨论、审慎决定。案件正式提请到少年法院后,需经过如下程序完成审理:(1)正式开庭前的拘留聆讯(detention hearing),主要裁决是否应在开庭前继续拘留该名青少年。(2)裁决聆讯(adjudicatory hearing),与成人法院的审判(trial)类似,目的在于确认青少年是否确实实施了呈请状所述罪错行为。但这一程序是非正式、非对抗性的,一般由法官独任审理,不设陪审团。若呈请状属

---

[1] 参见米振荣主编:《未成年人司法保护的探索和实践》,法律出版社2019年版,第132页。

实,少年法官会作出"有罪"或"偏差确认"的裁决,但在性质上仍然属"非有罪判决"[1]。(3)安置聆讯(disposition hearing),类似于量刑,在作出正式决定前各方可以出示证据并口头质证,法官则需查看调查官给出的社会研究报告。

(四)未成年人刑事审判的定罪量刑

《联合国少年司法最低限度标准规则(北京规则)》第17.1条规定了处遇未成年人犯罪案件应当遵循的原则:(1)采取的反应不仅应当与犯罪的情况和严重性相称,而且应当与少年情况和需要以及社会的需要相称;(2)只有经过认真考虑之后才能对少年的人身自由加以限制并应尽可能把限制保持在最低限度;(3)除非判决少年犯有涉及对他人行使暴力的严重行为,或屡犯其他严重罪行,并且不能对其采取其他合适的对策,否则不得剥夺其人身自由;(4)在考虑少年的案件时,应把其福祉看作为主导因素。尽管随着未成年人犯罪形势的严峻,近年来很多国家出现了严罚化改革,但对未成年人应当处以较成年人更为轻缓的刑罚仍然是世界各国的普遍共识。

美国少年法院对呈请属实的少年案件会作出不予处分、正式或非正式的缓刑、家庭外安置(placements outside the offender's home)、移送普通刑事法院等裁决结果。具体适用何种安置措施以未成年最大利益和更生重建为出发点,即使是普通刑事法院的判决也倾向以改造为主、从轻处罚。在经过联邦法院对罗珀诉西蒙斯和米勒诉阿拉巴马州的判决后,"不得判处死刑""不得判处不可假释的终身监禁"已成为美国对未成年嫌疑人科处刑罚的特别规定。日本2014年修正的《日本少年法》规定:于犯罪时未满18周岁的少年,按其所犯之罪应被判处死刑的,处无期徒刑;于犯罪时未满18周岁的少年,按其所犯之罪应被判处无期徒刑的,既可判处无期徒刑,也可判处10年以上20年以下有期惩役或者禁锢。一方面,受被害者权益运动影响,日本提高了未成年人有期徒刑上限;另一方面,法官的量刑范围更广、自由裁量余地更大,有利于法官根据个案情况选择更为适合少年法的刑罚。[2] 法国对未成年人适用教育措施、教育制裁和刑罚三种处罚措施,法国少年法庭的改革具有刑罚严厉化趋势,但教育措施和教育制裁的适用率远高于刑罚,有学者将其称为"教育惩罚"与"保护"相结合的混合模式。[3] 一般而言,对13—16岁未成年人适用刑罚必须减半、对16—18岁未成年人适用刑罚可以减半,少年法庭说明特别理由可以不予减半,少年重罪法庭则可以不说明理由即不予以减半。判决结束后,少年法官还要承担刑罚执行法官的职责,根

---

[1] 张鸿巍:《美国未成年人司法:体系与程序》,法律出版社2020年版,第249页。
[2] 参见周舟、林清红:《日本少年刑罚制度与我国相关立法比较研究——以〈日本少年法〉新修正案为视角》,载《青少年犯罪问题》2014年第4期。
[3] 参见司西霞:《法国刑事司法制度的近期发展与启示》,载《中国检察官》2017年第1期。

据未成年人情况对刑罚作个别化调整。

《最高人民法院关于审理未成年人刑事案件具体应用法律若干问题的解释》明确指出，对未成年人罪犯适用刑罚，应当充分考虑是否有利于未成年罪犯的教育和矫正，充分考虑未成年人实施犯罪行为的动机和目的、犯罪时的年龄、是否初次犯罪、犯罪后的悔罪表现、个人成长经历和一贯表现等因素。依据我国现行《刑法》及其相关解释，对未成年人不适用死刑，只有罪行极其严重且年满16周岁才适用无期徒刑，一般不判处附加剥夺政治权利，且对未成年人放宽适用减刑、假释的条件，均体现了未成年人刑事司法"教育为主、惩罚为辅"的理念，给予了未成年人充分的特殊保护。我国在坚持双保护原则的同时具有刑罚轻缓化倾向，还积极探索了在判决中适用恢复性司法、刑罚替代性措施等更有利于未成年人身心健康的方式方法。例如未成年罪犯可能被判处拘役或3年以下有期徒刑、悔罪表现好且符合《最高人民法院关于审理未成年人刑事案件具体应用法律若干问题的解释》第17条规定的6种情形的，应当免予刑事处罚并适用非刑罚性处置措施。再如以上海市长宁区人民法院少年法庭为代表的部分地方少年法庭曾尝试暂缓判决、社区服务令等做法。

第六节　未成年罪犯矫正

一、未成年罪犯矫正的含义与特征

犯罪矫正，又称犯罪改造，是指通过法律的惩罚，严格的管理，采用各种有效措施和思想教育的方法，摧毁犯罪人的犯罪心理结构，重新建立其正常的心理结构，从而把一个破坏社会安宁的消极因素改造成一个具有正常心理素质、有益于社会的积极因素，即从根本上改造一个人的犯罪心理结构和犯罪行为恶习。[1] 相较于通常所说的犯罪矫正，未成年罪犯矫正建构于国家亲权理论、刑罚个别化理论和未成年人利益最大化原则之上，更强调观护、帮助与挽救，且在大部分国家不仅是指对未成年人犯罪的矫正，还包括了对一般违法行为、严重不良行为等的处遇。

未成年时期的罪错行为影响着人的一生，若未能得到及时纠正与正确教育，就很可能延续到成年时期甚至激化为更严重的犯罪。一部分未成年人在长大成人后停止犯罪、走向正道，还有一部分则实施了更为严重的犯罪行为，他们的人

---

[1] 参见应培礼主编：《犯罪学通论》，法律出版社2016年版，第411页。

生走向与发生罪错行为后受到的对待有着密切联系。未成年人的思想品性尚未定型,本身易沾染不良习性而误入歧途,但这也意味着未成年人的心理和行为是可以重塑的,犯罪矫正具有更为重要的意义、也更易成功。根据未成年人的身心状况,选择恰当的方式对待涉罪未成年人,给予他们关爱、支持、引导,显得尤为重要。以有效的方法对未成年人不良行为防微杜渐,对违法犯罪行为及时改造纠偏,就能帮助未成年人重新回到生活的正轨。因此,未成年罪犯矫正系指从未成年人身心特点出发,由专门机构根据司法机关依法作出的裁决采取监管、教育、治疗等有效措施,改造触法未成年人的错误思想及不良习性,帮助其重新融入社会生活。

未成年人与成年人刑事司法的区分普遍地起源于刑罚执行阶段,如今为未成年人建立专门的、特殊的未成年罪犯矫正机构已成为世界各国的共识,未成年罪犯矫正的基本原则在国际条约中得以确认。其一,尽可能不使用监禁刑。人身自由的剥夺会给未成年人带来更大的负面影响,极大地削减了其从事亲社会活动的机会和场合,因而《联合国少年司法最低限度标准规则(北京规则)》第19.1条规定:把少年投入监禁机关始终应是万不得已的处理办法,其期限应是尽可能最短的必要时间。在该条说明中还要求注意区别罪犯、罪行和监禁机构的种类,且应首先考虑采用"开放"而非"封闭"的监禁机构。其二,分押分管原则。一方面,犯罪行为具有传染性,未成年人本身是易感群体,与成年犯混押极易受犯罪心理影响或学习更多犯罪手段。另一方面,未成年人所处的特殊阶段决定了必须根据其身心特点设置相应的特殊矫正措施,才能够实现保护与改造的双重目的。《联合国少年司法最低限度标准规则(北京规则)》第26.2条规定:被监禁少年应获得由于其年龄、性别和个性并且为其健康成长所需要的社会、教育、职业、心理、医疗和身体的照顾、保护和一切必要的援助。第26.3条规定:应将被监禁的少年与成年人分开,应将他们关押在分别的一个监所或在关押成年人的监所的一个单独部分。此外还约定了对女性未成年犯的特殊照护。

20世纪50年代我国就建立了专门教育改造未成年人的刑罚执行机关"少年犯管教所",未成年罪犯矫正在我国经历了较长的探索时间,中国特色明显、体系也较为完善。我国未成年罪犯矫正主要针对实施了犯罪行为的未成年人,既包括经少年法庭判决有罪的未成年人,也包括因情节轻微、认错态度良好等原因不予起诉或暂缓起诉的未成年人。现行《社区矫正法》《监狱法》《预防未成年人犯罪法》均可见未成年罪犯矫正的专章规定,还有更为具体地规定矫正过程中责任主体及未成年人具体权利义务的《未成年犯管教所管理规定》等。我国未成年罪犯矫正秉持"惩罚与改造相结合,以改造人为宗旨"的工作方针,主要依靠教育、感化,辅之以必要矫治措施,融贯国内外经验,努力探索行刑社会化方法、刑罚替代性措施、恢复性司法应用,取得了显著的成效。

二、未成年罪犯矫正制度的内容

(一)未成年罪犯矫正的专门机构

美国未成年罪犯矫正机构形式多样,包括教养学校(training school)、矫正训练营(Boot Camp)、少年司法局(Department of Juvenile Justice)、青少年服务局(Youth Service Agency)等;日本未成年罪犯矫正主要由少年刑务所、少年院、少年鉴别所负责,矫正人员则主要从通过法务省和人事院举办的教师考试的人员中录取,并在矫治实务中配以大量民间志工;澳大利亚官方的社区矫正体系由青少年司法部门、青少年司法中心、青少年社区司法办事处构成,还吸纳了相关研究所、青年法律援助机构、宗教协会等社会力量参与其中。

我国未成年罪犯矫正专门机构主要有:(1)未成年犯管教所。未成年犯管教所是国家的刑罚执行机关,适用于由人民法院依法判处有期徒刑、无期徒刑未满18周岁的罪犯。(2)专门学校。前身系由公安机关强制招生的工读学校,是普通教育中的特殊形式。(3)社区矫正中心。负责辖区内社区矫正对象的监督管理、矫治安帮。

(二)机构内矫正

日本机构内矫正包括移送按《儿童福利法》设置的儿童教养院收容养护、移送具有强制性的少年院、监禁矫正。监禁矫正由少年刑务所负责,适用于20岁以下青少年犯,配备了适宜未成年人身心的住食条件以及有针对性的心灵感化、矫治教育。刑罚执行完毕后犯罪记录即消灭,并由保护司提供就学就业便利,帮助他们回归社会。法国设置了未成年人监所/监禁区,未成年人囚室较为人性化,允许自行装饰,监所/监禁区为未成年人安排了学校教育、体育运动、写作训练班、艺术治疗班、戏剧排演等活动。[1] 在澳大利亚,尽管监禁矫正的适用率远低于社区矫正,但配套设施十分完备,如少年训练中心、少年拘禁中心、少年司法中心以及少年收容中心等专门机构,为监禁中的青少年提供低中高等教育、职业培训以及宗教与精神支持,还创造性地开发了世界首个驯养动物矫正计划,帮助少年犯培养责任心、减少再犯可能性。

我国机构内矫正主要指在以下两个机构进行校正:

1. 未成年犯管教所。未成年犯管教所立足于未成年人身心特点,依法保障未成年犯权益,坚持因人施教、以理服人、形式多样的教育改造方式,实行依法、

---

[1] 参见[法]雅克·博里康、朱琳编著:《法国当代刑事政策研究及借鉴》,中国人民公安大学出版社2011年版,第377—378页。

科学、文明、直接管理。我国要求未成年犯管教所工作人员关心关爱未成年人生活环境,耐心组织思想、文化、技能学习,营造良好的改造环境,促进未成年人思想根本性转化。未成年犯管教所教育改造费、生活费投入高于一般监狱,硬件方面配备有教学楼、实验室、运动场馆、习艺劳动场所、谈话室、心理诊疗室等设施,软件方面提供保证健康发育的膳食、充足的生活物资供应、较高标准的卫生居住条件,并定期开展文化、体育、娱乐活动。思想教育涉及人生观、世界观、法律常识、道德修养、政治信念等;文化教育区分班级和阶段,囊括义务教育、高中教育和自学考试;技能教育则与组织劳动相结合。实践中未成年犯管教所实行半天学习、半天习艺的系统学习,在此基础上开展职业技能培训和技术教育。[1]

2. 专门学校。专门学校以"立足教育,挽救孩子,科学育人,造就人才"为指导思想,其目的是将有违法和轻微犯罪行为的学生改造为有理想、有道德、有文化、有纪律并掌握一定生产劳动技术和职业技能的社会公民。《预防未成年人犯罪法》第44条规定,未成年人有下列情形之一的,经专门教育指导委员会评估同意,教育行政部门会同公安机关可以决定将其送入专门学校接受专门教育:(1)实施严重危害社会的行为,情节恶劣或者造成严重后果;(2)多次实施严重危害社会的行为;(3)拒不接受或者配合该法第41条规定的矫治教育措施;(4)法律、行政法规规定的其他情形。由司法机关工作人员、社会工作人员、共青团、妇联等组成的专门教育指导委员会负责研究确定专门学校教学、管理等相关工作,评估是否实行专门矫治以及是否适宜转入普通学校就读等问题。专门学校实行"三自愿"为主、申请强制入学为辅原则,普通教育与专门矫治教育并行,对接受专门教育的未成年人分级分类进行教育和矫治,首先开展义务教育,根据实际情况开展职业教育,有针对性地开展道德教育、法治教育、心理健康教育。

(三)机构外矫正

机构外矫正通常即社区矫正,在我国主要适用于被判处管制刑、宣告缓刑、裁定假释、决定或者批准暂予监外执行的未成年犯,广义上还包括对不予起诉、暂缓起诉等情形的未成年人实施的帮教监管。

《社区矫正法》第52条第1、2款规定,社区矫正机构应当根据未成年社区矫正对象的年龄、心理特点、发育需要、成长经历、犯罪原因、家庭监护教育条件等情况,采取针对性的矫正措施。社区矫正机构为未成年社区矫正对象确定矫正小组,应当吸收熟悉未成年人身心特点的人员参加。在社区矫正过程中,社区矫正工作人员负责研判适用矫正措施、提供必要的物质和精神帮助、督促履行监护

---

[1] 参见应培礼主编:《犯罪学通论》,法律出版社2016年版,第419页。

职责,依据犯罪类型、人身危险性及矫正对象自身情况、家庭情况,为未成年人制定个性化的矫正方案。社区矫正分入矫教育、常规教育、解矫前教育三阶段完成教育矫正,同时开展心理咨询与疏导、提供技能培训和就业就学安帮,尽可能使未成年人完成再社会化,重回生活正轨。

在未成年人社区矫正可用的工作方法方面,恢复性司法的代表性国家澳大利亚和康复主义的代表性国家美国值得参考。澳大利亚社区矫正有家庭社区介入恢复性会议、社区服务令、涂鸦除去计划、就业就学帮助以及运行修复社会关系项目等恢复性项目。家庭社区介入恢复性会议旨在增强青少年的归属感,家庭和社区给予青少年帮助和引导,使其认识到自身行为带来的不良影响;社区服务令要求未成年人无偿完成特定时长的社会工作,以此促进其改过自新,同时修复被其违法犯罪行为破坏的社区关系与社会纽带;涂鸦除去计划要求青少年除去社区墙体涂鸦,鼓励青少年承担错误并参与维护社区秩序和环境。美国将矫正视作识别导致犯罪的风险因素并"对症"消除它们的过程,广泛地运用个案调查评估等方法,如"诊病"一样确定未成年人罪错行为的原因,并聘请心理学、精神病学和社会工作等方面专家参与矫正,为罪错少年设计个体化的专业矫治方案和项目。[1] 社区矫正广泛运用循证方法、恢复性方法,极大地提升了矫正效率和效果,加固了未成年人与社会的纽带关系,培养了未成年人的社会责任感。

---

[1] 参见苏春景、赵茜:《康复主义之下的美国罪错少年社区教育矫正》,载《比较教育研究》2020年第5期。